이 책은 글쓰기 형식부터 남다르다. 인문학을 통해 루터(M. Luther)를 읽고 성서를 읽음으로써 인문학의 개념을 풍부하게 함과 동시에 이를 넘어서 저자는 신학과 인문학이 서로 대화하도록 안내한다. 처음 1부부터 3부까지는 프로이트(S. Freud)와 라캉(J. Lacan)의 정체화(identification) 이론을 본격적으로 소개한다. 그리고 4부에서는 이 두 학자의 이론에 의해서 에라스무스의 자유의지와 루터의 노예의지론, 그리스도인의 역설적 자유 이해가 재해석된다. 특히 라캉의 정체화 이론에 의해서 루터의 논쟁적인 자유론(노예의지론)이 과학적 가치로도 손색이 없음이 입증되면서 완벽하게 재탄생한다. 프로이트와 루터의 자유론은 이미 논의된 바 있지만, 라캉의 정신분석에 의해서 루터의 고전적 자유론이 재탄생한 것은 최초다. 이것만으로도 이 책은 우리 시대에 새로운 화두를 던진 것이다. 더군다나 마지막 5부에서는 우리 같은 성서학자도 주목할 만한 내용이 제시되는데, 라캉과 루터의 자유의지/노예의지 이론에 대한 탄탄한 연구를 기초로 성서를 새롭게 읽는 예문들이 그것이다.

신학자라면 모름지기 자기 시대 인간론의 최첨단 이론을 알아야 한다. 몰트만(J. Moltmann)과 판넨베르크(W. Pannenberg)도 인간학을 썼고, 성서학자 불트만(R. Bultmann)도 실존주의 인간이해를 토대로 탈신화화 논쟁을 일으켰으며, 그의 대작 『신약신학』을 썼다. 우리 시대에 프로이트와 라캉의 과학적 인간이해를 모르는 자가 어떻게 신학을 전개할 수 있겠는가? 몰트만도 프로이트의 정신분석학과 대결한 끝에야 『십자가에 달리신 하나님』의 결론을 완성할 수 있었다. 하지만 『십자가에 달리신 하나님』에는 라캉에 대한 언급이 빠져 있다. 라캉 이론과 대화하며 자기 신학을 전개하지는 못한 것이다. 그만큼 불어로 된 라캉의 언어는 까다롭다. 라캉은 탈근대 철학자들과 포스트모던 신학자들이 가장 많이 언급하는 학자이지만, 그에 대한 전문적인 이해가 빈약하여 이차 자료에 의해서만 수박 겉핥기식으로 활용될 뿐이다. 그럼에도 불구하고 페미니스트 신학자와 탈식민주의 신학자들은 라캉의 이론을 적절히 잘 응용하고 있다. 이 책의 출간으로 인해 이제 한국의 신학자들도 라캉의 정신분석을 이해할 수 있는 가장 좋은 길을 걸을 수 있게 되었다. 가톨릭 신앙과 결정적인 차이를 가져오는 루터의 노예의지/자유의지를 최첨단 정신분석가 라캉의 언어로 그 핵심을 포착할 수 있게 된 것이다.

더군다나 성서학자들은 이제 이 책을 통해 정신분석학적 성서 읽기와 치유 영성의 성서 읽기를 새롭게 시작할 수 있게 되었다. 나는 2007년 조직신학학회에서 아우구스티누스의 인식론을 라캉의 자아론으로 재해석하는 강응섭 박사의 글을 논평한 바 있다. 그는 라캉의 인간이해를 기독교 고전과 대화하게 하고, 마침내 정신분석학으로 새롭게 성서를 읽음으로써 우리의 무의식이 자기 내면의 깊은 자아를 대면하게 함으로써 뒤틀린 상처를 치유하도록 안내한다. 결국 이 책은 아우구스티누스, 루터, 성서의 핵심 메시지를 통해서 절망을 딛고 우리에게 희망과 용기를 주시는 하나님을 만나게 함으로써 우리 자신을 변화시킨다.

우선 신학생들과 목회자들이 우리 시대의 인문학과 대화하기 위해 이 책을 읽으면 좋겠다. 그리고 무엇보다 평신도들이 성서의 신학원리를 새롭게 발견하기 위해 이 책을 읽으면 성서를 이해하는 데 큰 도움을 받을 수 있을 것이다.

김덕기 | 대전신학대학교 신약학 교수

'정체화'(동일시, identification)는 정신분석학의 여러 개념 중에서도 아주 특별히 더 중요하며 높은 위상을 차지하고 있다. 정체화를 통해 무의식 주체가 구성될 뿐 아니라 타자와 대상의 관계에서 나타나는 나르시시즘, 충동, 욕망, 사랑과 미움 같은 정념의 제 양상이 정체화를 매개로 전개되기 때문이다. 프로이트는 일찍이 히스테리 환자의 신체 증상을 정체화의 메커니즘으로 설명했을 뿐 아니라 나중에는 오이디푸스 콤플렉스의 종결과 자아, 초자아, 이드 구성을 정체화와 연관 지어 설명하기도 했다. 1921년에 출간된 『대중심리학과 자아분석』 제7장에서는 정체화의 양상을 세 가지로 정리한 후 군중심리가 작동하는 주된 메커니즘도 정체화라고 말할 정도로 특별한 위상을 부여한다.

한편 자크 라캉은 상상계, 상징계, 실재계의 삼원이론을 발전시키면서 프로이트의 개념을 좀 더 정교하게 다듬는다. 그는 정체화를 일차 정체화와 이차 정체화로 구분하면서 프로이트가 모호하게 남겨둔 이상적 자아(moi idéal), 자아 이상(idéal du moi), 초자아(sur moi)를 명료하게 구분한다. 이상적 자아가 거울단계에서 타자화된 신체 이미지의 산물이라면 자아 이상은 상징계를 이루는 기표의 상관물이다. 전자가 인간의 욕망을 미혹하고 타자에 종속되는 상상적 심급이라면 후자는 주체화의 실질적 계기인 상징적 정체화의 대상이다. 이 둘의 관계는 단계적이면서 상보적이다.

강응섭 교수의 『자크 라캉과 성서 해석』은 라캉의 새로운 주체이론과 욕망개념의 골간이라고 할 수 있는 정체화 이론에 입각해 에라스무스의 '자유의지론'이 지니는 맹점을 비판하면서 마르틴 루터의 '노예의지론'에 함축된 존재론적 의미를 밝히려는 시도다. 특히 상상적 정체화와 상징적 정체화가 어떻게 변증법적으로 어우러지면서 주체의 내적 구조와 타자와의 관계를 만드는지를 함축적으로 보여주는 L 도식의 여러 반복적 활용이 흥미롭다. 저자에 따르면 L 도식에서 거울 이미지에 대한 정체화를 통해 만들어지는 자아 자리에 '자유의지를 지닌 인간'을 놓을 수 있으며, S 무의식 주체의 자리에는 '노예의지의 인간'을 놓을 수 있다. 인간은 라캉의 '분열된 주체'처럼 육의 의지와 영의 의지, 근본적인 죄 때문에 손상된 옛사람과 말에 의해 창조된 새사람 사이에 위치해 있다. 주체가 대타자의 담론에 의해 구성되는 것처럼 구원은 숨겨진 신의 계시(말씀)로 완성된다. 이처럼 '자유의지론'과 '노예의지론'은 신학적 배경과 논거를 통해서도 비교가 가능하지만 라캉의 삼위 이론인 상상계, 상징계, 실재계에 입각할 때 그것이 지닌 철학적 의미를 더 잘 드러낼 수 있다.

　　내가 이 책에서 흥미롭게 읽은 부분은 루터의 노예의지론에 대한 정신분석적 독해보다는 라캉 이론을 적용해 신약과 구약 텍스트의 감춰진 의미들을 조명한 성서 해석 작업이다. 물론 세부 개념과 해석방향에는 다른 견해나 비판의 여지가 있을 수 있지만 정신분석 개념과 방법을 적용한 텍스트 해석은 그 자체로 새로운 성서 탐구의 방법론이자 실험적 실천이다. 예컨대 누가복음 7장의 '향유를 예수에게 부은 여인의 사건'을 읽으면서 텍스트에 담기기 전의 예수(인성), 텍스트에 담긴 예수(신성), 텍스트 안팎의 예수(환상적 대상 a)의 본질을 차례로 조망한 부분은 정신분석적 독해가 지니는 유용성을 극대화한 예시다. 정신분석 이론이 오늘날 임상 영역을 넘어 예술 비평, 연극과 영화의 캐릭터나 텍스트 구조의 분석에 많이 활용되면서 유용성의 폭을 넓히고 있는 상황에서 이제 신학과의 접목도 본격적으로 추진되어야 한다고 생각한다. 이 책의 출간을 기점으로 정신분석의 방법론을 활용한 더 많은 후속 신학 연구들이 진행되기를 기대해본다.

김석 | 건국대학교 자율전공학부 교수

　　스스로 '[마리아 형제회] 신부들의 산물'이라 일컫는 라캉은 '진정한 종교는 기독교'라 믿는다. 라캉은 소위 영혼을 다루는 정신분석과 종교의 경쟁적 관계에 대해 '종교의 승리'를 주장하는데, 이 승리는 예술 및 과학에서도 적용된다. 라캉 이론에서 인간은 실재계에 속하는 인간 존재의 핵, '사물'(Thing)과 다양한 형태로 타협한다. 법을 구성하는 언어는 '사물'의 주변을 맴돌아 그것의 경계를 드러나게 하며, 종교는 '사물'에 대한 공포를 고취하여 그것과 적절한 거리를 유지하게 한다. 예술은 이 '사물'의 재현을 시도하는 반면, "과학은 [그것을 의식하지 못하지만] 그것에 대응해 작업하고 실재계는 [더욱] 확장되어, 그 결과 종교는 사람들의 마음을 진정시켜야 할 더 많은 이유를 가진다."

　　강응섭의 『자크 라캉과 성서 해석』은 이런 라캉의 종교관과 그의 개념을 이용해 미개척지인 라캉적 성서 해석의 길을 개척한다는 점에서 그 의의가 크다. 이 책은 종교를 신경증으로 보는 프로이트의 인간관이 사실은 어네스트 존스의 말처럼 '초대교부들의 후원 아래' 구축되었음을 증명이라도 하듯, 프로이트의 정신분석을 라캉적 성서 해석의 토대로 삼고 있다. 이 책의 또 다른 의의는 초대교부로부터 아퀴나스, 키에르케고르, 틸리히의 해석 방법에 이르는 조직신학의 영역을 조명하여 기존 조직신학의 한계를 보여준다는 점이다. 또한 에라스무스와 루터의 상반적 시각인 자유의지론과 노예의지론을 재조명함으로써 인간과 신의 관계에 대한 새로운 해석을 제공한다. 이 책은 정신분석의 틀에서 실재계의 하나님, '숨으면서 계시하시는 하나님'과, 루터의 표현대로 사악한 왕국과 하나님의 왕국에서 교차된 주체, '지붕 위의 외로운 참새'의 관계를 읽는 과정에서 '민중이 예수이다'라는 민중신학의 실천적 양상도 부각시킨다. 이 책의 이런 신선하고 비판적인 시각은 정신분석에 대한 종교의 승리를 강조하는 라캉의 입장을 재현하는 동시에 현대문명의 제반 문제인 증후를 다루는 '증후'로서의 정신분석이라는 라캉의 시각을 수정하여, 정신분석도 라캉이 종교에게 기대하는 그 역할을 수행하는 종교의 영원한 동반자로 자리매김하게 한다. 독자들은 이 책을 통해 다음과 같은 라캉의 미래적 전망의 실현에 동참하게 될 것이다. 즉, 진정한 종교는 풍부한 자원을 통해 끊임없는 새로운 읽기를 감행함으로써, "인류가 [증후로서의] 정신분석을 치료하는 것을 볼 것이다. 사람들은 의미 안에, 당연히 종교적 의미 안에 증후를 익사시킴으로써 그것을 억압하고 말 것이다."

신명아 | 경희대학교 외국어대학 글로벌커뮤니케이션학부 교수

기독교의 성서를 어떻게 이해할 것인가라는 문제의식이 신앙 및 종교의 지평만이 아니라 문학비평의 차원에서도 끊임없이 해석학적 논쟁을 불러일으킨 것은 익히 알려진 사실이다. 물론 해석의 큰 틀들이 존재하고는 있었지만 독자의 관점이 계속해서 변해온 것은 사실이다. 강응섭 교수의 『자크 라캉과 성서 해석』은 중세시대 이래 정립된 해석의 큰 틀에 나타난 주요 관점들을 정리하는 동시에 오늘날 새로이 부상한 정신분석학적 입장까지 잘 소개하고 있다. 정신분석학은 이 책에서 일종의 해석학으로서 '무의식' 개념을 통해 색다른 방향을 보여주고 있다.

반면, 에드문트 후설에서 시작된 현상학의 무의식은 전혀 다른 시각을 가지고 있다. 특히 메를로-퐁티에게 무의식은 지각 현상 중에 나타난 지각 결핍으로 이해된다. 급기야 『자연』이라는 저술에서 그는 무의식을 '감지'(le sentir)로 정의하는데, 이것이 그에게는 무의식의 다른 이름이 된다. 메를로-퐁티는 사르트르가 말하는 의식의 투명성을 거부하면서 의식이 지닌 모든 무의식적 차원을 사르트르처럼 부정하지 않는다. 말하자면 무의식이란 수동성 곧 살(chair)의 성격을 보유한 간접적인 의식이라는 것이다.

이처럼 메를로-퐁티는 실존적 정신분석을 넘어 존재론적 정신분석을 표방하는데, 이것은 '기(氣)의 존재론'에 다름 아니다. 무의식이란, 꿈의 해석을 계기로 프로이트가 제거해버린 '체험의 불투명성'으로서 이른바 "원초적 상징현상"을 참조해야 하는 것이다. 여기서 말하는 상징현상은 인간과 세계를 '존재론적으로 연결'하는 살(氣)의 역할에 상응한다. 이런 맥락에서 "리비도 신체"는 정녕 파괴할 수 없는 살의 차원이 된다. 이럴 경우 메를로-퐁티가 기술한 바는 프로이트의 전의식에 해당한다고 볼 수 있다.

한편 라캉은 무의식을 언어처럼 구조화된 것으로 재규정하는데, 이 무의식에서 그는 실재로부터 구별되는 만큼 상상으로부터도 구분되는 어떤 상징 코드를 본다. 이러한 코드는 인간존재를 정의하는 '상실'과 '거세'라는 단절의 효과다. 라캉은 메를로-퐁티가 말해준 신체 차원을 지나치게 혼융적인 것이라 생각해 거부한다. 라캉의 눈에 보인 신체 차원은 '근원적인 상실'(perte radicale)을 은폐하고 있는데, 인간은 상상적 거울효과와 경험적 실재를 단절시키

는 〈상징적 역할〉에 다가설 때라야 비로소 상실을 통해 스스로를 구축하게 되는 것이다.

메를로-퐁티는 구조(構造)적이 아니라 기운(氣運)적인 관계로 '혼융'이 된 "원초적 상징현상"으로 언어를 다시 가져가 이 언어의 상징적 차원을 지나치게 제한한 것으로 보인다. 이렇듯 현상학 일반은 분열과 거세를 무시하는 것으로 특징지어진다. 즉 현상학적 시각에서는 주체가 너무 통일적이고 또 이 현상학의 시선이란 존재의 전체 장면으로부터 분리될 수가 없다. 요컨대 메를로-퐁티는 라캉이 프로이트에 따른 정신언어(mot d'esprit)의 작동에 스스로 충실한 것으로 믿고 있었던 모종의 말장난을 조롱한 셈이다.

아무튼 현상학적 무의식과는 다른 차원에서 프로이트를 재해석한 자크 라캉을 통해, 무의식이 언어로써 구조화되어 있다는 말이 도대체 무슨 의미이며 또 이런 상태로 사람을 이해할 때 어떤 효과가 있는지를 이 책은 친절히 설명해주고 있다. 프로이트와 라캉의 글이 방대하고 난해하여 전부를 읽고 소화해내기가 쉽지 않은데, 저자는 특별히 '정체화'라는 개념을 중심으로 그들의 사상을 정리하고 있다. 정체화란 세 가지 구조(되다-가지다-상호적이다)에 따른 발달과정을 거치면서 사람의 정신이 형성됨을 가리킨다. 무의식은 언어로써 구조화된다는 말과 '정체화'로 사람의 정신구조가 짜인다는 것은 이제 동일한 의미로 이해된다.

사람의 정신이 이렇게 형성되었기에 그가 기록한 글 역시 그런 방식으로 구성되어 있다는 것이 정신분석학의 주장이다. 하나의 텍스트가 그 과정을 거쳐 만들어졌다면, 그것을 다시 풀어헤칠 경우 우리는 그 글의 진의를 보다 잘 간파할 수 있을 것이다. 성서라는 텍스트도 예외가 아니다. 문학작품을 이해할 때 우리는 글쓴이의 의도가 중요한지, 글 읽는 이의 수용방식이 중요한지에 대해 쟁론을 벌이는데, 이 지점에서 정신분석학적 방법론이 유용할 것으로 보인다.

저자의 이 신선하고 놀라운 관점이 우리에게 획기적이면서도 낯설어 다소 난해하게 느껴질 수도 있지만, 정신분석학의 이러한 해석학적 사유는 라캉극장 관객의 영혼을 정녕 유익하게 할 것이다. 인내심을 발휘하는 독자들은 그 고통의 대가로 꽤 달콤한 열매를 거둘 것이다.

신인섭 | 강남대학교 철학과 교수

이 책은 저자가 프랑스 몽펠리에 신학대학에서 정신분석과 신학을 연구하고 박사학위를 받은 논문에서 출발한다. 프로이트-라캉의 정체화 개념과 루터의 노예의지를 비교한 그 연구는 1999년 『동일시와 노예의지』라는 제목으로 출간된 적이 있다. 저자는 절판된 그 책에 이후 그가 지속적으로 몰두했던 연구들, 특히 라캉의 정신분석을 성서 해석에 적용한 결과들을 보충했다. 그렇게 해서 이 책 『자크 라캉과 성서 해석』은 새롭게 빛을 보게 되었다. 이 책은 저자가 정신분석으로 신학과 성서를 읽는 방법론을 제시하고 그것을 구체적인 성서 텍스트에 적용 해석하는 형식으로 구성되어 있다. 이를 위해 저자는 먼저 전통적인 다섯 가지 신학방법론의

한계를 지적하며 프로이트-라캉의 정신분석, 특히 '정체화'에서 이끌어낸 "상호적 정신분석의 방법, 정신분석적 상호성의 방법"을 제안한다. 이 방법은 저자의 은사였던 몽펠리에의 고(故) 앙살디 교수로부터 배운 것이다. 한국에서 이를 본격적으로 소개하고 발전시키는 일은 그의 제자 강응섭 교수가 도맡아 하고 있다. 그 점에서 강 교수는 아주 특징적이고 의미 있는 신학의 새 장르를 열어가는 개척자라는 평가를 받을 만하다. 아무튼 저자가 텍스트로 삼은 루터의 『노예의지론에 관하여』에서 인간은 매우 부정적이고 비관적이다. 인간은 죄에 완전히 사로잡힌 나머지 스스로를 해방할 수 없고, 해방하고자 해도 더욱 절망적이어질 따름이다. 그는 자신의 한계나 왜곡성을 모른 채 자기전능의 환상 속에서 살아간다. 그 점에서 그는 자기를 모르거나 자기가 아는 자기가 아니다. 그는 "나는 생각한다. 그러므로 존재한다"는 의식의 주체가 아니라 "나는 존재하지 않는 그곳에서 생각한다. 그러므로 생각하지 않는 그곳에 존재한다"는 무의식적 주체다. 그것이 곧 에라스무스의 자유의지에 반대하며 루터가 표상한 노예의지의 인간이다. 그는 타자(엄마)의 욕망에 사로잡혀 자신을 정점으로 하는 '상상계'에 살든지, '아버지의 법'에 의해 거세되어, 표현되기도 하고 안 되기도 하는, 그래서 언제나 다시 듣고 다시 해야 하는 상징적 말의 세계인 '상징계'에 들어오든지의 양자택일에 처한 인간이다. 정신분석은 언어체계를 지닌 상상계의 인간이 말을 통해 상징계로 무사하게 진입하도록 돕는 기술이고 장치다. 그것은 일종의 치유이며 기독교에서 말의 사역인 설교나 성서 해석을 통해 이뤄지는 회개나 자기부정, 중생, 구원 같은 것들이기도 하다. 그런 식으로 노예의지, 더 나가서 성서적 죄(인)의 내용과 구조는 현대의 프로이트-라캉 정신분석을 통해 기술적이고 학문적인 언어로 체계화할 수 있다. 그런 면에서 이 책의 저자 강응섭 박사에게는 앙살디를 이어 '기독교 심리-인간학'의 영역에서 인간의 문제들을 깊이 있게 규명해나갈 수 있는 역량이 충분히 있다고 생각한다.

이오갑 | 그리스도대학교 조직신학 교수

"내가 생각하는 곳에 나는 존재하지 않는다. 내가 생각하지 않는 곳에 내가 존재한다"는 라캉의 메시지는 오늘날 물신 숭배와 자기도취, 자기편견에 빠진 인류에 던지는 경고이자, 이미 굳어버린 전통적이고 고루한 사고와 고전 지식과 결별할 것을 예고한다. 사람들의 의식이나 생각, 지식이 자기 충족적이고 자율적이라기보다 무의식에 예속되어 그것을 방어하기 급급하다는 사실을 말한 것이리라. 말하자면 의식이 아니라, 무의식을 해독하는 예술이 정신분석이라는 의미다. 그런 점에서 정신분석은 겉으로 드러나는 치료나 눈에 보이는 치료를 겨냥하는 것이 아니라 무의식의 앎, 무의식의 충동, 무의식 욕망을 탐구하는 과정이다. 그 과정은 병 치료를 위한 열망보다는 무의식의 앎에 대한 탐구를 통해서 저절로 병리현상을 사라지게 하는 것이다. 개인 삶의 여정에서 겪은 상처와 가족을 비롯한 다른 사람들과의 관계에 의해 발생한 콤플렉스, 정신적 상처, 억압, 금지, 불안을 벗겨주는 작업인 셈이다. 그것을 위해 영역을 제한하지 않고 내담자의 글이나 그림, 놀이, 음악, 연주, 가족 상담, 목회 상담, 종교 치유, 영화, 인문학 등에 폭넓게 응용할

수 있다.

종교개혁 때도 인문학적인 마인드로 성서를 해석했다는 것은 지극히 상식적인 이야기다. 그러나 그 당시의 인문학에서 사용한 기법과 오늘날 인문학과 문화에서 사용하는 기법은 많이 다르다. 그중에서도 정신분석은 무의식의 주체를 들여다보는 귀중한 기법을 가지고 있다. 내담자가 하는 말의 속뜻을 세밀하고 총체적으로 듣듯이 성서 해석에서는 텍스트의 이야기를 통찰하면서 그 내용을 파악해야 한다. 정신분석 상담에서 분석가와 내담자가 삶을 총체적이고 세밀하게 풀어가면서 내담자의 아픔을 치유해가듯이, 정신분석이 기독교의 성서 해석이나 종교 상담에 적용되어 풍성한 결실을 맺는다면 또 다른 의미에서의 종교 개혁을 맞이할 수도 있을 것이다.

이런 노력에 심혈을 기울이고 있는 강응섭 교수의 이 책이 기독교 성서 해석에 보편화되고 즐겨 사용된다면 한국 기독교의 발전에 많은 기여와 부흥의 초석이 되리라 생각한다.

이유섭 | 명지전문대학교 교수, 정신분석가

자크 라캉과 성서 해석

기독교 인문
시리즈
005

자크 라캉과 성서 해석

정신분석학으로 성서 읽기

강응섭

이 책은 장 앙살디[1]의 『실재, 신학 그리고 성서의 연결』[2] 출판 이래로 제기된 정신분석 관점으로 신학 텍스트 읽기 및 성서 본문 읽기가 무엇인지에 대한 가이드라인을 분명하게 제시하기 위해 저술되었다. 이 목적을 위해 이 책은 크게 두 부분으로 구성된다. 하나는 방법론이고, 다른 하나는 적용이다.

첫 번째 방법론은 중세 스콜라학에서 정립한 긍정의 방법, 부정의 방법, 유비의 방법과 그 이후에 등장한 상관의 방법과 역설의 방법이다.

---

1. JEAN ANSALDI(1934-2010)는 남부 프랑스 망통(Menton)출신으로 남부 프랑스의 몽펠리에 개신교 신학대학교에서 조직신학(Théologie systématique)과 상담학(Cure d'âme) 교수, 몽펠리에 III대학 철학-정신분석학과에서 정신분석 인식론(Épistémologie) 교수를 역임했고, 저술가, 신학자, 정신분석가, 목회자로도 활동했다. 그는 지금 언급되는 저서를 비롯해 이십 권에 달하는 저서, 육십여 편의 논문, 이십여 편의 강의 노트 등에서 신학-정신분석-인문학의 이론적·임상적·일상적 활동을 통하여 체득한 안목으로 '실재-신학-성서'의 새로운 상호 연결을 모색했다.

2. J. ANSALDI, *L'articulation de la Foi, de la Théologie et des Écritures* (Paris: Cerf, 1991). 여기서 'Foi'는 숨은 하나님을 의미하며, 실재이다. 앙살디는 계시된 하나님만이 인간에게 알려진 하나님이라고 말한다. 자세한 설명은 "제1부 제5장 역설의 방법"을 참고하기 바란다.

두 번째 방법론은 정신분석적 방법이다. 이 방법은 정신분석의 구조적 개념인 '정체화'에서 비롯된다. '정체화 이론'은 지그문트 프로이트의 글 "정체화"[3]와 자크 라캉의 아홉 번째 세미나 『정체화』[4]에 근거하는데, 이는 정신분석에서 인간과 대상 간의 관계를 구조적으로 다루는 이론이다.

나는 첫 번째 방법론이 갖는 한계를 극복하는 방법론으로 두 번째 방법론을 제시한다. 두 번째 방법은 상호적 정신분석의 방법, 정신분석적 상호성의 방법이라 부른다. 그리고 이 방법을 적용하기 위해 신학 텍스트와 성서 본문을 선택했다.

우선 신학 텍스트는 데지데리우스 에라스무스의 「자유의지에 관하여」[5]와 마르틴 루터의 「노예의지에 관하여」[6]이고, 성서 본문은 구약성서 사무엘하 11장 2-27절과 신약성서 누가복음 7장 38-50절, 마태복음 16장 13-20절이다.

루터의 「노예의지에 관하여」는 인문주의자 에라스무스의 「자유의지에 관하여」에 대한 답신이자, 자유의지라는 관점에서 본 기독교 인간학에 맞선 루터의 신학적 인간학을 심도 있게 기술한 글이다. 루터는 자유의지의 인간과 노예의지의 인간, 율법 아래 있는 죄인과 복음으로 거듭난 신앙인, 우리에게 자신을 숨기시는 하나님과 계시하시는 하나님 등 대립된 표현으로 제시되는 개념 간의 질적인 차이를 성서 묵상과 삶 속

---

3. SIGMUND FREUD (1856-1939), "L'identification," in *Essais de Psychanalyse*, (Paris: Payot, 1981), 167-174.

4. JACQUES LACAN (1901-1981), *L'identification*. 2014년 현재 미출판 상태다.

5. DESIDERIUS ERASMUS (1469-1536), *Essais sur le libre arbitre*, Alger, Les Editions Robert et Rene Choix, 1945 (P. Mesnard에 의해 불어로 처음 번역 및 소개되었다).

6. MARTIN LUTHER (1483-1546), *Le traité de serf arbitre* (1525), *Œuvres* V(프랑스에서 출판된 루터전집 5권, Genève: Labor et Fides, 1958).

에서 배웠다. 언제나 '두 갈림길'에 서 있는 노예의지의 인간이 현대 실존신학의 의미에서 역동적이라면, 한 방향만을 고집하며 나아가는 자유의지의 인간은 참자유나 해방을 깨닫지 못한 채, 프로이트와 라캉 정체화 이론의 어느 한 국면에만 갇힌 채 살아가고 있다고 볼 수 있다.

이 책은 프로이트-라캉의 정신분석학과 루터의 신학이라는 두 학문이, 비록 서로 다른 기초 위에서 형성되었다 해도 전자의 안목으로 후자의 텍스트를 읽고, 그 행간에 숨겨진 의미를 더 명확하게 부각시킬 수 있음을 보이고자 저술되었다. 그 성과로 얻어지는 방법론인 상호적 정신분석의 방법, 정신분석적 상호성의 방법은 성서 해석의 토대를 마련하는 데 사용될 것이다. 이 이론은 성서 읽기뿐 아니라, 신학의 고전 텍스트와 인문사회과학 콘텍스트를 더 깊이 볼 수 있게 하고, 기독교(종교) 심리-인간학의 공통 영역을 창출하는 데 그 의의가 있을 것이다.

이 책은 현재 절판 상태인 『동일시와 노예의지』(백의출판사, 1999)의 개정 증보판이다. 이번에 출판하면서 당시 매끄럽지 못했던 부분과 용어, 내용 등을 수정하고 보완했다. 무엇보다도 '제5부 라캉과 성서 해석'을 새로 첨가하였다. 정신분석 이론으로 성서를 분석한 이유는 논문 구두 발표회 날 어느 심사위원의 부탁 때문이다. '정신분석 이론으로 성서도 아울러 분석했더라면 더 좋았겠다'는 심사위원의 말이 그 후 나에게 늘 과제로 남아 있었다. 이 과제를 해결하기 위해 그동안 정말 꾸준히 노력했다. 박사 논문을 마치고 고국에 돌아와서 교육이나 저술 등을 하는 과정을 통해 틈나는 대로 힘써 보았다. 이런 과정을 거치면서 정신분석적 방법론이 정신분석적 상담뿐 아니라 성서 해석과 성서 묵상, 상호 소통의 장에서도 여러모로 유익하고 필요하다는 것을 몸소 체험하게 되었다. 그 결과 이번에 새롭게 책을 내면서는 성서를 정신분석의 관점으로 읽고 묵상한 내용을 덧붙였다. 신약성서에서는 누가복음 7장 38-50절을 택했는데 이것은 한국민중신학회 월례세미나에서 발표한 것을 토대로 했고,[7] 마태복음 16장 13-20절은 한국라깡과현대정신분석학회 학술대회에서 발표한 것을 토대로 했다.[8] 그리고 구약성서에서 택한 사무엘하 11장 2-27절은 한국기독교연구원 가락재 심포지움에서 발표한 것을 바탕으로 했다.[9]

대학 시절부터 우정을 쌓아온 친구가 험난한 출판 영역에서 원대한 사명을 가지고 팀원들과 함께 기도하는 가운데 책을 만들고 있다. 그동안 보완하고 다듬은 원고를 출판할 수 있도록 배려해준 것이 참 고맙다. 바쁘신 중에도 여섯 분의 교수님께서 원고를 읽고 추천사를 써 주신 것도 참으로 고맙다. 조하네스 총장님께서 신학과 인문학의 연결 작업에 힘을 부어주시는 것이 더할 나위 없이 고맙다. 책 짓는 일을 통해 새물결이 점점 더 넘실대길, 그리하여 하나님이 원하시는 바대로 이 땅에 좀 더 성숙한 하나님의 사람이 세워져 가길 이 책과 함께 기원하는 바이다.

2014년 4월 치개슬에서 강응섭

---

7. 한국민중신학회 5월 월례세미나(2009년 5월 14일, 경동교회 선교관 4층 장공채플)에서 발표한 '라깡과 민중신학'을 토대로 했다. 이 발표문은 「다시, 민중신학이다」(동연, 2010)에 「라깡과 민중신학」으로 게재되었다. 이것을 다듬어서 본 저서에 넣었다.

8. 2009년 6월 '라깡과 종교'라는 테마로 열린 한국라깡과현대정신분석학회 전기학술대회에서 발표한 '종교형식과 내용에 관한 라깡적 에세이: 종교담론에 담긴 히스테리담론을 중심으로'를 모체로 했다. 이 글은 「철학과 현상학 연구」 42집(2009년 8월)에 「종교의 형식과 내용에 대한 라깡적 에세이: 장막도식, 종교담론, 히스테리담론을 중심으로 본 종교적 인간」으로 게재되었다.

9. "성(性, nature)과 성(聖, sacré) 그리고 성"이란 주제로 열린 제11회 가락재 심포지움(2008년 2월 11-13일)에서 발표한 "라깡과 '성'서묵상: 사무엘하 11장 14절을 중심으로"를 근거로 했다.

고전적 신학방법론

제1부에서 나는 신학에 알려진 다섯 가지 고전 방법들과 그로부터 생겨나는 인간 이해를 위한 인식을 검토할 것이다. 신학의 대상은 결국 하나님 자신만도, 인간만도 아니다. 루터의 신학을 소개하는 폴 알타우스^Paul Althaus는 하나님-인간 관계에 밀착되어 있는 것이 신학이라고 하였다.[1] 정체화와 노예의지라는 주제에 관계되는 이 가정은 본 작업의 신경선이 될 것이다. 우선 중요한 것은 교리와 방법 간의 관계를 이해하는 것이다. 일반적으로 '교리'는 선험적이고, '방법'은 후험적이다. 그래서 교리는 어떤 방법에 의해서 설명된다. 루터가 '오직 신앙'*Sola fides*에서 '오직 성서'*Sola scriptura*로 간 것처럼 나는 방법에서 교리로 접근한다.

조직신학에서의 방법은 내용을 취급하는 것이 아니라 실재의 다양한 측면 간의 관계를 다루는 것이다. 특히 이 다섯 가지 방법론(부정의 방법, 긍정의 방법, 유비의 방법, 상관의 방법, 역설의 방법)은 계시된 것과 계시하는 것 간의 다중 관계를 설명한다.

이 다섯 가지 방법론은 단지 간략한 언급일 뿐 이 글에서는 그 이상을 기술하지도, 이 문제에 대한 근원적 조사를 시도하지도 않을 것이다.

처음 세 가지 방법(부정의 방법, 긍정의 방법, 유비의 방법)은 고대부터 교부들에 의해 사용해왔던 스콜라학의 유산이기도 하다.

---

1. P. ALTHAUS, *The Theology of MARTIN LUTHER*, trans. Robert C. Schultz (Philadelphia, Fortress Press, 1979), 9.

첫 번째 방법은 인간의 경험이나 상상력으로 하나님을 아는 것의 불가능성을 말한다. 그것은 위僞-디오니시우스 아레오파기타Pseudo-Dionysius Areopagita에게서 기원한다. 반대로 두 번째 방법인 '긍정의 방법'은 신적 호명에 대한 확실한 인식을 의미한다. 그러나 토마스 아퀴나스Thomas d'Aquin는 부정신학과 긍정신학을 와해시키지 않고 그것들을 결합해 세 번째 방법으로 '유비의 방법'을 형성한다.

한편으로 틸리히P. Tillich의 '상관의 방법' 덕분에, 또 다른 한편으로 스투키P.-A. Stucki의 '의식 대상면–의식 작용면' 연구 덕분에, 나는 네 번째 방법인 상관의 방법에 다가간다. 다섯 번째인 '역설'은 키에르케고르Kierkegaard, 크레제J.-D. Kraege, 앙살디J. Ansaldi의 상호 매개Intermédiaire에 의해 심화된다.

나는 이상에서 언급한 다섯 가지의 방법론이 갖는 우수성을 보여줄 뿐 아니라, 그것들이 갖는 제한성도 보여줄 것이다. 제1부는 그 다섯 가지의 방법론을 보완할 방법이 필요하다는 것을 언급하면서 마무리할 것이다.

제1장

부정의 방법

부정신학^{Théologie apophatique}은 창조주에 대한 피조물의 불완전한 인식만을 허용한다. 왜냐하면 피조물은 창조주의 비본질을 이해하도록 운명 지어져 있기 때문이다. 예를 들어, 알렉산드리아 학파의 고대 신학자 플라비우스 클레멘트^{Flavius Clément, 160-215}는 창조주에게 어떠한 특성을 부여하는 것을 거부한다.

> 우리는 참으로 하나님이 무엇이 아니신지만을 안다. 예를 들어 그분은 유(類)도 아니시고 종(種)도 아니시다. 그분은 우리가 경험한 것이나 우리가 상정(想定)할 수 있는 것을 넘어 계신다.[1]

클레멘트는 창조주의 본성과 피조물의 본성을 구별하지 않는다. 알렉

---

1. F. COPLESTON, *A History of philosophy, Vol. II: Medieval philosophy, From Augustine to Scotus* (Maryland: The Newman Press, 1962), 26. 『중세철학사』(서광사, 1988).

산드리아의 클레멘트 사상은 위-디오니시우스 아레오파기타에 의해 잘 부연된다. 그는 부정의 길과 긍정의 길을 구분하는 신플라톤주의의 프로클로스Proclus, 418-485의 방법을 차용하면서, 창조주의 특징과 피조물의 특징 간에는 질적 차이가 있음을 확신한다. 위-디오니시우스 아레오파키타는 창조주에게 인간의 특징을 부여하는 것을 거부한다. 그러므로 그는 창조주의 본성에 대한 무지에 다다른다.

> 이 방식(부정의 길)으로, (인간의) 지성은 가장 동떨어진 것들을 하나님에게서 제거하기 시작한다. 예를 들어, 하나님에게 가장 동떨어진 것들은 취태醉態나 격노다. 그리고 지성은 점차적으로 하나님에게서 피조물들의 속성들attributes과 특징들qualities을 제거하여, 지성이 '본질을 넘어서 있는 어둠'the super-essential Darkness에 도달할 때까지 나아간다.[2]

우리가 창조주에게 인간의 특징을 투사하면 할수록, 우리는 하나님에 대한 확실한 불확실성에 접근한다.

요한네스 스코투스 에리우게나Johannes Scotus Eriugena, 810-?는 하나님의 확실한 본성을 거부하는 데까지 이른다. 또한 그는 하나님의 본성이 인간에 의해 밝혀지거나 드러나거나 알려지지 않는다고 주장한다. 그러므로 그는 긍정의 방법에서 사용된, 아래에 제시된 구문들의 사용을 회피한다.

> 사유나 감각의 모든 대상들은 보이지 않는 것의 보임, 숨겨진 것의 드러

---

2. Ibid., 95.

남, 부정된 것(부정의 길에 대한 선호)의 긍정, 불가해한 것에 대한 이해, 형언할 수 없는 것에 대한 이야기함, 접근할 수 없는 것에 대한 접근, 인식할 수 없는 것에 대한 인식, 비물질적인 것의 물체, 본질을 넘어선 것의 본질, 형상이 없는 것의 형상 등이다.[3]

에리우게나가 받아들이기 거부하는 이 주제들은 우리에게 창조물에 대한 어떤 이해를 허락한다. 예를 들어 만약 우리가 드러남(성육신 또는 기독론)을 부인하면, 우리는 구속救贖을 거부해야 한다. 만약 우리가 인식(계시)을 갖지 못한다면, 우리는 전적으로 선하고 전능하신 하나님에 대한 실존뿐 아니라 창조 자체도 증명할 수가 없다. 그러므로 이 확신을 제거하려는 그의 시도는 불가지론의 한 예일 뿐이다. 어떻게 인간이 긍정의 길이 제시하는 구문들을 사용하지 않고 하나님에 대한 이해에 접근할 수 있을까? 그러나 루터는 중세의 문학적·알레고리적·전의법적·유비적 해석을 거부하면서 "단어의 외적 함축성에 기반을 둔 이해와 내적 함축성에 기반을 둔 이해"[4] 각각을 구별하는 표현을 사용한다. 그리고 그는 성서의 기독론적 이해를 강조한다. 다시 말해 부정의 길 덕분에 십자가의 신학자는 **십자가에 매달리신 하나님**_Deus crucifixus_과 **계시된 하나님**_Deus revelatus_ 간의 차이를 받아들인다.

'하나님의 존재 증명'을 보인 후에, 토마스 아퀴나스[1227-1274]는 하나님의 본성에 대한 탐구를 시작한다. 그는 우리가 그것을 기술할 수 없고,

---

3. Ibid., 124.

4. G. EBELING, LUTHER, _Introduction à une réflexion théologique_ (Genève: Labor et Fides, 1981), 90. E. Seeberg는 _Luthers theologie, vol._ II에서 루터가 아레오파기타의 '부정의 길'을 사용했다고 언급한다. 나는 이 글을 J. Dillenberger, _God hidden and revealed_ (Philadelphia: Muhlenberg Press, 1953), 47에서 인용했다.

하나님이 존재한다는 확신만을 가질 수 있을 뿐이라고 말한다. 다시 말해 토마스 아퀴나스가 취하는 입장은 클레멘트, 디오니시우스 아레오파기타 또는 에리우게나의 노선인 부정의 길이 아니다. 만약 이들이 불가지론자라면, 토마스 아퀴나스는 한편으로는 불가지론자고 또 다른 한편으로는 현실주의자다. 왜냐하면 그는 부정의 길과 긍정의 길을 동시에 추구하기 때문이다. 그러므로 이 신학자는 부정신학에서 독립한 긍정신학 사용하기를 거부한다.

> 신적 실체divine substance는 우리 (인간의) 지성이 획득할 수 있는 모든 형태를 어마어마하게 초월하기에, 우리는 그것이 무엇인지를 앎으로써 그것을 이해하는 것이 아니라, 우리는 그것이 무엇이 아닌지를 알아가면서 그것의 일부를 이해할 뿐이다.[5]

우리는 하나님의 질료성을 거부할 때에만 비로소 하나님을 알 수 있다. 우리가 하나님에 대한 부정적 술어를 선호하면 할수록, 우리는 그에 대한 무지에 다가간다. 우리는 그에게 인간적 특성을 할당할 수가 없다. 왜냐하면 하나님은 비물질적이기 때문이다. 그래서 토마스 아퀴나스는 부정신학의 독립적 사용을 거부한다. 그러면 우리는 어떻게 부정의 방법이 가진 어려움에서 벗어날 수 있을까?

'부정 술어'에 대한 스틴베르겐의 예증에 접근해보자. 하나님에 대한 우리의 인식은 부정적이다. 왜냐하면 하나님은 "유한적 존재가 아니기"[6]

---

5. F. COPLESTON, 347-348.
6. F.-V. STEENBERGHEN, *Le thomisme* (Paris: Presses Universitaires de France, 1983), 37.

때문이다. 이것은 우리를 하나님의 특성이 부정적이라고 연역하는 데로 이끈다. 예를 들어 긍정신학에서 "완전함"perfection의 개념은 "완전"per-fectum, "성취"factum[7]인 데 반해, 부정신학에서 "완전함"의 개념은 "완전하게 할 수 없는, 완전할 수 없는, 능력이 있는 것이 아닌"[8]이다. 부정신학에서 "단일"의 개념은 "비–분리"in-division,[9] "단(비, 무)–일성"un-icité, "다양성의 부정"négation de la pluralité[10]이다.

그러므로 부정신학은 우리의 지성과 감각으로 신성한 이름에 대한 어떤 인식을 갖는 것을 거부한다.

---

7. Ibid., 38.

8. Ibid., 38.

9. Ibid., 39.

10. Ibid., 40.

제2장

긍정의 방법

아포파티크 신학^{Théologie apophatique}(부정신학)은 하나님에게 인간의 특성을 부여하는 것을 거부하고 '부정 술어' 방식으로 하나님의 고유성을 기술했다. 반면 포파티크 신학^{Théologie pophatique}(긍정신학)은 '긍정 술어' 방식으로 하나님에게 인간의 특성을 적용한다. 위-디오니시우스 아레오파기타는 부정신학을 전개할 뿐 아니라 긍정신학을 발전시킨다. 그는 하나님을 가리켜 한편으로는 '스스로 있는 생명', 또 다른 한편으로는 '스스로 있는 생명의 근거'라고 명명한다. 즉 그는 우선 하나님을 인간의 첫 요인으로서 '스스로 있는 생명', 인간보다 선험적인 것으로서 '스스로 있는 생명의 근거'라고 설정한다.

우선 내가 이미 수차례 말했던 것을 지금 다시 거론해도, 권능의 하나님 또는 스스로 계시는 생명, 그리고 자기 스스로 계시는 근거, 평화 또는 능력이라 부르는 것과 대립적이지 않다.[1]

---

1. G. LAFON, "Le Parménide de Platon et Saint Thomas," in P. GISEL 외, *Analogie*

『모놀로기온』*Monologion*에서 신 존재 증명을 전개하는 안셀무스의 신학을 여기서 일반화해보자.

안셀무스는 신 존재 증명과 관련해서 제1장에서는 '선'을 , 제2장에서는 '위대함'을 응용한다. 즉 신 존재 증명은 '선'과 '위대함'에 대한 경험적 관찰에서 유래함을 알게 된다. 그러므로 이것은 후험적인*a posteriori* 증명방식이다.

안셀무스는 『프로슬로기온』*Proslogion*에서 신에 대한 생각과 관련해 우리의 사유에서 유래하는 '존재론적 논쟁'을 전개한다. 『프로슬로기온』의 한 구절을 인용하자.

Et quidem credimus te esse aliquid quo nihil majus cogitari possit.
더 이상 큰 것을 상상할 수 없는 그 무엇이 바로 신 당신이다.[2]
Deus enim est id quo majus cogitari non potest.
신은 우리가 더 이상 큰 것을 상상할 수 없는 바로 그것이다.[3]

안셀무스의 신 존재 증명은 인간이 보다 더 큰 것을 더 이상 상상할 수

---

et dialectique (Genève: Labor et Fides, 1982), 63. 우리는 중세기의 성체성사에 대한 한 신학자의 연구를 참조할 수 있다. Batiffol P., *Etudes d'histoire et de Théologie positive, l'eucharistie, la présence réelle, et la transsubstantiation* (Paris: J. Gabalda et fils, 1930). 우리는 여기서 긍정신학의 특성을 잘 볼 수 있다.

2. SAINT ANSELME DE CANTORBERY, "Proslogion," in *Fides quaerens intellectum* (Paris: Vrin, 1954), 12(라틴문), 13(불어). 안셀무스의 사상에 접근하기 위해 K. BARTH, S. Anselme, *Fides quaerens intellectum, la preuve de l'existence de Dieu* (Genève: Labor et Fides), 1985.

3. SAINT ANSELME DE CANTORBERY, "Proslogion," 16(라틴문), 17(불어). 『모놀로기온·프로슬로기온』(아카넷, 2012).

없다는 가정에서 출발한다. 그것은 바로 '절대 완벽함'이다. 우리는 이러한 질문을 제기해볼 수 있다. 이 존재가 우리의 주관적 사고 속에 존재한다면, 우리는 객관적 실재 속에 존재하는 큰 존재를 이해할 수 있을까? 안셀무스는 "신을 생각하면서, 어떤 누구도 신이 존재하지 않는다고 생각할 수 없다"고 대답했다. 다시 말해, 그에게서 절대 진리로서 신에 대한 생각은 당연히 실재하는 존재자에 대한 생각인 것 같다. 가장 최상의 주관적 사상은 가장 최상의 객관적 사상이 된다. 그 결과 신에 대한 인간의 사고는 객관적 사실이 된다. 안셀무스가 『프로슬로기온』에서 전개하는 논점은 수도사 가우닐로Gaunilo가 『어떤 사람이 어리석은 자를 위해서 이(안셀무스의 논증)에 대해 무엇이라고 대답할 것인가?』*Quid ad haec respondeat quidam pro insipiente*에서 반박된다. 가우닐로는 신에 대한 우리의 이해가 초정신적인 그분의 존재를 이해하는 것을 보증하지 못한다는 사실을 확언하고, '실재의 체계'에 대한 논리의 불법적인 이행을 비판한다.

> 누군가 통념으로 이해되지 않는 것을 '지성 속의 존재'라고 불러야 된다면, 이러한 의미에서 나는 그것이 내 지성 속에 있지 않다는 이유로 그것이 존재하지 않는다고 생각하지는 않는다. 그 존재가 실재 속에 있다고 결론지을 수 없기 때문에, 그 실재가 의심할 여지가 없는 논증에 의해 증명되지 않을 때까지, 나는 그 존재에게 이 실재적인 존재를 양도하지 않는다.…나는 가장 큰 이 존재가 실재에 대한 무엇임을 부정하고, 만약 이 경우에 (내가) 존재에 대해서 (무엇인가를) 말해야 된다면, 그때까지 완전히 무시된 사물이 다른 방식으로 존재하고, 영혼이 단지 언어(정확한 의미를 이해함 없이)에 의해 상상되는 것을 나는 인정하지 않는다.[4]

---

4. GAUNILO, "Liber gaunilonis pro insipiente," in *Fides Quaerens Intellectum*, 62,

가우닐로가 안셀무스의 긍정신학의 한계를 잘 간파했다고 해도, 그는 긍정신학과 부정신학 간의 부조화를 해결하지 못했다. 이 두 다른 관점은 토마스 아퀴나스에 의해 조정되는 듯하다. 우선 아퀴나스는 부정의 방법을 통해서는 인간이 신적 본질을 알 수 없다고 믿고 있지만, 그는 '긍정 술어'를 사용한다면 하나님의 속성을 기술할 수 있다고 강조한다. 예를 들어 '하나님은 지성적이다'라는 것의 본질적 의미는 완전하지만, 그것에 대한 인식의 방법은 불완전하다는 주장이다. 이 긍정 술어는 글쓰기의 내용으로는 긍정적이지만, 글쓰기 방식으로는 부정적이다. '지성적이다'는 의미는 하나님의 속성에 합당하지만, 인간의 경험에 의해 얻어진 그 용어는 그분에게 적합하지 않다. 왜냐하면 '지성적이다'는 용어는 인간의 언어에 근거하기 때문에 그것이 하나님에게 응용된다면 그 의미는 인간의 이해를 벗어난다. 그러므로 긍정신학은 사람의 언어를 벗어나서 하나님을 설명하려고 노력하는 방법이 된다.

앙살디에 따르면, "긍정신학과 부정신학은 그리스도가 아닌 것을 통해 하나님을 말하려는 노력"[5]일 뿐이다. 말하자면 긍정의 방법은 그리스도에 대한 인식 밖에서 '숨은 신'을 설명하려고 노력하는 것이다. 그래서 긍정신학은 하나님의 본래적 사역*Opus proprium Dei*과 하나님의 비본래적 사역*Opus alienum Dei*[6] 간의 구분 없이 '즉자적 하나님'*Dieu en soi*을 설정한다.

64(라틴문), 63, 65(불어문).

5. J. ANSALDI, *L'articulation de la Foi, de la Théologie et des Écritures* (Paris: Cerf, 1991), 221. R Ruyer는 *Dieu des religions, Dieu de la science* (Paris: Flammarion, 1970), 89-90에서 하나님과 자연의 본성을 다루면서 '부정신학과 긍정신학'을 설명한다.
6. 제4부 '정체화 이론과 루터의 노예의지 개념'에서 이 주제에 다시 접근할 것이다.

제3장

유비의 방법

내가 방금 기술한 부정의 방법과 긍정의 방법은 유비의 방법에 의해 종합된다. 이 방법은 주체가 완전히 또는 부분적으로 자기의 본성을 창조주에게 부여하는 것이라고 할 수 있다. 그 결과 알 수 없는 실재는 인간 언어에 의해 그 실체가 벗겨진다. 그러면 "일의성"univocité과 "다의성"equivocité[1]을 거론하는 아퀴나스의 유비의 방법을 살펴보도록 하자. 전자는 동일한 단계에서 사용되고, 후자는 서로 다른 단계에서 사용된다. 첫 번째 경우에서, 피에르Pierre와 폴Paul은 개인적 특성의 다양함에도 동질적 방식의 인간성을 포함한다. 그 이유로 인간이란 개념은 일의적이다. 그 의미는 우리가 만드는 모든 특성에서 동질적이다.[2]

우리는 백인, 흑인 그리고 황인종의 각 인간 존재에게 인간이라는 용

---

1. 토마스 아퀴나스는 『자연적 실체의 원리들』(*Les principes de la réalité naturelle*, Paris: Nouvelles Editions Latines, 1963), 95-105이란 저서에서 '일의적 의미', '유비적 의미', '다의적 의미'라는 세 개념을 다루고 있다.
2. F.-V. STEENBERGHEN, *Le thomisme*, 35.

어를 사용한다. 그런데 두 번째 경우에서는 인간 경험으로 얻은 사랑이라
는 개념을 하나님에게 적용할 수 없다. 왜냐하면 피조물과 창조주는 같은
종도, 동일한 유도 아니기 때문이다. 그러므로 우리는 하나님과 인간에게
동시에 같은 용어를 사용할 수 없다. 곧 **사랑**이란 단어는 다의적이다.

유비의 방법에서는 부정의 방법이나 긍정의 방법과는 달리, 유비의
본성인 닮음, 즉 피조물과 창조주 간의 질적 닮음이 문제시된다. 우리는
유비를 취급하면서 객관을 제거해서는 안 된다. 그러므로 객관과 주관,
무한과 유한의 관계를 생각해야 된다. 우선 스텐베르겐이 설명하는 '비
례의 유비'analogie de proportion를 도입할 수 있다. 그에 따르면 "유한계에서
존재 개념은 일의적 개념이 아니다. 그 이유는 그것이 통합적으로 온전
한 실재를 묘사하기 때문이다.…이 개념은 온전한 본질에 비례하는 각각
의 존재에 부여할 만하다. 존재라는 용어는, 그것이 끈이나 사자에게 어
울리듯이, 폴에게 **다소** 적합하다. 바로 여기에서 두 관계(폴과 그의 존재,
끈 또는 사자와 그들의 존재) 간에 (다소) 비례가 있다고 한다. 스텐베르겐은
이 두 관계의 비례를 '비례의 유비'로 부르자"[3]고 주장한다. 그러므로 우
리는 모든 피조물에 존재라는 용어를 사용할 수 있다. 동일한 도면에 종種
을 위치시키면 다의적인 이 개념은 다소 인간과 피조물에 적합할 것이다.

우리는 그것을 창조주에게도 사용할 수 있을까? 크레제J.-D. Kraege는
원인과 결과의 관계에서 유비의 방법을 사용한다. 그리고 그는 "인간은
세상, 하나님 그리고 자신을 알려고 노력한다. 반대로 존재는 그 자체로
알려진다. 왜냐하면 제일 요인이 존재하기 때문이다. 존재계에서 하나님
은 세상을 창조한다. 인식계에서 인간은 하나님의 창조까지 거슬러 올라

---

3. Ibid., 35.

간다. 그러므로 인식의 질서는 존재계를 필연적으로 상정한다. 만약 피조물이 존재론적으로 피조물이 아니고 하나님의 특징에서 파생되고 유사한 특징을 갖지 않는다면, 피조물은 창조주에 유비적으로 도약할 수 없을 것이다. 그러므로 논리적 유비는 **존재의 유비**_analogia entis_를 가정한다"[4]고 기술한다.

우리는 두 종류로 **비례의 유비**를 나눌 수 있다. 그것은 **비례의 유비(수평)와 관계의 유비**(수직)다. 첫 번째 것은 인간과 피조물에 응용된 유비고, 두 번째 것은 하나님-인간에게 적용된 유비다. 다시 말해, 전자는 평등의 단계에서 설정된다. 예를 들어 "비교된 모든 주체는 동일한 단계에 놓인다. 왜냐하면 모든 것은 창조주에 속하기 때문이다. 그리고 이 관계 아래서, 제일의 유사물을 기술할 만한 자리가 없다."[5] 반대로 후자는 창조주와 피조물 간의 관계를 설명한다. "여기에 창조주인 일차적 또는 본원적 유사물과 피조물인 이차적 또는 파생된 유사물이 있다."[6]

또한 우리는 두 번째 관계의 유비를 부여의 유비라고 부르고 두 개의 범주로 그것을 나눌 수 있다. 그것은 **외적 부여 유비와 내적 부여 유비**다. 첫 번째 범주는 본원적 유사물(하나님)과 파생된 유사물(인간) 간에는 어떤 관계가 성립되지 않음을 나타낸다. 왜냐하면 본원적 유사물의 속성은 파생된 유사물의 속성을 선험하기 때문이다.[7] 이것이 "외적 부여 유비"다. 두 번째 범주는 파생된 유사물이 본원적 유사물과 유사하다는 사실을 나타낸다. 왜냐하면 본원적 유사물의 속성은 파생된 속성에 관계하

---

4. J.-D. KRAEGE, "Théologie analogie et Théologie dialectique," in _Revue de Théologie et de Philosophie_ III (Genève: Lausanne-Neuchâtel, 1979), 16.
5. F.-V. STEENBERGHEN, 35-36.
6. Ibid., 36.
7. J.-D. KRAEGE, 17.

기 때문이다.[8] 이것이 '내적 부여 유비'다.

여기서부터 출발하여, '실재'*le réel*는 인간 언어에 포위된다. 장 앙살디는 "부정신학과 유비신학은 [나에게] 언어와 실재의 연속성을 전제하는 듯하다"[9]라고 기술한다. 우리는 본원적 유사물과 파생된 유사물을 연결하려고 시도한 방법을 유비신학이라고 말할 수 있다.

---

8. Cf. Ibid.

9. J. ANSALDI, *L'articulation de la Foi, de la Théologie et des Écritures*, 220.

제4장

상관의 방법

폴 틸리히[1886-1965]는 우선 그의 저서 『조직신학』[1]에서 세 가지 방법론, 즉 초자연적·자연적·인간적 또는 이원론적인 방법론들을 연구한다. 그는 계속해서 초자연적 신학, 자유신학, 자연신학의 취약점을 해결하기 위한 네 번째 방법론으로 상관의 방법을 소개한다. 그는 '상관'이란 용어를 다음과 같이 사용한다. "종교적 상징과 그것이 상징하는 것 간에 상응하는 의미에서 상관이 성립된다. 인간을 지칭하는 개념과 신성을 지칭하는 개념 간의 논리적 의미에서 상관이 성립된다. 인간의 궁극적 관심과 그것의 대상 간의 사실적 의미에서 상관이 성립된다."[2]

틸리히는 세 가지의 체계, 즉 연역법, 귀납법, 상관법을 설명한다. 여기서 나는 신론과 계시론에 국한해서 틸리히의 상관법을 탐구할 것이다.

---

1. P. TILLICH, *Systematic Theology vol. I* (Chicago/Illinois: University of Chicago Press, 1953), 64-66. 『조직신학』(한들 역간, 2001)
2. Ibid., 60-61. 틸리히의 *Théologie systématique, t. I, Introduction, Raison et Révélation*, trans. F. Ouellet (Paris: Editions Plante, 1970), 125에 근거하여 번역한다.

연역법은 우선 이성보다 은혜를 강조한다. 이 방법은 신앙 주체인 신앙인으로부터가 아니라 신앙의 대상인 하나님으로부터 모든 것을 연역해낸다. 신앙의 대상이 주체인 신자를 밝힌다면, 메시지는 상황을 해석하게 한다. 주체인 신자에 대한 신앙의 대상인 하나님의 우위성은 곧 상황에 대한 메시지의 우위다. 칼 바르트에 따르면, 교의학의 임무는 교회에서 하나님을 말하고 성서적·실천적·교의적 탐구라는 세 가지 형태를 취하는 것이다. 신학은 타학문에 의해 차용된 범주로 판단되지 않고, 단지 하나님의 말씀에 의해서만 판단된다. 신학은 교회와 순종 안에서 정확히 자리를 잡는다. 이 생각은 교의학이 신앙의 행위를 전제함을 의미한다. 신앙은 은혜에 의존하고 신학은 이성이 아닌 은혜 위에 기초한다.[3] 하나님은 연역법에서 스스로 모습을 드러내시고 손수 우리를 향해 오신다. 하나님은 인간과 완전히 다르시다. 인간이 하나님을 찾을 때, 창조주는 그에게 답하지 않는다. 그러나 인간은 외계에서 오는 비행선처럼 성서를 통해 자기 가슴에 와 닿는 메시지를 얻는다. 하나님은 무오한 성서를 통해 상황을 밝히신다. 그러니까 그분은 성서에 기거하신다. 구넬 A. Gounelle은 연역법에서 하나님 개념을 이렇게 기술했다. "하나님 개념은 인간 실존과 관계를 갖지도, 상응망 또는 상관망 안에 끼어들지도 않는다."[4]

연역법에서 계시 연구는 계시된 말씀에서부터 탐구가 시작되어야 한다. 이 교리는 말씀 사건보다 말씀 내용에 강조점을 둔다. 다시 말해, 계

---

3. Cf. K. BARTH, *Esquisse d'une Dogmatique*, chapitre I, la tache de la dogmatique, trans. Fernand Ryser, Edouard Mauris (Neuchâtel et Paris: Delachaux & Niestlé, 1950). 그리고 그의 *Dogmatique*, *t.* I, ch 1, 2 (Genève: Labor et Fides, 1953).

4. A. GOUNELLE, *Théologies inductive, déductive & corrélative*, Montpellier, inédit, Conférences données en Octobre 1978, 18.

시는 구어^{口語}인 말씀을 문어^{文語}인 성서와 동일시한다. 즉 연역법의 계시는 선포된 말씀보다 기록된 성서의 문자에 강조점을 둔다.

귀납법에서는 메시지도 중요하지만 상황의 역할이 더 강조된다. 메시지에 대한 상황의 우위가 거론되는 것이다. 구넬에 따르면, "메시지는 상황 밖으로부터 상황을 비추러 오는 것이 아니다. 반대로 그것은 상황에 의해 유발되고 결정된다. 그러므로 고찰은 주체와 구체적인 실존에서부터 시작되어야 한다."[5] 귀납적 관점에서, 말씀을 비추는 것은 실재이지 그 반대가 아니다. 구티에레즈^{G. Gutierrez}는 복음과 라틴 아메리카의 압제와 착취의 토양 위에서 자유를 성취해가는 남성과 여성의 경험에 기초해 성찰한다.[6] 그에 따르면, 자유를 성취하려는 노력은 "현재의 정의롭지 못한 사회를 제거하기 위해, 그리고 자유롭고 보다 인간적인 새로운 사회 건설을 위해 나누어야 할 노력과 경험에서 생기는 신학적 고찰에서 생겨난다."[7] 해방(자유)신학은 정의롭고 박애적인 사회 건설을 위한 싸움을 제시한다.

귀납신학의 하나님 개념은 연역신학의 하나님 개념과 대립된다. "하나님이 인간이 되신 이래로, 인간이 만물의 척도다."[8] 하나님은 더 이상 하늘에 계시지 않고, 인간과 함께 땅에 계신다. 그분은 인간의 땅에 그리고 인간의 역사에 내재해 계신다. 이때 계시의 인간학적 측면이 문제가 된다. 계시는 성서의 내용에 강조점을 두는 것이 아니라 사건에 강조점을 둔다. 그것은 높은 곳에서 오는 빛이 아니라 세상을 변화시키는 하나

---

5. Ibid., 25.

6. G. GUTIERREZ, *A Theology of Liberation: History, Politics and Salvation* (New York: Maryknoll, 1973).

7. G. GUTIERREZ, IX.

8. Ibid., 7.

님의 행위다. 그것은 오히려 상황에 의해 밝혀지는 말씀이다. 중요한 것은 말씀의 내용을 묵상하는 것이 아니라 인간 세상의 복잡하고 부조리하고 왜곡된 상황을 관망하는 것이다. 이런 의미에서 기독인의 영성은 행위 속에서의 묵상*in actione contemplativus*이다. 해방신학에서 신앙 이해는 "진실에 대한 단순한 확신이 아니라 삶을 향한 특별한 자세, 온전한 태도, 그리고 행동"[9]이라고 할 수 있다.

결국 우리가 또 하나의 가설적 방법론으로 제시할 수 있는 상관법은, 상황에서 벗어난 연역신학과 상황에 사로잡힌 귀납신학을 비판하려는 시도다. 그러므로 상관법이란, 상황에 대한 메시지의 우위도 메시지에 대한 상황의 우위도 아닌 메시지와 상황 간의 상응 실존을 다루는 이론이다. 상관신학에서 하나님은 하늘 위에 계시고 실재를 초월할 뿐 아니라 현실에서 인간과 함께 땅 위에 계신다.[10] 한편으로 그분은 숨어 침묵하시고, 또 다른 한편으로 스스로 모습을 드러내어 우리를 향해 오시며, 말씀을 통해 우리를 만나주신다. 틸리히는 창조를 존재자가 유한계에 개입하는 것으로 또는 존재의 출현으로 기술한다. 즉 본질이 실존 안으로 실추한 것이다. 이 실추는 **인간 소외**estrangement란 표현처럼 모든 존재에 대한 존재론적 형상을 결정한다. 모든 존재는 **자신에게 소외된 존재**[11]이기에 고통스러워하며 질문들을 제기한다. 이 질문들은 그가 제

---

9. Ibid.
10. Cf. PIERRE BARTHEL, *Interprétation du langage mythique et Théologique biblique; étude de quelques étapes de l'évolution du problème de l'interprétation des représentations d'origine et de structure mythiques de la foi chrétienne*, Thèse de Doctorat, Université de Strasbourg, Faculté de Théologie protestante, 1963, 153.
11. Cf. *Systematic Theology* I, 300-301, *Systematic Theology* II, 38. 틸리히의 인간학은 이 경험에서 생기는 것 같다. 왜냐하면 인간은 Entfremdung 안에 빠져 있는 가장 심오

기하지 않는다 해도 그 앞에 놓여 있는 것이다. 그는 유한계의 무한한 근거이다. 이런 척도로써 그는 '새로운 존재', 나사렛 예수를 창조하면서 '유한'의 중심에 역동적으로 자신을 나타낸다.

상관신학은 내적 말씀과 외적 말씀, 하나님의 말씀과 인간의 경험, 그리고 우리 밖에와 우리 안에 등의 만남을 제기한다. 즉 "계시는 기다린 것에 대한 만남이고, 사건과의 의미 있는 만남이다.…기다림 또는 내적 말씀 없이, 외적 말씀과 사건은 신앙인에게 전달되지 않는다. 어떠한 반향도 결실도 없다. 이것은 신앙인에게 무의미한 것이다. 그렇다고 외적 말씀 없이, 내적 말씀이 결실과 능력을 나타내지는 않는다. 내적 말씀은 욕망하고 결실이 없는 시기에도 지속되고 있다"[12]고 할 수 있다.

상관법은 한편으로는 메시지를, 다른 한편으로는 상황을 분석해야 한다. 또한 이 둘의 관계를 규정해야 한다. 그러므로 상관신학은 어떤 한 요소가 다른 요소를 고립시키지 않고 두 요소를 동등하게 강조하는 관계를 정립하는 것이다.

폴 틸리히는 연역신학과 귀납신학 간의 관계 장소로 '경계'나 '끝'이라는 개념을 사용한다. 상관 개념은 메시지와 상황, 교회 영역과 사회 영역, 시간성과 영원성, 초월과 현세 간의 '왕복' 운동이다. 그러므로 상관신학은 두 축, 즉 연역축과 귀납축 사이를 왕복하는 뗏목을 구성한다. 연역축과 귀납축이 견고하고 보증된 반면, 상관축은 견고하지도 안전하지도 않으며 보증된 것도 아니다. 상관적 해석학은 해답을 주는 것이 아니라 문제 제기만을 남길 뿐이다.[13] 왜냐하면 그 해석학은 극에 있는 두 점

한 존재이기 때문이다.

12. A. GOUNELLE, *Théologies inductive, déductive & corrélative*, 43.

13. Cf. 폴 리쾨르는 불트만의 두 작품, *Le Jésus* (1926)와 *Jésus-Christ et la Mythologie*

을 연결하기 때문이다.

스투키^{P.-A. Stucki}는 현상학과의 관계에서 노에시스-노에마적 상관법 corrélation noético-noématique을 결정짓는다. 그는 교리의 위치와 인간 주체 간의 상응을 발견한다.

우선 '가고 귀환하기'가 노에마적 특성을 지닌 교의 안에서 발생할 때, 우리는 그것을 **노에마적 왕복 기관**navette noématique이라 부른다. 이것은 연역신학을 암시한다. 왜냐하면 이 왕복 기관은 **있는 모습 그대로의 하나님**Deus nudus으로부터 인간 상황으로 움직이기 때문이다. 이 왕복 기관이 지시하는 교의들은 성육신과 창조, 전능한 하나님의 존재 등이다.

계속해서, '가고 귀환하기'가 노에시스적 특성을 지닌 교의 안에서 발생할 때, 우리는 그것을 노에시스적 왕복 기관이라 부른다. 이것은 귀납신학을 암시한다. 왜냐하면 이 왕복 기관은 인간의 신앙에서 출발하여 하나님을 향하기 때문이다. 이 왕복 기관이 지시하는 교의들은 희망, 율법, 순종 등이다.

결국, 쌍방향 운동인 '가고 귀환하기'는 노에시스-노에마적 상관법을 지향한다. 이것은 상관신학을 암시한다. 왜냐하면 이 왕복 기관은 한편으로는 하나님에게서 신앙으로, 다른 한편으로는 인간의 신앙에서 하나님에게로 움직이기 때문이다. 즉 연역신학에서 귀납신학으로, 그리고 그 반대의 경우가 그것이다. 스투키는 "모든 **노에마적 특성의 교리에 하나**

(1951)을 소개하기 위해 다음의 작품을 썼다. "Préface à Bultmann," in *Le conflit des interprétations, essais d'herméneutique* (Paris: Seuil, 1969), 373-392. 나는 374페이지의 한 단락을 발췌한다. "…텍스트와 말, 말과 사건/그 의미 간의 이 관계는 해석학적 문제의 핵심이다…" 상관 방법에서, 나는 또한 한편으로 '하나님의 말씀'과 '경계', '경계'와 '인간 상황', 다른 한편으로 '상황'과 '끝', '끝'과 '말' 간의 관계를 발견한다. 나는 이곳에서 상관적 해석학 개념을 발견할 수 있었다.

의 노에시스적 특성의 교리가 상응하고 그 역으로 모든 노에시적 특성의 교리에 하나의 노에마적 특성의 교리가 상응한다"[14]고 주장한다. 그래서 그는 "이 상관법을 명백하게 규정하고 사고되는 대상을 지칭한다는 측면에서 성육신을 표현하기 위해 노에마^{noema}라는 용어를 사용한다. 그리고 그는 이 노에마와 관계되는 주체의 구조인 신앙을 표현하기 위해 노에시스^{noesis}라는 용어를 사용하며, 이 노에마와 노에시스를 이어주는 상호 의존성을 나타내기 위해 **노에시스–노에마적 상관법**이라는 철학적 용어들을 사용한다."[15]

그러므로 틸리히와 스투키가 '상관법의 해석학'을 세운 것은 신앙의 대상과 인간 주체, 종교와 문화에는 하나의 상응 관계가 있다는 확신에서 비롯된 것이 분명하다. 상관 방법은 '경계'라고 불리는 곳에서의 만남을 설명한다. 이 방법은 직접적으로 복잡한 상황에 의해 발생한 문제들에 명확한 해결을 주는 것 같지는 않고 오히려 끊임없이 하나님과 인간의 본성에 관계되는 문제들을 제기하는 것 같다.

---

14. Ibid.

15. P.-A STUCKI, *Herméneutique et dialectique* (Genève: Labor et Fides, 1970), 202.

제5장

역설의 방법

존재의 유비가 언어와 실재 간의 연속성을 설정한다면, 키에르케고르의 변증법은 그들 간의 비연속성을 가정한다. 키에르케고르^{S. Kierkegaard, 1813-1855}는 '외적 변증법'을 확립하는 헤겔^{G. W. F. Hegel, 1770-1831}의 변증법과는 다르게 '내적 변증법'을 세운다. 그래서 우리가 키에르케고르의 방법을 '질적 변증법'이라 부른다면, 헤겔의 방법은 '양적 변증법'이라 부를 수 있다. 그러므로 키에르케고르의 변증법은 존재의 유비처럼 이해되지도 않고 헤겔의 변증법에도 반대된다.

키에르케고르는 『후기』^{Post-scriptum}에서, 개인은 '심미적·윤리적·종교적 A, B' 단계를 추구한다고 언급한다. 헤겔의 변증법은 이 중에서 '심미적·윤리적' 단계만을 포함하며 "진리^{vérité}와 지식^{savoir}, 실재^{réel}와 언어^{langage}를 다시 연결하려는 방법"[1]으로 이해된다. 그러나 키에르케고르의 역설은 '종교적 B' 단계에 속한다. 이것은 실재와의 만남에서 생기는 설

---

1. J. ANSALDI, *L'articulation de la Foi, de la Théologie et des Écritures*, 222.

명할 수 없는 경험을 나타내는 단계다. 역설적 해석에 따르면, 정·반의 **변증법**은 주체의 외부에서 도래한다.

스위스 뇌샤텔의 조직신학자 크레제는 키에르케고르가 말하는 변증법적 내재화를 네 단계로 나누어 설명한다. 첫 번째로 '심미적' 단계에 있는 개인은 '내적 변증법이 아닌' 것으로 나타난다.[2] 그는 자기 밖에 있으려고 한다. 두 번째로 '윤리적' 단계에 있는 개인은 심미적 단계와는 달리 "내적 변증법" 안에 거한다. 왜냐하면 개인은 "자기 확신에 찬 내부로 향하는"[3] 변증법이기 때문이다. 세 번째로 '종교적 A' 단계에 속하는 개인은 "하나님 앞에서 개인의 파멸"[4]을 인식한다. 네 번째로 '종교적 B' 단계에 있는 개인은 **그리스도의 신앙과 인간의 신앙**이라는 근원적 사건 안에서 자기 실존을 세운다. 그는 항상 "내적 변증법"[5]을 지닌다.

프랑스 몽펠리에의 조직신학자 앙살디는 오이디푸스의 세 단계를 이용하여 키에르케고르 변증법적 역설법을 재해석한다. 첫 번째로 개인은 "오이디푸스의 첫 번째 단계: 엄마와의 직접 관계성—융합에 대한 욕망"[6]에 참여한다. 두 번째로 개인은 "법이 거세하러 오기 때문에 오이디푸스 두 번째 단계에 참여한다. 그러나 언제나 전지전능함을 욕망하는 아들은 자신의 아버지를 전지전능한 상상적imaginaire 아버지로 설정한다." 세 번째로 개인은 "오이디푸스의 세 번째 단계에 속한다. 아들은 아

---

2. J.-D, KRAEGE, "La dialectique Kierkegaardienne," in *Revue de Théologie et de Philosophie*, 1986/118, 55. Cf. J. ANSALDI, *L'experience de Dieu; analyse de textes*, Cours de Faculté de Théologie protestante de Montpellier, 1991-92/2, 63-65. 그는 여기서 '내적 인간'과 '외적 인간'을 설명한다.

3. J.-D. KRAEGE, "La dialectique Kierkegaardienne," 55.

4. Ibid., 56.

5. Ibid.

6. J. ANSALDI, *L'expérience de Dieu: analyse des textes*, 56.

버지의 비非전지전능(그리스도의 십자가)과 자기의 무능력함을 받아들인다. 그래서 그는 언어를 묵상함으로 상호 인식의 논쟁을 펼치는 방향으로 전진한다."[7]

헤겔은 진리와 지식, 실재와 언어를 화해시키면서 존재의 유비처럼 '외적 변증법'을 건설한다. 반면 키에르케고르는 타자 앞에서 자아의 파멸을 기술하는 '내적 변증법'을 건설한다. 질적 변증법은 실재와 언어를 구별한다. 그래서 키에르케고르의 내적 변증법을 '역설적 변증법'이라 부르고 아래와 같은 방정식으로 그 변증법을 표기한다.

$$(A \text{ w } B) \quad \leftrightarrows \quad (A \cdot B)$$

크레제는 형식 'A w B'를 '신앙(A)과 죄(B) 사이의 절대대립(w)'이라고 읽는다. 앙살디는 그것(신앙과 죄 사이의 절대 대립)을 상상적 신학과 상징적 성서라는 두 원으로 설명한다. 이 두 원은 라캉이 제시한 보로매우스 매듭을 활용한 것인데, 앙살디는 "신학과 성서라는 각 원들은 보로매우스 매듭의 결합 안에서 함께 취급되지 않는다"[8]고 말한다. 이것은 이

---

7. Ibid. 우리는 이 주제에 관한 매우 훌륭한 저술을 참고할 수 있다. LEROI-GOURHAN, *Le geste et la parole, t. 1. Technique et langage* (Paris: Albin Michel, 1964). 왜냐하면 이 저서의 저자 LEROI-GOURHAN은 하나의 가설을 세운다. 이 가설은 상징 또는 인간 언어는 연장과 인간 몸짓 간의 교통을 정립하기 위해 인간이 연장을 만들고 연장을 사용할 때부터 나타난다는 것에 근거를 둔다. 결국 인간은 말과 몸짓을 결합할 수 없다. 왜냐하면 연장에 대한 존재론적 본성이 문제되기 때문이다. 서양 철학의 전통에 따르면, 많은 철학자가 실재의 본성을 분석하려고 노력했다. 특히 내가 제3부에서 다루는 라캉의 사상은 그것을 심층적으로 보여줄 것이다.

8. J. ANSALDI, *L'articulation de la Foi, de la Théologie et des Écritures*, 220. '보로매우스 매듭'이란 이름은 '보로매오'(Borromeo 또는 Buono Romeo)라는 이탈리아의 부유 가문(또는 반종교 개혁의 기수인 저명한 가문의 추기경 찰스 보로매)의 정문 왼쪽 아

둘 간의 엄격한 구분을 전제하는 것이다. 앙살디는 형식 'A w B'를 신학과 성서 두 축의 모순이라고 읽는다.

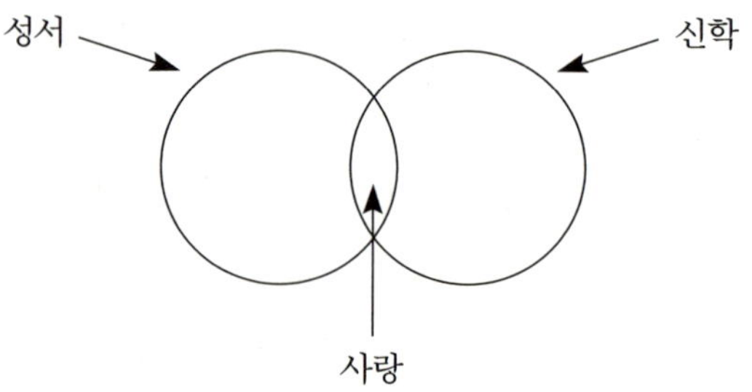

상징적 성서와 상상적 신학 간에 위치하는 사랑

　　반면에 크레제는 형식 'A · B'를 "상호적 함수", 앙살디는 "포개지는 관계"라고 말한다.[9] 여기서 ' · '는 결합점, 즉 신학과 성서 간의 결합, 결합의 순간성을 말한다. 이것은 구원론과 기독론을 의미하며, 앙살디는 이 점을 '실재와의 만남', '그리스도의 도래', '그리스도의 신앙'으로 읽는다. 즉 이 점은 A와 B의 모순을 해결하는 그리스도의 신앙이다. 또한 신앙, 죄, 그리스도 간의 연결, 또는 신학, 성서, 실재 간의 연결점이다. 이 점 때문에 'A w B'와 'A · B' 간에는 "반대"contraires가 아니라 "모순"contradictoires,[10] "역설"paradoxales 관계가 구성된다. 결국, 이 점은 영원 자

래에 붙어 있는 세 개의 고리로 된 휘장에서 유래한다. 보로매우스 매듭은 잘린 세 고리 중 어떤 하나를 지칭하고, 다른 두 개는 분리된다. 이 주제에 관하여 우리는 P. JULIEN의 저서 *Le retour à Freud de Jacques Lacan* (Paris: E.P.E.L, 1990), 214를 참고할 수 있다.

9. *L'articulation de la Foi, de la Théologie et des Écritures*, 220에는 "신학과 성서, 이 두 원은 포개어질 뿐이다"라고 기록되어 있다. 결국 두 원은 합치되는 것이 아니라 단지 겹쳐질 뿐이다.

10. Cf. J. ANSALDI, *Le langage et l'ontologie humaine*, 1991-92/1, 15-25.

체가 시간 속에 온 사건을 지칭한다.

　　바로 위에서 앙살디는 라캉의 보로매우스 매듭을 이용하여 신학과 성서의 관계를 말했는데, 여기에 실재*Fides*를 넣어서 실재, 신학, 성서가 어떤 방식으로 연결되는지를 다음의 도식으로 설명한다.

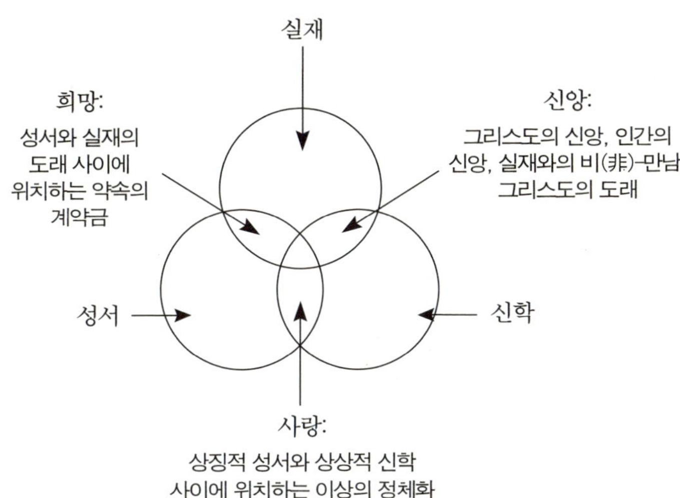

　　여기서 신앙*foi, fides*은 'A · B' 사이에 있는 점 ' · '을 지칭한다. 앙살디는 'A · B'를 결합하는 것은 ' · '이라고 말한다. 즉 인간의 신앙인 A와 인간의 죄인 B를 화해시키는 것은 그리스도의 신앙인 ' · '이다. 이 점(·)은 '실재와의 비非만남'을 의미한다. 앙살디가 생각하는 실재는 숨은 하나님이나 벌거벗은 하나님, 존엄한 하나님이다. 앙살디에게 이런 하나님은 우상에 해당한다. 우리가 만날 수 있는 참 하나님은 말씀을 통해 계시하시는 하나님, 성육신으로 우리에게 자신을 나타내시는 하나님이다. 이런 것을 대표하는 말이 바로 '그리스도의 도래', '그리스도의 신앙'이다.

다시 말해서 '실재'는 '숨은 하나님'을 의미하고, 앙살디가 말하는 신앙은 '그리스도의 신앙'이다. 앙살디는 계시된 하나님만이 신앙의 대상이고, 숨은 하나님은 우상의 대상이 된다고 말한다. 다시 말해 대문자로 표기되는 Fides는 계시된 하나님이 아니라 숨은 하나님이고, 신앙의 대상이 아니라 우상의 대상이다. 반면 소문자로 표기되는 fides는 계시된 하나님, 그리스도의 신앙이자 인간의 신앙을 표기한다. 이 단계에서는 대문자 Fides를 만날 수 없다. 앙살디에게 성육신은 fides의 단계에 속한다. 이것이 바로 루터의 사유와 라캉식 사유를 공유하고 결합하는 앙살디 신학의 독특한 면이라고 할 수 있다.

일반적인 결론

앞에서 기술한 조직신학에서 사용되는 다섯 방법들은 신학적 교리 위에 근거를 두고 있다. 신학의 방법은 교리의 한 요소이기 때문이다. 그 방법은 교리를 설정하는 것이 아니라 교리를 기술하기 위한 도구다. 또한 방법은 신자 주체와 신앙의 대상 간의 관계를 부연한다. 여기서 신학과 신학적 인간학을 상호 연결하기 위해 좋은 방법을 설정하는 것이 중요하다. 내가 제시하는 방법은 실재와 언어 간의 연속이나 단절을 지시한다.

만약 그들 간에 연속이 있다면, 인간은 언어와 영상을 통해 인식할 수 있는 하나님을 구상한다. 여기에 **있는 모습 그대로의 하나님**^{Deus nudus}과 **계시된 하나님**^{Deus revelatus} 간의 구분은 더 이상 없다. 이 생각은 연역신학, 긍정신학, 그리고 존재의 유비에 따른 하나님의 형상을 기술한다. 이 구도 아래에서 인간은 우상숭배자이고, 우상으로서의 하나님을 섬긴다. 그는 견고하고 굳고 확신에 차 있다. 왜냐하면 그는 하나님을 자기 임의로 취하기 때문이다.

틸리히의 상관적 방법의 개념에 따르면, 인간은 말씀과 언어 사이에서 염려가 가득하고 쉽게 깨어질 것 같고, 비천하고 외래적인 존재다. 즉 그는 실재 속에도 언어 속에도 없다. 연속도 불연속도 문제시되지 않는다. 왜냐하면 틸리히의 인간학은 신적 메시지와 인간 상황의 경계에 있기 때문이다.

만약 실재와 언어 간에 단절이 있다면, 나는 새로운 '상호 관계' 속에 신앙을 위치시킨다. 우리가 키에르케고르의 변증법에서 주지한 것처럼, 인간은 역설적 변증법 방정식의 결합점에 위치한다. 바로 이 지점에서 인간은 시간 속에 오신 은총의 존재 사건이자 이해 불가능한 역설적 사건을 통해 하나님에 대한 지식을 얻는다. 그래서 불연속성의 방정식을 그 결합점 위에 세운다.

고전적 신학방법론들이 보여주는 인간들은 하나님을 다르게 설정한다. 그 결과, 창조주와 인간의 관계가 다양하게 나타난다. 인간이 순수 이성으로 하나님을 상상한다 할지라도, 하나님에 대한 인식은 역설적 모순에 의해서만 설명할 수 있다. 하나님은 하늘에 계시지만, 그분은 인간들과 땅에도 계신다. 왜냐하면 그분은 예수-그리스도로 나타나시고 성령을 통해 외적 말씀 안에 계시되는 동시에 숨으시기 때문이다. 그러므로 우리는 역설적 사건에 의해 그분을 만나고 접촉하고, 연관된다. 설령 상관의 방법이 노에마와 노에시스 간의 두 면에 관계된다고 해도, 다섯 가지 방법들은 두 축의 본성을 이해하지 못한다. 그 상황은 한편으로 무의식의 주체에 대한 무지와 노예의지에 대한 몰이해에서 비롯하고, 다른 한편으로 존엄한 하나님과 계시된 하나님 간의 비분리에서 비롯한다.

그래서 이런 한계를 넘을 수 있는 방법을 찾아야 한다. 나는 제2부와 제3부에서 그런 시도를 할 것이다. 정신분석의 언어는 신학의 언어와는 다르지만, 인내를 갖고 정신분석의 방법을 배워보도록 하자.

제2부

—

프로이트가 말하는 정체화

지그문트 프로이트[1856-1939]는 환자들의 심리적 원인la cause psychique을 이해하기 위해 평생을 보내며 그들과의 다양하고 특별한 경험에서 자신의 이론을 정립하였다. 그는 형이상학적 탐색[1]보다는 실제 고통받는 사람과 만나면서 자신의 사상을 만들어갔다. 이 글에서 나는 정신분석학적 인간학 구조를 형성하는 오이디푸스 콤플렉스와 리비도론에 기초한 프로이트 정체화 이론을 구체화할 것이다. 이 개념은 점차적으로 그의 사상에서 중심적인 역할을 하며 그의 인간학을 형성해나갔다. 그러므로 내 연구는 지그

---

1. 나는 프랑스의 철학자 미셸 앙리(M. HENRY)의 가설에 동의하지 않는다. 그 이유는 그가 그의 저서 『정신분석학의 계보, 잃어버린 시작』(*Généalogie de la psychanalyse, le commencement perdu*, Paris: P.U.F., 1985), 5에 "프로이트는 한 명의 후계자이고 그것도 좀 때늦은 후계자"일 뿐이라고 기록한 데 있다. 다시 말해서 미셸 앙리에 의하면 프로이트는 데카르트와 쇼펜하우어의 제자다. 왜냐하면 프로이트가 철학적 전통에서 사용되는 의식 개념을 차용하기 때문이다(Ibid., 7). 그 증거로 앙리는 프로이트의 『정신분석 요론』(*Abrégé de psychanalyse*, Paris: P.U.F., 1985), 22의 한 구절을 인용한다. 프로이트는 "여기서 우리가 의식이라 부르는 것, 즉 철학에서 또는 대중들이 사용하는 의식을 설명하는 것은 부질없다"라고 말한다. 앙리는 프로이트가 일반철학 개념인 의식을 토대로 정신분석 이론을 세웠다고 주장한다. 『정신분석학의 계보, 잃어버린 시작』에서 앙리는 두 개의 전통을 초안한다. 그리고 계속해서 그는 프로이트를 철학자들의 제자 중 하나로 소개한다. 그는 "이 이후에 프로이트에 대한 철학적 강독이 가능해진다. 치료만큼이나 본질적 분석을 시도하는 정신분석학이 부르짖는 것은 재현되는 사고(지각, 이미지, 기억, 꿈 또는 상징적 산물, 미적 또는 종교적 산물 등)에 대한 우선적이고 끊임없는 종속이 아니라, 재현되어 기억에 떠오르는 모든 것과 모호한 형이상학적 재현들에 대한 거절이 아닌가?"라고 기록한다(앙리, 10).

문트 프로이트의 정체화를 그의 전체 사상과의 맥락에서 기술해 보는 데 있다.

제2부는 네 부분으로 이루어진다. 첫 번째 부분은 프로이트 정체화에 대한 서론적 인식론으로서 정체화의 용어와 구조, 리비도론, 나르시시즘 개념을 다루고, 그 이후에는 앞에서 말한 다섯 가지 신학적 방법론을 응용하면서 세 가지 정체화 경우를 관망할 것이다. 두 번째 부분은 '됨(존재함)의 정체화'에서 유비법에 따른 책읽기를 설명하고, 세 번째 부분은 '가짐(소유함)의 정체화'에서 상관법에 따른 분석을 다룰 것이다. 그리고 네 번째 부분은 '상호적 정체화'에서 절대 역설법에 따른 연구를 진행할 것이다.

제1장

프로이트의 정체화 이론을 위한 인식론

1. 용어

이 글에서 '정체화'라고 번역하는 독일어 *Identifizierung*과 프랑스어 *Identification*은 Id(it, 그것), entité(본질, 실체), -fication(-화, 化) 등의 단어가 합성된 것이다. 이 용어는 프랑스인들의 실생활에서 흔하게 사용된다. 특히 이 용어는 가게나 관공서에서 본인의 신분을 확인할 때 사용된다. 우리나라처럼 주로 신용카드를 이용해 상거래를 하는 경우에는 본인의 신분을 확인하지 않고 사인만 하면 되지만, 수표책^{chéquier}을 사용하는 프랑스에서는 꼭 본인의 신분을 확인해야 한다. 수표책에는 이름과 주소가 명기되어 있고 신분증에 명기된 내역과 수표책이 동일한지 확인하는 것이다. 이런 절차를 통과할 때 Identification이라는 용어를 사용한다. 요즘 우리나라 병원들은 진료 오진을 막기 위해 '본인 확인'을 두 번 이상씩 하고 있다. 이때 병원은 Identification을 '본인의 신분 확인'으로 이해하고, Identification Card를 '신분증'으로 이해하고 번역한다. 하지만 우리는 프랑스인들처럼 일상에서 Identification을 사용하지는 않는 것 같다.

이런 우리의 상황에서 Identification을 동일시, 동일화, 정체화로 번역하거나 정신분석적 용어로 받아들이는 것은 쉽지 않아 보인다. 그래서이 용어는 긴 설명을 필요로 한다. 우리는 이 용어가 정확하게 무엇을 의미하는지를 살펴볼 필요가 있다.

Identification을 한글로 무엇이라고 번역할지는 각각의 번역자가갖고 있는 정신분석에 대한 이해에 달려 있다. 국내에서는 주로 동일시, 동일화, 정체화 등으로 번역되고 있는데, 이런 번역어만 보아도 이 용어가 아주 폭넓은 스펙트럼을 갖고 있는 것처럼 보인다. Identification이 *Id*(it, 그것), *entité*(본질, 실체), *-fication*(-화, 化)의 합성어라면, 그 의미는 '그것의 본질처럼 되는 것'이다. 즉 a가 b의 본질처럼 되는 것을 의미한다. 정신분석에서 사용될 때는 이보다 더 넓은 의미를 담고 있지만, 이정도의 의미를 나타낸다고 볼 수 있다.

나는 그동안 이 용어를 다양하게 번역해왔다. 『동일시와 노예의지』(백의출판사, 1999)에서는 동일시로 번역했고, 조엘 도르Joel Dor의 『라깡 세미나·에크리 독해 1』(아난케 역간, 2009)에서는 동일화로 번역했다. 그러나 『프로이트-무의식을 통해 마음을 분석하다』(한길사, 2010)와 여러 논문에서는 정체화라고 번역했고, 이 책에서도 정체화라고 번역했다. 그이유를 간단하게 설명하고자 한다. 정체停滯는 한자 표기로 보듯이 '막혀서 머무르거나 밀리는 것'을 의미한다. 이런 번역어는 '본인 확인'과는 좀다른 뉘앙스를 지니지만 그 근저를 분석해보면 어느 정도 연관성이 있다.

가령 '나(본인)는 누구이며 무엇인가?'라는 질문을 던진다면 이것은단순히 본인 확인 차원을 넘어서는 것이다. '나는 누구이며 무엇인가?'는 정체성에 관한 질문이 된다. 사실 Identification에는 *entité*가 들어 있어서 Identification은 Identité^{Identity}를 담고 있다. 보통 정체성으로 번역되는 Identité는 한문으로 표기할 때 두 가지 가능성이 있다. 우선 Identité는 正體性이라는 한자로 표기할 수 있다. 正體性은 어떤 존재가 본질적으로 가지고 있는 특성 또는 그 특성을 가진 존재라는 뜻이다. 두 번째로 Identité는 停滯性으로 표기할 수 있다. 이는 어떤 형편이나 상태가 진척되지 않고 한자리에 머물러 있는 특성이라는 의미다. 이 두 용어 중에 정신분석 임상을 설명하기 위해 사용된 용어로서 Identification이 의미하는 바는 무엇인가?

사람은 늘 한결같은 존재가 아니다. 사람은 이런 사람이었다가 저런 사람으로 변한다. 사회학적인 의미에서 신분의 이동이 그런 경우다. 사람이 학생일 경우에 그에게는 학력의 변화가 일어난다. 문화마다 다르기는 하지만, 결혼으로 인해 어릴 적에 사용하던 성씨^{姓氏}가 바뀌기도 하고 사는 곳을 옮겨 국적이 바뀌기도 한다. 종교학적인 의미에서는 회심, 발심 등에 따른 귀의로 종교가 바뀌기도 한다. 정신분석적인 의미에서 사람은 어느 시기에는 이 사람의 영향력 아래 있고, 다른 시기에는 또 다른 사람의 영향력 아래 있어 외부의 영향력에 의해 자신의 존재가 결정된다. 이런 변화는 한 사람의 삶에 아주 큰 파장을 일으킨다. 인간은 어느 순간까지는 어떤 상태로 존재했지만, 어느 순간부터는 다른 상태로 변한다. 이런 과정을 담은 정신분석 용어가 바로 Identification인데, 한글 번역어인 동일시나 동일화가 이런 내용을 포괄한다고 보기는 어렵다. 그래서 나는 '정체화'^{停滯化}라는 번역어를 선호한다. 정체화라는 용어는 나선형으로 전진하거나 계단식으로 도약하는 역동성을 담고 있다. '정체'라는 용어가 '막혀서 머무르거나 밀리는 것'을 의미한다고 해서 늘 제자리에 멈추는 것은 아니다. 어떤 지점에서는 전진하고 어떤 지점에서는 정체하고, 어떤 지점에서는 도약하고 어떤 지점에서는 정체한다. 앞으로 살펴볼 정신분석에서의 정체화는 세 단계로 구분되는데, 나선형 구조로 설명될 때는 점진성이 강조되고, 계단식 구조로 설명될 때는 급진성이 강조된다. 사실 정체화는 한 사람이 타인처럼 되는 것이고 타자의 욕망에 사로잡히는 것이다. 그 결과로 그 사람에게 증상이 생긴다. 그래서 그에게는 이런 상태로 계속 살 것인지 아니면 다른 상태로 살 것인지를 결단해야 할 때가 온다. 그 사람이 어떤 상황으로부터 해방되려면 구조를 변화시켜야 하는데, 이런 구조의 변화가 정체화에 담겨 있다.

그렇다면 이제부터 프로이트와 라캉이 Identification을 무엇이라고 말했는지 간단하게 살펴보도록 하자. 우선 프로이트가 사용한 Identification이라는 용어를 보자. 이 용어는 프로이트의 다양한 저서 속에서 발견되지만, 1921년에 출간한 『대중심리와 자아분석』 제7장[1]에서 프로이트는 이 용어를 구조적인 측면에서 사용한다. 이 본문을 주석하기 전에 우리는 정체화를 모방Imitation과 분리해서 생각해야만 한다. 정체화 이론을 깊이 연구한 정신분석 이론가 프로랑스J. Florence에 따르면, "의식의 단계에서 타인을 향하는 욕망의 주체가, 최초의 정체화를 함으로써 파생하는 이차적인 결과가 모방이다. 모방은 신체의 전의식적 표상 단계에서 전개되고 모방 놀이, 사회적 태도, '신체적 자아'의 지각적이고 동력적인 것을 통한 수용의 과정"[2]이다.

---

1. S. FREUD, "ch. VII. Identification," in *Essais de psychanalyse* (Paris: Payot, 1981), 167-74.

2. J. FLORENCE, "Les identifications," in Sous la direction de G. TAILLANDIER, *Les identifications. Confrontation de la clinique et de la théorie de Freud à Lacan* (Paris: Denoël, 1987), 161-162. 그리고 B. OGILVIE, *Lacan, La formation du concept de sujet* (Paris: P.U.F., 1987), 91.

프로랑스는 명확하게 정체화를 모방과 분리하는데, 그것은 후자가 인간의 의식적 행위이기 때문이다. 우리는 모든 코미디언의 연기를 '모방'할 수는 있지만, 의식적으로 코미디언들에게 '정체화'될 수는 없다. 왜냐하면 우리는 정체화를 의식 단계에서의 '모방'과 같은 기준에 두지 않기 때문이다.

프로이트는 "타자에 유사한 자아"[3]라고 정체화에 대한 운을 띄운다. 그러나 그는 정체화에서 타자로서의 대상과 자아를 분리한다. 예를 들어, 그의 임상적 실례 중 도라[Dora]라는 환자는 '아버지와 여인 K' 간의 '성적 장면'(오랄 섹스)에 정체화되고 '기침'을 즐긴다. 이런 증상은 대상 선택이 억압에 의해 변화한다는 것을 보여주는 것이다. 그리고 바로 이것이 정체화와 대상의 구별이다. 목기침이라는 증상은 억압에 의해 수정된 대리 대상, 즉 그들 간의 오랄 섹스 대신 엄마의 목기침을 취한 경우다. 무의식에서 전개되는 정체화는 원[原]대상(아버지와 여인 K)과 분리된 다른 대상(엄마의 기침)을 취한다. 이런 의미에서 프로이트는 원대상에서 분리된 대상(오브제)에 정체화되는 자아는 타대상과 유사하다고 기술했다.[4]

우리는 프로이트의 구분을 따라서 세 가지 양상으로 프로이트의 정체화를 기술할 것이다. 그는 "우리는 그것을 아래와 같이 요약할 수 있다"고 기록했다. "첫째, 정체화는 하나의 대상과 친밀한 관계를 갖는 가장 근원적인 형태다. 둘째, 퇴행의 작용에 의해 정체화는 대상이 자아 안으로 투입되면서 리비도적인 대상 관계로 대치되는 것이다. 그리고 세

---

3. *Nouvelles conférences d'introduction à la psychanalyse* (Paris: P.U.F[Folio], 1984), 88.
4. 나는 이 실례를 '제2부 4장 상호적 정체화, 1. 사랑받는 사람'에서 부연할 것이다.

번째 양상의 정체화는 성적 충동의 대상이 아닌 한 인물과 한 공동체에 새롭게 스며든 것으로 매번 이루어질 수 있는 것이다."[5]

정체화의 제1형식은 오이디푸스 콤플렉스의 근거인 아버지 그 자체에 정체화된다. 정체화의 제2형식은 제1형식과 이것의 대상인 아버지의 특성에 정체화된다. 정체화의 제3형식은 대상의 부재에 정체화된다.

나는 프랑스어 명사 '정체화'Identification의 동사 형태를 'B가 A에 정체화되기'B s'identifier à A와 같은 재귀용법으로 사용한다. 여기서 B는 정신분석학에서 '무의식의 주체'sujet inconscient가 된다. 그러나 그와 같은 형태를 'C가 A와 B를 정체화하기'C identifier A et B와 같은 대명용법으로는 사용하지 않는다. 여기서 한글 '되기'와 '하기'는 주체와 대상 관계에 있어서 피동성과 능동성에 강조점을 둔 번역이다. 전자는 피동성에, 후자는 능동성에 초점을 맞춘 것이다. '정체화되기'는 주체가 대상에 능동적으로 정체화된다는 뜻이 아니라, 대상에 의해 피동적으로 부여된다는 것에 역점을 둔 것이다. 나는 '정체화 개념'에서 주체는 의지가 없는 순수한 백지 상태의 의식을 지닌 자가 아니라, 불가항력적으로 밀려오는 것들을 거부할 수 없는 수동적이고 침투 당하는 존재임을 강조하고자 한다. 가령 프로이트의 나르시시즘 이론도 이런 맥락에서 이해할 수 있다. 아이가 한 대상을 사랑하는 것은 그 대상에 대한 아이의 의지도 중요하지만, 타인이 아이에게 보여준 사랑의 모델을 근거로 그 아이 자신도 이와 유사한 사랑의 모델을 찾는 것이다. 나르시시즘은 정체화 개념을 이용한 사랑의 담론이다.

세 개의 정체화 형식들은 여러 저자에 따라 각기 다른 이름과 다양한

---

5. "Identification," in *Essais de Psychanalyse* (Paris: P.U.F., 1993), 170. 독일어 원본은 *S. A.*, vol. 9, 67.

내용을 취한다. 어떤 이는 "구심력적 정체화, 원심력적 정체화, 상호적 정체화"[6]라고 규정한다. 나지오[J. D. Nasio]는 정체화에 대한 프로이트와 라캉의 범주들에 대한 '상응표'를 제시하면서, 그것들을 "대상의 특징에 정체화, 대상의 영상에 정체화, 흥분된 대상에 정체화"[7]라고 부른다. 도르는 그것들에 대해 "아버지에게 정체화, 유일무이한 특징에 정체화, 타자의 욕망에 정체화"[8]라고 거론한다.

이런 다양한 연구 가운데서 나는 용어 및 내용 면에서 프로이트의 정체화에 연구 범위를 제한할 것이다. 왜냐하면 다른 저자들도 자기들의 이론을 세우기 위해 프로이트의 생각에 근거를 두고 있기 때문이다.

아버지에 대한 정체화와 대상으로서의 아버지를 선택하는 것 간의 차이를 하나의 공식으로서 정의하고 설명하는 것은 간단하다. 첫 번째 경우의 정체화에서 아버지는 사람들이 되고자 하는 것이고, 두 번째 경우에서는 갖고자 하는 것이다. 그러므로 그 차이를 만드는 것은 그 관계가 주체 위에 머무느냐, 아니면 자아의 대상 위에 머무느냐에 있다(168).

---

6. 이 표현의 근원은 앙리 발롱의 것이다. H. WALLON, *Les origines du caractère chez l'enfant* (Paris: P.U.F., 1949), 87, 275. 그러나 나는 이 표현을 다음에서 취하였다. J. LAPLANCHE et J.-B. PONTALIS, "Identification," in Sous la direction de DANIEL LAGACHE, *Vocabulaire de la psychanalyse* (Paris: P.U.F., 1967), 189.

7. J. D. NASIO, *Enseignement de 7 concepts cruciaux de la psychanalyse* (Paris: Payot, 1992), 154.

8. J. DOR, *Introduction à la psychanalyse de Lacan, tome 2, la structure du sujet* (Paris: Denoël, 1992), 113. 우리는 정체화에 대한 57개의 용어 색인을 찾을 수 있다. "INDEX," in Sous la direction de G. TAILLANDIER, *Les identifications. Confrontation de la clinique et de la théorie de Freud à Lacan*, 229-231.

친밀한 공동체 안에서 생겨난 군중 개개인들 간의 상호적 관계가 정체화와 동일한 본성을 가졌음을 우리는 이미 소개했다. 그리고 이 공동체가 주동자에게 애착을 느끼는 관계 형태 안에서 머무는 것도 우리는 가정했다(171).[9]

아이에게 있어서의 **가짐**Avoir과 **됨**Etre. '됨'은 정체화에 의한 대상에 리비도 방출을 자연스럽게 표현한다. 나는 곧 대상이다. [그러나] 가짐은 더 나중에 전개된다. 그것은 대상 상실 이후 그 존재에게 다시 돌아온다. 견본: 가슴은 자아의 한 부분인데, 나는 바로 가슴이다. 좀 더 지나서 단지 나는 그것을 가졌다. 즉 나는 그것이 아니다.[10]

만약 소년이 아빠에게 정체화될 때, 그는 아빠처럼 되기를 원한다. 만약 그가 선택 대상을 취할 때, 그는 그것을 갖고 소유하기를 원한다. 전자의 경우에서 그의 자아는 아빠를 모델로 하여 변화되지만, 후자의 경우에 그것은 필요하지 않다.[11]

---

9. 이 표현은 프로이트의 본문 "L'identification," in *Essais de psychanalyse*, 168(이탤릭체는 저자)과 171에 나온다(이탤릭체는 본인). 불어 'être, avoir 그리고 réciproque'는 독일어 'sein, haben 그리고 gegenseitige'에 상응하는 용어다. 우리는 전자의 인용문에 대한 독일 원문헌을 *S.A.*, vol. 9, 65-66, 후자의 것을 *S.A.*, vol. 9, 67에서 찾을 수 있다.

10. 각주 형식으로 된 프로이트 최후의 글쓰기 중의 하나로서 프로이트 사후에 발견되었다. 이 글은 J. FLORENCE 번역으로 프로이트 전집 *G. W.*, XVII(단편 12), 151에 수록되어 있다. 나는 이 글을 J. FLORENCE, "Les identifications," in Sous la direction de G. TAILLANDIER, *Les identification. Confrontation de la clinique et de la théorie de Freud à Lacan*, 170에서 발견했다. Cf. 폴 리쾨르도 프로이트에 따른 두 개의 정체화를 기술할 때 'être와 avoir'를 강조한다. In *De l'interprétation, essais sur Freud* (Paris: Seuil, 1965), 462-463.

11. *Nouvelles conférences d'introduction à la psychanalyse*, 89.

이 본문은 명확하게 프로이트 정체화의 용어를 알려준다. 즉 정체화의 용어는 되다/됨*Sein*, 가지다/가짐*Haben*, 상호적*Gegenseitige*이라는 용어다.

정체화 이론의 진화에 관계된 프로이트의 체계는 무엇 위에 근거를 두는가? 한편으로 프로이트는 초기에 「신경증에 대한 일반론」*théorie générale des névroses*[12]에서 그것을 신경체계에 근거를 두고 있고, 다른 한편으로 베르쉐리*P. Bercherie*가 그것을 잘 보았듯이 "신경체계 안에 축적된 다량의 에너지의 안정성 개념"[13]에 근거를 두고 있다.

무의식 개념은 예전의 해부학적인 개념들을 사용해서 내부에서 점차 수정한 것이다. 무의식*Das Unbewuste*은 선험적으로*a priori* 드러낼 수도 없고, 해부도 아래서 볼 수 있는 것도 아니다. 단지 무의식은 임상적 경우들에 대한 해석을 통해서 확인될 수 있다.[14] 나는 나중에 이 부분에 대해 언급할 것이다.

2. 구조

이런 정체화의 구조를 통해 프로이트가 어린이의 발달 과정에서 인간 연구의 근거를 찾는다는 사실을 알 수 있다. 『성 이론에 대한 세 가지 소론』 제3판 머리말에서 프로이트는 "개체 발생과 계통 발생 간에는 유비적 관계가 존재한다. 개체 발생은 가장 최근의 경험에 의해 어떠한 순간

---

12. *Introduction à la psychanalyse* (Paris: Payot, 1990). 예를 들어, 신경증의 내용은 무의식, 히스테리, 억압, 리비도, 증상의 의미들, 병인론, 불안과 전이 기타 등등에 관한 것이다.

13. P. BERCHERIE, *Les fondements de la clinique. t. 2, Genèse des concepts freudiens* (Paris: Editions Universitaires), 203.

14. Cf. S. FREUD, *Introduction à la psychanalyse*, 260.

에도 변화되지 않는 계통 발생의 반복으로 생각될 수 있다"[15]라고 기술하고 있다.

어린이의 발전 과정은 선조들의 발전 과정의 반복처럼 생각될 수 있다. 프로이트는 계통 발생에서 개체 발생을 연역하지 않고, 그 역으로 개체 발생에서 계통 발생을 연역한다. 왜냐하면 현실에서 어린이의 발달 과정을 탐구하고 깨닫는 것이 더 쉽기 때문이다. 그래서 그는 어린아이의 성장 단계와 부모의 역할 간의 관계를 관찰함으로써 그의 연구를 시작한다. 프로이트는 그것을 오이디푸스 콤플렉스라고 부른다.[16] 『토템과 타부』에서 토템들과 타부들 간의 관계가 프로이트에게 하나의 가설을 제공하는 듯하다.

우리는 토템의 근원적 의미를 유아기 때의 자취와 침전물로부터 연역해 낼 수 있다. 이러한 시각에서 그 의미는 우리 아이들의 발달 과정에서 명확히 드러난다.[17]

우리는 어린이의 성^性적인 삶의 전개 과정을 통해 정체화의 세 경우를 이해할 수 있으며 리비도론에서 정체화의 구조를 취할 수 있다.[18]

---

15. *Trois essais sur la théorie de la sexualité* (Paris: Gallimard[essais], 1985), 12.

16. Cf. S. FREUD, "La disparition du complexe d'Œdipe," in *La vie séxuelle* (Paris: P.U.F., 1977), 117. 나는 이 개념을 나중에 부연할 것이다.

17. *Totem et tabou* (Paris: Payot, 1989), 9.

18. Cf. *Introduction à la psychanalyse*, 333-334.

3. 나르시시즘 개념

나르시시즘 이론은 리비도의 발달에 따라 세 부분으로 구분된다. 첫 번째는 리비도가 없는 자기성애적 욕동의 시기다. 두 번째는 리비도가 생성되어 자아 내부에 머무르는 시기다. 세 번째는 자아 내부에 머물던 리비도가 외부 대상과 관계를 맺는 시기다. 이렇게 리비도라는 에너지의 발달을 정리한 것이 나르시시즘 이론이다. 먼저 리비도에 관해 살펴보도록 하자.

리비도 개념은 프로이트 정체화의 동력이다. 어린이의 성생활 연구에서 프로이트는 명확하게 리비도 개념을 발견한다. 배고픔이 유아의 섭취 본능이라면, 리비도는 성적 본능이다.

> 일반적으로 배고픔과 연관하여 생각할 때, 리비도는 힘을 의미한다. 배고픔이 음식 섭취 본능을 나타내는 것이라면, 리비도는 성충동(성욕동)을 드러내는 힘을 나타낸다. 성적 흥분과 충족은 다른 개념이지만 다른 표현을 필요로 하지는 않는다.[19]

프로이트는 「나르시시즘 서론」에서 욕동의 이원성을 기술한다. 그것은 자아의 욕동과 성 욕동이다. 전자는 자기성애自己性愛에, 후자는 리비도에 관계한다. 프로이트에게는 자기성애에 관계된 리비도는 없다.[20] 이 욕동은 아이를 죽음으로 이끄는데, 그것은 이 욕동이 다른 인물에게로

---

19. *Introduction à la psychanalyse*, 292-293. Cf. Ibid., 391.
20. 프로이트와 융의 리비도 개념의 차이점을 보자. Cf. S. FREUD, *Introduction à la psychanalyse*, 390.

전달되지 않기 때문이다. 프로이트는 자기성애의 한 예로서 어린이에게 나타나는 '빨기'를 제시한다.

젖먹이에게서 이미 나타나고 어른에게서 평생 동안 지속되는 '빨기'는 음식 섭취를 목적으로 하지 않는 입술의 율동적이고 반복적인 운동이다. 입술의 한 부위, 혀, 피부의 다른 부분, 엄지손가락은 빈번한 빨기의 대상이다.…동시에 귓불을 습관적으로 잡거나 잡아당기면서 또 다른 욕동이 나타나고, 마찬가지로 아이는 타인의 신체(가령 빈번한 예로 엄마의 귓불을 만지는 것)에서 자기가 취할 수 있는 한 부분을 찾는다.[21]

자기성애적 욕동 또는 근원적 욕동은 아기의 출생 때부터 존재하지만, 프로이트는 융과는 대립되게 자기성애를 일차 나르시시즘에서의 성욕동으로 받아들이지 않는다. 아기의 자아에는 리비도를 창출할 만한 것이 아직 없기 때문이다. 몸*soma*(신체 물질)은 아이를 죽음으로 밀어 넣는데,[22] 그것이 육에 관계되기[23] 때문이다. 즉 이것이 자아의 욕동이다.

자기성애 개념은 성욕동을 낳는다.[24] 그러므로 우리는 이차 나르시시즘을 향한 통로 혹은 단계로서의 자기성애를 수용한다. 자기성애는 삶의 계속성을 야기하며, 성장 세포*cellules germinales*는 새로운 개체를 형성하

---

21. *Trois essais sur la théorie de la séxualité*, 74.
22. Cf. "Au-delà du principe de plaisir," in *Essais de psychanalyse* (Paris: Payot, 1993), 89-92.
23. Cf. M.-H. BELIN-CAPON, "Freud et le corps: nature et expérience," in Sous la direction de Jean-Christophe Goddard et Monique Labrune, *Le corps* (Paris: Librairie J. Vrin, 1992), 207-221.
24. Cf. P. DESSUANT, *Le narcissisme* (Paris: P.U.F., 1983), 28.

면서 전개될 수 있기 때문에 불멸이라 할 수 있다. 성장 플라스마*plasma germinal*는 종족 보존과 재생산에 사용된다.[25]

자아 리비도와 대상 리비도[26]는 성욕동의 두 측면을 구성한다. 전자는 "자아의 근원적 리비도 방출"[27]을, 후자는 "대상을 향한 자아의 리비도 방출"[28]을 지칭한다. 만약 오이디푸스 콤플렉스가 정체화의 구조를 표현한다면, 리비도 개념은 정체화의 동력을 상징한다. 다른 말로 표현하자면, 오이디푸스 콤플렉스가 살과 피로 된 사람의 신체라면, 리비도 개념은 온 신체에 혈액을 내뿜는 심장과 같다. 그러므로 프로이트의 정체화에서 중요한 것은 리비도가 대상에 도달하느냐, 도달하지 않느냐는 것이다. 「허무」*Fugitivité*[29]에서 리비도의 운명에 대한 매우 아름다운 글을 발견할 수 있다. 리비도는 자아와 대상 간의 왕복기관인데, 그것이 자아에 밀착했다가 자아를 우회하여 대상을 향하기 때문이다. 자아가 대상을 상실했을 시기에 그 대상을 대체할 수 있는 대상이 완전하게 준비되어 있을지라도 리비도는 자아가 상실한 대상에 대한 애착을 포기하려 하지 않는다. 다시 말해, 리비도가 상실한 대상의 대체물인 다른 대상을 취하지만, 리비도는 상실한 대상에 대한 애착을 간직하고 있는 자아에게로 되돌아온다. 우리는

---

25. Cf. S. FREUD, "Au-dela du principe de plaisir," in *Essais de psychanalyse*, 91-92.
26. J. LAPLANCHE et J.-B. PONTALIS, "Libido du moi(자아 리비도)—libido d'objet(대상 리비도)," 226-227. "불어 용법에서 전치사 de는 libido du moi에서 출발점을, libido d'objet에서 도착점을 지시한다."
27. S. FREUD, "Pour introduire le narcissisme," in *La vie séxuelle*, 83.
28. Ibid.
29. Cf. "Verganglichkeit"(1915), *Das Land Goethes 1914-1916*, Stuttgart, 1916, 37f. *G.S.*, vol. 11, 291-294. *G.W.*, vol. 10, 358-361. *S.A.*, vol. 10, 223, 225-227. *S.E.*, vol. 14, 305-307. 불어번역판 M. BONAPARTE, "Deux penseurs devant l'abîme, fugitivité," in *Revue française de psychanalyse*, 1956/3, 307-315. J. ALTOUNIAN, "éphémère," in *Résultats, idées, problèmes* I (1890-1920), Paris: P.U.F., 1984, 233-238.

라플랑쉬와 뽕딸리스의 도식으로 리비도론을 요약할 수 있다.[30]

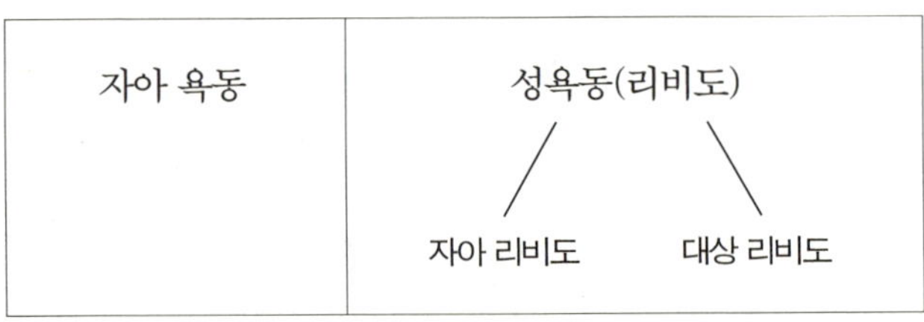

계속해서 프로이트는 나르시시즘에 관계되는 것을 자아 리비도와 대상 리비도라는 두 부분으로 구분한다. '자아 리비도' 자체는 두 개의 나르시시즘으로 분리된다. 어린이가 자기 자신에게 모든 리비도를 방출하는 상태를 지칭하는 일차 나르시시즘과, 대상에 대한 리비도 방출이 포기되어 자아 위에 리비도의 귀환을 지칭하는 이차 나르시시즘이 그것이다.

그러므로 나르시시즘은 리비도가 자아 안에 머무는 것을 의미한다. 나르시시즘의 자아는 큰 리비도를 담고 있는 저수지다. 나르시시즘 개념에서 우리는 내적 자아와 외적 자아 간의 대립을 발견할 수 있다. 내투는 '자아-현실'에 저항하면서 '자아-쾌락'을 보호하기 위한 '자아 리비도'를 일컫는다.

지금까지 살펴보았듯이, 자아 리비도는 자아의 근원적 핵심을 형성한다. 여기서는 대상 리비도에 대해 말하지 않을 것이다. 왜냐하면 대상에 대한 리비도 방출은 자아가 대상에 리비도를 방출하기 위한 성능 좋은 장치에서 그 작용을 시작하기 때문이다. 리비도가 자아에서 직접적

---

30. J. LAPLANCHE et J.-B. PONTALIS, "libido du moi—libido d'objet," in Sous de la direction de DANIEL LAGACHE, *Vocabulaire de la psychanalyse* (Paris: P.U.F., 1967), 227.

으로 방출되면 될수록, 대상으로부터의 우회는 빈약해진다. 이런 프로이트의 체계 속에 있는 대상 리비도라는 장치 때문에 내 연구는 세 가지 틀로 세분화하여 프로이트 정체화를 설명할 것이다. 아래의 도표는 이러한 내용을 일목요연하게 정리한 것이다.

욕동(충동, Trieb, Pulsion, Drive)		
자기성애적 욕동 (근원적 욕동)	성욕동	
↓	자아 리비도	대상 리비도
	↓	↓
일차 나르시시즘/ 리비도(이 시기의 리비도 유무에 관하 여 융은 인정, 프로 이트는 부정)	일차 나르시시즘 (프로이트)	이차 나르시시즘 (프로이트)
	첫 번째 장르의 정체화 (프로이트/라캉)	두 번째 장르의 정체화 (프로이트/라캉)	세 번째 장르의 정체화 (프로이트/라캉)

제2장

됨의 정체화

나는 앞에서 리비도의 큰 저장소인 자아 안으로 리비도의 되돌아감을 지칭하는 이차 나르시시즘 개념을 설명했다. 이 개념을 사용하는 제2장, '됨의 정체화'에서는 아이가 대상에 리비도(이것이 대상으로부터 다시 아이에게 되돌아가더라도)를 방출한다는 사실이 중요한 메커니즘으로 작용할 것이다. 나는 유비의 방법 중에서 '비례의 유비'를 사용해 '됨의 정체화'를 분석하려고 한다. 왜냐하면 거울상의 영상에 정체화되는 아이에게 외부계는 내부계에 의해 이해되고 판단되기 때문이다. 진리가 지식으로부터 나올 때, 우리는 그것을 '도치된 구조'structure perverse라고 부른다. 이런 맥락에서 나는 '됨의 정체화'를 전개할 것이다.

1. 오이디푸스 콤플렉스

우선 부모의 죽음을 꿈꾼 아이에 대해 프로이트가 던지는 간단한 질문을 검토해보자. "만약 아이가 자기와 경쟁적인 그의 형제와 자매의 죽음을 원한다는 사실을 아이의 이기주의로 설명할 수 있다면, 자신에게 애정을 아끼지 않고 자기의 필요를 충족시켜주는 **부모의 죽음을 소망한다는 내용은 어떻게 이해하며**, 또한 보호를 욕망하는 이기주의적인 여러 이유는 어떻게 이해해야 할 것인가?"[1] 프로이트는 부모의 죽음에 관한 아이들의 다양한 꿈에서 하나의 논리를 찾는다. 만약 소년이 아빠의 죽음을 꿈꾸고 소녀가 엄마의 죽음을 꿈꾼다면, 그들에게는 편애의 대상이 문제된다. 그러므로 내가 방금 기술한 것은, 우리가 오이디푸스 수수께끼에 관심을 갖게 한다. 이 구조는 정체화에 대한 불변하는 근거를 구축한다. 프로이트에 따르면, 아래의 두 요소가 바로 그런 것에 속한다. 첫 번째 요소는 아빠와 엄마, 아이 셋의 부부 생활*ménage à trois*이다. 두 번째 요소는 아이의 타고난 양성*biséxualité*(중성이란 용어보다는 적극적인 개념)[2]이다.

프로이트는 「남자에게 있어서 대상 선택의 특이한 형태」라는 소논문에서 오이디푸스 삼각관계를 본질적으로 전개했다. 나는 이 논문을 중심으로 첫 번째 요소를 검토하려고 한다. 프로이트는 신경증 환자들의 애정 생활 사건을 모으면서 자신의 연구를 시작한다. 그는 거기서 완벽한 오이디푸스 콤플렉스의 실존을 관찰한다.[3] 프로이트는 사랑을 결정짓는 네 가지 조건을 제시한다. 첫째, 방해하는 제삼자의 조건, 둘째, 창녀에 대한 사랑, 셋째, 최상의 효력, 그리고 넷째, 사랑하는 애인을 구원해야 하는 과제 등이다. 우선 처음 두 조건을 살펴보자.

그것(방해하는 제삼자의 조건)이 요구하는 것은 주체가 자유로운 여인을

---

1. S. FREUD, *L'interprétation des rêves* (Paris: P.U.F., 1980), 233.
2. "Le moi et le Ça," in *Essais de psychanalyse*, 244.
3. Cf. Ibid., 246.

사랑의 대상으로 선택하는 것이 아니라 다른 남자에 속한 여인을 선택한다는 것이다. 남편, 약혼자나 남자친구가 있는 여자일수록 더욱 가치를 발한다. 이 조건은 너무도 엄격하여 그 여인이 아무 남자에게도 속해 있지 않다는 이유로 오랫동안 관심 밖에 두거나 무시해버리는 반면, 그녀가 다른 남자와 관계를 갖게 되면 그 여자는 바로 그의 정열의 대상으로 변하게 된다.

두 번째 조건은 이런 의미를 지닌다. 순결하고 의심의 여지가 없는 여인은 사랑의 대상 범주에서 그에게 매력을 불러일으키지 않는다. 단지 이쪽으로 보나 저쪽으로 보나 성적 삶에서 나쁜 평판을 가진 여인, 신실하거나 믿음이 갈 만한 것이 없이 의심이 가는 여인이 바로 그를 움직인다. 물론 후자의 특성은 넓은 범위로 다양하게 나타날 수 있다. 즉 연애 유희를 싫어하지 않는 결혼한 여인에게 드리운 가벼운 평판의 그림자에서부터 화류계의 여인이나 사랑의 예술가라는 명백한 일부다처제의 행위까지 광범위하게 나타난다. 어쨌든 우리의 유형에 속하는 사람들은 이런 부류에 속한다. 우리는 이 조건을 아주 노골적인 용어로 일컬어서 '창녀에 대한 사랑'이라 부른다.[4]

사랑을 결정짓는 첫 조건에 따르면, 아무에게도 속하지 못했다는 이유로 멸시받는 한 여인이 있을 수 있고, 이 멸시받는 여인을 사랑의 대상으로 선택하는 어떤 주체(아이)가 있을 수 있다. 그는 자신이 이 여인을 구원해야 한다고 생각한다. 그는 자발적으로 그 여인의 애인이 된다. 이

---

4. "Ch. IV. contributions à la psychologie de la vie amoureuse. 1) un type particulier de choix d'objet chez l'homme," in *La vie séxuelle*, 48.

주체(아이)의 태도는 근친상간에 대한 향락^{Jouissance}[5]일 뿐이다. "주체는 어머니에게 결여된 것이 되겠다고 스스로 나선다.… 모성의 '결여'를 채우기 위해 앞장서면서, 주체는 그녀가 갖지 못한 것을 가진 것처럼 스스로 자긍한다."[6]

그런데 프로이트는 왜 주체가 이미 한 남자에게 속한 여인을 선택해야만 한다고 말하는가? 방해하는 제삼자는 누구인가? 내가 짐작하기로 프로이트는 처음의 두 조건들 안에서 오이디푸스적 삼각형 위치를 이미 예견한 듯하다. 왜냐하면 창녀는 아이의 근친상간적 욕망의 대상으로서의 엄마를, 방해하는 제삼자는 근친상간에 대한 금기법을 제시하는 아빠를 지칭하기 때문이다. 프로이트는 방해하는 제삼자로서 아버지를 이렇게 기술한다.

한 가정의 아이는 비록 엄마가 아빠에게 속하였지만 자신의 모성애의 대상이 된다는 것을 이해한다. 그리고 여기서 제삼의 방해꾼이 아빠 아닌 다른 이가 될 수 없음을 즉시 이해할 수 있을 것이다.[7]

아이가 엄마(또는 유모나 우유를 주는 사람에 대한 애정)의 젖으로 양분을 섭

---

5. 이 용어는 국내에서 향유, 쾌라는 말로 사용되고 있다. 근친상간에 대한 절대쾌를 추구하는 '향락'(Jouissance)과 근친상간 금기를 이루기 위해 작동하는 '불쾌-쾌락의 원리'(Principe de déplaisir-plaisir)가 서로 호응하는 원리이기 때문에, 나는 '락'으로 통일되는 '향락-쾌락'으로 번역해서 사용하고자 한다. 즉 내용상 통일을 이루기 위함이 아니라 형식상 통일을 이루기 위함이다. 이 원리에 대립되는 것은 '현실의 원리'(Principe de réalité)다.
6. J. ANSALDI, "La paternité de Dieu. libération ou névrose?," Montpellier, numéro spécial *d'Etudes Théologiques et Religieuses*, 1980.
7. *La vie séxuelle*, 51.

취하는 한, 그는 아버지(타성을 가진 인물)에 속한 사랑의 대상으로서의 엄마나 그 대리물을 선택해야 하는 운명에 처한다. 결과적으로 그는 배고픔을 채우는 기관으로서 자기 입술을 통해 만족을 경험한다. 엄마가 자기의 필요를 채워줄수록, 아이는 근친상간적 대상으로서 그녀를 욕망한다. 다시 말해, 어린이에게 구강 감각 만족을 반복하려는 필요^{Besoin}가 양분 섭취에 대한 필요와 혼돈된다. 아이는 점차 엄마에게 대상 리비도 방출을 발전시키지만, 엄마는 아이의 필요를 채우는 데 등한시한다. 더욱이 엄마의 욕망이 점차 아빠에게로 쏠림을 확인한다. 그래서 프로이트는 '창녀에 대한 사랑'이라는 두 번째 조건을 아래와 같이 기술한다.

> 그(남자아이)는 엄마에게 마음 문을 연다는 의미에서 엄마를 욕망하기 시작하고 자기 욕망을 가로막는 경쟁자로서 새로이 나타난 아빠를 증오하기 시작한다. 앞에서 말했듯이, 그는 오이디푸스 통치기에 놓인다. 그는 자기 엄마를 용서하지 않고 자기에게 속하지 않고 아빠에게 속했다는 이유로 그녀에게 불신감을 갖는다.[8]

엄마가 애정 생활에서 나쁜 평판을 얻음에도, 아이는 창녀라고 낙인 찍힌 그녀를 가까이 한다. 그녀가 창녀로 인식됨에도, 그는 상당한 심리적 소모를 유발시키는 그녀와의 사랑의 관계를 갈구한다. 그는 이 여인과의 애정 관계를 유지하기 위해 다른 모든 이익을 거부해야 한다. 왜냐하면 그녀가 "최상의 가치"[9]이기 때문이다. 그럼에도 아이는 이 여인이

---

8. Ibid., 52.
9. "Ch. IV. contributions à la psychologie de la vie amoureuse. 1) un type particulier de choix d'objet chez l'homme," in *La vie séxuelle*, 49.

타락에 빠지지 않고 도덕성을 유지할 수 있게 하기 위해서는 자기가 필요하다고 생각한다. "아이는 애인을 구원하려는 의도(프로이트의 네 번째 조건)"[10]를 드러낸다. 이것이 셋의 부부 생활이다.

아직 오이디푸스 콤플렉스에서 설명해야 할 두 번째 요소가 남아 있다. 그것은 바로 아이의 타고난 양성Biséxualité congénitale이다. 이 요소 덕분에, 우리는 양성 기관에서 유래하는 것 같은 양가개념에 접근할 수 있다.[11] 일반적으로 남자아이에게서 긍정적 오이디푸스 콤플렉스는 아빠에게 적대적 태도와 엄마에게 친근한 태도로 표현된다. 그러나 이 상황은 아이의 타고난 양성이라는 요소로 인해 도치될 수도 있다. 프로이트는 그것을 이렇게 설명한다.

> 그(남자아이)는 아빠에 대하여 친근한 여성적 위치를 나타내면서 딸처럼 행동하는 반면에, 엄마에 대하여 질투 섞인 적대감을 나타낸다.[12]

---

10. Ibid.

11. 프로이트는 *Trois essais sur la théorie de la séxualité*에서 도치를 취급하면서 양성의 역할을 우리에게 보인다. 여기서 그는 각 개인들에게서 성기관은 해부학적 관점에서 남성인 동시에 여성이지만, 예외적인 경우에 두 성의 성기관은 양성구유(兩性具有)에서처럼 이것과 저것이 상호 공존한다. 우리가 우파니샤드 신화(mythe Upanishads)에서 확인하듯, 세계는 양성인 아트만(자신 또는 자아)에서 시작된다. Cf. "Au delà du principe de plaisir," 107. 그리고 *Trois essais sur la théorie de la séxualité*, 29.

12. "Le moi et le Ça," in *Essais de psychanalyse*, 245. 여기서는 도착 또는 변태(perversions)가 문제된다. 우리는 이 주제에 관한 다음의 저서를 참고할 수 있다. J. ANSALDI, "Entre l'interdit et la complicité; la place de l'homoséxualité dans l'éthique chrétienne," in *Etude Théologiques et religieuses*, 1987/2, 209-222. 그리고 *Les perversions dans le champ de l'éthique*, Montpellier: Le polycopié en deuxième semestre 1991/1992, la Faculté de Théologie protestante de Montpellier. 그리고 CHRISTIAN DEMUR et DENIS MULLER, *L'homoséxualité: un dialogue théologique* (Genève: Labor et Fides, 1992).

양성 기관의 **양가개념** *Ambivalence*을 부연해보자. 긍정적 오이디푸스 콤플렉스에서 남자아이는 아빠에게 반항적으로 대하는 반면 엄마에게는 호의적으로 대한다. 여자아이에게 그 현상은 완전히 반대다. 역으로, 부정적 오이디푸스에서 남자아이는 아빠에게 다정하고 마찬가지로 여자아이는 엄마에게 다정하게 행동한다. 결국, 긍정적 오이디푸스 콤플렉스와 부정적 오이디푸스 콤플렉스를 한꺼번에 생각할 때, 우리는 여기서 양가개념을 발견할 수 있다. 이것은 정체화 이론에서 매우 중요하기 때문에, 우리는 그것을 발전시키는 데 주력할 것이다.

내가 방금 제시한 것에 따르면, 오이디푸스의 본질적인 두 요소(세 명의 부부 생활과 타고난 양성)들은 오이디푸스 구조를 구축한다. 그러므로 우리는 오이디푸스 콤플렉스가 정체화의 출발점이라 생각하는 타당한 이유를 가진다.

2. 아버지에게 정체화

상징적 남근 질서에 들어가기 전 남자아이와 여자아이는 엄마에게 정체화된다. 그러나 상징적 남근 질서 속에서 아이는 지배자로 대표되는 남자로 이행하고 종속자로 대표되는 여자로 이행한다.

나는 방금 '오이디푸스 콤플렉스'에서 근친상간적 향락의 매개로서 대상 선택 *choix d'objet*을 기술했다. 초기에 아이는 금기를 제시하는 존재자로서 '방해하는 제삼자'를 상관하지 않았다. 왜냐하면 그는 엄마에게 근친상간적 리비도를 방출한 후 아버지에게 정체화되기 때문이다. 다시 말해, 프로이트는 아이가 어머니에게 우선적으로 정체화된다며 다음과 같이 말한다. "아버지에게 정체화되는 것과 동시에, 아마도 그 이전에 남자아이는 가령 엄마라는 확실한 대상에게 리비도 방출을 실행하기 시작한다."[13]

아버지에게 정체화되기 시작하면서 아이의 양가감정적인 방식이 문제가 된다. 개체 발생이 계통 발생의 반복으로 여겨질 수 있듯이, 우리는 아버지에게 정체화Identification au père되는 것에 대한 그 논리적 근거를 초기 신화에서 찾을 수 있다. 프로이트에 따르면, "토템 자체는 아버지의 대리적 표현일 뿐이다."[14] 그것이 우리에게 보여주는 것은 토템, 그러니까 아버지를 죽이는 것을 금한다는 사실이다. 토템은 아들과 어머니, 또는 아들과 누이의 근친상간 금지를 지칭하는 것이다. 프로이트는 이런 근거로 토템적 체계의 한 요소인 족외 결혼을 다음과 같이 정의한다. "그것(족외 결혼)은 그 단체의 어떤 여인과의 성적 결합도 남자에게 금한다. 다시 말해 족외 결혼은 어떤 혈연적 관계도 결부되지 않은 여인들과의 성적 결합만 허용한다."[15]

초기 인류에게 왕이 전지전능을 의미하는 것처럼, 아이는 아빠에게 전지전능을 부여한다. 왕에 대한 백성의 태도는 아빠를 대하는 유아적 행동과 일맥상통한다. 달리 말하면 일반 평민이나 귀족들이 왕이 되고 싶은 것처럼, 아이는 아버지의 자리를 탈취하려고 한다. 사람들이 왕가의 기념식에 참여할 때, 그들은 왕을 존경하고 그에게 완벽하고 최상의

---

13. "Psychologie des foules et analyse du moi," in *Essais de psychanalyse*, 167. 프로이트의 강독자, 라캉은 이 구절의 불어 번역을 문제시한다. 왜냐하면 이 불어 번역은 아버지에게 정체화된 이후에 엄마에게 정체화가 이루어진다는 오해의 여지를 남기기 때문이다. 그의 네 번째 공개 세미나, *La relation d'objet* (Paris: Seuil, 1994), 171을 참고하라.

14. *Totem et tabou* (Paris: Petite Bibliothèque Payot, 1965), 221.

15. Ibid., 17.

안전을 마련해주지만, 다른 한편으로는 왕에게 복수하기를 원한다. 동일한 양가적 태도가 개인에게서도 발견된다. 일반적으로 증오에 대한 애정의 우위가 문제시된다. 프로이트는 왕실의 의식에 참여하는 개인의 양가감정적 태도를 '왕실의 의식 금기'*cérémonial royal tabou*라고 부르고 아래와 같이 그 예에 대해서 기술한다. "그러므로 왕실의 의식 금기는 겉으로 보기에는 가장 엄격하게 존중되는 표현이고 가장 완전한 안전을 왕에게 보장하는 방도다. 그러나 실제 왕실의 의식 금기는 왕실의 고양된 감정에 가하는 채찍질이고 왕의 명예를 탐하는 백성들의 불타는 복수다."[16]

"아버지에게 정체화"에서 아이는 아버지를 자기가 '되어야 할 것'으로 인식하며 증오의 대상으로 아버지를 생각하지 않는다. 그래서 그는 가능한 한 아버지를 모방하려고 노력한다. 아이는 아버지가 되면 엄마를 소유할 수 있을 것이고 자신이 원하는 모든 것을 할 수 있을 것이라고 생각한다. 여기서 아빠는 아이에게 방해하는 제삼자[17]로서 나타나지 않는다. 아이에게 아빠는 "이상적 자아"*moi idéal*[18]가 된다. 아이는 아빠를 무서워하기보다 좋아한다는 척도에서 아버지에게 열등감을 갖는다. 이로써 "아버지에게 정체화"는 긍정적으로 종결되었음을 알 수 있다. 이제 아이가 방해하는 제삼자가 되고 엄마를 사랑의 대상으로 취하고, 전능한 권위자가 된다.

르네 지라르는 『폭력과 성스러움』*La violence et le sacré*이라는 작품에 "프로이트와 오이디푸스 콤플렉스"*Freud et le compexe d'œdipe*라는 부제를 달았다. 이 책 『폭력과 성스러움』 제7장에서 지라르가 이해한 '아버지에게

---

16. Ibid., 83.
17. 나는 이 주제를 다음 장, '가짐의 정체화'에서 부연할 것이다.
18. 이 용어는 독일어 'IdealIch'의 번역이다.

정체화'를 검토해보면 유용할 것이다. 지라르는 프로이트가 1921년에 쓴 본문을 앞의 책에서 인용한다. 우리는 그 세 개의 본문을 아래에서 검토할 것이다.

소년은 자기 아빠에게 큰 관심을 갖는다. 그는 아빠처럼 되기를 원하고 모든 측면에서 아빠의 자리를 차지하려 한다. 허심탄회하게 말하자면, 그의 아빠는 소년의 이상이다. 아빠(또는 일반적으로 모든 남성)에 대한 이 태도는 수동적이지도 여성적이지도 않다. 그것은 본성상 남성적이다. 이러한 태도는 오이디푸스 콤플렉스와 아주 잘 조화된다.[19]

아버지에게 정체화는 자기의 이상으로서 아버지를 생각하는 남자아이의 태도다. 프로이트가 그것을 명확하게 설명하듯, 남자아이는 '모든 측면에서' 아빠를 대신하고자 한다. 여기서 **자아의 이상형**Ideal-Ich과 **이상형**Ideal, 그리고 전지전능한 아버지가 문제된다. 아버지에게 정체화는 우리를 양가개념으로 인도한다.

소년은 아빠가 엄마에게로 향하는 길을 가로막고 있다는 것을 눈치챘다. 이 일로 인해 아버지에게 정체화는 증오스런 뉘앙스를 지니게 되며, 그는 엄마 주위에 있기 위해서 아빠를 대신하려는 욕망과 혼돈으로 끝이 난다. 정체화는 초기부터 양가감정적이며 제거하려는 욕망만큼이나 애정

---

19. R. GIRARD, *La violence et le sacré* (Paris: Grasset, 1972), 236. Cf. S. FREUD, "l' identification," in *Psychologique des foules et analyses du moi* (1921), 167. 지라르의 책에 인용된 프로이트의 본문과 Payot 출판사의 그것은 의미가 좀 다르다. 이 인용문들은 *S.A.*, vol. 9, 65의 독일어 본문에 대한 번역으로 우리가 다시 재검토해보아야 할 부분이다.

의 표현으로 향한다.[20]

　이 본문에서 남자아이는 아버지의 대상 중 하나로 엄마를 인식한다. 그래서 아버지에게 정체화 이후에 엄마를 향한 리비도 방출 감소가 뒤따른다. 지라르에 의해 차용된 처음 두 단락들은 '엄마에게 정체화'와 비교할 때 '아빠에게 정체화'의 선행성을 강조한다. 나는 지라르의 분석이 정확하지 않다고 생각한다. 왜냐하면 아이는 우선 엄마에게 정체화되고 그 이후에 아빠에게 정체화되기 때문이다. 엄마는 아버지 이전에 정체화된 대상 중 하나다. 1923년에 쓴 한 단락에서 프로이트는 엄마에게 방출하는 리비도의 감소를 강조하였다.

　행복할 때 아이는 리비도를 엄마에게 집중시키고 아빠에 대해서는 정체화 덕분에 그에 대한 영향력을 확신한다. 이 두 태도는 엄마에 대한 아이의 성 욕망이 증가할 때까지, 아빠가 아이 자신의 욕망 성취의 방해 요인임을 아이가 깨닫게 될 때까지 얼마간 공존한다. 우리는 여기서 오이디푸스 콤플렉스의 출현을 본다. 그러므로 아버지에게 정체화는 아빠를 제거하고, 엄마 주위에서 서성대는 그를 대체하려는 욕망을 낳게 하고 적대적 성격이 되도록 한다. 이 순간부터 아빠에 대한 태도는 양가감정적인 것이 된다. 초기부터 정체화에 내포되었던 양가감정이 명백하게 드러나는 것이다.[21]

---

20. R. GIRARD, *La violence et le sacré* 238. Cf. S. FREUD, "L'identification," in *Psychologique des foules et analyses du moi* (1921), 168. 지라르의 책에 인용된 프로이트의 본문과 Payot 출판사의 그것은 의미가 좀 다르다. 이 인용문들은 *S.A.*, vol. 9, 65의 독일어 본문에 대한 번역으로 우리가 다시 재검토해보아야 할 부분이다.
21. Ibid., 243. 이 본문에 대한 프로이트의 글은 "Le moi et le surmoi," in *Le moi et le*

지라르는 이것과 관련해 프로이트를 비판한다. 프로이트의 1921년의 글과 1923년의 글이 상호 모순되기 때문이다. 1921년에 프로이트는 엄마에 대한 아이의 리비도 방출 증대가 아버지에 대한 일차적 정체화에서 기인한다는 생각을 전개했다. 반면에 1923년에는 앞선 주장과는 정반대를 지적하는 것 같다.

앞의 프로이트의 세 개의 본문에서, 겉으로 드러나는 통일성 상실을 우리가 이해할 수 없는 것은 아니다. 왜냐하면 그 본문들이 동일한 정체화 단계를 취급하는 것이 아니기 때문이다. 처음의 두 본문은 '어머니에게 정체화'를 바탕 삼아 '아버지에게 정체화'를 설명하기 위한 목적으로 쓰인 것이다. 반면에 마지막 본문은 오이디푸스 구조 안에서 아빠를 향한 양가감정의 알력을 설명하기 위한 것이다. 게다가 이 후자가 우리에게 제시하는 것은 오이디푸스적 알력이 '어머니에게 정체화'에는 없고 '아버지에게 정체화'부터 시작된다는 것이다. 달리 말해 '엄마에게 정체화'에는 알력이 없다는 뜻이다. '아버지에게 정체화' 안에서 금기나 외부 세계는 아이에게 존재하지 않는다. 왜냐하면 리비도가 자아 안에만 머무르기 때문이다. 프로이트는 우울증 환자에게서 매우 명확하게 발견되는 것을 '나르시스적 정체화'라 부른다.

우울증 환자들이 행하는 냉혹한 비난들은 현실에서 자신들이 잃어버렸거나 자기들의 실수로 가치 하락시킨 인물과 성적 대상물에게 적용된다는 것을 확인했다. 우울증 환자가 자기 리비도를 대상으로부터 퇴각시켰다면, 이 대상으로부터 리비도는 떨어져서 자아에게로 돌아온다. 우리는

Ça (1923), 244. 지라르에 의해 인용된 번역은 Payot 출판사에서 출판된 프로이트의 번역본과 일치하지 않는다. 원(原)독일어는 *S.A.*, vol. 3, 299에서 확인할 수 있다.

이 과정에 나르시스적 정체화라는 이름을 붙여줄 수 있다.[22]

아이가 리비도를 대상에 방출함에도, 내가 '이차 나르시시즘'에서 그
것을 기록한 것같이, '대상의 그림자는 자아 위에 드리운다.' 우울증 환
자가 대상을 찾는다면, 그것은 확실히 무의식의 표상으로서 영상이다.
곧 그것은 자신의 영상이다. 자아는 여러 층과 계속되는 영상들, 그리고
닮은 것들에 정체화된 무의식적 영상들로 형성된다.

3. 우울증 환자와 나르시스적 정체화

프로이트는 우울증에 의해 가정된 세 가지 조건, 즉 대상 상실과 양가감
정적 알력, 자아 내부로 리비도의 퇴행을 전개한다. 우선 프로이트는 애
도*Deuil*와의 관계에서 우울증*Mélancolie*을 기술한다. 자긍심 축소가 애도 속
에 없음을 제외하고 애도와 우울증은 여러 유사성을 가진다. 이 둘의 차
이는 우울증 환자의 핵심 요소처럼 생각할 수 있다. 우울증 환자는 스스
로를 가치 없고 비난받을 만한 무용한 존재로 느끼기 때문이다. 그러므
로 프로이트는 이렇게 기록한다.

> 그(우울증 환자)는 허점들을 만들고 욕설을 퍼붓고 추방과 처벌을 기다린
> 다. 그는 사람들 앞에서 천하게 굴고 자기 인격과 결부된 무가치한 것들
> 을 슬퍼한다.[23]

---

22. *Introduction à la psychanalyse*, 404.
23. "Deuil et mélancolie," in *Œuvres complètes* XIII, 264.

이 지점에서 우리는 한 가지 질문을 던질 수 있다. 왜 우울증 환자는 자기의 상황을 바꾸지 못하는가? 달리 말해서 왜 그는 그 대상에 고착해 있고 닫힌 상황 속에 머무르는가?

우리는 우울증 환자에게서 모순을 발견한다. 그것은 우울증 환자는 나르시스적 대상에 강력하게 고착되어 있지만, 그가 그 대상을 상실했을 경우에는 나르시스적 대상으로부터 퇴행하면서 방출된 리비도에 대해서는 저항이 매우 약하다는 점이다.

부연하면, 그가 하나의 대상을 선택할 때 이 대상은 자기 자신과 닮은 것이며 그는 특정한 대상에 리비도를 방출한다. 그러므로 그는 나르시스적 토대 위에 근거한 대상에 정체화된다. 프로이트는 "대상과의 나르시스적 정체화는 사랑에 대한 리비도 방출의 대체물이 된다.…사랑의 관계는 포기되지 않는다"[24]라고 명확하게 말한다. 대상이 상실되면, 그는 사랑의 대상으로 '자기 자신'을 취한다. 게다가 이 대상으로부터 리비도가 물러나는 것은 정상적인 과정으로 그렇게 되는 것이 아니다. 그 리비도가 특정 대상으로부터 물러날 때, 그것은 나르시스적 대상이 아닌 새로운 대상에게로 전이되지 않고 대체 대상으로서 자아에게 되돌아온다. 프로이트는 다음과 같이 정리한다. "대상에 대한 리비도 방출은 저항이 약화될 것이라는 게 명확해졌고 그 저항은 제거되었다. 그러나 여분의 리비도는 다른 대상으로 전이되지 않았고 자아 안으로 옮겨졌다. 바로 거기서, 여분의 리비도는 어떠한 사용성도 찾지 못하고 포기된 대상과 자아의 정체화 건설에 기여했다. 그러므로 대상의 그림자는 대상, 즉 버림받은 대상처럼 특별한 순간에 의해 판정될 수 있었던 자아에 드리운다."[25]

---

24. Ibid., 268.
25. Ibid., 267-268.

자아가 대상을 상실한다 할지라도, 그는 대상에 대한 사랑을 포기하지 않는다. 우리는 우울증 환자가 자기의 자아 안에 하나의 결여를 가지고 있음을 확인했다. 그 환자의 리비도는 특정적이고 나르시스적인 대상 위에 방출되며 이 대상에 강하게 고착된다. 설령 그 환자의 리비도가 이 대상으로부터 물러난다고 해도, 비非나르시스적인 새로운 대상에게로 전이되지는 않는다. 나르시스적 대상은 자아의 밖에 있는 것이 아니라, 우리가 '나르시시즘'에서 보았듯이 자아 내부나 자기 자신 안에 있는 것이다. 그러므로 우울증 환자가 나르시스적 대상을 상실한다 해도, 그 상실은 실제적인 것이 아니다.

여기서 나는 자아의 두 가지 모습을 본다. 첫째는 비판당하는 자아Critique du moi이고, 둘째는 정체화에 의해 변화된 자아moi modifié par l'identification다. 이 두 측면에서 프로이트는 다음과 같은 차이점을 지적한다.

> 이런 식의 대상 상실은 자아 상실로 변형되고, 자아와 사랑하는 사람 간의 마찰은 비판당하는 자아와 정체화에 의해 변화된 자아 간의 분리로 변형된다.[26]

비판당하는 자아는 정체화에 의해 변화된 자아와는 다르다. 전자의 자아는 근친상간 금지법에 의해 거세된 성적 욕동으로 나타난다. 그는 금지하는 부모의 형상으로서의 대상에 정체화되지만, 거세 불안 때문에

---

26. "Deuil et mélancolie," in *Œuvres complètes*, 268. 나는 제3장 '가짐의 정체화'에서 '자아 분열'을 부연할 것이다. 왜냐하면 의식/전의식의 행위가 자아에 대한 비판이라면, 정체화에 의해 변화된 자아는 무의식에 머무른다. 정체화에 의해 변화된 자아는 알려지지 않고 다양한 증상의 요인이 된다.

부모의 금지에 종속된다.[27] 그 자아는 자아 욕동*Pulsion du moi*을 구체화하는 것을 결국 포기하게 된다. 그러므로 그는 초자아를 구성한다. 후자의 [변화된] 자아는 영구적인 욕동처럼 드러난다. 그는 더 이상 금지의 향락을 포기하지 않고 금지된 대상에 대한 자기 관심을 영원히 간직한다. 즉 전자인 비판당하는 자아는 자기 욕망을 단념하고, 후자인 변화된 자아는 그것을 간직하려 한다. 정확히 말해서, 전자가 욕망의 완전한 만족을 포기하는 반면, 후자는 그것을 계속해서 욕망한다. 법이 향락을 금지할 때, 불안*Angoisse, Angst*은 거세의 위험 신호로서 나타난다.

우울증 환자에게는 정체화에 의해 변화된 자아의 양가감정적 알력이 문제시된다. 이 양가감정은 나르시스적 대상에 대한 사랑*Amour de l'objet narcissique*과 대체 대상에 대한 증오*Haine de l'objet narcissique*에 의해 드러난다. 나르시스적 대상에 대한 사랑이 대상(우울증 환자에게는 자기 자신)에 대한 증오보다 우위에 있다. 만약 이 둘의 관계가 도치된다면, 우울증 환자는 자살을 시도할 것이다.

나르시스적 대상에 대한 사랑은 자아가 특정 대상에게 리비도를 발산하고, 이 대상(우울증 환자에게는 자기 자신)은 즉각적으로 포기되는 것을 의미한다. 그러나 대상에 대한 사랑을 간직하는데, 이는 자아가 초기부터 나르시스적 대상을 내재화시키기 때문이다. 대체된 대상에 대한 증오는 자아가 리비도를 나르시스적 대상에서 걷어내는 것을 의미한다. 그러므로 자아는 대체 대상이 된다. 자아는 대체 대상을 모욕하고 비하시키면서 가학적 만족*Satisfaction sadique*을 구한다. 곧 우울증 환자의 자아 자신이 사랑과 미움의 대체 대상이 되는 것이다. "만약 대상 자체는 포기되

---

27. 나는 나중에 '상호적 정체화'를 기술할 때 '거세 불안'에 접근할 것이다.

는 반면, 포기될 수 없는 대상을 향한 사랑이 나르시스적 정체화 안으로 숨는다면, [우울증 환자의] 증오는 대상[대체 대상인 자기 자신]을 모욕하고 자존심을 짓밟고 고통을 준다. 또한 이 고통으로부터 가학적 만족의 이익을 끌어내면서 이 대리적 대상[자기 자신]에게 자기가 품은 증오의 힘을 발산하게 된다."[28]

내가 설명했듯이, 우울증 환자는 근본적으로 나르시시즘의 구조를 따른다. 우울증 환자에게는 대상에 대한 리비도도 리비도의 진행도 존재하지 않는다. 퇴행에서 대상은 포기되지만, 이 대상은 자아 자신보다 더 강하게 확인된다. 대상의 사랑보다 대상의 증오가 우위라는 양가감정적 알력 안에서, 자아는 가장 탁월한 대상에 의해 짓밟힌다. "그(우울증 환자)가 자신을 하나의 대상으로 대하거나, 하나의 대상을 겨냥하고 외계의 대상에 대해 자아의 근원적 반응을 표현하며, 그 자신에 대항해서 적의를 품을 때만, 그는 죽을 수 있다."[29] 우울증 환자에게 대상의 사랑은 자아 자신에 대한 사랑이다. 그가 나르시스적 대상을 사랑하면 할수록, 그는 그 대체 대상을 미워한다. 결국, 그가 나르시스적 대상을 상실할 때, 대체 대상으로서 자기 자신이 상처받고 상실되기를 시도한다.

4. 결론

우리는 프로이트의 '됨의 정체화'를 검토해보면서 리비도 방출이 문제시된다는 것을 확실히 알았다. 특히 우리는 '자아의 리비도'가 중요하다는 사실을 깨달았다. '자아의 욕동'에는 리비도가 존재하지 않는다. 이 욕동

---

28. "Deuil et mélancolie," 270. 괄호에 기입된 것은 내가 기입한 것이다.
29. Ibid., 271.

은 '자아에서 출발하는 리비도'와 '대상에 대한 리비도'로 구분되는 '성적 욕동'의 토대를 구축한다. 자아에서 출발하는 리비도에서는 일·이차 나르시시즘이 문제시된다.

'됨의 정체화'에 따르면 자아는 자신 내부에 감금된다. 여기에서는 내부 세계만이 존재한다. 다시 말하면 우선 내부 세계에 자아가 존재하고, 그 이후 자아는 외부 세계와의 관계 속에서 정의된다. 이것이 됨의 정체화에 반대되는 것은 아니다. 사르트르가 말했듯이, "설령 신이 존재하지 않는다고 할지라도, 적어도 실존이 본질을 선행하는 것으로서의 존재는 있다.…이 존재는 인간이다. 혹은 하이데거가 말하듯이 인간 현실이다. 여기서 실존이 본질을 선행한다는 것의 의미는 무엇일까? 그것은 우선 인간이 존재하고 서로 만나고 세계 속에 등장하고 난 후에야 본질이 정의된다는 의미이다."[30] 이렇게 사르트르는 본질의 선험성을 부정하면서 본질과 실존의 단절을 가져왔다. 이제는 인간 현실만이 남는다. 그는 "인간의 주관성을 능가하는 것이 인간에게는 불가능함"[31]을 예견한다. 사르트르의 실존적 방법은 큰 맥락에서 볼 때 부정의 방법의 극치이며, "됨의 정체화" 개념에 대한 일종의 답변이자 정리라 할 수 있다.[32]

---

30. J.-P. SARTRE, *L'existentialisme est un humanisme* (Paris: Les Editions Nagel, 1970), 21.

31. Ibid., 25.

32. 외계가 내계가 된다는 것은 헤겔적 사상이다. "하나님과 인간을 구별하는 신학은 이성적이다(vernunftig).…절대 철학은 바로 헤겔 철학이다. 철학이 이해하는 종교는 기독교다. 즉 Théandrie, 예수-하나님의 인간됨(그리스도인들에게 하나님은 인간이 된다. 헤겔은 해석하길 인간이 역사 발전 단계의 종국에 가서는 신이 된다. 더 정확하게 말하면, 인간은 발전 단계 전체에 의해 하나님이 되어가면서 하나님이다)이다." 이 글은 20세기 초 헤겔 연구를 프랑스에 소개했던 코제브의 글이다. A. KOJEVE, *Introduction à la lecture de Hégel* (Paris: Gallimard, 1968), 47. 그리고 S. OPIELA, *Le réel dans la logique de Hégel, développement et autodétermination* (Paris: Beauchesne,

리비도의 방출은 '아빠, 엄마, 아이 셋의 부부 생활'에 기초한 오이디
푸스 콤플렉스와 '아이의 타고난 양성'에 의해 잘 표현된다. 전자의 경
우, 셋의 부부 생활은 아래의 조건 네 개를 연대기적으로 따른다. 첫째로
방해하는 제삼자, 둘째로 창녀에 대한 사랑, 셋째로 최고 높은 가치 그리
고 애인을 구원하려는 의도 등이다. 후자의 경우에서 나는 양가감정의
구조를 찾는다.

긍정적 혹은 정상적 오이디푸스 콤플렉스에서 남자아이는 엄마에게
상냥하고 아빠에게 험하며, 여자아이는 아빠에게 친절하고 엄마에게 못
되게 행동한다. 부정적 혹은 도치된 오이디푸스에서 남자아이는 엄마에
게 시기심을 표현하고 아빠에게 다정하며, 여자아이는 아빠에게 시샘하
고 엄마에게 정답게 행동한다. 우리가 정상적 콤플렉스와 도치된 콤플
렉스를 동시에 생각할 때 우리는 양가감정 앞에 놓인다. 적대감과 다정
함이 한꺼번에 나타나는 것을 양가감정이라 부른다. 정상적 오이디푸스
알력에서 남자아이는 아빠를 점령하려 한다. 남자아이는 아빠에게 정체
화되면서, 그의 적대감은 아빠를 제거하려는 욕망으로 바뀐다. 그러면서
남자아이의 남성다움은 점차로 확고해진다.

앞에서 나는 우울증에서 예견된 세 가지 조건을 기술했다. 그것들은
첫째로 대상의 상실, 둘째로 양가감정적 알력, 셋째로 자아 속으로 리비
도의 퇴행이었다. 우울증 환자가 실제로 사랑하는 대상을 상실하면, 그
는 나르시스적 대상 위에 강한 고착 반응을 보인다. 대상에 방출된 리비
도는 약한 저항만을 보여줄 뿐이다. 그 리비도는 자아에게로 되돌아온다.

그리하여 우울증 환자의 자아는 정체화에 의해 둘로 나뉜다. 첫 번째

1983), 288-289.

는 '비판당하는 자아', 두 번째는 '정체화에 의해 변화된 자아'로 이 둘 간에는 분리가 초래된다.[33] '정체화에 의해 변화된 자아'는 근친상간적 향락과 절대쾌^{Plaisir absolu}를 추구하다. 비판당하는 자아는 법에 의해 금지되고 초자아 구성이 이루어진다. 전자와 후자의 분리를 통해 양가감정적 알력이 찾아온다. 그것은 나르시스적 대상에 대한 사랑과 대체 대상에 대한 증오다. 우리는 우울증 환자에게서 사랑과 증오 간의 긴장을 관찰했다. 이 긴장의 종국은 빈번히 자살로 끝난다. 이렇게 우울증 환자의 자아는 하나의 장소와 과거 시간에 밀착되어 있다. '됨의 정체화'에 따른 인간은 근친상간의 향락과 이상적 자아로서의 아버지 안에서 평가된다.

---

33. 우리는 프로이트가 규정하는 것처럼 soma와 germe, 욕망과 율법, 그리고 심리적 현실과 외적 현실 간의 경계 구분이란 틀 속에 살고 있다. 결과적으로 자아는 '주어진 것'(donné)이 아니라 하나의 위치다. '주어진 것'은 아직 자아 안에 자리를 잡지 않았기 때문이다. 자아의 도래는 니체의 '당위-존재'처럼 프로이트의 용어 속에서 이해된다. 자아의 낯선 장소, 그 정확한 이타성이 이상한 것이 아니다. 그 장소도 바로 '그'라는 장소를 갖기 때문이다. 자아는 자신에게 이상한 것이 아니라, 그 이타적 장소가 자신에게 확실히 이타성의 부재임을 나타내준다.

제3장
가짐의 정체화

앞 장에서 나는 우울증 환자를 살펴보면서 자아의 구심력적 집중을 언급했다. 만약 대상에 대한 리비도가 사랑하는 인물과 만나지 못한다면 그 리비도는 포기되고, 여분의 리비도는 다른 대상으로 전이되지 않는다. 그것은 자아 안으로 피신한다. 결국 자아는 비판당하는 자아와 정체화에 의해 변화된 자아로 나뉜다. 우울증 환자에게서 변화된 자아는 증상들 속에 숨는다.

왜 자아에 대한 비판과 관계되지 않는 또 하나의 다른 자아가 존재하는가? 변화된 자아나 정체화된 자아는 만족을 보존하기 위해 사람들과 현실에 결부된 리비도와, 또 새로운 만족 방식을 찾아야만 하는 의무를 갖고 현실에서 분리된 리비도를 갖는데, 이 만족된 리비도와 불만족된 리비도 간의 알력에서 충족되지 못한 욕망은 억압된다. 그것은 증상들 속에 숨는다.

우리는 제2장 '아버지에게 정체화'에서 아이는 욕망의 세계에 살고 자기 리비도의 만족만을 추구한다는 것을 확인했다. 그 아이는 나르시스적 대상에 대한 강한 고착과 대체된 대상 앞에서의 약한 저항 때문에 즐거움의 세계를 떠날 수밖에 없는 우울증 환자가 될 수도 있다. 이렇게 아이는 '대상에 도달하는 리비도'를 포기함으로써 새로운 만족 방식을 찾아야 하는 운명에 처한다.

자아 속에 리비도가 머문다는 것을 보여주는 나르시시즘은 '됨의 정체화'의 핵심이다. 반대로 대상에 도달하는 리비도 방출은 점차로 '가짐의 정체화'의 중심을 메울 것이다. 이 정체화는 우리에게 어떻게 리비도가 외부 대상과 관계를 갖는가를 보여준다. 다시 말해서 이 정체화는, 설사 리비도의 만족이 현실의 조건들에 의해 거부될지라도, 어떻게 정체화된 자아가 현실의 길을 걷는지를 우리에게 증명해 보일 것이다. 우선 우리는 꿈과 신경증적 현상들을 분석하면서 '가짐의 정체화'에 접근하려 한다.[1]

1. 꿈의 분석

정신분석학은 넓고 배타적이지 않은 범위에서 꿈의 분석에 기반을 두고 있으며, 꿈에 대한 해석은 무의식 체계를 세우는 데 왕도라고 말할 수 있다. 한편으로 꿈$^{le\ Rêve}$은 수면 중에 유아기 이래의 기억이 상기되는 무의식적 욕망의 실현이고, 다른 한편으로 꿈은 깨어난 후 사고의 맥락을 제공해준다. 우리는 잠자는 동안 다양하고도 긴 꿈을 꾸지만, 깨어나서는 몇 개의 파편으로 이루어진 짧은 이야기만을 기억한다. 일반적으로 꿈에

---

1. 라캉은 정신분석학의 노이로제(Névrosé)에 대해 이렇게 말한다. "정신분석학의 창시자는 프로이트가 아니라 여러분 각자가 알듯이 '안나 오'(Anna O)다. 그녀를 통해 듣는 것은 바로 우리 모두다." *L'identification*. 1962. 3. 14. 강의, 미출판.

나타나는 무의식적 욕망은 의식적 삶에서 배제되고 억압된 것이다. 그러므로 꿈을 꾼 사람의 생각은 전치 작업과 응축 작업에 의해 변하고 변장되고 일그러진다. 우선 프로이트는 전치의 일례인 꿈을 제시한다. "성적인 관계와 잔인성 간의 관계를 표현하는 풍뎅이 꿈에서 만약 잔인한 생각이 꿈속에 나타날 수 있는 것이라면, 그 생각은 전혀 다른 것을 내포하고 어떠한 성적인 것도 환기시키지 않으면서, 그 생각은 여러 다양한 측면으로 나타난다.…이런 꿈은 전치를 이해하는 데 좋은 보기이다."[2]

전치는 대리적 표상의 본질적인 방법 중 하나다. 이 전치된 표상은 "다른 층위에 대하여 심리적 층위들 중의 하나를 실행시키는 검열 작업이다."[3] 이 검열의 역할은 무의식의 체계를 위해 매우 중요하다. 한편으로 심리적 능력은 "압축된 가치 있는 심리적 요소들을 제거하고, 또 다른 한편으로 다연상 결정Surdétermination 덕분에 그것(심리적 능력)은 덜 중요한 요소들에 더 큰 가치를 부여한다. 그 결과 이 요소들은 꿈에 나타날 수 있다."[4] 이 심리적 활동에 의해, 우리는 꿈의 사고와 꿈의 내용 사이에 존재하는 차이점을 이해할 수 있다.[5] 꿈의 내용은 꿈꾸는 자의 무의식 안에 존재하는 대체 표상, 뒤틀림일 뿐이다.

꿈의 압축 작업을 설명하기 위해 프로이트는 예상치도 않던 낯선 일련의 단어들을 제시한다.

---

2. *L'interprétation des rêves*, 264.

3. Ibid., 266.

4. Ibid.

5. 무의식적 표상과 의식적 표상 간의 다름에 대하여 참고할 수 있는 자료는 "L' inconscient. VII. la reconnaissance de l'inconscient," in *Métapsychologie* (Paris: Gallimard, 1990), 115-121, 그리고 "Inconscient," in *Métapsychologie* (또는 *Œuvres complètes*. XIII, Paris: P.U.F., 1988), 239-242.

내 환자들 가운데 한 여성이 나에게 의미 없는 단어들로 연결된 간단한 꿈 이야기를 들려주었다. 꿈에서 남편과 함께 농장 축제에 참석한 그녀는 '모든 것이 일반적인 Maistollmütz가 될 것이다'라고 말했고, 이것은 옥수수로 만든 걸쭉한 죽과 관련 있는 듯한 모호한 느낌을 받았다고 한다. 그 단어 Maistollmütz는 Mais(옥수수), toll(미친), Mannstoll(남자에게 미친), olmütz(독일 지명)로 분해된다. 이 단어는 친척들과 식사하며 담소한 내용과 관련된다. 옥수수란 단어는 막 개막된 농작물 전시회의 기쁨을 암시하며 여러 단어를 상기시켜준다. meissen은 새 문양이 그려진 마이센 지역의 작센 자기磁器, miss는 그녀의 사촌들이 olmütz 방언으로 발음한 영어고, mies는 농담으로 사용된 유태말의 언어로 구역질을 뜻한다. 사고와 연상의 긴 고리는 이렇게 뒤죽박죽된 음절 각각으로부터 출발한다.[6]

이 예를 도식화해보자.

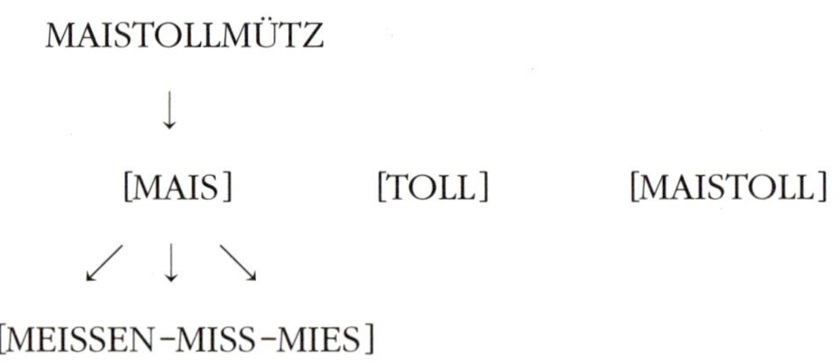

---

6. *L'interprétation des rêves*, 257.

꿈의 내용은 꿈의 사고와는 다르게 묘사된다. 왜냐하면 꿈의 내용은 우리의 의식에 나타나고, 꿈의 사고는 우리의 무의식에 나타나기 때문이다. 꿈의 사고가 압축 작용에 의해 변화된다고 확신할 수 있다. 즉 재치 있는 말은 변환되며 마찬가지로 인물의 이름이 바뀌기도 한다. 전치와 압축 작용에 의해, 우리는 꿈을 '해석해야 하는 필요성'을 이해할 수 있다. 왜냐하면 내용인 요소들은 꿈의 사고에서 매우 결함이 있는 표상에 지나지 않기 때문이다.[7]

2. 가짐의 정체화: 두 사례 분석

우리는 '됨의 정체화'에서 아이가 자기 자신에게 리비도를 발산할 때, 이 아이는 나르시스적임을 관찰했다. 반대로 '가짐의 정체화'에서는, 이 리비도 방출이 대상을 향하고 이런 식으로 아이는 대상과 관계를 맺는다. 『정신분석학 입문』에 나오는 두 증상을 예로 들어보자. 이 책에는 '서른 살 여인'의 경우와 열아홉 살 '귀여운 처녀'의 사례가 실려 있다.

'서른 살 여인'의 경우

현재의 사례가 명백하게 확증하는 것은 강박행위가 무의식에 뿌리박고 있다는 것이다. 이 여인은 하루에도 수차례씩 동일한 강박행위를 실행하게 하는 매우 심한 충격으로 고통을 받고 있는 것 같다. "이 여인은 자기 방에서 옆방으로 급히 뛰어가 방 중앙에 놓인 탁자 앞에 서서, 하녀를 부른다. 그리고 그녀에게 무슨 일을 지시하거나 곧장 그녀를 돌려보낸다.

---

7. Cf. Ibid., 244-245; 257-263.

그리고 그녀는 즉시 자기 방으로 도망친다."[8]

우리가 이 증상을 분석하기 전에 필수적으로 선행해서 살펴보아야 하는 것은 프로이트가 꿈의 본질적인 성격을 밝히기 위해 도입한 퇴행 개념이다. 사람이 대상을 상실했을 때, 그는 무의식적으로 유년 시기나 과거 자기에게 만족을 가져다주던 다른 대상으로 전환하면서 보상을 받는다. 프로이트의 이론을 비판하는 이들 가운데 어떤 이는 퇴행 이론을 반대한다.[9] 왜냐하면 그들은 프로이트가 현재를 망각하고 과거에만 집착하여 연구한다고 생각하기 때문이다. 물론 그가 과거의 사건을 해석하는 것은 사실이지만, 프로이트 비판가들은 그가 살아 있는 환자와 함께 작업한다는 사실을 살펴보아야 한다. 퇴행[Regression]은 과거의 대상을 향해 인도되는 리비도 방출이고, 진행[Progression]은 현[現]대상을 향해 방출되는 리비도를 일컫는다. 그러니까 대상에 리비도를 발산하는 주체[Sujet]는 늘 현재에 있다. 퇴행에서 프로이트적 시간[Temps]은 통시적[Diachronique]이라기보다 공시적[Synchronique]이다.[10] 정신분석이 퇴행 개념을 사용할 때, 분석적 치료는 분석받는 자를 현재와 미래로 안내하는 동시에 덜 고통받는 삶을 그에게 허락하기 위해 힘쓴다. 증상들에 대한 해석에서, 프로이트는 모든 환자가 자신들에게 흡족함을 주었던 과거의 시간적 틈 속에 머물러 있다는 점을 주시한다.

---

8. *Introduction à la psychanalyse*, 243.

9. 가령 사르트르, *L'être et le néant* (Paris: Gallimard, 1943), 616-635, 그리고 *Critique de la raison dialectique* (Paris: Editions Gallimard, 1960), 60-111의 제3장 "퇴행적 및 진보적 방법."

10. 나는 퇴행시의 프로이트의 시간 개념을, 장 앙살디가 *L'articulation de la Foi, de la Théologique et des Écritures* (16)와 *Les temps* (Montpellier: polycopié, 1993-1994/1학기 강의 노트)에서 제기한 문제인 *fides hominis*(인간의 신앙)에 대한 *fides Christi*(그리스도에 대한 신앙)의 시간적 이전성에 비유할 수 있다.

서른 살 여인의 강박행위는 신혼 첫날밤에서 유래한다. 설령 그녀가 무슨 이유에서 그런 행동을 하는지 모른다고 할지라도, 그녀의 퇴행은 기억될 만한 시간적 공간 가까이 있다. 우리는 이 경우로 '가짐의 정체화'를 설명해보자. 그 반복 행위로 여인의 증상이 무의식 체계와 관계가 있음을 증명할 수 있기 때문이다. 프로이트에게서 이 무의식 체계는 결코 의식적인 것이 되지 않는다. 만약 그것이 의식적인 것이 된다면, 의식의 검열에 의해 무의식이 변형되는 범위에서 나타난다. 거세 불안으로 형성된 억압은 무의식으로 가는 하나의 통로다. 더 정확하게 말하면 "억압은 무의식 체계[ICS]와 전의식 체계[PCS]"[11] 간의, 즉 '사물 자체의 표상'과 '단어의 표상' 간의 의식의 검열 '과정'이다.

여기서 프로이트가 무의식에 공간적 표상을 부여하는 것이 명백하게 나타난다. 그는 두 번째 방에 접해 있는 응접실에 그것을 비교한다. 문지기가 두 공간의 문턱에 자리를 잡고 있다. 의식은 두 번째 방의 끝 부분에서 관객의 역할을 수행한다. 그러므로 "우리는 무의식 체계를 큰 응접실에 비유한다. 심리적 힘이 이 응접실에서 압박당한다. 이 대기실 옆에

---

11. Cf. MOUSTAFA SAFOUAN은 프로이트의 저서 *La Naissance de la psychanalyse, Lettres à W. Fliess* (Paris: P.U.F., 1956), 307-396에 포함되어 있는 "Esquisse d'une psychologie scientifique"(1895)를 주석하여 다음과 같이 말한다. *Le structuralisme en psychanalyse* (Paris: Seuil, 1968), 17-19에서 "정신분석학은 한 장소 발굴, 무의식 발굴, 그리고 그 장소 안에서 전개되고 오이디푸스 콤플렉스에서 엮어지는 역동성에 대한 발굴이다.…무의식이 한 장소라고 말하면서, 프로이트가 주체에 대한 그의 교리를 근본적인 교리처럼 제시한다는 것만을 승인할 것이다. 물론, 세상과 우리의 관계를 구성하는 모든 것보다 우위인 또 다른 장소가 존재한다는 것을 의미하는 은유가 문제시된다. 만약 심각한 은유를 취한다면 그것은 바로 문자에서 그것을 취한다. 여기서 문제가 제기된다. 이 다른 장소란 무엇인가? 프로이트가 처음으로 무의식에 대한 그의 식견을 형성하려고 시도한 글쓰기만큼, 이 질문에 대한 답변을 향해 우리를 더 잘 안내하는 것도 없을 것이다. 그 책은 바로 *Esquisse d'une psychologie scientifique*이다."

는 이보다는 좀 협소한 일종의 살롱식의 또 다른 방이 있다. 이 안에 '의식'이 거주한다. 이 대기실 입구에는 심리적인 힘을 감찰하는 '문지기'가 있는데, 만약 그 심리적인 힘이 그의 마음에 들지 않으면 그가 살롱에 들어가지 못하게 방해한다. '그 문지기'가 문간에서부터 심리적 힘을 차단하거나 살롱 안에 들어온 후에도 심리적 힘이 문간을 다시 통과하게 한다면, 그 차이는 그렇게 크지 않고 그 결과도 거의 같다."[12]

증상은 무의식에서 출발해 문지기를 통과한 후 의식의 방에 나타나고, 그것의 내용은 자아 검열에 의해 왜곡된다. 무의식은 대상을 상기하는 특성을 담고 있는 시간적 공간을 표상한다. 자아는 무의식에 속하는 이 공간에 정체화된다.

프로이트는 이 여인에게 "왜 당신은 그 행위를 합니까?"라고 묻는다. 모든 환자와 마찬가지로 그녀는 "저도 왜 그런지 모르겠습니다"라고 답했다. 이 증상에서 우리는 강박행위로 나타나는 무의식의 표상을 발견할 수 있다. 우선 무의식이 환자에게서 파생하지만, 이 환자는 자신의 행위를 전혀 이해하지 못한다. 이후, 분석가는 무의식의 표상을 감지하고 해석한다. 강박행위와 그 해석 사이에는 언제나 불일치가 존재한다.

그 여자 환자에게서 남편을 향한 양심의 가책을 제거한 어느 날 프로이트는 강박행위의 동인이 되는 이야기 한 토막을 들을 수 있었다. "십년 전, 그녀는 신혼 첫날밤에 무능력을 보인 연상의 남자와 결혼을 했다. 그는 첫날밤에 재시도를 하기 위해 자기 방에서 아내의 방으로 왕래하며 밤을 지새웠지만 매번 성공하지 못했다. 날이 밝자 그는 난처해하며 이렇게 말했다. '침대를 정리할 하녀에게 너무 창피해.' 그는 방에서 우

---

12. *Introduction à la psychanalyse*, 276.

연히 발견한 붉은 잉크병을 쥐고는 침대보에 잉크를 부었지만, 핏자국이 묻어야 할 자리에 정확하게 뿌리지 못했다.”[13]

이 이야기를 들은 프로이트는 남편의 행위가 그 서른 살 여인에게 중요한 의미를 주고 있음을 이해한다. 남편의 행위는 부인의 강박적이고 반복된 행위의 밑바탕이 되었다. 붉은 잉크를 침대에 뿌린 남편의 행위는 신혼 초야 장면을 의미한다. 남편의 행위로 부인은 증상 속에서 일상을 보낸다. 아마 증상은 무의식과 분석가 간의 만남의 장소일 것이다. 이 예를 통해 우리는 무의식에 대한 더 심오한 정의로 접근할 수 있다.

무의식은 계속되는 억압과 금지에 의해 생기는 것이 아니다. 억압은 언어와 인간 간의 불합치non-adéquation에 의해 생기고 이런 근원적 억압 주위에 모여 있는 억압들이 무의식이다.[14]

왜 이 여인은 신혼 초야의 남편 행위를 반복할까? 그것은 그녀가 남편이 만족하지 못한 욕망을 보상하기를 원하기 때문이다. 우리는 남편의 행위와 젊은 아내의 행위 간의 의미 차이를 관찰할 수 있다. 남편의 행위는 욕망의 불만족에 대한 반응이다. 반대로 젊은 부인의 행위는 남편이 성취하지 못한 욕망을 얻으려는 시도다. 즉 증상은 만족스럽지 못한 욕망을 보상하려는 행위를 지칭한다. 왜냐하면 그녀는 남편을 잃는 것을 원치 않으며, 남편의 욕망을 보상하는 것만을 추구하기 때문이다. 이 사건으로 그녀는 이 증상에 빠졌고 더 이상 존재하지 않는 대상의 상징적 특징에 정체화된다. 흥미로운 것은 그녀가 과거의 끔찍한 사건을 수정하고 최상의 자리에 자기 남편을 앉히려는 의도를 지닌 자기의 강박적인 행위가 무엇을 의미하는지 모른다는 사실이다. 그래서 프로이트는 이렇

---

13. Ibid., 243-244.
14. J. ANSALDI, *La paternité de Dieu, libération ou névrose?*, 17.

게 말한다.

> 자기 남편으로부터 자유로워지려는 것이 그녀에게는 문젯거리가 될 수 없다. 오히려 그녀는 남편에게 신실하기 위해 두려움을 느끼고, 시험에 빠지지 않기 위해 은닉 생활을 한다. 그리고 그녀는 자기 상상 속에서 남편을 용서하고 그를 훌륭하게 만든다.[15]

이 여인은 남편의 특징에 정체화됨으로써 이전의 자아가 변하고, 이 변화된 자아의 행위는 억압된다. 보상 행위는 나쁜 화제로부터 남편을 보호하며 침실의 분리를 정당화시키고, 가능한 한 유쾌한 별거 생활을 남편에게 제공한다. 이런 것들에 강박행위의 목적이 있다.[16] 여기서 우리는 한 가지 원리를 발견할 수 있다. 환자는 자기의 즐거움을 잃어버리기를 원치 않으며, 자기의 욕망, 즉 성취되지 않은 욕망을 간직하면서 증상에 머문다. 그는 증상 속에서 자기의 즐거움을 추구한다. 환자가 증상에서 즐거움을 갖지 못한다면 그는 더 이상 현실에서 살아갈 수 없을 것이다.

그러면 이 증상과 '가짐의 정체화'의 관계는 무엇일까? 프로이트도 이 증상이 정체화의 한 경우라고 인정한다.[17] 그러나 그것을 '됨의 정체화'로 생각하는 것은 아니다. 이 여인은 자기 남편처럼 '되'기를 원하는 것이 아니라 단지 그의 행위에 정체화될 뿐이다. 그녀는 남편의 특징을 취하고, 즉 이쪽 방에서 저쪽 방으로 왔다 갔다 하거나 침대와 침대보를

---

15. *Introduction à la psychanalyse*, 245.
16. Ibid.
17. Ibid.

탁자와 카펫으로 대치하면서 남편이 능력 있다는 것을 하녀에게 정당화하고자 한다. 신혼 초야 장면과 이 여인의 강박행위의 관계는 우리에게 그 행위의 의도와 목적을 알려준다.

그 행위 의도의 핵심은, '우리는 하녀에게 창피를 톡톡히 당할 거야'라는 남편의 근심과는 정반대로, 하녀의 시선이 명백히 탁자보의 그 붉은 얼룩으로 향하도록 하는 데 있다. 남편의 역할을 하면서, 그녀는 얼룩이 알맞은 장소에 묻어 있어서 남편이 하녀에게 창피를 당하지 않았다는 것을 표현한다.[18]

그녀는 이 장면을 재현하고 반복함으로써 만족하지 않고 그 장면을 계속 수정한다.

이 행위를 하면서 그녀는 동일하게 그 잊지 못할 밤의 고통스러운 사건, 붉은 잉크의 도움을 받아야만 했던 남편의 불능을 고쳐준다.[19]

그녀는 이 장면에 정체화되면서 그녀의 강박행위가 의미하는 것은, "아니 그것은 진실이 아니야. 창피해 할 필요가 없어. 그는 불능이 아니었어"[20]라는 것이다.

그 증후군 속에서 그녀의 남편은 강하며 그녀는 무능력하다. "그녀는 남편을 용서하고 자기 상상 속에서 그를 위대하게 만든다." 그녀는 강한

---

18. Ibid.
19. Ibid.
20. Ibid.

남편이 필요해 강력한 남편을 상상한다. 이 정체화에서, 비판당하는 자아는 명백히 강박행위로서 증상의 틀이며 그 행위의 의미는 남편의 특징에 정체화된 자아에서 비롯된다. 우리는 '가짐의 정체화'에서 주체와 대상 간의 차이를 발견할 수 있다. 환자는 자기 자신에게 전지전능을 부여하지 않고 강박행위의 대상을 과장한다. 대상이 '됨의 정체화'에서 강하면 강할수록, 강한 대상으로 이끌리는 주체는 강해진다. 반대로 '가짐의 정체화'에서 대상이 무능하면 무능할수록, 주체는 이 무능력한 대상에 힘을 부여한다. 그녀의 강박행위는 강한 대상을 갖는 것으로 만족한다.

열아홉 살 '귀여운 처녀'의 경우

두 번째 경우는 첫 번째 경우와는 전혀 별개의 것이다. 왜냐하면 첫 번째 여인의 경우는 외부 요인에서 기인하는 강박행위를 다룬 것이고, 귀여운 처녀의 경우는 이 외부 요인과는 아무런 관계가 없기 때문이다. 이 환자는 현저한 외적 요인 없이 극심한 신경증을 앓고 혼자서 넓은 길이나 광장을 지나다닐 수조차 없게 된다. 역설적으로, 프로이트는 그 젊은 소녀를 치료하기 위해 그녀의 취침 의례에만 주의를 기울인다. 왜냐하면 우리의 주인공은 정확한 의례를 통해 나타나는 증상들로 자기 병을 드러내기 때문이다.

우선 이 처녀는 자기 방에 있는 커다란 추시계를 정지시키고, 다른 모든 추시계(심지어 자기 손목시계도 예외 없이)를 그녀의 보석함에 집어넣는다. 이어서, 그녀는 자기 책상 위에 모든 꽃병을 가지런히 올려둔다. 그 이유는 밤 동안 그것들이 떨어져 깨어져서 그녀의 잠을 방해하지 않도록 하기 위해서다.…또한 다른 예로서, 자기 방과 부모의 방을 차단하는 문이 항상 열려 있기를 원하는 이 환자는, 문이 열려 있도록 다양한 물건들로 고정시킨다.…침대 머리맡에 있는 베개는 침대 나무 부분에 닿아서는 안 된다. 작은 방석은 큰 방석 위에 마름모꼴로 놓여 있어야 하고, 이 환자의 머리는 작은 방석 위에 놓여야 된다. 새 깃털 이불은 사전에 털어야 되고 그 결과 발 부분의 깃털이 반대편보다 더 불룩해진다면, 이불을 원상복구하기 위해 지체하지 않고 이 불룩한 부분을 납작하게 편다.[21]

이 취침 의례는 우리가 예견할 수 있듯이 쉽게 성취되지 않는다. 취침 의례를 실현하면서, 그녀는 그것들이 잘 실행되지 않을까 봐 염려한다. 그래서 그녀는 각 행위를 조절하고 반복해야만 한다. "이 모든 일은 한 시간이나 두 시간 동안 진행된다. 의례를 진행하는 순간에 젊은 소녀뿐 아니라 겁먹은 그녀의 부모도 잠을 이루지 못한다."[22]

이 의례는 우리를 은밀한 의미로 인도한다. 프로이트는 성적 욕망으로 그것을 해석할 것이다. 그의 해석을 추적해보자.

─시계추는 여성의 성기를 상징한다.

이 환자가 두려워하는 것은 시계추의 똑딱거리는 소리로 잠을 방해받는 것이었다. 이 소리는 성적 흥분 시 음핵의 발기 진동에 대한 상징적 표현으로 생각될 수 있다.[23]

─꽃 항아리와 화분도 동일하게 여성 성기를 지칭한다.

---

21. Ibid., 247.
22. Ibid.
23. Ibid., 258.

그녀가 꽃병 파손에 대해 주의를 기울이는 것은 처녀성과 관계된 모든 콤플렉스에 대항한 일종의 저항,…피 흘리는 두려움과 반대의 두려움, 곧 피가 흐르지 않는 두려움에 대한 저항이다.[24]

어릴 때 이 소녀는 유리나 토기로 된 화분을 안은 채 넘어진 경험이 있었는데, 그때 손가락을 다쳐 굉장히 많은 피를 흘렸다. 나이를 먹고 성 관계에 관한 지식을 얻은 소녀는 첫날밤에 피를 흘리지 못할까 두려워했고 강박적인 행위를 보였다.

―베개는 여인의 몸을 표상한다. 베개는 이 소녀가 치르는 취침 의례의 중심 대상이다. 왜냐하면 이 대상은 여인을 지칭하는 것으로 생각되기 때문이다. 침대의 종단면은 남성을 상징한다. 소녀는 침대 나무에서 베개를 분리한 것을 남자와 여자를 분리한 것으로 믿는다. 이런 식으로 성적 관계에서 아빠와 엄마를 떼어놓는다.

확실히 그 소녀는 취침 의례를 실행하기 전 무서움이라는 더 직접적인 핑계를 대며 동일한 목적을 달성했다. 그 소녀는 부모의 침실과 자기의 방 사이의 방문을 열어둔 채 잠들기를 원했다. 소녀는 이런 방식을 실제 의식에서 행했고 수개월씩 불면증에 시달렸다.

직접적인 방식으로 부모의 침대로 올라가 아빠와 엄마 사이에 끼어들기도 했다. 게다가 그녀는 성장해서도 아빠 옆자리를 엄마로부터 빼앗기 위해 두려운 척하려고 애썼다.

이 상황은 확실히 우리가 그녀의 의식에서 흔적을 발견하게 되는 몇 가

---

24. Ibid., 249.

지 술책의 출발점이었다.[25]

마찬가지로, 모든 깃털이 아랫부분으로 쏠릴 때까지 새털 이불을 터는 행위의 의미는 무엇인가?

그것의 의미는 임신한 여인을 원상태로 돌려놓기다.[26]

왜 이 소녀는 임신을 무효화시키려고 안간힘을 쓰는가? 그 이유는 부모의 성 관계에서 비롯되는 동생의 태어남을 막아보려는 것이다. 그래서 이 소녀는 큰 베개(여성 상징, 자기 엄마를 표상) 위에 마름모꼴로 작은 베개(자신을 지칭하는)를 놓는다. 이 외동딸은 자기 아빠와 엄마의 성 관계를 방해하고 새 아기의 탄생을 피하기 위해 자기 머리(남자 성기)를 작은 베개 위에 둔다.

　—이 의례의 기술은 두 가지 의미로 해석된다. "긍정적인 의미로는 대체물로서의 성적 욕망으로 해석되고, 부정적 의미로는 방어의 수단으로서의 성적 욕망으로"[27] 해석된다.

　'서른 살 여인의 경우'를 통해 우리는 강박관념이 무의식에서 비롯된다는 것을 관찰할 수 있었다. 그렇다면 '열아홉 살의 아름다운 소녀'의 증상도 무의식적 체계와 관련이 있을까? 강박행위는 도덕/사회 불안에서 시작되는 것 같다. 왜냐하면 "이 소녀는 유년기로 퇴행하여 아빠에게

---

25. Ibid., 250.
26. Ibid.
27. Ibid.

성적 매력을 느끼기"[28] 때문이다. 이런 끌림은 사춘기 때 다시 등장하지만, 소녀는 예전처럼 아빠와 더 이상 잠을 잘 수 없자, 취침 의례로 자기 욕망을 성취하는 것이다.

거세 불안[29]은 이 취침 의례의 근원인 것이 분명하다. 이런 불안은 사회 불안이나 도덕 불안으로 변형되고, 그 결과 이 처녀의 증상이 생기는 것이다. 그 소녀는 신경증적 위험을 피하기 위해 자기 증상 속에 숨어 산다.

3. 결론

나는 방금 '가짐의 정체화'를 기술했다. 제2장의 우울증 환자의 경우부터 인간의 자아를 살펴본 우리는 자아와 사랑하는 인물이나 비판당하는 자아와 변화된 자아의 양가감정적 알력을 이해할 수 있었다. 이 변화된 자아는 정체화에 의해 얻어지고 대상의 상실에 대한 대리 만족을 표상한다. 여기서 우리는 자아에 대한 비판과 정체화된 자아 사이에 차이가 있음을 감지했고, 이 차이로부터 프로이트가 전개한 무의식이 공간적 표상임을 이해했다. 꿈의 분석과 신경증적 현상에 대한 분석으로 확인된 무의식적 표상은, 무의식이 최초의 억압된 것 주위로 모여든 요소로 구성되었다는 우리의 정의를 인정한다.

우선 우리는 신혼 첫날밤 남편의 특징에 정체화된 '서른 살 여인의 경우'를 검토했다. 이 정체화에서 "그녀는 남편을 용서하고 자기 상상 속

---

28. Ibid., 251.

29. 나는 이어서 오는 제4장 "상호적 정체화, 사랑받는 사람"에서 '거세 불안'을 부연할 것이다.

에서 그를 위대하게 만들었다." 그녀는 강한 남편이 필요했고 자기 남편의 강함을 자기의 강박행위 안에서 실현시킨다. 이 정체화에서 우리는 환자의 행위와 남편의 행위의 차이를 알 수 있었다. 남편의 행위는 단순히 창피함을 모면하고 성취되지 않은 욕망을 하녀에게 숨기는 것을 목적으로 한다.[30]

반면 부인은 하인 앞에서 남편의 좌절된 욕망을 실현시킨다. 그녀는 남편의 이루지 못한 욕망을 실현시켜야만 한다는 척도 안에서 남편의 행위에 정체화된다. 여인의 욕망은 만족스럽지 못하다. 왜냐하면 남편이 여인의 욕망을 채워주지 못하기 때문이다. 그녀는 신혼 첫날밤의 남편의 행위를 반복하면서 만족을 얻으려고 노력한다. 그녀가 그것을 반복하면 할수록, 그 욕망은 가라앉는다.

이어서 우리는 자신의 유아기에 정체화된 '열아홉 살 귀여운 처녀의 경우'를 검토했다. 사춘기 전에 그녀는 엄마로부터 아빠 옆의 자리를 빼앗기 위해 두려운 척하려고 애쓰며 자주 자기 엄마와 아빠 사이에서 잠을 자려 했다. 그녀는 아빠에게 성적 편향을 느꼈다. 이것은 사춘기 때 재생되었고, 초자아 때문에 아빠와 함께 잠을 잘 수 없게 되자 강박행위는 취침 의례라는 명목으로 반복되었다. 소녀의 충족되지 않은 욕망은 그 의례의 반복으로 충족되기를 시도한다. 근친상간의 향락을 상실하지 않기 위해, 우리의 소녀는 끊임없이 그 의례를 반복한다. 결국 이 두 경우가 보여주는 본질은 무의식이나 억압이 남편의 행위와 향락에 대한 금기로 생겼다기보다는 오히려 근본적인 억압에 의해 야기되었다는 것이다. 무의식은 사고의 대상과 사고의 행위 사이의 불일치의 공간에서 드러난다.

---

30. Cf. Ibid, 243. "…나는 침대를 정리할 하녀에게 창피를 당할 거야."

제4장

상호적 정체화

마침내 우리는 프로이트의 정체화 연구의 마지막 장에 도달했다. 이 장에서 나는 신경증적 증상을 보여주는 사례를 세 가지 검토할 것이다. 첫째는 사랑받지 못한 사람의 사례고, 둘째는 사랑받는 사람의 사례, 셋째는 모방된 사람의 사례다. 특히 프로이트는 "대중 안에서 개인들의 상호 관계"[1]의 경우를 세 번째 사례에서 기술한다. 그러나 사실상 두 번째 범례인 사랑받는 대상, 곧 도라의 이야기에서 그 흥미가 분명하게 유발될 것이다.[2] 이 범례에서 신경증적 정체화 개념은 점차 그 의미를 드러낸다. 나는 이 두 번째 경우를 더 잘 이해하기 위해 프로이트의 불안 개념을 살펴볼 것이다. 이를 위해 먼저 첫 번째와 세 번째 경우인 거세 콤플렉스와 불안, 그리고 두 번째 경우의 순서로 상호적 정체화에 접근하고 그 내용을 전개해나갈 것이다.

---

1. "Psychologie des foules et analyse du moi, VII. l'identification," in *Essais de psychanalyse*, 171.
2. 이 장의 "3. 상호적 정체화, 사랑받는 사람"을 참고하라.

1. 신경증적 증상과 정체화

사랑받지 못한 사람

신경증적 증상 형성에서 우리는 더 복잡한 상황으로부터 정체화를 추출해낸다. 자기 엄마와 동일한 증상에 감염된 소녀의 경우에서 우리는 우리의 논리를 전개해나갈 것이다. 예를 들어 그 심한 기침은 다양한 경로로 감염되었을 것이다. 정체화는 엄마를 대체하려는 적대적인 의지를 의미하는 오이디푸스 콤플렉스와 동일한 경향을 나타내고, 그 증상은 아빠의 연애 대상을 표현한다. 그것은 죄의식의 영향 아래서 엄마의 대체물에 대한 실현이다. 너는 엄마가 되기를 원하고, 바로 지금 너는 적어도 고통 속에서 그것이 된다. 그러므로 이것은 히스테리 증상 형성의 완벽한 메커니즘이다.[3]

이 경우를 통해 우리는 소녀의 오이디푸스 콤플렉스와 거세 불안을 알 수 있다. 이 예에서 매우 심한 기침을 하는 소녀가 문제되고 있다. 그녀는 모든 소녀가 그러하듯이, 사랑의 대상으로서 자기 아빠를 갖는다. 동시에 그녀는 자기 엄마에게 적대감을 표현한다. 왜냐하면 엄마는 자기의 장애물이기 때문이다. 실제로 그녀는 엄마를 없어진다면 그 자리를 점유할 수 있다고 생각한다. 그러나 그녀는 현실에서 그렇게 할 수 없다.

마찬가지로 우리가 나중에 공부하는 소년 한스의 경우에도, 소년은 아빠가 자신을 거세하거나 아니면 자신이 그를 죽여야 한다고 생각한다.

---

3. *Essais de psychanalyse*, 169.

그는 아빠를 말馬로 대치하고 이 대체물을 제거하면서 아빠를 없애고자
한다. 이 양가감정적 태도는 한스뿐 아니라 앞서 예시한 '사랑받지 못한
사람'의 주인공에게도 동시에 나타난다.

　다시 기침하는 소녀의 경우로 되돌아가자. 왜 이 소녀는 자기 엄마와
동일한 증상, 즉 찢어지는 듯한 기침을 할까? 우선 거세 콤플렉스를 검
토해보자. 초기에 이 소녀는 모든 사람이 고추를 가졌다고 생각한다. 그
러나 고추를 자른다는 거세에 대해 말parole로 위협받았을 때는 도저히
견딜 수가 없었다. 그래서 소녀는 시각적으로 고추와 자기 성기를 비교
하고 열등한 자기의 것을 발견한다. 소녀는 엄마가 거세되었음을 발견
하기에 이르고, 자기 또한 그렇게 되었다고 생각한다. 그러나 소녀는 고
추를 갖기를 원하며, 그것을 갖지 못한 엄마에게 증오를 품는다. 결국 이
아이는 엄마로부터 분리된다. 엄마와 아이의 이중 관계는 오이디푸스 이
전 단계인 전-오이디푸스기 안에서 형성된다. 이 시기를 지날 때, 아이
는 아빠에 대해 욕망을 느낀다. 이때가 소녀에게서 거세 불안의 끝인 동
시에 오이디푸스 콤플렉스의 시작이다. 이론적으로 소녀는 거세 불안 후
에 오이디푸스 콤플렉스 안으로 들어간다. 이 작은 여자아이는 아빠에게
친밀감을 느끼고, 엄마는 자기의 장애물에 불과하다고 느낀다. 왜냐하면
엄마는 아빠에게 속하기 때문이다. 그러므로 아이는 엄마를 제거하기를
소망하지만 양가감정적 태도만 취한다. 엄마를 향해 친밀한 감정과 미워
하는 감정을 동시에 갖는 것이다.[4]

　딸은 근친상간의 절대적 향락, 즉 아빠를 욕망한다. 딸은 법 기능을
하는 아빠에게 속한 엄마를 제거하지 못한다. 초자아는 법과 근친상간에

---

4. Cf. 소년의 오이디푸스 콤플렉스가 거세 콤플렉스로 사라지는 반면에 소녀의 그것은 거
　세 콤플렉스로 인해 발생되고 개입된다.

의 향락 사이에 개입한다. 자아의 일부분은 법에 참여하고 또 다른 부분은 근친상간의 향락에 참여한다. 전자는 초자아를 구성하고, 후자는 초자아를 피해간다. 이렇게 소녀의 자아의 일부분은 초자아에 의해 금지되므로 아이는 엄마를 죽이지 못한다. 그러나 아이는 엄마를 제거하려는 욕망을 포기하지 않는다. 초자아가 욕망의 완전한 만족을 금지하더라도, 그것은 소녀가 욕망하는 것 자체를 방해할 수는 없다. 기침하는 소녀의 경우처럼, 자아의 다른 부분은 그녀의 욕망을 구체화하기 위해 다른 방법을 사용한다. 그것은 신체적 증상인 '찢어지는 듯한 기침하기'다. 한스가 아버지를 말馬로 대치하듯, 이 소녀는 기침으로 엄마를 대리한다. 그 결과 이 아이는 신경증 환자가 된다. 프로이트는 요약하기를 "너는 엄마가 되기를 원했고, 지금 너는 적어도 고통 안에서는 바로 엄마다."[5]

모방된 사람

매우 빈번하고 의미 있는 증상 형성의 세 번째 경우는 정체화가 모방된 사람에게서 대상적 관계를 완전히 제외한다는 것이다. 예를 들어 기숙사의 소녀들 중 하나가 연인으로부터 편지 한 통을 받았을 때 그 소녀는 히스테리 발작을 일으키고, 이 사실을 알고 있는 동료들 중 몇 명이 심리적 전염에 의해 이 발작에 감염된다. 이것은 유사한 상황 속에 들어가려는 능력이나 의지 위에 근거한 정체화 메커니즘이다.[6]

이 경우에서 우리는 우선 첫 번째 주체가 세 번째 주체에 이미 정체

---

5. *Essais de psychanalyse*, 169.
6. Ibid., 169-170.

화된 두 번째 주체에 정체화된다는 사실을 통하여 복잡하고도 큰 어려움에 직면한다. '상호적 정체화'에는 적어도 세 개의 주체가 있다. 프로이트는 점차 리비도의 방출 없는 정체화 모델을 도입할 것이다. 그러나 우리는 이 편지의 정확한 내용을 알 수 없다. 게다가 편지를 받은 소녀는 기숙사 동료들의 연민을 자아낸 것 같다. 역설적으로 이 소녀가 이 편지를 받자마자 친구 중 한 명이 동일한 경련에 사로잡힌다. 이것을 프로이트는 "심리적 전염을 통한 경련"[7]이라고 부른다.

이 심리적 전염을 설명하면서 프로이트는 연민과 정체화의 관계를 연구한다. 그 소녀의 친구는 연민으로 경련을 일으킨 것은 아닌 것 같다. 왜냐하면 그 친구는 비밀스런 연애 관계를 원하기 때문이다. 그러므로 심리적 전염이 아니라 정체화다. "그 증거로 이 전염이나 모방은 기숙사의 친구들 사이에서 생기는 것보다는 강도가 약하고, 이미 두 사람의 연민을 받아들이는 상황 속에서 동일하게 생긴다."[8] 소녀의 한 친구는 경련의 상호 매개에 의해 그 소녀에게 정체화된다. 이 정체화의 구조는 "유사한 상황 속에 있으려는 가능성이나 의지"[9]에 근거한다. 이런 이유로 친구는 동일한 경련에 정체화되는 것이다. "가짐의 정체화"와는 다르게, 현 사례는 대상에의 리비도 방출이 없는 정체화를 보여준다. 프로랑스는 그것을 이렇게 말한다.

이런 유의 정체화는 사전에 모방된 인물과 주체를 연결하려는 대상에게

---

7. Ibid., 170.
8. Ibid.
9. Ibid., 169-170.

리비도의 방출 없이 성립될 수 있다.[10]

이것을 우리는 나중에 도라의 분석에서 다시 볼 것이다.

2. 불안과 거세 콤플렉스

나는 불안으로 생기는 경련의 의미를 이해하기 위해 거세 콤플렉스와 신경적 증상을 합리적으로 비교할 것이다. 앞에서 기술한 것처럼, 이론적으로 소녀의 오이디푸스 콤플렉스는 거세 콤플렉스 이후에 나타나지만, 소년의 오이디푸스 콤플렉스는 거세 불안으로 사라진다. 프로이트는 말馬에 대한 유아적 공포에 사로잡힌 다섯 살 소년 '어린 한스'를 연구하면서 개괄적으로 거세 콤플렉스를 형상화한다.

다섯 살 난 한스 이야기를 요약해보자.[11] 세 살 이전에 한스는 '고추'에 무척 관심이 많았다. 어느 날 그는 엄마에게 이런 질문을 한다.

한스: 엄마, 엄마도 고추를 가지고 있어?

엄마: 물론이지. 왜?

한스: 내 생각에는 단지….[12]

---

10. J. FLORENCE, "Les identifications," in Sous la direction de G. TAILLANDIER, *Identifications. confrontation de la clinique et de la théorie de Freud à Lacan*, 174.

11. "Analyse d'une phobie chez un petit garçn de cinq ans (le petit Hans)," in *Cinq psychanalyses* (Paris: P.U.F., 1992).

12. Ibid., 95.

세 살 9개월이 되었을 때

한스: 아빠, 아빠도 고추를 가지고 있어?

아빠: 그럼, 당연하지.

한스: 그런데 아빠가 옷을 벗었을 때 난 한 번도 그것을 보지 못했는걸.[13]

또 다른 날, 한스는 잠들기 전 옷을 갈아입는 엄마를 보며

엄마: 뭘 보니?

한스: 엄마도 고추를 가졌는지 안 가졌는지 보려고 그러지.

엄마: 물론 가지고 있지. 넌 그거 몰랐니?

한스: 몰랐어. 내 생각에는 엄마가 큰 사람이니까 말처럼 큰 고추를 가져
    야 한다고 생각하고 있었어.[14]

세 살 반 때, 자기 고추를 만지던 한스는 엄마에게 혼이 난 적이 있었
다. 엄마는 위협하길,

엄마: 자꾸 고추 만지면 네 고추를 자르러 A 의사 선생님께로 데려갈 거
    야. 그러면 무엇으로 오줌을 눌래?

한스: 내 엉덩이로 누지.[15]

---

13. Ibid., 96.
14. Ibid.
15. Ibid., 95.

이러한 거세 위협으로, 한스는 모든 사람과 동물들에게 고추가 있는지 없는지를 알기 위한 탐구에 열중한다. 특히 세 살 반에 한스는 또 다른 탐구로 이끄는 자기 여동생 안나의 출생을 목격한다.

출생 시 핏물이 가득한 대야를 가리키면서 한스는 말하길,

내 고추에서는 피가 나오지 않아요.[16]

출생 일주일 후 한스는 여동생의 목욕 광경을 보게 된다.

네 고추는 아직 작구나.···그러나 네가 커가면서 그것도 커질 거야.[17]

네 살 반에 한스는 여동생의 목욕 광경을 새로이 관찰하고는 남녀가 가진 성 기관의 차이를 신속히 깨닫는다.

한스는 여동생과 목욕하는 동안 웃음 짓는다. 그래서 질문을 당한다.

엄마: 너 왜 웃니?

한스: 안나의 고추 때문이죠.

엄마: 왜?

한스: 안나의 고추가 너무 예뻐서요.[18]

한스는 성적 호기심을 전개하면서 엄마를 사랑의 대상으로 삼기에

---

16. Ibid., 97.

17. Ibid., 98.

18. Ibid.

이른다. 하지만 엄마와의 잠자기를 욕망한다고 단언하는 것이 한스에게 불가능하다. "왜냐하면 한스의 고추가 아빠의 그것과 비교할 때 상대도 되지 않기 때문이다."[19]

그러나 한스는 거세 콤플렉스를 점차적으로 평정해간다. 그 결과 부분적으로나마 엄마와 관련된 자기 욕망을 인식하게 된다. 한스는 아빠를 상징하는 "두 마리 기린 환상"[20]과 거세 불안을 내포하는 "말 공포증"을 발전시킨다. 이 환상Fantasmes은 한스에게 자기 욕망을 위장하는 것을 허락한다. 또 이것들은 엄마에 대한 "소유 쟁탈" 콤플렉스를 의미하는 것 같다.

한스가 말하고 싶어하는 것은, '나도 엄마와 무엇인가 금지된 것을 하고 싶어. 잘은 모르지만, 너(아빠) 역시 그것을 한다는 것을 난 알고 있어.'[21]

한스에게 나타나는 증상의 본질을 세밀히 분석하는 것이 유용하겠다. 우리가 이미 살펴보았던 것처럼, 프로이트는 양가감정의 알력을 중요한 인간학적 요소로 생각한다. 양가감정의 알력은 동일한 대상을 향한 정당한 사랑과 아울러 정당화된 증오다. 프로이트가 자주 말하듯 증상은 특정 장소를 갖지 않은 충동적 만족의 대리물이며 신호다.[22]

한스의 두려움은 아빠를 향한 애정과 동시에 그에게 대항해 발산하는 공격성의 양가감정적 마찰 현상 이외의 다른 것이 아니다.[23]

---

19. Ibid., 118.

20. Cf. Ibid., 179-180.

21. Ibid., 180.

22. Cf. *Inhibition, symptôme et angoisse* (Paris: P.U.F., 1975), 52. 그리고 Ibid., 36.

23. Cf. *Introduction à la psychanalyse*, 420.

아빠를 향한 전-오이디푸스적 증오가 소년에게 없다는 것은 확실하다. 초기에 사내아이는 누구나 고추를 가졌다고 생각한다. 하지만 아빠는 말parole로 이 고추를 위협한다. 소년은 여성의 벗은 모습을 보면서 엄마도 거세당했다는 사실을 발견한다. 그래서 자신도 여성처럼 거세될 수 있다고 생각하고 거세 불안을 갖게 된다. 결국, 그 아이는 엄마와 분리되고 다른 여성들을 욕망의 대상으로 취한다.

왜 한스는 아빠를 대리하는 말馬에 대한 두려움을 갖는가? 한스는 아빠를 거세자라고 이해하기 때문이다. 그는 이 위협 전에 아빠에게 증오와 애정을 동시에 느낀다. 프로이트는 다음과 같이 두 가지로 한스의 불안을 분석한다.

아빠에 대한 두려움과 아빠를 위한 두려움. 전자는 아빠에 대항한 적개심에서 유래하고, 후자는 적개심을 지닌 자상함(여기서는 반응으로 과장된)에 대한 갈등에서 유래한다.[24]

한스는 아빠를 말馬로 대체시키면서 아빠에 의해 행해지는 거세로부터 도피한다.[25] 그 결과 불안이 생겨난다. 불안으로부터 파생된 위험은 완전히 내부 욕동의 위험이지, 외부에서 지각할 수 있는 위험이 아니다. 거세자로서의 아빠의 특징은 비인칭이 되고 일반화된다. 그러므로 "아빠에 의한 거세 불안은 사회적 불안이나 비특정적인 도덕 불안으로 변형된다."[26] 바로 여기서 초자아의 형성이 도출된다.

---

24. *Cinq psychanalyses*, 122.
25. Cf. *Inhibition, symptôme et angoisse*, 26.
26. Ibid., 52.

이 시점에서 에리히 프롬의 「소년 한스의 경우에 대한 분석」을 경청하는 것도 유용할 것이다.[27] 프롬은 소년 한스의 공포를 아버지에 대한 두려움의 대체 형식인 말馬에 대한 두려움이라고 해석한 프로이트와 전혀 다르게 해석한다. 프롬에 따르면, 아버지가 거세 위협을 발언하기보다는 오히려 어머니가 말로 제시한다. 그래서 프롬은 거세 두려움의 근원을 한스의 아버지보다는 어머니에게서 찾는다. 프롬은 "한스가 못된 어머니에 대항하여 자기를 보호하기 위해 아버지를 필요로 하는 것 같다"[28]고 말한다. 이후에 그는 공포의 원인을 다음과 같이 설명한다.

> 그러므로 말 공포증은 두 근원에서 비롯된다고 결론지을 수 있다. 1) 거세 위협을 하는 엄마에 대한 두려움. 2) 죽음에 대한 두려움. 한스는 이 두 가지 두려움에서 벗어나기 위해 말 구경으로부터 자기를 보호하고, 이 두 가지 형식의 불안을 면하게 해주는 공포를 발전시킨다. 우리는 아래의 사건으로부터 매우 높은 가능성을 인정하게 될 것이다. 프로이트의 해석처럼 짐마차를 끌거나 다른 종류의 말들에 대한 공포는 아버지가 아닌 어머니와 관계된 것이다.[29]

결국 프롬의 추측은 말馬로 대체된 것은 아버지가 아닌 엄마이고, 한스가 엄마에게 적대적이고 아버지에게 애정을 품고 있다는 것이다. 그러므로 미국 정신분석학자는 '소년 한스의 경우'를 '부정적 오이디푸스 콤

---

27. E. FROMM, *La crise de la psychanalyse, essais sur Freud, Marx et la Psychologie sociale* (Paris: Editions Anthropos, 1971), 125-141.
28. Ibid., 132.
29. Ibid.

플렉스'로 해석하는 데 아무런 이의를 제기하지 않는다. 예를 들어 한스가 다섯 살 때 "그래 난 아빠의 죽음을 원해"라고 말했는데, 프롬은 한스가 아버지에 대한 공격적 생각을 보여주는 이 구절을 아래와 같이 주석한다.

이 문장이 반드시 증오를 표현하는 것은 아니다. 반대로 이것은 죽음에 대한 현실주의자의 생각의 무게를 포함하지 않고 유쾌한 내용인 환상의 표현이 될 수 있다. 한스의 분석은 한스가 아버지를 많이 두려워하는 것도 아니고 경멸하는 것도 아니라는 사실을 보여준다. 이것이 사실이라면, 그 이유는 그(한스)가 그렇게 솔직하게 그런 말을 그(아버지)에게 하지는 못했을 것이기 때문이다.[30]

한편 프롬의 해석은 한스가 부정적 오이디푸스 콤플렉스를 추종함을 보여준다. 다른 한편 그것은 프로이트 인간학의 표준 저울인 양가감정적인 알력을 고려하지 않음을 보여준다. 그런데 나는 오히려 '소년 한스의 경우'에 대한 그의 주석은 양가감정적 알력, 즉 도치된 오이디푸스 콤플렉스로서 "중심적 알력의 한 부분"[31]을 증거하는 것으로 해석한다.

1923년 「오이디푸스 콤플렉스의 소멸」*La disparition du complexe d'œdipe*[32] 마지막 부분에서 프로이트는 오토 랑크*Otto Rank*의 『출생에 따르는 심한 충격』이라는 저서를 논한 글을 출판할 계획이라고 밝혔다.

---

30. Ibid., 140.

31. *La crise de la psychanalyse, essais sur Freud, Marx et la Psychologie sociale*, 140.

32. *La vie séxuelle*, 117-122.

나는 오토 랑크가 『출생에 따르는 심한 충격』에서 주장한, 소년의 오이디푸스 콤플렉스가 거세 불안 사건으로 소멸된다는 이 작은 연구 결론을 엄밀한 검증과 토론 없이 수용할 수 없다. 그러나 지금 우리에게 이 토론은 시기상조일 것 같다. 또 오토 랑크의 개념에 대한 비판 또는 찬사를 보낸다는 것도 시기가 적절하지 않은 것 같다.[33]

결국 프로이트는 거세 콤플렉스가 사라지면서 오토 랑크의 연구 결과인 오이디푸스 콤플렉스도 소멸된다는 점을 인정한다. 자아 속에 내투된 아버지나 부모의 권위는 초자아의 핵심을 형성한다. 소년에게서 엄마와 근친상간 금기는 무의식적인 것이 되고, 이런 금기는 욕망의 완전한 만족에 대한 금기를 상징하는 초자아 이외에 다른 어떤 것이 아니다. 결국 초자아는 "오이디푸스 콤플렉스의 잔류이고, 이것의 청산 이후에만 형성된다."[34]

『금기, 증상 그리고 불안』을 출판하기 전에 프로이트는 억압이 불안의 원인이라고 주장했다. 그러나 이 책에서 억압은 거세 불안에 의해 생겨난다고 이론을 수정한다.

억압을 낳는 것이 불안이지, 내가 예전에 말했듯이 불안을 낳는 것이 억압은 아니다.[35]

---

33. Ibid., 122. 프로이트는 불안감에 대한 두 모형, A. ADLER와 O. RANK의 것을 "X", in *Inhibition, symptôme et angoisse* (Paris, P.U.F., 1975), 77-84에서 다룬다. O. RANK, *Le Traumatisme de la naissance* (Paris: Payot, 1968).
34. *Abrégé de psychanalyse* (Paris: P.U.F., 1973), 85.
35. *Inhibition, symptôme et angoisse*, 27-28.

이 책에서 프로이트는 출생의 상처로 생기는 상황 불안과 엄마의 부재로 생기는 상황 불안을 구분한다. 출생 시 아이에게는 부재를 느낄 수 있는 대상이 존재하지 않는다. 출생에 따르는 외상적 상황에서 생기는 불안은 부재를 느끼는 유일한 반응을 남긴다. 아이는 점차 반복되는 경험으로 일시적인 부재와 영원한 상실을 구분할 수 있게 된다.[36]

반복되던 만족 상황의 부재는 항구적인 부재가 아닌 주기적 부재로서 체득되는 하나의 대상을 만든다. 아이에게 엄마는 반복된 만족 경험으로 획득된 대상이다. 불안은 그 대상 상실 위험에 대한 반응이다. 그래서 프로이트는 불안의 개념을 이렇게 정의한다. "불안은 위험 상황에 대한 반응으로, 자아가 그 상황을 벗어나기 위해 무엇을 만들거나 그 속으로 도피한다면 주체는 그 상황을 피할 수 있다."[37] 이어서 프로이트는 실제 위험 앞의 불안과 신경증적 불안을 구분한다.[38] 게다가 그는 "자아가 모르는 이 위험을 의식으로 이끌면서, 우리에게서 실제 상황 앞의 불안과 신경증적 불안 간의 차이를 없애버린다. 이렇게 해서 우리는 신경증적 불안을 실제 상황 앞의 불안처럼 다룰 수 있게 된다"[39]라고 말한다. 프로이트의 불안 개념은 라캉과 그의 환상적 주체에 의해 부연될 것이다.[40]

더 간단히 말하자면, 프로이트가 표현하는 정확한 의미에서 이 무의식은 결코 의식되지 않는다. 신경증적 위험의 본성이 충동적 위험이라

---

36. Ibid., 99.

37. Ibid., 52.

38. Ibid., 94.

39. Ibid.

40. 나는 불안 개념을 길게 전개할 것이다. 왜냐하면 이 개념은 라캉의 '환상적 주체'의 토대를 마련하기 때문이다. 나는 뒤에 나오는 제3부 "정체화의 세 번째 장르"에서 그것을 다시 다룰 것이다.

면, 이 충동적 위험은 거세 불안 안에서 요약된다. 왜냐하면 거세 불안이 억압을 생산하기 때문이다.[41] 만약 억압이 불안을 생산한다면 충동적 불안의 본성은 불안이 아니라 억압일 것이다. 1926년에 출간된『금기, 증상 그리고 불안』에서 프로이트는 왜 두 번째 가설이 불가능한지를 설명한다. 거세 불안은 사회 불안(과/또는) 도덕 불안으로 변형되고 우울증 환자에게서 쪼개진 자아의 두 부분 중 한 부분인, '자아에 대한 비판'을 담당할 초자아는 "아이에게 너무나 중요한 애정적 관계의 잔류로 나타난다."[42]

3. 상호적 정체화

사랑받는 사람

이 예증에서 나는 대상에 리비도를 방출하지 않는 '모방된 사람'의 정체화에 접근할 것이다. 프로이트는 히스테리 분석으로 자신의 인간학의 본질적 요소를 수립한다.[43] 그의 접근 방법을 따르기 위해, 나는 프로이트가 '도라'라고 부르는 소녀의 경우를 검토할 것이다.

우선 이 젊은 등장인물의 증상을 기술해보자. 이 소녀는 아버지가 결핵에 감염되어 'B'라는 작은 도시로 이사를 간다. 도라는 여덟 살 때부

---

41. Cf. J. LACAN, "Position de l'inconscient," in *Ecrits* (Paris: Seuil, 1966), 830.

42. *Nouvelles conférences d'introduction à la psychanalyse* (Paris: P.U.F., 1984), 89-90.

43. 1893년에 프로이트는 두 권의 저서를 썼다. "Quelques considérations pour une étude comparative des paralysies motrices organiques et hystériques," in *Archives neur*, 1893, 그리고 *Etudes sur l'hystérie* (avec J. BREUER), (Paris: P.U.F., 1956). 결국 프로이트는 '감정 전이', '히스테리 원인으로서 성의 우의', '유혹 이론'에 대한 의견 대립으로 1896년 봄에 브로이어와 결별한다.

터 신경장애를 보였고 지속적인 호흡기 질환으로 고통을 받고 있다. 이 아이는 유년기 때 쉽게 걸릴 수 있는 전염병에 감염된 적이 있다. 그리고 열두 살 때에는 기침 발작과 편두통이 나타났다. 편두통은 드물게 나타나다가 열여섯 살 때에 사라졌다. 그러나 심한 감기로 인해 생긴 신경증적 기침은 계속된다. 열여덟 살 때 그녀는 프로이트의 치료를 받게 되는데, 신경증적 기침이 한 번 시작되면 3-5주 정도 계속되거나 심지어는 몇 달씩 계속되기도 한다. 내가 이미 언급했듯이, 신경증 기침 발작은 도라가 여덟 살 되던 해부터 시작되었다. 도라의 이 병인病因 체득 때문에 프로이트는 환자의 유아 시절을 조사하게 된다.

그러면 프로이트가 검증한 도라의 집안 내력을 도식화해보자. 'B' 도시에서 도라와 도라의 가족은 K라는 가족을 알게 된다. 도라 가족은 이 가족과 친밀한 관계를 형성하고, K부인은 도라의 아빠가 투병하는 동안 간호도 해준다. 이 상황은 두 가족 간에, 더 좁게 말해 도라의 아버지와 K부인, 도라와 K씨, 그리고 도라와 아빠, 결국 도라와 K부인(아래의 도식 참조) 간의 관계를 결정지을 것이다.

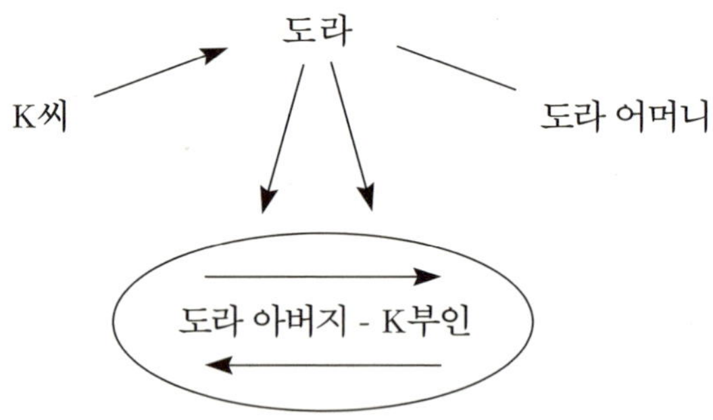

좀 더 세밀하게 도라의 삶에 접근하자. 도라는 열네 살 때 경험한 놀라운 사건을 분석받는 동안 고백한다.

소녀가 (K씨의) 가게에 들어갔을 때, 그(K씨)는 혼자였다. 그는 차양을 내리면서, 이층 계단으로 오르는 문 곁에서 거리가 좁혀지길 기다리다 소녀를 안았다. 그는 소녀를 꼭 껴안고 입을 맞추었다. 어떠한 남자에게도 성적 흥분 같은 느낌을 받아본 적이 없는 열네 살 소녀에게 무언가 자극하는 것이 느껴졌다.[44]

계속해서,

도라는 이 순간에 역겨움을 느꼈고, 그를 과격하게 밀쳐내고 가게를 빠져나갔다. 그럼에도 소녀는 K씨 집에 간혹 들렀다.[45]

도라는 치료를 받을 때까지 이 비밀을 유지한다. 게다가 이 소녀는 아빠와 K부인의 관계를 관찰한다. 그들에게 무슨 일이 있었던 것일까? 도라의 가족과 K부인의 가족은 아빠가 중병에 걸리기 이전부터 알고 지내던 사이였다. "그 관계는 아버지가 중병을 앓고 있을 때 엄마가 환자의 침상에서 거리를 두고 있을 동안 그 젊고 아름다운 부인이 환자 간호를 자처하면서 친밀하게 되었다."[46]

쾌유 이후 첫 요양 시기에, 두 가족은 한 호텔에 함께 머문 적이 있다. 도라는 점차 아빠와 K부인 간에 비밀스런 관계가 존재함을 의심하게 된다. 어느 날 그 부인은 더 이상 자기 아이들과 방을 같이 쓸 수 없다고 선언하고, 며칠 뒤 자기 방을 나와 도라의 아버지 방과 복도를 사이에 둔

---

44. *Cinq psychanalyses*, 18.
45. Ibid.
46. Ibid., 21.

반대편 끝 방을 사용한다.[47]

'B'도시로 돌아온 후, "아버지는 매일 일정한 시간이 되면…K씨가 가게에 있을 동안 K부인을 방문하러 간다. 함께 산책할 때도 아빠와 K부인은 늘 조금 떨어져서 담소를 나눈다는 사실을 도라는 언급한다."[48]

이 소녀는 "K부인이 스스로의 처지나 자기 남편의 월급으로는 도저히 감당할 수 없는 과소비를 하는 것을 보고 K부인이 아버지에게 돈을 받는다고 생각한다. 또한 아버지도 K부인에게 중요한 선물을 하기 시작한다."[49]

K씨 부부가 'B'도시를 떠나 빈으로 이사 간 이후에도 아버지와 K부인의 관계는 지속된다. 그리고 "가끔 아버지는 이 침울한 기운을 참을 수 없다면서, B도시를 떠나 [빈으로 가]곤 했다."[50]

게다가 도라는 몇 가지 비밀스러운 이유들로 인해 아빠가 빈으로 가야겠다는 결심을 했다고 의심한다.[51] K가족도 도라 가족이 이사하기 3주 전에 이미 거기에 정착해 있었다. 도라는 K부인과 아빠가 빈번히 만나는 것을 길거리에서 목격한다. 도라의 연상은 줄기차게 K가족과 관계를 갖는 아버지에 있는 듯하다. "도라는, K씨가 자기 부인과 도라 아버지 간의 관계를 눈감아주는 대가로 자기가 K씨에게 건네졌다는 생각이 들자 분노가 치밀어 올랐다. 그리고 아버지를 향한 도라의 애정 뒤에는 아버지에게 방치된 것의 분노가 있다."[52]

---

47. Ibid., 22.
48. Ibid.
49. Ibid.
50. Ibid.
51. Ibid.
52. Ibid., 23.

아버지는 K부인과의 관계를 방해받지 않기 위해 자기의 딸을 향한 K
씨의 행동 따위는 전혀 생각지 않는다. 도라는 이런 자신의 아버지에게
동일한 비난을 가하면서 자기 비하를 피한다. 히스테리 증상은 심리적
요인에서 기인하는가 아니면 신체적 요인에서 기인하는가? 모든 히스테
리 증상은 이 두 매개 변수를 취한다. 병리학적 과정에 의해 드러나는 어
떤 육체적 만족과 심리 과정 없이는, 그리고 육체적 만족과 심리 과정을
담지하는 신체 기관 없이 히스테리 증상이 생기지 않기 때문이다.

심한 기침 발작과 도라의 실성失聲에 대하여 우리는 더 이상 정신분석학
적 해석을 내리지 않고, 이 이면에서 작용하는 신체 기관 요소(일시적으
로 부재하는 사랑하는 남자에게 이끌리는 감정으로 신체적 요인에서 유래하
는)를 밝혀낸다.[53]

그러므로 무의식적 사고와 신체적 과정의 관계가 문제시된다. 프로
이트는 이것을 일컬어 포기되고도 단순화된 수수께끼라고 불렀다.

모든 심리신경증 환자에게서 심리적 과정은 신체 속의 한 통로가 무의식
적 심리 과정으로 이어진다는 신체적 요인을 고려해서 이루어진다. 이 요
인이 작용하지 않는 곳에는 더 이상 히스테리 증상은 없고, 단지 그것은
외형적인 어떤 것, 두려움이나 강박, 간단히 말해 심리적 증상일 뿐이다.[54]

열두 살 때 도라의 기침은 히스테리 증상의 신체적 요소를 묘사한다.

---

53. Ibid., 28.
54. Ibid., 29.

치료의 목적을 성취하기란 쉽지 않은데, 이 병이 외부 목적의 실현과 관계가 있기 때문이다. 도라의 목적은 아빠의 감정을 K부인으로부터 자기에게로 돌려놓는 데 있다. 프로이트는 이 사실을 확신하면서, "아빠에 대한 비난이 진력나 단조로움으로 반복되고 기침이 계속될 때, 나(프로이트)는 이 증상이 아버지와 관련된 어떠한 의미를 가져야 된다고 생각했다"[55]라고 말한다. 이것은 프로이트에게 중요한 기준을 제시하는 기회다.

증상은 성적 내용물에 대한 환상, 즉 성적 상황의 표현—실현—이다. 더 상세하게 말하면 성적 환상의 표현은 적어도 증상의 의미와 상응한다.[56]

판타지Fantasie를 자연적인 저수지에 비유하면서, 프로이트는 판타지의 역할에 강조점을 둔다.

판타지의 심리적 왕국의 창조는 농업, 정보 통신, 그리고 산업 발달의 필요성으로 지상의 원초적인 모습을 변형시켜야만 할 위협 앞에 놓인 '자연적인 저수지'에서 그 유비를 찾는다.…판타지의 가장 잘 알려진 생산물은 '잠이 깬 꿈'이다. 우리는 이미 야심적이고 거창하고 에로틱한 욕망에 대한 상상적 만족과 현실에서 절제와 인내를 요구하는 만큼이나 더 지독하고 더 외설스러운 만족에 대하여 언급했다. 이 꿈을 통하여 우리는 현실의 동의와는 상관없이 쾌락을 얻는 상상적 행복의 본질을 선명하게 인식할 수 있다.[57]

---

55. Ibid., 32.
56. Ibid., 33.
57. *Introduction à la psychanalyse*, 351. *Inhibition, symptôme et angoisse*, 60-61.

결국 프로이트는 상상적인 성적 상황과의 관계에서 이 신경증적 기침을 설명한다. 도라는,

K부인이 아빠를 사랑한 것은 그가 부유한 사람이었기 때문이다.[58]

라고 강조한다. 프로이트는 도라의 대화에 숨어 있는 의미를 포착한다.

그녀의 아빠는 부자가 아니다. 이 주장은 성적인 의미만을 가질 뿐이다. 우리 아빠는 남자로서는 무능력하다.[59]

그러므로 이 대화에는 모순이 있다.

한편 K부인과의 관계는 일상적인 연인 사이였다고 믿는 것과 다른 한편 자기 아빠는 무능력, 즉 성관계의 상대로는 불가능한 사람이라는 것이다.[60]

도라는 이 모순을 발견하고, 그 결과 아버지와 K부인의 관계에서 성적 환상을 갖는다. 다시 말해 도라는 성관계에서 성 기관이 아닌 다른 기관을 사용할 수 있다는 성 지식을 갖고 있었다.[61] 이 사실로 미루어볼 때 아래의 추론이 불가피하다.

---

58. *Cinq psychanalyses*, 33.
59. Ibid.
60. Ibid.
61. Cf. Ibid.

발작을 동반하고 목구멍이 간지러워 습관적으로 발생되는 이 기침은 연인 관계로 끊임없이 그녀를 불안하게 만드는 두 사람 간의 구강성교의 성적 만족 상황을 표현한다.[62]

이 기침은 이러한 해석이 받아들여진 이후 사라졌고, 결과는 히스테리에 대한 프로이트의 이론과 일치한다.

도라의 경우는 '상호 정체화'와 어떤 관계가 있는가?

우선, 도라는 아버지와 K부인의 관계를 생각한다. K부인은 아버지에게 욕망의 대상이고, 아버지 역시 K부인에게 욕망의 대상이다. 도라는 자기 자신이 아버지의 욕망의 대상이 되고자 한다. 그래서 이 소녀는 아버지의 사랑의 대상이 되는 동시에 K부인의 자리를 대신하고자 한다.

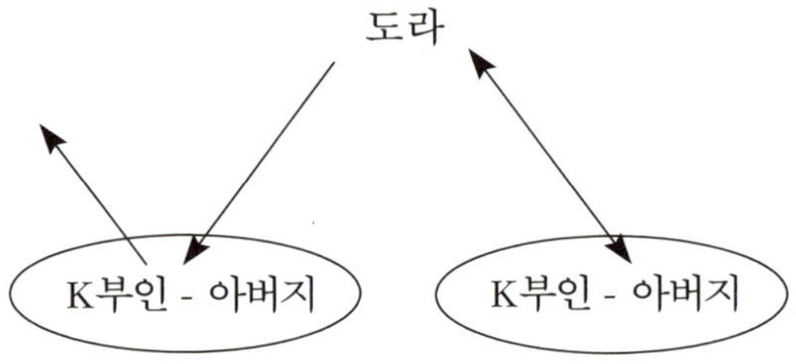

이 도식에서 우리는 대상에게 리비도 방출을 하지 않는 또 다른 정체화를 찾는다. 프로이트는 도라가 노에시스뿐 아니라 노에마가 되기를 원한다고 생각하는 것 같다. 즉 사고의 행위(작용의 측면)와 사고의 대상(대상의 측면)으로서 짝이 되기를 원하는 것 같다. 그러나 빈의 정신분석가는 거기에서 재빨리 나와 '상호 정체화'라는 논리를 구상한다. 즉 성적 장면

---

62. Ibid., 33-34.

에 정체화되면서, 도라는 노에시스도 노에마도 아닌, 그러나 이 둘의 경계에 있는 비현실적이고 보이지 않는, 환상화된 대상에 직면하는 것이다.

상호 정체화의 대상 본질을 관찰해보자. 나지오^{Nasio}에 따르면 자아가 흥분의 대상으로서 하나의 대상에 정체화될 때, 자아는 "무의식적 심리적 상징의 충격 안에 있는 구멍의 자리"로 나타난다.[63]

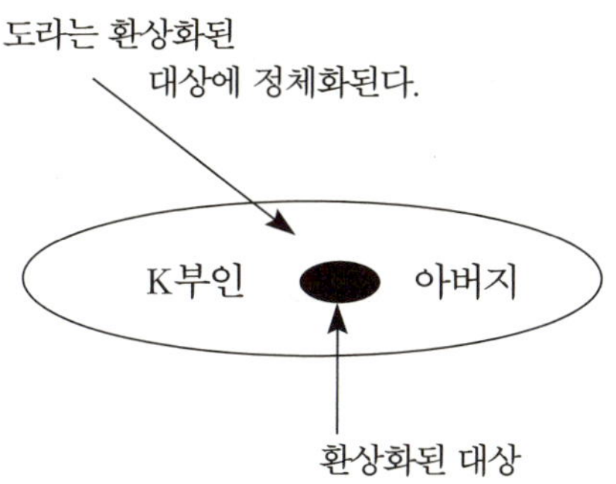

구멍은 역설적인 자리인 것 같다. 이 구멍은 노에시스가 노에마를 선행하는 한, 두 축의 경계선에 위치하기 때문이다. 그러므로 대상의 본성은 히스테리 환자에게 압축되고, 어떤 면에서는 여러 대상이 포개져 나타난다.

모든 꿈, 증상이나 히스테리 환상은 세 겹의 정체화를 압축하고 실현한다. 세 겹의 정체화는 욕구된 대상에의 정체화, 욕망하는 대상에의 정체화, 마지막으로 두 연인의 향락의 대상에 정체화다.[64]

---

63. J.-D. NASIO, *Enseignement de 7 concepts cruciaux de la psychanalyse* (Paris: Payot, 1992), 161.
64. Ibid., 261.

아마도 도라의 경우에 '대상'은 매력 있는 K부인과 욕망하는 아버지, 그들에게 있는 공통의 성적 흥분임이 틀림없다. 히스테리 환자에게 대상의 본질이 하나의 유일한 대상이 아닐지라도, 프로이트는 "환상화된 커플을 서로 엮어주는 관계"[65]라고 그 대상을 정의한다. 성취되지 않은 욕망은 환상에서 끊임없이 되풀이될 것이다.

4. 결론

이 장에서 우리는 상호적 정체화를 살펴보았다. '사랑받지 못한 사람'에서는 거세 콤플렉스에 연이어 오는 소녀의 오이디푸스 콤플렉스를 살펴보았다. '모방된 사람'에서는 대상에 리비도 방출 없는 정체화를 살펴보았다. 끝으로 '사랑받는 사람'에서는 상호 정체화 방정식을 완성했다.

이 세 경우에 우리는 오이디푸스의 사라짐에 선행하는 불안의 문제에 직면했다. 한스의 분석은 양가감정과 거세 불안으로 프로이트와 우리를 인도했다. 우리는 출생 시부터 존재론적으로 지니고 있는 영원한 부재와 경험의 반복을 통해 실존적으로 갖고 있는 일시적 부재를 확인했다. 불안은 위험의 신호다. 도라는 불안을 피하고자 신체적 만족으로서 아버지의 노이로제 기침을 갖는다. 주체는, 특히 히스테리 환자는 이 증상을 통한 신체적 만족을 이용하여 자기 욕망을 간직하고자 노력한다.

---

65. Ibid., 162.

일반적인 결론

프로이트의 인식론은 정신분석학적 기술에서 유래하는 것이 분명하다. 다시 말해 무의식은 실수와 꿈, 신경증적 증상에 의해 드러나는 '단어의 상징'이다. 프로이트는 기술적 분석 경험을 통하여 정신분석학 이론을 연역하고[1] 그의 인간학을 구성하는 정체화론을 전개한다.

프로이트의 무의식은 의식과 무의식, 보이는 것과 보이지 않는 것의 접점이나 그 점을 상징하는 증상과 꿈, 그리고 실수에 의해서만 그 모습을 드러낸다. 이 접점은 세 종류의 정체화의 교차점이다. 왜냐하면 사물의 상징은 단어의 상징으로서 이 점 안에 나타나기 때문이다. 프로이트에게서 사물의 상징은 물物, Das Ding에서 나타나지 않으므로, 분석가는 '재치'라는 상징을 해석하며 거기에 접근한다.

그러므로 알려진 것과 알려지지 않은 것, 계시된 것과 계시되지 않은

---

1. Cf. S. FREUD, *Le mot d'esprit et sa relation à l'inconscient* (Paris: Editions Gallimard, 1988). 프로이트는 여기서 우선 '분석의 장'을 전개하고 나중에는 '이론의 장'을 전개한다.

것에는 불일치가 있다. "무의식은 언어와 인간의 불일치로 생기는 근원적 억압에 기인한다."[2] 상호적 정체화에서 도라의 대상은 영상도, 상징적 특징도, 성적 흥분도 아니다. 거기에는 환상화된 커플을 잇는 '틈'이 존재한다. 이 틈은 환상으로 채워지지 않는다. 왜냐하면 단어의 세계는 사물의 세계에 선행하고, 생각하는 행위가 사고의 대상보다 선행하기 때문에 이 틈은 단지 준거점일 뿐이다. 그러나 후자(사고의 대상)는 전자(생각하는 행위)를 알지 못할 때에 찾아오며, 이 전자는 후자의 상징을 분석한다.

지금까지 정체화의 세 구조 안에서 프로이트의 인간을 이해하려고 시도했다. 즉 '됨의 정체화'는 영상에 정체화된 인간을 이해하도록 돕고, '가짐의 정체화'는 무의식적 인간이라는 또 다른 면을 발견하는 인간을 이해하도록 돕고, '상호적 정체화'는 '있음의 정체화'와 '가짐의 정체화' 간의 메울 수 없는 실존의 간격을 이해하도록 돕는다. 좀 더 잘 표현하면, 첫번째 부류에서 어린이는 아버지처럼 되려고 욕망한다. 즉 우울증 환자의 경우처럼 어린이는 나르시스적이고 전지전능한 대상을 취한다. 두 번째 부류에서는 법과 초자아 아래 억압된 인간, 즉 남편의 '오고 감'을 재생산하는 '서른 살의 여인'과 부모의 사랑의 행위를 방해할 목적으로 취침 의례를 행하는 '열아홉 살의 아름다운 소녀'를 발견할 수 있다. 그들은 거세되고 상징적인 것으로서의 대상을 취한다. 정체화의 세 번째 부류는 어떤 사람도 주의 깊게 보지 않았던 것이다. 정체화에 대한 연구에서,[3] 폴 리쾨르조차도 환상의 중요성에 강조점을 두지 않았다. 환상화된 커플의 관계, 즉 상호적 정체화의 환상화된 대상을 통하여 우리는 두 대상의 새로운 방법론적 관계를 얻을 수 있다. 이것은 정체화를 주제

---

2. J. ANSALDI, *La paternité de Dieu*, 17.

3. Cf. P. RICŒUR, *De l'interprétation, essai sur Freud* (Paris: Seuil, 1965), 380.

로 글을 써 가는 이 저서의 수확물이다. 우리가 한 것처럼 이 세 가지 부류는 각각 순차적으로 연구하고 통시적으로 연구할 수 있다. 그렇지만 공시적으로도 그것들을 취급해야 할 것이다. 즉 우리는 각각의 정체화를 한꺼번에 포개어서 세 겹의 정체화에 의해 구멍 나고, 겹쳐진 접점에서 종합되고 귀납된 전체성 가운데 프로이트의 인간론을 이해해야 한다.

제3부

—

라캉이 말하는 정체화

정체화에 대한 라캉의 이해는 제2부에서 기술한 프로이트의 정체화 이론에 근거를 두고 있다. 라캉은 프로이트의 정체화에서 언어 역할의 중요성을 깨닫고 구조언어학 연구에 몰두한다. 그는 주체Sujet를 언어의 저수지에서 흘러나오는 '시니피앙(기표)의 덩어리'라고 간주한다. 그는 두 기점, 즉 '도식 L' 구성(1953)과 『정체화 세미나』(1961)를 기점으로 세 종류의 정체화를 연대기적으로 발전시킨다.

정신의학 분야의 박사 논문 『인성과의 관계 속에서의 망상증적 정신병에 대하여』(1932)에서 라캉은 상상적 국면의 자아를 설명할 목적으로 환유적 기표 방정식을 기술한다. 이 저서에서 그는 '에메Aimée의 경우'를 분석하고 광기에 대한 새로운 이해를 통해 '상상적 매듭'이란 것을 재인식한다. 이 프랑스 정신분석학자가 구체적으로 상징적 정체화를 연구하는 것은 1953년부터다. 클라인의 사례인 '딕의 경우'를 분석하면서, 그는 상상적인 것과 상징적인 것의 뒤섞임에 직면한다. 그 결과로 그는 '안다고 가정된 주체'라는 새로운 용어에 개념을 부여한다. 『정체화』 세미나에서 라캉은 정체화의 첫 번째 장르와 두 번째 장르의 연결을 시도한다. 다시 말해 요구와 욕망을 동시에 생각해보는 작업을 수행하는 것이다. 계속해서 그는 도라의 경우를 분석하면서 환상의 주체를 발견한다.

우선 우리의 과제는 예비적 인식론으로서 구조언어학과의

관계 안에서 라캉의 토착화와 이런 작업에 따른 기호의 개념을
알아보고, 정체화의 종류 세 가지를 검토하는 것이다.

제1장

라캉의 정체화 이론을 위한 인식론

1. 용어

먼저 나는 라캉의 『정체화』가 구두 필본으로만 남아 있고 아직 출판되지 않음을 매우 유감스럽게 생각한다. 이 저서가 라캉 사상의 구조적 뼈대를 세울 뿐만 아니라, 방대하고 난해한 그의 사고를 따라가도록 돕는 지침서이자, 그의 원숙한 사고의 결정서가 될 만큼 비중이 크기 때문이다.

정체화 이론을 구성하기 위해 라캉은 "프로이트 저서의 어떤 기점에서 시작"하고 "모든 프로이트 이론을 재구성"[1]하는 데 많은 시간을 할애한다. 이런 이유로 이 글의 제2부는 「프로이트의 정체화 이론」을 이해하고자 지면을 할당했다. 그렇다고 라캉이 프로이트의 방식으로 정체화 이론을 기술한 것은 아니다. 그는 자기 이론을 씨 뿌리기 위해 새 터를 일

---

1. J. LACAN, *L'identification* (*Séminaire* IX, 1961-1962), 1962. 2. 21. 강의. Cf. Y. BERTHERAT, "Freud avec Lacan ou la science avec le psychanalyste," in *Esprit*, 1967. Déc. 979-1003.

군다. 그는 다음과 같이 기술한다.

그러므로 두 번째 종류에 의해 이 정체화에 접근할 수 있는 것 같습니다. 그 이유는 바로 나 자신이 나의 접근 방식을 스스로 제한하기 때문입니다. 바로 거기에는 유사한 장식의 영상의 토대 위에 세워진, 특히 양면성을 띤 정체화, 첫 번째 종류의 정체화가 있습니다.

우리의 이론적·기술적인 참고 문헌이 프로이트와 가장 밀접한 관계를 맺고 있음을 알기 위해서는, 두 번째 종류의 정체화가 전개되는 프로이트 전집*G.W.* 13권 117페이지를 보면 잘 알 수 있습니다.

내가 여러분에게 프로이트의 본문을 보인 직후 전개하고 있는 이 두 번째 종류의 정체화는 세 번째 종류의 정체화, 즉 욕망의 매개에 의한 타자에 정체화, 다시 말해 우리가 잘 알고 있는 히스테리 정체화와 어떠한 관계가 있겠습니까.[2]

나는 그의 연구 결과를 명명하기 위해, 그리고 그의 모든 새로운 내용을 담기 위해 라캉이 제시한 용어를 그대로 사용할 것이다. 라캉이 사용한 용어는 '첫 번째 종류의 정체화, 두 번째 종류의 정체화, 세 번째 종류의 정체화'다.

---

2. *L'identification*, 1961. 12. 13. 강의. Cf. Ibid., 1962. 2. 21. 강의.

2. 구조

라캉은『프로이트가 정신분석 기술에 대하여 쓴 글들』*Les écrits techniques de Freud*과『프로이트의 이론과 정신분석의 기술에서 자아』*Le moi dans la théorie de Freud et dans la technique de la psychanalyse*라는 두 번의 공개 세미나를 개최했다. 그는 이 세미나를 실행하기 이전에도 이미 다양한 저술에서 자아 개념을 기술했다. 한편으로 첫 번째 종류의 정체화 구조는 1932년의 라캉의 박사 논문에 나타난 사상[3]을 따른다. 다른 한편으로 그는 1949년 글에서는 망상증적 인식 사상을 따른다. 특히 자아 개념은 거울 안에 사로잡힌 아이가 자기 영상 앞에서 어떻게 행동하는가를 다루는 이론인 '거울 단계'에 근거한다. 라캉은 마리엔바드에서 열린 국제정신분석협회 14차 회의 때 처음으로 '거울 단계'를 발표한다.

우리는 두 번째 종류의 정체화부터 프로이트 주석가로서의 라캉을 만난다. 라캉은 세미나에서 상상적인 것*Imaginaire*에 대한 상징적인 것*Symbolique*의 우위가 이상적 자아*Moi idéal*에 대한 자아의 이상*Idéal du moi*의 우위와 동일하다는 것을 보여주려고 한다. 그래서 세미나들은 상징적 국면의 새로운 책읽기의 시도라고 할 수 있다. 이 기간 중에 '거울 이론'은 개선된다. 우리는 1936년 라캉 거울 이론의 출처를 발롱–자조*Wallon-Zazzo*의 전통[4]으로 이해한다. 반면에 우리는, 1953년 광학 모델이 프로이트

---

3. *De la psychose paranoïaque dans ses rapports avec la personnalité*, 1932(의학 박사 논문, Paris: Seuil, 1975).

4. 나는 앙리 발롱–흐네 자조의 전통 안에서 '거울 단계 이론'을 이해한다. 발롱은 자신의 "Comment se développe chez l'enfant la notion de corps propre"에서 신체의 개념이 "정신발생학의 특별한 경우가 된다고 말했다. 이 형성기에서 그 개념은 다른 것들을 앞선다. 왜냐하면 의식의 진보에서 이 개념보다 필수적인 것은 없기 때문이다." (1) 즉

본문 속에 그 지표[5]를 두고 있다고 생각한다. 나는 라캉의 두 번째 세미나에서 정체화의 새로운 구조를 "도식 L"[6]에서 찾는다. 『정체화』 세미나에서 라캉은 대상 a(오브제 a)라는 문자로 표시되는 환상적 국면에 접근한다. 이렇게 그의 인간학은 깊이를 더해간다.

우리는 아이가 말의 근본적인 행렬을 통해 상징체계로 들어간다는 사실을 '도식 L'에서 확인할 수 있다. 무엇보다도 언어와 실재 간의 문제를 거론하는 것은 언어가 그만큼 중요하기 때문이다. 이 문제와 관련해서는 세 가지 일반적·전통적 답변이 있다. 첫 번째 답변은 실재와 언어 간의 단절discontinuité이고, 두 번째는 그들 간의 합치adéquation, 세 번째 답변은 그들 간의 유비적 관계relation analogique다.

마지막 답변은 실재와 언어의 단절을 제시하는 첫 번째 것과 동일한 의견을 갖는 동시에 그들 간의 계속성을 가정하는 두 번째 것과는 비교된다. 특히 우리에게 세 번째 답변이 중요한 것은 이 해답이 '언어는 실

거울 속 영상과의 만남은 아이가 조금씩 자기 결핍 극복 방식을 발견하는 심리학에서 제시된 경험이기 때문이다. 아이는 점점 이 현실 속에서 정상적인 성숙한 관계를 맺는다. 그러니까 그림자를 통해 의식을 지각하는 관점이라는 측도에서 거울 단계다. 그러나 라캉의 거울 단계는 "정신분석학이 우리에게 주는 하나의 경험이다. 코기토에서 직접적으로 유래하는 모든 철학에 대립되는 것이라고 우리에게 알려주는 경험이다." (2) 지라르의 모방이 프로이트 정체화와 동일한 것이 아니듯, 라캉의 거울 단계는 발롱의 그것과 전혀 다른 것이다. (1) B. OGILVIE, *Lacan, la formation du concept de sujet* (Paris: P.U.F., 1987), 96. Cf. "L'imitation chez le nouveau-né," in R. ZAZZO, *Conduites et conscience*, t. I, *psychologie de l'enfant et méthode génétique* (Neuchâtel: Delachaux & Niestle, 1962), 180-190. (2) J. LACAN, "Le stade du miroir comme formateur de la fonction du Je telle qu'elle nous est révélée dans l'expérience psychanalytique," in *Ecrits* (Paris: Seuil, 1968), 93.

5. *Les écrits techniques de Freud* (*Séminaire* I, 1953-1954, Paris: Seuil, 1978). 이 글의 「두 번째 장르의 정체화」 "1953년 이후의 거울 단계와 도식 L 이론"을 참고 바람.

6. *Le moi dans la théorie de Freud et dans la technique de la psychanalyse* (*Séminaire* II, 1954-1955, Paris: Seuil, 1978).

재가 아니다'나 '언어가 실재다'라는 식의 표현을 거부하고, 무엇보다 라캉의 불안 방정식을 응용하여 만들 수 있는 '언어는 실재가 아닌 것이 아니다'라는 형식에 부합되기 때문이다.[7]

좀 더 명쾌하게 설명하기 위해 소쉬르의 『일반언어학 강의』*Cours de linquistique générale*[8]에서 생겨난 글쓰기 형식의 도움을 받아 언어와 실재 간의 문제에 접근하는 것이 라캉의 정체화 이론을 이해하는 데 아주 유용할 것이다.

이 스위스의 구조주의 언어학자는 개념과 청각 영상의 조합으로 기호를 부른다.[9] 자의적인 기호는 기표와 기의의 연상 단계에 나타난다.[10] 자의적 단어는 기표 'me:R'(프랑스어로 엄마를 지칭하는 la mère의 발음은 동시에 바다를 연상케 한다)가 화자의 자유로운 선택에 의존한다는 생각을 제공해서는 안 되며, 반면 기표는 "기의와의 관계에 의해서만 자의적, 즉 무연성적이며 기의와 어떠한 관계도 없다."[11] 결국 기의/기표 연합(s/S)은 결코 언어 공동체의 사용에 의해 세워지거나 받아들여진 협약적 자의에서 이루어지는 것이 아니라 기의와의 관계에서만 자의적인 것이다. 소쉬르에게 기호의 자의성은 기표에 대한 기의의 우위를 뜻한다. 그러므로 그는 s/S라는 것으로 그 자의성을 표시한다. 라캉은 기의와의 관계에서 기표의 자의성을 용납하지 않는다. 그 이유는 조금 뒤에 설명할 것이다.

---

7. 아름다운 문장은 라캉의 열 번째 세미나 *Angoisse* (*Séminaire* X, 1962-1963), 1963년 1월 9일에 열린 글귀에서 차용하였다. 불안을 정의할 때, 프로이트가 '불안은 대상이 없다'라고 말하는 것과는 달리 라캉은 '불안은 대상이 없는 것이 아니다'라고 말한다.

8. SAUSSURE F. de, *Cours de linquistique générale* (Paris: Payot, 1949), 민음사 역간, 2006.

9. Ibid., 98-99.

10. Ibid., 100.

11. Ibid., 101.

기표^{Signifiant}(시니피앙)는 시간이라는 선을 타고 흐르는 소리의 연속이다. 기표의 선적 특성은 시간 속에서 하나의 고리, 즉 기표 고리를 형성한다. 라캉은 이 특성을 정체화의 핵심으로 취한다. 소쉬르는 "청각적 기표들은 시간의 선상에만 배치된다. 그들 요소는 상호 제시된다. 그것들은 하나의 고리를 형성한다"[12]라고 기술한다.

'기표 고리'에서부터 우리는 언어학의 두 축에 직면한다. 그 두 축은 **환유축과 은유축이다.**[13]

우선 환유축[14]은 환유의 축이다. 이 축은 대화에서 등장하는 기호를 기표의 고리들의 엮임과 연속으로 이해함으로써 환유적 전이, 전치, 대체를 설명할 수 있게 한다. 시간의 흐름과 뇌의 흐름에 따라 발생하는 기표 고리의 연속이기에 공존^{in praesentia}[15]이라고 표현한다. 그리고 은유축[16]은 은유의 축이다. 이 축은 대화에 등장하는 기호를 개인의 경험과 연결해 이해함으로 은유적 응축, 압축, 결합을 설명한다. 시간의 흐름과 뇌의 흐름에 따라 발생하는 기표에는 그 의미가 명시적으로 나타나지 않아서

---

12. Ibid., 103.

13. Ibid., 171. 야콥슨이 말한 것은 통합축과 범례축인데, 이 글에서는 이를 라캉이 차용하고 강조한 환유와 은유를 사용하여 환유의 축과 은유의 축, 즉 환유축과 은유축으로 표현한다. Cf. *Les psychoses* (*Séminaire* III, 1955-1956), (Paris: Seuil, 1981), 243-262: "Métaphore et métonymie (I): Sa gerbe s'était point avare, ni haineuse," et "Métaphore et métonymie (II): articulation signifiante et transfert du signifié." 라캉은 이 두 축을 이용하여 '요구와 욕망' 방정식을 수립한다. *L'identification*, 1962. 3. 28. 강의.

14. axe diachronique, 통합축, 통사(史)축, 역사, 환유, 전이, 대체, 조합, 결합 등으로 설명할 수 있다.

15. Ibid., 171.

16. axe synchronique, 범례축, 통시(時)축, 탈역사, 은유, 연상, 선택 등으로 설명할 수 있다.

부재*in absentia*[17]라고 표현한다.

이런 맥락에서 라캉은 빅토르 위고[B. Hugo]의 문장 "sa gerbe n'était pas ni avare ni haineuse"을 예로 든다.[18] 이 구절에서 'sa gerbe'는 구약성서 룻기에 나오는 인물 보아스[Booz]를 묘사한 것인데, 위고는 보아스를 '인색하지도, 증오를 품지도 않은 곡식 다발'이라고 표현한다. '보아스'가 왜 인색하지도 않고 증오를 품지도 않은 '곡식 다발'인지를 이해하기 위해서는 환유의 축과 은유의 축이 요구된다. 즉 환유의 축을 위해서는 룻기를 읽어야 한다. 은유의 축을 위해서는 보아스와 룻의 관계를 알아야 한다.

3. 구조언어학과 라캉의 수용

라캉은 소쉬르의 기호에 몇 가지 수정을 시도한다. 예를 들면 생각과 소리 고리 대신에 기의[Signifié]와 기표[Signifiant] 고리를 말한다. 특히 기의에 대한 기표의 우월성을 주장한다. 라캉은 「무의식 안에서의 문자 절차」[19]에서 각각 환유와 은유라는 두 작용의 도움을 받아 기의에 대한 기표의 우월성을 형식화했다.

그는 이중으로 기의에 대한 기표의 우월성을 상징화한다. 한편으로는 언어학적 기호인 소쉬르의 알고리즘을 뒤집으며 기표의 우월성을 상징화하고, 또 다른 한편으로는 대문자 'S'로 기표 양식을 도식화하여 기

---

17. Ibid.

18. Cf. *Les psychoses* (*Séminaire* III, 1955-1956), (Paris: Seuil, 1981), 247-248. 나는 이 주제를 제2장에서 부연할 것이다.

19. "L'instance de la lettre dans l'inconscient," in *Ecrits*, 493-528.

표의 우월성을 상징화한다.

$$\frac{s}{S} \quad \longrightarrow \quad \frac{S}{s} \quad \text{20}$$

(소쉬르)　　　(라캉)

이상의 알고리즘과 대문자 'S'라는 기표 양식은 아래의 기호로 변형
된다.

$$f(S)\frac{1}{s} \quad \text{21}$$

괄호 속의 문자 S는 기의와의 관계 속에서 기표의 우위 기능을 지칭
한다. 우리가 환유축에서 환유적 전치와 은유축에서 은유적 압축을 확인
한 것처럼, 환유적 구조는 "기표와 기의의 연결"[22]로 이루어진다. 환유축
에서 하나의 기표로부터 또 다른 기표로의 흐름은 "대상과의 관계 속에서
존재의 부재"[23]를 나타낸다. 라캉은 환유적 전치를 이렇게 상징화한다.

$$f(S...S')S \cong S(-)s \cong \frac{S}{s}$$

---

20. Ibid., 515. Cf. 프라하 학파와 코펜하겐 학파 간의 시니피앙과 시니피에의 본질적인 차
　　이점을 기술하면서, 라캉은 시니피에에 대한 시니피앙의 우위를 증거하는 프라하 학
　　파의 야콥슨과 동일한 입장을 취한다. 그는 *L'identifcation*, 1961. 11. 22. 강의에서 그
　　증거를 제시한다. 3년 뒤에 롤랑 바르트는 그 방정식을 "éléments de sémiologie," in
　　Communication (n° 4), (Paris: Seuil, 1964)에 기록하고 있다.

21. Ibid., 515.

22. Ibid., 515.

23. Ibid.

다음의 기호(-)는 기호 $\frac{S}{s}$ 안의 막대를 의미하고 '≌'는 합동을 뜻한다. 그것은 "기의와 기표 관계 속에서 구성되는 비환원성, 의미의 저항을 언급한다."[24] 즉 막대는 기의가 함축하는 무의식적 의미가 생산된 의식적 의미로서의 기표적 의미와 상통하지 않고 왜곡됨을 알려준다.

반면에 은유적 구조는 "시나 창작에서 비롯되는 의미의 결과"를 생산해내는 연상축 안에서 하나의 기표를 다른 기표로 대체하는 것을 의미한다. "즉 문제시되는 의미의 도래이다."[25] 라캉은 아래의 도식으로 은유적 억압을 상징한다.

$$f(\frac{S'}{S}) \cong S(+)s \cong \frac{S}{s}$$

다음의 기호(+)가 의미하는 것은 기표가 기호 $\frac{S}{s}$ 안의 막대(-)로부터 해방되어 기의 속으로 관통한다는 것이다. 막대기가 없는 $\frac{S}{s}$ 는 "막대기 제거 그리고 의미의 등장을 위한 이 제거로부터 형성되는 가치를 표현한다."[26] 기표 S´는 환유축 안에서 잠정적이고 은유축 안에서 명백하다. 기표 S´는 그러므로 의미의 이중 기입 문제를 야기한다. "그 제거는 기의 안에 기표의 이동 조건을 나타낸다."[27]

그러므로 우리는 한편으로 환유축에서 기표의 의식적 고리 실존을, 또 다른 한편으로 은유축에서 기표의 무의식적 고리 실존을 확인한다.

---

24. Ibid.
25. Ibid.
26. Ibid.
27. Ibid., 515-516.

이중 기입, 즉 의식과 무의식에 동시적으로 기표의 가입이 문제시된다. 라캉은 뫼비우스 기하학에서 이 이중 가입을 적용한다. 뫼비우스 기하학이란 오직 하나의 면만 있고, 안쪽 면은 바깥 면과 연속된다. 우리는 뫼비우스의 띠를 통해 기표적인 두 개의 고리를 구상할 수 있는데, 의식적고리 반대 면의 무의식적 기표 고리가 바로 그것이다.

한편으로 표면의 일방통로는 어떤 가장자리 면도 건너뛰지 않고, 오류, 망각, 실수 등으로 의식적 대화 안에 나타남으로써 무의식이 형성된다는 것을 나타낸다. 다른 한편으로 그것은 대화를 중단하지 않고 대화 내부에 나타냄으로써 무의식이 형성된다는 것을 나타낸다. 라캉은 *Etourdit*에서 뫼비우스의 띠를 이렇게 정의한다. "뫼비우스의 띠가 가정하는 것은 하나의 띠가 반 바퀴 뒤틀린 이상적인 비뚤어짐이 아니다. 그 띠가 만드는 것은 안쪽 면이자 바깥 면일 뿐이다. 서로 만나는 어떠한 점도 없다. 뫼비우스의 띠는 점이 아닌 일련의 선 구조線構造로서 오직 한 번의 회전으로 베인 자국일 뿐이다."[28]

기표 S와 S´는 뫼비우스의 띠 위에 베인 자국을 만들고, 이 베인 자국의 결과는 우리에게 무의식의 주체를 드러낸다. 이것은 어떤 가장자리 면도 건너뛰지 않는데, 이 자국이 일련의 '점 없는 선들'로 구조화되었기 때문이다. 그래서 기표 S는 의식에서 유래하고, 기표 S´는 무의식으로부터 나오는 기표일 뿐이다. 하나의 기표는 또 다른 기표에 전속된 주체를 재현한다.[29] 그리하여 끊임없는 기표는 무의식의 주체를 보여준다. 그

---

28. "L'Etourdit," in *Scilicet*, 1972, n° 4 (Paris: Seuil, 1973), 27.

29. 이 구절은 라캉의 사유를 명확하게 드러내는 대표적인 문장들 가운데 하나다. 가령 "언어처럼 짜인/구조화된 무의식"(L'inconscient est structuré comme un langage, 세미나 XI), "너의 욕망을 포기하지 말라"(Ne pas céder sur ton désir, 세미나 VII), 마찬가지로 "하나의 기표는 또 다른 기표에 전속된 주체를 재현한다"(Un signifiant

결과 주체는 기표의 결과로서 간주된다.[30]

---

représente le sujet pour un autre signifiant)에서 'pour'는 'auprès de'(~에 전속된)
이라는 뜻이라고 세미나 X VII에서 라캉은 말하고 있다.

30. Cf. "Positions de l'inconscient," in *Ecrits*, 840. Cf. *L'identification*, 1961. 12. 6.,
1962. 1. 24., 그리고 1962. 3. 21. 강의. Cf. "L'alienation," in *Les quatre concepts
fondamenteaux de la psychanalyse* (*S.* XI), (Paris: Seuil, 1992), 88.

제2장

첫 번째 장르의 정체화

라캉은 『정체화』*L'identification* 세미나를 시작할 때, "정체화, 이것은 이번 연도의 내 강의 제목이자 주제입니다. 참 좋은 제목이지만 결코 쉬운 주제는 아닙니다"[1]라고 말했다. 이는 주체라는 것이 이해하기 쉬운 "작용"이나 "과정"이 아니기 때문이다. 그리고 그는 "우리는 소타자autre에게 정체화됩니다. 지금부터 여러분에게 친근해질 주제인 소타자와 대타자 Autre 간의 차이를 나타내기 위해 소문자 a와 대문자 A로 표기하여 그 구별을 분명하게 하겠습니다"[2]라고 말했다. 라캉의 일반 사상과 연관지어서 『정체화』 세미나를 연구할 때, 우리는 우선 환유축 안에서 환유적 기표 개념을 주석할 것이다.

　라캉은 망상증 환자를 분석하면서 리비도 고착을 재인식하고 '상상적 매듭'을 강조한다. 우리는 상상적 구조에 의해 철학적 전통의 사상과 신학적 전통의 사상을 정리할 수 있다. 그러므로 이 작업은 1953년 이전

---

1. *L'identification* (1961-1962), 1961. 11. 15. 강의.
2. Ibid.

의 거울 단계, 상상적 국면, 에메 분석, 그리고 상상적 매듭의 정의라는 순서로 진행될 것이다.

1. 1953년 이전의 거울 단계 이론

라캉은 「정신분석학적 학설과 그 경험과의 관계에서 이해되는 현실 구성에 있어서 구조적이고 발생학적인 과정에 대한 이론」이라는 논문을 1936년 마리엔바드 국제정신분석학 회의에서 발표할 때 처음으로 '거울 단계'를 언급한다. '거울 단계'에 대한 라캉의 생각은 그의 글 여러 부분에서 찾을 수 있다. 예를 들어 우리는 1946년에 발표된 「심리적 요인에 대한 목적」[3]과 1949년 취리히의 정신분석학 국제회의에서 발표한 「정신분석학적 경험에서 우리에게 나타나는 '나' 형성 기능으로서 거울 단계」[4] 등에서 '거울 단계'에 대한 생각을 찾을 수 있다.

'거울 단계' 창조자는 프로이트의 방식에 따라 자아를 지각-의식 체계에 의해 형성된 것으로 이해한다.[5] 그는 아이의 행위와 침팬지의 행위를 병립시킨다. 침팬지는 "한 번 체득한 영상의 흐름을 통제 속에서" 잃어버린다. 반대로 아이는 "비쳐진 환경의 영상에서 입수한 움직임이나 이중화되는 실재 또는 자기의 신체와 타인의 신체, 게다가 자기 주위에서 취할 수 있는 대상들의 허상적 복잡성의 관계를 유희적으로 증명하

---

3. *Ecrits*, 151-193, 특히 라캉은 184-187에서 '거울 단계'를 다룬다.

4. *Ecrits*, 93.

5. "결과적으로 우리는 프로이트가 자아를 지각-의식 체계에 동질화시키고, 몸기관 구성물 전체가 구성하는 것에 의해 신체의 기관이 현실의 원리에 수용된다고 생각한다." "Propos sur la causalité psychique," in *Ecrits*, 178.

는 일련의 행위들로 거슬러 올라간다."[6] 그 지식은 인식론적 차이에서 기인한다. 왜냐하면 라캉은 데카르트 철학에 대립되는 정신분석학적 경험을 이해하기 때문이다. 그는 확고한 명제 하나를 정립한다.

정신분석이 **코기토**로부터 직접적으로 유래하는 모든 철학에 우리를 대립시킨다고 말해야만 하는 경험.[7]

라캉은 "근원적 형태"[8]가 '거울면'의 **영상** 속에서 구성된다고 설명한다. 우리가 일상 경험, 예를 들어 환각과 꿈 등에서 확인할 수 있는 것처럼 신체 자체는 베일에 가려진 얼굴로 구성된 영상들 위로 윤곽을 뚜렷하게 드러낸다. 그러므로 현실에서 사람은 신체 자체에 대한 반사적 영상을 취득한다. "거울 영상은 가시적 세계의 입구가 되는 것 같다."[9]

라캉은 정체화의 구조로서 '거울 단계'를 취한다.[10] "거울 단계의 기능은 그때부터 우리에게 조직에서 현실로, 또는 우리가 흔히 말하듯이, **내부에서 외부**로의 관계를 설명하려는 **영상** 기능의 특별한 경우로 명백해진다."[11] 그는 꿈에 나타나는 조각난 영상을 세밀하게 설명한다. 이 영상은 분리된 신체의 일부로 나타난다고 강조한다. 그 결과 그는 자아분열을 착안한다. 정체화 구조에서 거울 단계가 우리에게 드러내는 것은 거울상의 영상이 "망상증적 인식에 대한 우리의 고찰을 통해 알게 되

---

6. "Le stade du miroir comme formateur de la fonction du JE," in *Ecrits*, 93.

7. Ibid.

8. Ibid., 94. Cf. Ibid., "Cette forme serait plutot au reste à désigner comme je-idéal."

9. Ibid., 95.

10. Ibid., 94.

11. Ibid., 96.

는 인간계의 존재론적 구조"를 따른다는 것이다. 인간은 거울상의 영상과 현실 간의 부조화를 점차 의식한다. "거울 단계가 완성되는 이 단계에서, 닮은 것의 **영상**과 근원적인 질투에 대한 드라마(유아적 **선험주의** 안에서 샤를로뜨 학파에 의한 가치)에 정체화함으로써 "나"를 사회적 산물로서의 상황에 연결하는 변증법을 만들어낸다."[12] 이 변증법으로 라캉은 데카르트적·현상학적인 개념으로 코기토를 기술하는 주체에 대한 생각을 새롭게 한다. "오늘날 인간학이 집요하게 탐색하는 자연과 문화의 접촉점에서, 사랑은 언제나 다시 파괴되어야만 하거나 잘려야 됨을 알려주는 이 상상적 구속점을 정신분석학만이 깨닫는다."[13]

2. 환유적 기표

'압축'과 '전치' 작업으로, 잠자는 자의 무의식적 욕망은 의식적 삶으로부터 억압/배제되고, 그 사상은 변화/변장되며 일그러진다. 우리가 라캉의 생각에 동의하는 꿈의 이야기는 코기토로서의 주체와 '안다고 가정된 주체'sujet-supposé-savoir[14]에 동시에 기입된 기표의 이중 기입으로 표현

---

12. Ibid., 98.

13. Ibid., 100.

14. 세 개의 단어로 구성된 이 용어는 '주체'와 '지식'은 '가정된'에 의해 상관된다는 것을 표현한다. 대타자(대문자 A로 표기되는 기표의 자리)는 지식을 지시하고, 이 지식의 원인은 시간적으로 결과, 다시 말해서 기표를 선행한다. 그러므로 '지식'은 재현될 수 없는 것이 기표 사건에 의해서만 재현됨을 일컫는다. 결과적으로, '가정된'은 무의식의 표상을 내포한다. 결국 '안다고 가정된 주체'는 시니피앙에 의해서만 자기 모습을 나타내는 무의식의 주체를 의미하는 정신분석학의 교리다. 참고로 제4부에서는 '말씀으로만 계시되는 그리스도'를 노예의지의 인간이 신앙한다는 것을 말하기 위해, '말씀이 가정된 노예의지'라는 표현을 사용할 것이다.

된다. 라캉의 첫 번째 장르의 정체화에서 우리는 환유적 기표를 공부할 것이다. 만약 우리가 그것을 이해하지 못한다면 우리는 상상적 정체화의 이해에 이르지 못할 것이다. 자아는 환유의 축 안에서 표현된다. "프로이트가 압축이라 부른 것을 우리는 수사학적으로 은유라고 부르고, 전치라고 부른 것을 환유라고 부른다."[15] 상징적 국면에서는 은유가, 상상적 국면에서는 환유가 문제시된다.

라캉은 빅토르 위고의 시 한 편을 주석한다. "그의 곡식 다발은 인색하지도 증오스럽지도 않다"sa gerbe n'était point avare, ni haineuse. 우리가 이 시의 의미를 사전적 의미로 생각한다면 그것을 도무지 이해하지 못할 것이다. 어떠한 사전에도 '곡식 다발'이 인색하다거나 증오스럽다는 것을 우리에게 암시하지 않기 때문이다. 다만 이 문장의 뜻을 알려면 "그 다발이 인색하지도 증오스럽지도 않다고 말할 수 있는 순간, 즉 어휘적 연결에서 그 시니피앙을 잘라내는 순간에서부터만 그 의미를 간파할 수 있다."[16] 우리는 환유적 시니피앙 고리 안에서 '인색하고 증오스런 곡식 다발'을 특정 지을 수 없다. 기표 고리는 환유축에서 시간의 흐름처럼 S´, S˝ S˝´…로 진행된다. 라캉은 환유적 기표 방정식을 아래와 같이 형식화한다.

$$f(S...S´)S \cong S(-)s \cong \frac{S}{s}$$

기호(-)는 환유축 안에 기입된 시니피앙과 은유축 안에 기입된 시니피앙 간의 단절을 지칭한다. 여기서는 '안다고 가정된 주체'가 아닌, 의

---

15. J. LACAN, *Les psychoses* (Paris: Seuil, 1981), 251.
16. Ibid., 248.

식적 자아가 문제시된다. 라캉은 켈트족 전설에 근거한 농장 하인의 증언을 예로 들어 첫 번째 장르의 정체화를 설명한다.

주인이 죽고 난 후, 하인은 작은 쥐 한 마리를 본다. 그는 쥐를 뒤따라간다. 그 생쥐는 들판을 한 바퀴 돈 후, 농기구가 가득한 창고에 가서 그 위를 걸어 다닌다. 그리고는 사라진다. 그 이후에 하인은 주인의 유령이 나타나서 하는 말을 확신한다. "나는 그 생쥐 안에 있었지. 들판과 작별을 하기 위해 농지를 걸었단다. 그리고 다른 어떠한 것보다도 더 오랫동안 영혼에 남아 있는 중요한 도구인 농기구를 보아야만 했단다. 이렇게 한 후에야 나는 떠날 수가 있었지…."[17]

라캉은 러셀의 'A=A' 방정식과의 관계 속에서 상상적 도안으로서 이 켈트족 전설을 설명한다. 이 전설에 따르면, 이 이야기는 '쥐는 내 주인이다'로 요약된다. 논리학자는 기표를 기호에서 분리하지 않는다. 왜냐하면 쥐는 하인에게 주인을 상징하는 수단이기 때문이다. 환유축에서는 주체의 등장이 문제시되지 않는다. 'A=A'라는 기호의 의미는 잠정적이다. 왜냐하면 우리는 하인의 무의식적 욕망을 해석할 수 없기 때문이다. 그 의미는 농사일에 대한 의식적인 자기 요구만을 우리에게 보여주는 것이다. 결과적으로 그 주인은 농기구와 들판이 하인에 의해 잘 관리되고 있기에 만족한다. 이 하인 역시 만족한다. 그러므로 이 전설은 자아의 충만을 보여준다.

---

17. *L'identification*, 1961. 11. 29. 강의.

3. 상상적 정체화

'에메'의 경우

1932년에 라캉은 『인성과의 관계 속에서의 망상증적 정신병에 대하여』라는 제목의 의학 박사 학위 논문을 발표했다. 여기서 그는 자신이 '에메'Aimée라 명명한 서른여덟 살 여인의 경우를 분석한다.[18] 그날 저녁 이 여인은 공연을 하기 위해 극장에 도착한 유명한 여배우를 칼로 위협했다. 이 여인은 두 달간 투옥된 후 생탄 병원l'hôpital de Saint-Anne에서 치료를 받았고 라캉은 그녀를 일 년 반 동안 관찰했다.

'에메의 경우'에는 두 개의 망상이 문제시된다. 유명과 박해가 그것이다. 이것들은 이야기 속에서 서로 얽혀 있다. 이 환자는 직업이 있음에도 대학 입학시험에 세 번 응시했고 상류 사회 진출을 꿈꾸며 두 권의 소설을 썼다. 그러나 대학 입학과 소설 출판 계획은 좌절되었다. 박해는 '거울 속의 나'와 '사회적 나' 간의 혼란에서 유래하는 듯하다.

결혼 8개월 후부터 과부인 그녀의 언니가 에메의 집에서 같이 산다. 라캉은 박해의 근원 틀로 에메의 언니 역할에 중점을 두고 해석한다. 그는 에메에 대한 언니의 간섭을 주의 깊게 관찰하고 언니가 에메의 아이의 엄마와 남편의 아내로서의 역할을 대신하고 있다는 사실을 발견한다. 라캉은 그 증거로 언니가 "이 집에 들어온 첫해 말부터, 그리고 에메가 처음 요양을 떠나기 몇 달 전부터, 여동생의 아이 곁에서 획득한 엄마 역할에 위안을 얻었다"[19]는 것을 제시한다. 에메는 생각하길 "남편과

---

18. 이 주제에 관하여 다음 사항을 참고. J. ALLOUCH, *Marquerite ou l'Aimée de Lacan, posteface de Didier Anzier* (Paris: E.P.E.L., 1990).

19. *De la psychose paranoïaque dans ses rapports avec la personnalité* (Paris: Seuil,

의 애정 관계가 점차로 걷잡을 수 없이 문제시되고, …언니는 너무 권위적인 사람이 되었다. 그녀는 언제나 남편 곁에 있었다. 언제나 내 견해에 반대했다."[20] 그러나 흥미로운 것은 에메가 자기 언니의 간섭에 저항하지 않고 자기 남편을 '포기'했다는 사실이다. "나는 그에게 아무런 존재도 아니다. 늘 생각하는 것인데, 내가 그에게 자유를 주면 그는 더 행복해질 것이고 다른 여인과 자기의 삶을 가꾸어갈 것이다."[21] 에메는 싸우는 듯한 태도로 언니에게 직접적으로 대항하지 않았다. 라캉은 언니에대한 에메의 양가감정을 지적한다. 한편으로 에메는 언니에게 자기 아들과 남편을 돌볼 자격을 주지 않는다. 다른 한편으로 에메는 언니의 장점과 인덕, 그리고 노력을 인정한다. 다시 말해 에메는 자기 아들과 남편에대한 책임자인데도, "삼각 구도 아래 현실화하기에는 불가능한, 존재의영상으로 상징되는 자기 언니에 의해 통치된다."[22] 라캉은 이 싸움을 '무언의 다툼'이라 부른다. "자기를 비참하게 하고 자기 자리를 빼앗는 자와의 무언의 다툼은 그녀가 언니를 향해 취하는 단순한 양가감정적 태도속에서만 표현된다."[23] 라캉은 '자기 처벌의 심리적 메커니즘'에 직면한다. "주체의 의도가 숨겨져 있는 무의식은 개인의 본질적인 생명 성향에역행한 채, 주체의 모든 중요한 가치를 보여준다."[24] 라캉은 무의식의 표상들 중 두 요소를 분석한다. '죄의식'과 '자아의 이상.' 다시 말해 라캉은환자와 박해자들 간의 복잡한 관계를 생각한다.

    1975), 204; 230

20. Ibid., 231-232.

21. Ibid.

22. Cf. Ibid., 232.

23. Ibid., 232.

24. Ibid., 251.

박해자들과 환자 간의 모든 실제적인 관계의 부재, 그들 간의 복합성은 순수하게 그들 간의 상징적 의미를 강조한다. 우리가 이미 말했듯이, 박해자들은 원형태로부터 이중적·삼중적·계속적인 '제비뽑기'에서 생겨난다. 이 원형태는 이중적·감정적·재현적인 효력을 갖는다.[25]

에메가 느끼는 도덕적 굴욕과 양심의 가책은 그녀의 언니와 그녀의 자아 이상형인 양심의 가책이라는 원형태로부터 유래한다. 예를 들어 "어떤 단계에서든 여류 문인, 여배우, 유명 여인들은 자유와 사회 권력을 즐기는 여인들이라고 에메가 규정한 이상의 상징들이다."[26] 그러므로 라캉은 그 환자의 인성에 대한 자기 처벌 메커니즘의 우월성을 확신한다.

'상상적 정체화'에서는 '됨의 정체화'의 리비도 고착처럼 리비도 진화가 문제시된다. 정신분석적 경험에 의한 중요 발견들 중 하나인 성욕동의 우위를 확신하면서 라캉은 "프로이트 이론에서 리비도 진화는 성적 욕망에 의해 주어진 기관적 토대로서 인성의 현상에 대한 경험에 매우 잘 상응한다"[27]고 말한다.

라캉은 나르시스적 리비도 방출을 설명하기 위해 '리비도의 진화'를 '인성의 초기 현상', 즉 자기성애적 나르시시즘과 이차 나르시시즘이나 자아에 재병합이라고 간주하고, 이 현상을 이렇게 기술한다. "그것은 잘 알려진 나르시스적 경향의 진화 단계로 아이에게 초기의 도덕적 금지 출현과 외부의 제재에 대한 위협에 맞선 독립성 창출, 다른 말로 자기 처

---

25. Ibid., 253.
26. Ibid.
27. Ibid., 255.

벌이나 초자아 메커니즘 형성에 답변하는 것이다."[28]

라캉이 전개하는 에메의 망상 구조 자체에서 전형적인 리비도적 퇴행은 '슈레버' 경우에 비유할 만하다.[29] 이것이 의미하는 것은 이 환자가 사랑의 대상으로 남성을 취한다는 것이다. 라캉은 논리적 단계로 기술한다. 그는 그(동성애적 사랑의 대상)를 사랑한다. 그러나 그는 그를 사랑하지 않고 그를 미워한다. 그(환자)가 사랑하는 것은 그녀(반대 성으로서 대상)다. 그녀는 그(이미 인용된 사랑의 대상, 슈레버의 사랑의 대상)를 사랑한다. 그러므로 그는 그도 그녀도 사랑하지 않고 아무도 사랑하지 않는다.

우리는 이것을 '에메'의 경우에 적용할 수 있다. 에메는 자기 언니를 사랑한다. 에메는 자기 언니를 사랑하지 않고 남편을 사랑한다. 언니는 에메 남편을 사랑한다. 그러므로 에메는 남편도 언니도 사랑하지 않고 아무도 사랑하지 않는다. 라캉이 『정체화』[30] 세미나에서 제시하는 도표는 우리에게 망상증 구조를 더 잘 이해하도록 돕는다.

A A는 A′와 B를 사랑한다	E A는 A′와 B를 사랑하지 않는다
I A′는 A를 사랑하지 않는다	O 〈A′는 A를 사랑하지 않는다〉의 A는 A′를 사랑하지 않는다

A: 자기중심적 인물(에메)　　A′: 동성애적 대상(에메 언니)
B: A와 다른 성별(에메의 남편)

---

28. Ibid., 259.
29. Cf. Ibid., 261-262.
30. 내가 '에메의 경우'에 적용하는 이 도식은 파라노이아(망상증)의 구조를 설명하는 것으로서 1962. 1. 17. 강의에서 찾을 수 있다.

A는 성취된 퇴행을 나타내는 나르시스적 고착점을 나타낸다. A´는 증상적 억압의 원인으로서의 동성애적 대상을 지칭한다. 박해자의 원형으로서의 에메의 언니, 고위층 사람들, 유명한 여배우들, 여류 문인들은 자아의 이상을 상징한다. 그러므로 동성애적 충동은 "결과적으로 환자의 자아의 이상과 혼돈되는 경향이 있다."[31]

특히 미약한 퇴행적 과정이 망상증 환자에게는 문제가 된다. 초기의 나르시스적 고착은 매우 강력하다. 자기 처벌 망상증은 초자아나 자아 이상의 발생학적 단계에서 인성의 진화적 멈춤으로 결정된다. 라캉 저서의 한 단락을 인용하면, 그 누구도 첫 번째 장르의 정체화 예로서 '에메의 경우'를 택하는 데 이의가 없을 것이다. "우리가 망상증이라고 정의하는 광범위한 자기 처벌 망상증은 정신병 문제 해결에서 예외적으로 호의적인 상황을 점령하는 것 같다. 결과적으로 자기 처벌 기능의 통합은 이 주체들에 있어서 병의 특수 요인인 발생론적 고착 시 성취된다. 이 결과로부터, 이 순간에 인성이 주요 기능 속에서 형성된다고 말할 수 있다. 주체의 의도적이고 사회의 긴장된 기능들에 대한 근본적 복원은 결과적으로 그때부터 완성된다."[32]

상상적 매듭

라캉은 의식에 드러나는 것을 지칭하기 위해 '무의식적'이란 단어 사용을 거부하고 '상상적 양태'mode imaginaire[33]를 사용할 것을 우리에게 제시

---

31. *De la psychose paranoïaque dans ses rapports avec la personnalité* (Paris: Seuil, 1975), 264.

32. Ibid., 328-329.

33. "Propos sur la causalité psychique," in *Ecrits*, 183.

한다. 그는 "특별한 운명점을 특징짓는 이상적 정체화 안에서 존재의 정지"[34]를 부연하기 위해 '광기의 일반적 형태'를 상세히 설명한다. 그에 따르면 사람들은 광기의 본질에 대해 몰인식하다.[35] 일반적으로 우리는 광기la Folie가 현실l'actualité과 허상la virtualité 간의 세상의 무질서를 아는 데서 비롯한다고 생각하지만, 라캉은 광기가 현실과 허상을 이중화하는 이 무질서를 모른다고 확신한다. 광기는 이중 현실을 연관지으려 시도하지만, 자아의 **최초 형태**나 **원자아**Ur-bild의 동력 안에 사로잡힌다. 바로 여기서 주체의 소외가 생긴다.

> **광인은 허상에 의해서만 이 현실에서 벗어날 수 있다. 그러므로 이 존재는 자기에게 무질서로 나타나는 것에 반대하여 반기를 들며 사회에 반항하는 노선을 취하는 어떤 물리적 힘으로 세상의 무질서를 끊을 수는 있지만 이 원 안에 갇혀버린다.[36]**

영상적 현실과 실제적 현실의 불일치는 첫 번째 장르의 정체화 안에서 이상과 현실 간의 허상적 일치로 해결된다. 실상과 허상의 무질서는 광기의 일반 틀 속에 일치되지 않는다. 가장 순수한 심리적 현상을 상징하는 상상적 정체화는 **이마고**Imago의 기능으로 우리를 인도한다. 아이의 자아는 자기와 닮은 영상에서 출발하여 구성된다. **망상증적 인식**[37]이라는 용어로 이해된 자아 개념은 행위의 세계와 말의 세계 사이에 위치한

---

34. Ibid., 172.
35. Ibid., 171-172.
36. Ibid., 172.
37. Ibid., 180.

아이의 나르시스적 상태를 상징한다. 자아의 최초 형태의 동력 안에 형성된 이마고의 본질적 내용은 주체의 소외를 표현한다. 왜냐하면 "타자 안에서 주체는 정체화되고 동시에 고난을 겪기 때문이다."[38]

사람에게서 출생의 신체적 미성숙은 시각의 조기 성숙에 관계된다. 이 현상으로부터 라캉은 '거울 단계'를 구성한다. 그는 거울 단계를 설정함으로써 거울 뒤에 숨은 아이에게 가장 간단한 영상의 비실존의 경험적 지표를 관찰한다.

심리적 세계의 질서에서 프로이트의 가장 빛나는 직관의 표현 중 하나가 아이들의 초기 놀이인 숨바꼭질 놀이(숨는 행위)에 현실적 가치를 부여한 것이다.[39]

모든 사람이 이것을 볼 수 있었지만, 그 어느 누구도 프로이트 이전에는 그들의 반복된 특성에서 모든 종류의 분리를 겪는 아이나 젖떼기 아이가 행하는 자유 반복을 이해하지 못했다.[40]

거울 국면의 구조는 광기의 근본 구조가 되는 듯하다. 왜냐하면 이 발전 단계에서 원자아는 본질적으로 **이마고** 안에 고립되기 때문이다. 여기에서 라캉은 시각의 조기 성숙을 강조한다. "인식에서 시각 구조의 특정 우위…, 또 이 형태에서 정체화의 기회"[41]는 특히 이 성숙으로 발

---

38. Ibid., 181.
39. 라캉은 이 글을 프로이트의 글 "Jenseits des Lustprinzips," 18-23에서 번역, 인용한다. 우리는 이 글을 *Essais de psychanalyse*, 49-56에서 찾을 수 있다.
40. "Propos sur la causalité psychique," in *Ecrits*, 187.
41. Ibid., 186.

생된 '거울에 정체화'는 '상상적 매듭'을 구성한다.[42]

나르시스 신화가 본질적으로 표현하는 자살 경향과 영상과의 관계가 존
재하는 것은 결과적으로 이 매듭 안에서다. 프로이트가 죽음의 욕동이나
원형적 마조키즘 욕동이라는 이름 아래 메타 심리학에 자리 매김한 이
자살 경향은 인간의 죽음이 **신체적으로 미성숙한** 6개월 말까지 근본적
불행의 국면 안에서 겪은 **출생의 충격과 젖떼기의 충격**에 대한 생각 속
에 각인된 사실과 관계가 있다.[43]

프로이트가 '양가감정'이라 불렀던 이 매듭은 이상형과 현실의 허상
적 일치로 이 무질서를 해결한다. 이 해결은 자주 '나르시스적 자살 공격
성'이 된다. 정신분석학에서 "박애라고 불리는 모든 활동 아래 숨겨진 공
격적 해결"[44] 원동력으로서의 양가감정은 "나르시스적 매듭"이라고 불
린다.

강박신경증에서 이 매듭들은 우리가 이미 잘 알고 있듯이 그 구조의 공
격적 의도를 변장/이동시키고 부정/분리하고 그리고 경감시킨다는 이유
로 끊기가 매우 어렵다.[45]

공격적 의도는 근본적으로 망상병적 증상과 망상증적 정신병의 일련

---

42. Ibid.

43. Ibid., 186-187.

44. "L'agressivité en psychanalyse," in *Ecrits*, 107.

45. Ibid., 108.

의 의미 있는 상태에, 다시 말해서 환유적 상상의 국면에 나타난다.

　라캉 정체화의 첫 장르는 프로이트의 '됨의 정체화'에 근거를 둔다. 왜냐하면 우울증 환자가 나르시시즘 메커니즘을 근본적으로 따르듯이, 망상증 환자는 나르시스적 고착점에 기반을 두기 때문이다. 그래서 라캉은 양가감정을 설명하기 위해(나르시시즘에 병행하는) 상상적 매듭을 구축한다. 망상증 환자에게 대상에 대한 사랑은 자아 자신에 대한 사랑이다. 그가 나르시스적 대상을 사랑하면 할수록 그 대체 대상을 미워한다. 다시 말해 그는 그 매듭점에서 멈추고 고정되고 감금된다. 프랑스 정신분석학자는 거울 단계 이론으로 이것을 증명한다. 예를 들어 거울 영상을 구성하는 '최초의 형태'는 현실에서 신체 자체에 반사적 이마고를 얻은 가려진 얼굴과 신체다. 라캉은 거울 영상이 가시계^{可視界}의 입구라고 말한다. 다시 말해 첫 번째 장르의 정체화는 정신분석학적 인간학의 토대다. 우리는 망상증에 대한 라캉의 박사 논문과 1936년의 거울 단계와 함께, 라캉의 첫 번째 장르의 정체화가 라캉에게 얼마나 중요한가를 이해할 수 있다.

4. 결론

1953년 이전의 거울 단계 이론은 학설의 버팀목 역할을 톡톡히 했다. 이 학문은 코기토에서 시작하는 모든 철학에 대립된다. 데카르트 철학은 활동하는 신체에서 신체 자체와 반사된 신체의 차이를 알지 못하는 반면에, 정신분석학적 경험은 거울상의 영상이 망상증적 인식에 토대를 둔 존재론적 구조를 상징한다는 것을 포함한다. 망상증 환자인 '에메'의 경우는 두 개의 망상에 기초하고 있다. 즉 그것은 유명과 박해다. 그 여자 환자는 대학에 가기 위해 세 번의 대학 입학시험을 치렀고, 사회의 유명 인사가 되기 위해 두 권의 소설을 썼다. 상류 사회에 진입하려는 그녀의 노력에도 사회는 그녀에게 기회를 주지 않는다. 반면 박해의 원형 틀인 에메의 언니는 도덕적 굴종과 양심의 가책을 그녀에게 준다. 그래서 에메는 자기의 이상인 언니와 영상들을 증오한다. 라캉은 자기 처벌 메커니즘이 그 환자의 인성에서 유래한다고 확신한다. 그는 코기토를 벗어나는 심리적 실존을 깨닫는다.

광기에 대한 지식은 그것의 '최초의 형태'가 거울 영상 안에 구성된 것을 알려주는데, 그 이유는 광기가 현실과 허상을 둘로 나누는 무질서를 모르는 데 있다. 상상적 현실과 실제적 현실의 불일치는 이상과 현실 간의 허상적 일치로 해결된다. 이것이 첫 번째 장르 정체화의 고유성이다. 우리는 거울 뒤에서 영상의 비실존적 경험 지표를 찾는다. 최초의 자아는 본질적으로 상상적 매듭이 구성되는 이마고 안에서 소외된다. 그러므로 정체화의 첫 윤곽은 상상적 국면에 대한 연구다.

제3장
두 번째 장르의 정체화

첫 번째 장르의 정체화에서 우리는 환유적 기표 양태로 표현되는 나르시스적 자아 개념과 상상적 자아 개념, 망상증적 자아 개념을 알아보았다. 이 장에서 우리는 정신분석학에서의 주체 탄생을 연구할 것이다. 라캉은 프로이트의『꿈의 해석』을 염두에 두면서 '거울 단계' 이론을 개선한다. 그는 '안다고 가정된 주체'를 설명하고, 상상적인 것과 상징적인 것이라는 두 국면을 표현하기 위해서 '도식 L'을 고안한다. 상징적인 축에서, 프랑스 정신분석학자는 대타자와 주체 관계를 설명하면서 은유적 기표 구조를 기술한다. 두 번째 장르의 정체화는 우리를 주체의 비밀을 밝혀내는 데로 인도한다. 우리의 작업은 라캉이 1953년 이후에 전개한 '광학 모델'과 '도식 L'의 진화를 명확히 구분하고 부연하는 데 중점을 둘 것이다.

1. 1953년 이후의 광학 모델과 도식 L

라캉은『꿈의 해석』*Traumdeutung*을 검토할 때 "복잡한 현미경보다 훨씬 더 단순한 거울 장치"를 상상한다. 여기서는 지각과 자아의 동력 의식 간에 생겨나는 모든 것이 문제된다. 광학 모델을 구상하기 위해 라캉 자신이 취한 프로이트의『꿈의 해석』중 한 단락을 인용해보자.

해부학적 위치 선정 개념은 생각하지 않기로 합시다. 그리고 심리학적 분야에 머무릅시다. 일종의 사진 장치나 복잡한 현미경 같은 심리적 생산물에 기여하는 도구를 묘사하는 것에만 정성을 기울입시다. 심리적 장소는 이미지가 형성되는 이 장치의 한 부분에 상응합니다. 현미경과 망원경으로 확인할 수 있는 어떤 부분도 관념적인 부분들points ideaux에 상응하지 않음을 주지합시다. 나의 비교법이 불완전할 수 있음을 이해해주기를 바라는 것은 무용한 일인 것 같습니다. 그 각 부분의 기능을 한정하고 분해하면서 심리적 메커니즘의 요인을 이해하기 위해서만 비교법을 사용할 것입니다. 나는 어느 누구도 심리적 장치의 재건축을 시도하지 않았다고는 생각하지 않습니다. 그 시도는 위험성이 없습니다. 내가 말하고 싶은 것은, 비판적 판단을 지니기만 한다면, 건설을 위한 비계를 설치하지 않는다면, 우리의 가설이 쉽게 수용될 수 있다고 생각합니다. 우리가 모르는 사건에 접근하기 위해, 우리는 보조적 표상이 필요할 뿐이며 가장 단순하고 잘 확인할 수 있는 것이 가장 최상임을 알게 될 것입니다.[1]

---

1. *Les écrits techniques de Freud*, 89-90. 우리는 꿈의 해석 안에서 심리적 장치라는 이 도식을 라캉의 세미나 2권에서 발견한다. *Le moi dans la théorie de Freud et dans la technique de la psychanalyse*, 134, 그리고 *L'identification*, 1962. 1. 10. 강의.

이 단락은 라캉에게 창의적인 발상을 할 수 있도록 자료를 제공하고, 라캉이 프로이트의 작업을 깊이 숙고한 사실도 간접적으로 보여준다. 우리는 신경 체계에 프로이트의 정체화를 연결한 것처럼, 프로이트 본문에 라캉의 사고를 끊임없이 연관지을 것이다. 왜냐하면 라캉은 모든 세미나와 저서들에서 자기의 정신분석학 스승의 작품과 자기 생각을 대조해보기 때문이다. 그런데 라캉의 표현은 스승과는 전혀 다른 길을 걷는다. 흥미로운 것은 라캉의 첫 공개 세미나가 『프로이트의 기술적 글쓰기』이고, 두 번째 세미나가 『프로이트 이론과 정신분석학 기술 속에서 나타나는 자아』라는 점이다. 두 세미나는 우리에게 프로이트와 라캉의 텍스트 사이의 해석학적 입장을 보여준다.

위에 인용한 프로이트의 글에서 시작하여, 라캉은 프로이트의 복잡한 현미경을 던져버리고 거울 장치를 새롭게 마련한다. 그것은 바로 광학 모델이다. 우리가 이 생각을 1949년 라캉의 글 속에서 발견한 것처럼, 라캉은 최초의 형태가 "이차적 정체화의 그루터기"[2]가 될 것이라고 단언한다. 그러므로 광학 모델은 '가짐의 정체화'를 포함한다. 다시 말해, 아이는 자기 기관이 발전되면서 자기 신체와 거울에 비친 신체 간의 거리를 인식한다.[3] 그 결과 프랑스 정신분석학자는 주체의 형태를 대략 그릴 수 있게 된다.[4] 1953년 이후의 광학 모델은 말의 세계 속에서 주체의 탄생을 보여줄 목적을 갖는다. 라캉에게서 광학 모델은 우선 실재 대상과 허구 대상, 허구 영상[i´(a)]과 실재 영상[i(a)]의 관계를 설명한다. 라캉은 광학 모델의 예를 '뒤집어진 꽃다발에 대한 경험'으로 제시한다.

---

2. "Le stade du miroir comme formateur de la fonction du JE," in *Ecrits*, 94.

3. Cf. Ibid., 97.

4. 주의! 거울 단계 시기에 라캉은 Moi/Je, Moi/Sujet를 분리하지 않는다.

한쪽이 파인 상자가 있다고 가정합시다. 그리고 중심축 가운데 다리가 달린 구면경을 가정합시다. 이 박스 위에 실제로 꽃병 하나를 올려놓읍시다. 그 아래는 꽃다발이 있습니다. 그러면 무슨 일이 일어납니까?[5]

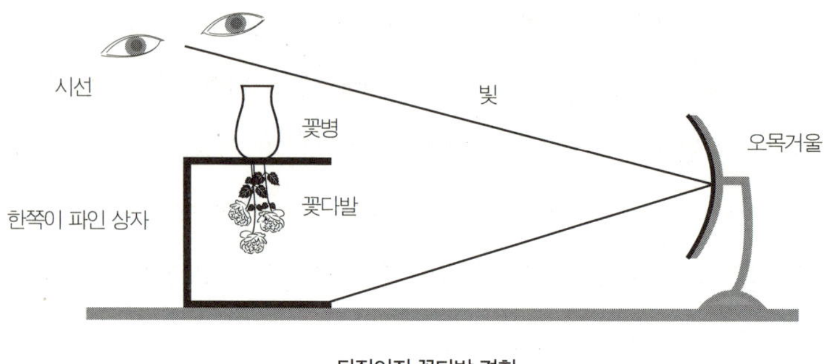

뒤집어진 꽃다발 경험

눈으로 이 그림을 들여다보자. 꽃다발은 거울면에 반사되어 대칭점에 위치한다. 기점에서 발산되는 모든 광선은 동일한 대칭점에 오고 그때부터 실제적인 형태가 구성된다. 그런데 만약 광선이 반대 방향의 시아에 반사된다면, 형성되는 것은 **허상**이다.

이 도식은 심리적 구조 안에서 상상적 세계와 실제 세계 간의 협소한 뒤얽힘을 짐작하게 한다. 처음에 원자아[Ur-Ich]는 내부 세계 안에서만 구성되는데, 자아의 이상형은 외부 세계에서 분리되어 내부 세계에 구성될 것이다. 내부에 포함되어 있는 것은 내투 과정에 의해 거부된 것과는 구별된다. 우리는 자아 안에 머무는 리비도와 프로이트가 말한 자아에게로 되돌아오는 리비도를 기억한다. 우울증 환자의 경우 이러한 리비도의 움

---

5. 그림을 포함한 각주. *Séminaire* I, 92. Cf. 거울 단계에 대하여, "L'agressivité en psychanalyse," in *Ecrits*, 112-113.

직임을 우리는 **나르시시적**이라고 불렀다. 자아 위에 되돌아오는 리비도
는 내적 자아와 외적 자아를 나누는 대상에의 리비도 방출을 준비한다.
광학 모델은 우리에게 "실제 조작과의 관계에서 조숙한 신체에 대한 상
상적 조작"[6]을 제시한다.

> 그 박스는 여러분의 신체를 지칭한다고 말하고 싶다. 꽃다발은 욕동과 욕
> 망, 욕망의 대상이다. 그리고 그 꽃병은 무엇인가? 그것은 신체의 껍질일
> 것이다.[7]

이 장치로 우리는 "+ − + 또는 − + −"[8]라는 신호 체계를 유지하는 조
건으로 실제적인 것을 상상할 수 있다. 우리는 꽃병과 꽃다발 간의 있음
과 없음이라는 양자택일적 메커니즘을 찾는다. 우리는 실제 꽃다발을 담
은 상상적 꽃병처럼 아이에게서 신체에 대한 영상을 기술할 수 있다. 아
이의 상징적인 세계는 반복되는 놀이, "배설과 내투라는 양자택일 메커
니즘, 투사와 흡수"[9]로부터 생겨난다. 우리는 거울 장치에서 반복되는
경험에 의한 자아 분리를 발견한다.

라캉의 정체화 구조는 거울 장치에서 명백히 발견된다. 아이는 거울

---

6. Ibid., 93.

7. Ibid., 94.

8. Cf. *Séminaire* II, 207-224 ("Pair ou impair? au-delà de l'intersubjectivité"), 225-240
   ("La lettre volée"), 그리고 339-354 ("Psychanalyse et cybernétique, ou de la nature
   de langage").

9. *Séminaire* I, 96. Cf. 프로이트의 '아이의 놀이'에 대하여, S. FREUD, "Au-delà
   du principe de plaisir," in *Essais de psychanalyse* (Paris: Payot, 1981), 49-
   56. Cf. Fort-Da와 대상 *a*에 대하여, *Les quatre concepts fondamentaux de la
   psychanalyse*(*Séminaire* XI, 1964-1965), (Paris: Seuil, 1973), 59-60 그리고 216.

앞의 자기 모습에서 실제 신체의 분신인 상상적 신체를 대한다. 그는 상상적 놀이로 상상적 신체와 실제적 신체를 혼동한다. 그러나 결국 그는 상상적 세계와 실재 세계를 구분하기에 이른다. 그는 상징적 세계라 불리는 말의 세계에 입문한다.

우리는 여전히 라캉에 의해 구상되고 불린 정체화의 다른 구조를 발견할 수 있다. '도식 L'이 바로 그것이다. 바로 여기서 주체 탄생의 세부 설명이 나온다.

만약 인간이 상징체계를 생각한다면, 그건 우선 그 존재 안에 사로잡힘을 뜻합니다. 상징체계가 자기의식에 의해 형성된다는 환상은 자기와 닮은 것과의 상상적 관계에서 생기는 특수한 동공^{béance}에 의한 작용입니다. 그는 주체처럼 이 체계 안에 들어갈 수 있었습니다. 그러나 그는 말의 근본적 행렬에 의해서만 이 입구에 들어갈 수 있었습니다. 그리고 우리가 아이의 놀이 안에서 그리고 완전한 형태 속에서 이미 인식한 동일한 것은 매번 주체가 절대적인 것처럼, 즉 스스로 사라질 수 있는 대타자^{Autre}에 관계됨을 나타냅니다. 동일한 방식으로 대타자는 주체와 더불어 움직이고, 즉 주체를 속이기 위해 대상을 만듭니다. 우리가 감정 전이 이론에서 망상증 구조까지, 생탄 병원에서 3년간 세미나를 해오면서 필요한 사용법이라고 제시한 이 상호 주체성 변증법은 아래의 도식으로 충분한 근거를 얻는다고 확신합니다.[10]

---

10. 도식을 포함한 각주. "Le séminaire sur la lettre volée," in *Ecrits*, 53. Cf. J. Lacan 은 *Séminaire* II, "XXIV A, M, A, S," 355-373에서 A, M, A, S를 설명한다. 그리고 거울 단계에 대한 세 개의 도식을 함께 발견하기 위해 1) L'appareil psychique dans la Traumdeutung, 2) Schéma optique pour la théorie du narcissisme (l'expérience du bouquet enversé), 3) la fonction imaginaire du moi et le

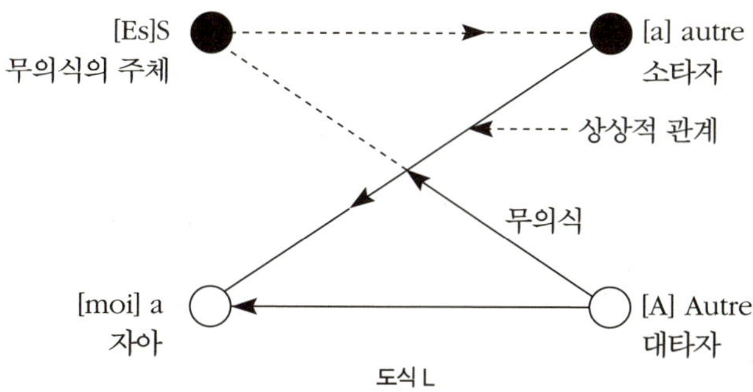

도식 L에 따르면, 라캉의 주체 개념은 새롭게 기술되는 듯하다. 주체의 발견은 코페르니쿠스적 혁명에 비유된다. 주체의 탄생은 **아이의 놀이, 말의 근본적인 행렬, 닮은 것과의 상상적 관계의 특별한 동공의 길에 의해** 도래한다.

그러므로 도식 L에서 우리는 정체화의 세 형태인 **상상적 정체화, 상징적 정체화, 환상적 정체화**를 얻을 수 있다. 첫 번째 정체화에 의하면, 자아는 이상적 자아 또는 실재 영상인 i(a)로 표시되는 소문자 'a'의 소타자와 관계한다. 두 번째 정체화에 의하면, 주체는 언어의 장소이며, 말의 세계와 상징적 체계인 대문자 A로 표시되는 대타자[Autre]에 관계한다. 동시에 세 번째 정체화에서 주체는 $ \diamond a$[사선 그은 S와 i(a)]로 표시되며, 환상된 'a'인 타대상과 상대한다. 의식적 자아는 상상적 대상에 정체화되고, 무의식적 주체는 대타자와 환상화된 대상에 정체화된다. 사랑의 문자라 불리는 S(A) 없이는 환상의 방정식 논리 $ \diamond a$는 성립될 수 없고, 상징적 결여 없이는 환상이 없다.

<hr>

discours de l'inconscient (Schéma L), *Séminaire* II (Paris: Seuil, 1978), 134, et *Séminaire* III (Paris: Seuil, 1981), 22.

2. 은유적 기표

코기토에서 유래하는 철학에 대한 라캉의 이해와 관련하여, 코기토로서
의 주체는 "나는 생각한다. 그리고 나는 존재하지 않는다"[11]에 연결된다.
'나는 생각한다'에서의 '나'와 '나는 존재한다'에서 '나'는 동일한 '나'가
아니다. "내가 존재하지 않는 그곳에서 나는 생각한다. 그러므로 내가 생
각하지 않는 그곳에 나는 존재한다."[12] '내가 존재하지 않는 그곳에서 나
는 생각한다'와 '내가 생각하지 않는 그곳에 나는 존재한다' 간의 단절이
문제시된다. 후자를 포함하지 않는 전자는 환유적 축[13]에 관계되고, 상
상적 단계에서 도망치는 후자는 은유적 축에 관계된다. 이 다양한 형태
는 '나는 타인이다'*Je est un autre*라는 진실을 인용해야만 이해될 수 있다.

은유의 축을 열기 위해, 라캉은 엄마의 부재 시 아이의 놀이를 해석
한 프로이트의 **포르트–다***Fort-Da*를 숙고한다. 엄마는 취해야 되는 동시
에 돌려보내야 하는 사랑의 대상이다. 라캉은 'A=A'라는 방정식을 이
놀이에 비유한다. 왜냐하면 이 방정식은 주체의 경험 안에 기입된 의미
적 차이를 상징하기 때문이다.

탁구공은 탁구공입니다. 그러나 이것은 하나의 시니피앙이 아니라 대상
입니다. 바로 이것이 말하기 위한 접근입니다. 이 소문자 a는 소문자 a입
니다. 이 두 순간에 공의 사라짐이 생겼다는 것을 나는 명백하게 합법적

---

11. *L'identification*, 1961. 11. 22. 강의.

12. *La logique du fantasme* (*Séminaire* XIV, 1966-1967), 미출판, 1967. 1. 11. 강의.

13. "내가 존재하지 않는 곳에서 내가 생각하고, 내가 생각하지 않는 곳에 내가 존재한다",
   in S. COTTET, *Lacan* (Paris: Bordas, 1987), 11-29.

인 방법으로 확인합니다. 이것 없이는 내가 제시하고자 하는 방도는 더 이상 없고, 이미지 형성에 관계되는 것도 존재하지 않습니다. 그러므로 공은 언제나 거기에 있고, 나는 그것을 뚫어지게 보다가 강경증에 걸리게 됩니다.[14]

공의 사라짐과 나타남, 이 반복은 기표(시니피앙)의 이중 기입을 발생시킨다. 예를 들어 '전쟁은 전쟁이다'라고 말할 때, 전자의 전쟁은 색인에서의 용어 사용도, '그것은 ~이다'에서 '그것'의 지칭도 아니다. 결과적으로 이 방정식은 동어 반복이 아니다. 이 방정식은 기표의 환유축 안에서만, 기표의 선적/시간적 기능 안에서만 특징화될 수 있다. "여러분은 이렇게 말할 것입니다. '라플랑쉬는 라플랑쉬이고, 라캉은 라캉이다'라고. 그러나 모든 문제가 발생하는 것은 바로 여기에 있습니다. 왜냐하면 분석에서 이 문제는 라플랑쉬가 라캉의 생각인지 아닌지인지, 라캉이 라플랑쉬라는 인물인지 아닌지, 또는 그 반대인지가 제시되기 때문입니다. 문제는 현실에서 그것을 만족스럽게 해결할 수 없다는 것입니다. 자르는 것도 기표(시니피앙)고, 이처럼 실재 안에서 차이(그리고 바로 질적인 차이가 문제시되지 않는다는 척도 안에서)를 야기하는 것도 기표입니다."[15]

우리는 상상적 측면에 대한 기호에서 기표를 분리한다. 라캉의 보기를 따르면, 그의 개는 그의 신호(기호)를 탐색한다. 하지만 개는 그의 말을 인간의 말처럼 이해하지 못한다. 왜냐하면 라캉은 자기 개에게 기표를 제공하는 것이 아니라 기호를 줄 수 있는 무엇이기 때문이다. 그는 기호의 본질을 이렇게 기술한다. "그것은 누군가에게 무엇을 상징하는

---

14. *L'identification*, 1961. 12. 6. 강의.
15. Ibid.

것이다. 그 누구는 바로 기호의 전달 매체가 된다. '누군가'에게 줄 수 있는 첫 번째 정의는 기호에 접근할 수 있는 '그 누구'이다. 만약 우리가 표현할 수 있다면, 이것은 주체성에 대한 가장 기본적인 형태이다. 여기서는 아직 대상이 없고 다른 무엇이 있다. 누군가를 위한 이 무엇을 상징하는 기호."[16]

라캉 자체는 '무엇'이고, 자기 개는 '누구'이다. 기호는 '둘 간의 매개물'이지만, '반복 경험의 매개물'이 아니다. 문제시되는 것은 'A=A'와 'B=B'라는 방정식 안에서 기표의 순수한 차이다. 라캉은 '1' 또는 '하나'로써 이 차이를 표기한다.

대상도 사물도 문제시되지 않습니다. 우리가 전체의 전체라고 부르는 것 안에서 '1'이 문제시됩니다.[17]

의식 안에서, 동시에 무의식 안에서 기표의 이중 기입이 중요하다. 우리가 동시적으로 이 복잡한 이중 기입을 이해하기란 어렵다. 왜냐하면 이 이중 기입은 풀어야 할 매듭이기 때문이다. 라캉은 인간 경험에서 '반복의 자동성'을 발견한다. 우리는 반복 개념을 통해 유일무이한 특징Trait unaire, Einziger Zug으로 인도되고 기표의 본질을 탐구한다. 왜냐하면 방정식 'A=A'는 주체의 경험에 기입된 기표의 차이를 남기기 때문이다. "이 기능에 움직임과 원동력을 주는 '유일무이한 특징'은 혼란의 여지를 제거하기 위해 필요한 것으로 전체 이론에 사용된, 신조어가 아닌 이 용어

---

16. Ibid., Cf. Ibid., 1962. 1. 24. 강의.
17. Ibid., 1961. 12. 6. 강의.

를 더 잘 그리고 더 세밀하게 번역하기 위해 내가 도입한 용어입니다."[18]
『정체화』세미나에서 라캉은 유일한 특징의 의미를 표현할 목적으로 유
클리드의『기하학원론』*Éléments*(교우사 역간, 1997) 제7권에서 한 구절을 인
용한다.

> 숫자는 통일성^{unités}의 도입을 불러일으키는 부류의 수많은 수^{multiplicité}
> 와 다른 것이 아닙니다.[19]

그리스어 *Monas*나 *Monad*의 사전적 의미는 통일성이다. 그러나 이
통일성은 기의와 기표 간의 기호의 통일을 지칭하는 것이 아니다. 라캉
은 *Monas*라는 단어를 '유일무이한 특징의 의미에서 통일성'이라고 이
해한다.

유일무이한 특징은 환유축 안에서 기표적 차이의 매개물과 동시에
은유축 안에서 질적 차이의 매개물을 나타낸다. 정신분석학적 경험 분
야에서, 억압된 것에서 유래하는 유일무이한 특징은 행위의 순환에서 나
타나고 **서사적 영웅담**^{Epos}, 즉 말로 등록된다. 유일무이한 특징은 "활
발한 내재성에서 뽑힌, 그 내재성을 대강 훑어보도록 운명지어지고, 그
가 살아가는 모든 것을 말하는 것이다. 뿐만 아니라 그것은 그 사실을 말
하면서 살아가도록 하고 이미 그가 사는 것이 영웅담, 그 행위 자체에서
꾸며진 영웅담으로 기입되도록 하는, 이 이중화에서 흘러오는 환영 속

---

18. Ibid.

19. Ibid., 1961. 12. 13. 강의. 라캉은 "Μονάς ἐστιν, καθ ἣ ἕκαστον τῶν ὄντων ἕν λέγεται. Ἀριθμὸς δὲ τὸ ἐκ μονάδων συγείμενον πλῆθος"라는 원문을 제시하고, 독자적인 방식으로
위와 같이 번역하였다.

에 살도록 운명지어진 대화의 주체"[20]를 지칭한다. 그러므로 유일무이한 특징은 무의식적 주체의 출현을 설명하기 위해 라캉이 고안한 새로운 개념이다.

라캉은 버트란트 러셀의 전체 이론과 알랭 가디너의 소리의 차이 이론을 검토하면서 기표 기능을 부연하는 고유명사의 기능을 설명한다. 러셀의 전체 이론에 의하면 고유명사는 '개체를 위한 말', 즉 "개별적 사물을 지칭하기 위한 단어"[21]로 정의된다. '이것이 문제다'라는 문장에서 러셀에게 지시사인 '이것'은 고유명사 'John'으로 대체될 수 있다. '이것이 문제다'는 '존이 문제다'로 대체될 수 있다. 러셀에게 '이것'과 '존'은 같은 의미이고, 결과적으로 'A=A'다. 알랭 가디너의 소리의 차이 이론에 의하면 고유명사와 보통명사의 차이는 기의와 기표의 차이처럼 이해된다. 가령 'Forgeon'은 하나의 직업을 뜻하는 보통명사다. 그러나 우리가 'Forgeon est forgeon'이라고 말할 때, 주어로서 Forgeon는 고유명사이고 프랑스인의 성姓에 해당한다. 보어로서 forgeon은 보통명사이고 대장장이라는 뜻으로 직업을 나타낸다. 그러니까 'Forgeon est forgeon'은 '포흐종 씨는 포흐종이다', 즉 '포흐종 씨는 대장장이다'가 된다. 고유명사와 보통명사의 차이는 의미의 있음이나 의미의 없음에 근거하는 것이 아니라 소리의 차이에 근거한다. 이렇게 가디너는 소리의 차이를 통해 고유명사와 일반명사를 구분한다. 알랭 가디너의 소리의 차이 이론에 근거하여 라캉은 이렇게 말한다.

---

20. Ibid., 1961. 12. 20. 강의.
21. Ibid.

언어는 차이나는 소리인 물질적 질료로 만들어진다.[22]

그러나 라캉은 소리의 재료인 기표가 갖는 심리학적 의미의 차이에
대하여 의문을 제기한다. 그리고 그는 "우리가 고유명사를 발음할 때 심
리학적인 의미를 근거로 소리의 재료[기표]에 강세를 두는가?"[23]라고
질문한다. 다시 말해 '포흐종 씨는 포흐종이다'라고 말할 때 심리적인 것
이 작용하여 어떤 때는 고유명사에 강세를 두고, 다른 어떤 때는 보통명
사에 강세를 두는지에 대해 질문한다. 라캉에 의하면 비록 가디너가 소
리의 차이를 강조했지만, 그가 라캉의 명제인 '그것이 말한다'Ça parle나
'그것 속에 있는 주체'le sujet là-dedans라는 구절을 정의했거나 정신분석학
의 토대를 이해한 것은 아니다. 그래서 라캉은 언어학 저편에 대한 질문
하나를 던진다. '고유명사는 무엇입니까?'

사물은 최초의 것에 골몰하지 못하는 것 같다. 그러나 이 문제를 해결하
려고 시도하면서 우리는 순수한 상태의 시니피앙 기능을 되찾으려는 놀
라움을 갖게 되었다. 그 언어학자가 우리에게 말할 때 그 자신이 우리를
인도하는 것은 이런 방식에서다. 고유명사, 그것은 소리 재료의 차이 기
능이고 언어의 소쉬르적 분석의 전제를 이중화하기만 한다. 즉 다른 것
들이 있다는 것이 아닌 범위에서 특별한 특성, 언어에서 주체 기능의 사
용이었던 것처럼 지시해야만 하는 것을 찾아야만 하는 범위에서, 그것은
차이 기능, 어떤 충전 에너지 전체에서 잘린 것 같은 음소다.[24]

---

22. Ibid.
23. Ibid., 1961. 12. 20. 강의.
24. Ibid., 1962. 1. 10. 강의.

정신분석학에서 주체는 고유명사나 유일무이한 특징인 어떤 배터리 전체를 가정한다. "존재 각각은 유일한 하나가 존재함을 말한다."[25] 또 "이 존재들 각각이 하나가 되도록 하는 것은 통일성이라는 매개에 의해서다."[26] 하나는 또 다른 하나로 주체를 거듭나게 한다. 'A=A' 방정식은 유일한 특성의 기능에 의해 'A는 A가 아닌 것이 아니다'라고 지칭될 수 있다. 그 결과 정체화는 대화를 벗어나는 대화, 담론을 벗어나는 담론이 될 것이다.

3. 상징적 정체화

'딕'의 경우

멜라니 클라인의 저서[Melanie Klein][27]를 읽은 라캉은 자아 전개 과정을 보이기 위해 '꼬마 딕의 경우'[28]를 분석한다. 그는 자아 분석으로 자아와 주체의 분리를 이해한다. 여기서 라캉은 상상적임, 상징적임, 실재적임 간의 상호 관계를 가정한다.

우선 영국 정신분석학자의 본문을 살펴보자. 클라인은 「오이디푸스 마찰의 조기적 단계」(1928)[29]를 기술하면서, 리비도적 쾌락의 모든 근원 위에 움직이는 심리적 전개의 조기 단계가 사디즘[Sadism] 안에 존재함을

---

25. Ibid., 1961. 12. 13. 강의.

26. Ibid., 1961. 12. 20. 강의.

27. "Analyse du discours et analyse du moi" et "la topique de l'imaginaire," in *Essais de psychanalyse*, 26-278.

28. M. KLEIN, "L'importance de la formation du symbole dans le développement du moi"(1930), *Essais de psychanalyse* (Paris: Payot, 1965).

29. *Essais de psychanalyse*, 229-241.

확인했다. 일차 정체화는 클라인이 완전히 다른 두 사물의 방정식, 즉 자아와 외부 세계 또는 일반적인 현실을 발견하는 단계에서 구성된다. 클라인에게는 대립적인 이 두 개의 축을 잇기 위한 자아의 좋은 태도가 중요 관심거리였다. 클라인은 딕의 증상을 분석하면서 그 자아의 어려운 태도에 직면한다. 이 네 살 난 꼬마 소년이 단어와 지식 습득 측면에서는 15-18개월 수준의 아이에 불과했기 때문이다. 아이는 배고픔을 호소하고, 아이 엄마는 아이에게 헛되이 젖을 먹이려고 노력한다. 아이는 유모가 있었음에도 참다운 사랑의 증거를 받지 못하였다. 아이가 네 살이었을 때 유모는 그에게 고추를 못 만지게 했다. 그로 인해 아이는 두려움과 죄의식을 갖게 되었다. 그리고 젖꼭지 빨기, 딱딱한 음식 먹기를 거부하고 죽 상태가 아닌 모든 음식을 완강히 거부했다. 새로운 간호사 덕분에 음식에 대한 딕의 태도는 매우 개선되었지만, 딕은 아직 현실과 관계를 계속 맺어야 했다.

딕에게 상징 세계는, 자기 시도들이 현실로부터 고립되고 단절된 자기 자신에 대한 유일한 관심 안에서의 범위에서만 형성되지 않는다. 한편 꼬마 딕은 자기 주위의 대부분의 대상과 장난감 앞에서 그것들의 의미와 기능을 포착하지 못한 채 '무관심하게' 행동했다. 다른 한편 그는 기차, 정거장, 문손잡이, 문의 닫힘과 열림에 흥미를 가졌다. 클라인이 기술하는 딕의 놀이는 제2장 '가짐의 정체화'에서 '서른 살 된 여인'의 반복된 행위를 상기시킨다. 클라인이 딕에게 장난감을 주었을 때 아이는 두 개의 기차, 즉 그가 '아빠 기차'라고 부르는 큰 기차, '딕 기차'라고 부르는 작은 기차를 잡았다. 그는 계속해서 그녀가 '딕'이라고 불렀던 기차를 잡았다. 그리고 창가까지 그것을 굴리고 가서는 '역'이라고 말한다. 클라인은 아이에게 '역驛, 그건 엄마야'라고 말했다. 딕은 엄마에게 '들어간

다'고 설명하였다. 아이는 즉시 그것을 놓고 방의 내부 문과 외부 문 사
이까지 달려가 서서는 '어둡다'라고 말하면서 문을 닫았다. 그는 이 행동
을 여러 번 '반복'했다.

덕의 이야기를 자아 전개 과정에 연결하면서, 클라인은 두 개의 위험
근원에 의거한 자아에 의해 설립된 첫 번째 방어, 즉 주체 자신에 대한
사디즘과 공격받은 대상을 인식한다. 전자와의 관계에서, "이 방어가 대
상과의 관계에 의한 파괴를 의미함에도, 이 방어는 추방을 내포한다."[30]
모성적 신체로 향한 자기 학대 성향 앞에서 방어가 문제시된다. 방어는
"상징적 형성의 정지나 환상화된 활동의 정지"[31]로 귀착된다.

클라인과 만나는 동안, 덕은 새로운 대상들에 관심을 갖고 공격적이
던 성향이 새로운 애정 관계로 전환되었다. "예를 들어 덕은 얼마 동안
벽장을 완전히 피하여 조심스럽게 자기 앞에 놓인 대상들에게 새로운
파괴적 경향을 나타내면서 전기난로와 변기를 만지작거린다.…결국 그
의 관심이 확장됨에 따라 그의 단어 수준도 풍부해진다. 왜냐하면 그는
사물들뿐 아니라 그들의 이름에도 관심을 갖기 시작했기 때문이다. 지금
그는 이전에 들었지만 주의를 기울이지 않았던 단어들을 정확하게 기억
하고 사용한다."[32]

영국 정신분석학자는 대상에 대한 덕의 흥미와 행위가 공통된 출처
를 갖는다는 것을 알아차렸다. "그(덕)는 엄마의 신체에서 페니스에 특별
한 관심을 갖기 시작한다. 문과 자물쇠는 엄마의 신체를 드나드는 입구
와 출구를 표상한다. 반면에 문의 손잡이는 아빠의 성기와 자기 성기를

---

30. Ibid., 264.
31. Ibid., 269.
32. Ibid., 272-273.

의미한다. 그러므로 딕은 상징적 형성을 멈추게 했던 엄마의 신체에 대한 통찰 이후, 아빠의 성기를 검토하는 데 두려움을 갖는다."[33] 이 분석 덕분에 클라인은 환상화된 주체의 실존과 접촉하고, 특히 딕의 무의식에 접근하게 된다. 그 결과 그녀는 "정신착란과 망상증, 이 둘은 망상증 단계에 선행하는 정신착란 단계, 즉 나르시스적 단계에 고착된다"[34]라는 프로이트의 가정에 동의한다.

라캉은 이 아이가 상상적 세계에 있지 않다고 생각하면서 딕의 경우에 대한 새로운 해석을 내린다.

> 프로이트가 늘 그것을 질質 또는 주체적 색채라고 형상화했듯이, 근심 anxiété은 함축어고 신호다. 그런데 이 근심은 문제시되는 주체에게서는 나타나지 않는다. 딕은 이미 상징적 단계로 향하는 첫 번째 종류의 정체화에 도달할 수가 없다. 매우 역설적이지만, 그는 현실 세계에 직면해 있고 현실 속에 살고 있다. 딕에게 클라인의 사무실에는 타인도 자아도 없고 다만 순수하고 단순한 현실만이 있을 뿐이다. 두 문 사이의 틈은 엄마의 신체이다. 이름 붙일 수도, 이름 불릴 수도 없는 어떤 것이다.[35]

> 한편으로 인간계는 인간과 다른 별개의 대상으로 구성되고, 다른 한편으로는 대등한 대상으로 구성된다. "인간계는 대상에 대해서 무한한 세계이다."[36]

---

33. Ibid., 268.
34. Ibid., 277.
35. *Séminaire* I (Paris: Seuil, 1975), 82.
36. Ibid.

라캉의 기술에 따르면 순수하고도 단순한 현재는 정의 내릴 수 없는 정체화의 현장이다. 이 장소에서 타자와 자아 간의 왕래는 끊임이 없다. 이 관점에서 딕은 상징 세계에 거하지 않는 것 같다. 왜냐하면 한 아이가 성적 단계에 이르면, 그는 "초기 정체화 대상에게 자기 세계를 감속하는 일종의 상상적 등가물을 제공하기 때문이다."[37] 딕에게 현실은 일차 정체화의 대상들로 구성된다. "현실은 고정되어 있다. 왜냐하면 그(딕)는 왕복운동을 할 수 없기 때문이다. 그는 즉시 어떠한 발전도 알지 못하는 현실 안에 존재한다."[38] 라캉은 이 고착 현실을 "공허, 암흑 또는 동공"[39]으로 표현한다. 고착된 동공과 무한한 현실 간의 왕복운동은 더 이상 존재하지 않는다. "이 동공 안에서 그는 매우 한정된 수의 대상만을 셈한다."[40] 이 소년은 유동 대상을 알지 못하고, 단지 일차 정체화에 의해 고착된 부동 대상만을 안다. 바로 이것이 그에게 현실의 두 면, 즉 상상적 면과 상징적 면이다. "멜라니 클라인에게는 상상 이론도, 에고 이론도 존재하지 않는다. 현실의 한 부분이 상상적이고 또 다른 부분이 실제적이라거나, 또는 그 반대로 현실의 한 부분이 실제적이라거나 다른 한 부분이 상상적이라는 개념을 도입하고 이해하는 것은 바로 우리들이다."[41]

라캉이 확신하는 것은 딕의 자아가 고착된 세계 속에 멈추지 않고 상징적 세계를 향해 열린다는 사실이다. 왜냐하면 "발전은 주체가 상징 세계에 통합되는 한에서만 그 자리를 갖기 때문이다."[42]

---

37. Ibid.
38. Ibid., 83.
39. Ibid.
40. Ibid., 83.
41. Ibid., 97.
42. Ibid., 101.

기표의 이중 기입, 의미의 이중 기입

라캉은 우리에게 정체화의 결과로 주어진 명제 하나를 제시한다.

> 기표의 실존과 그 결과들을 제외한 그 어떤 것도 주체에 대한 철학적 전통 관념을 지지할 수 없습니다.[43]

이 말은 기표로서의 주체를 보여준다. 주체라는 것이 육의 덩어리가 아니라 기표의 덩어리라는 것을 보여준다. 그래서 주체를 다루기 위해서는 육을 다루는 기술이 아니라 기표를 다루는 기술이 요청됨을 말하는 것이다.

라캉은 정체화 체계 안에서 주체 형성의 의존을 더 정확한 방법으로 연결하려고 시도한다. 우선 라캉은 『정체화』 세미나 첫날에 데카르트를 주석하려는 의도 없이 철학적·전통적 관념으로서 데카르트의 코기토를 취한다. 그는 "'나는 생각한다, 그러므로 나는 존재한다'가 우리 연구의 첫걸음이라고 해도 과언이 아닐 것입니다"[44]라고 확신한다. 왜냐하면 라캉은 코기토가 우리를 '순수한 상상적 국면'으로 인도하는 것이지, 상징적 국면으로 인도하는 것이 아니라고 주장하기 때문이다. 만약 우리가 '나는 누구인가?'라고 질문한다면, 라캉은 우리에게 "당신들이 담론하는 진리는 대체 어디에 있습니까?"[45]라고 반문할 것이다. 이 물음은 정신분석학 영역에 관계되지, 철학적 영역에 관계되는 것은 아니다. 그래서 정

---

43. *L'identification*, 1961. 11. 15. 강의. Cf. "Sujet-supposé-savoir" 주제에 관하여, J.-D. NASIO, "le transfert imaginaire: le sujet-supposé-savoir," in *Les yeux de laure, le concept d'objet à dans la théorie de J. Lacan* (Paris: Aubier, 1987).

44. *L'identification*, 1961. 11. 15. 강의.

45. Ibid.

신분석학은 '나는 어디에 존재하고 있는가?'만 제기한다. 그 이유는 진정한 진리는 정신분석학적 무의식의 경험에서 유래하기 때문이다. 라캉에 따르면 데카르트의 '나는 생각한다'는 것은 하나의 사고가 아니다. 왜냐하면 데카르트는 우리에게 사고의 긴 과정 끝에 이 틀을 제안하기 때문이다.

> 문제시되는 사고는 사색자의 사고임이 분명합니다.[46]

정신분석학 영역은 사고를 사색자의 사고라고 말한다. 그것은 사색자의 내부에서 흘러나온다. "사고는 무의식에서 시작됩니다."[47] 그런데 전통적 주체 철학에 따르면 사고는 의식에서 시작된다. "이 '나는 생각한다'는 명제는 순수한 상상적 국면과 다른 그 무엇이 아닙니다. 어떠한 명백함도, 엄격하게 말해, 이 국면에 사로잡힐 수 없습니다."[48] 코기토의 선입견은 데카르트 철학의 진정한 지지점이지만, 코기토의 한계는 인간이 상상적 국면에 사로잡혀 있다는 것을 보여준다. 라캉은 철학적 선입견의 한계를 확신하면서,

> 철학 전개의 진정한 지지대는 바로 우리가 한계라고 말할 수 있는 편견인데, 이 편견 너머로 우리 경험이 통과하고, 이 한계 너머로 무의식의 가능성이 시작됩니다.[49]

---

46. Ibid.
47. Ibid.
48. Ibid.
49. Ibid.

데카르트 철학에서, 라캉은 기표의 실존과 그 결과인 주체 개념을 찾지 못한다. 순수한 상상적 세계로서의 코기토는 환유축 안에서만 그 가치를 지닌다. 바로 이곳에서 환유적 전개가 시작된다.

그렇지만 라캉은 무의식의 주체를 설명하기 위해서는 또 하나의 축이 요청된다고 말한다. 그래서 두 개의 축에 기입되는 기표만이 정신분석이 다루는 주체를 보여준다고 말한다. '기표의 이중 기입'이란, 앞서 두 축에 관해 설명했듯이, 하나의 기표가 환유축에도 기입되고 은유축에도 기입된다는 것을 지칭한다. 그러니까 환유축에 기입되는 기표와 범례축에 기입되는 기표는 동일한 기표이지만, 그 각각은 다른 것을 의미함을 발견한 것이다. 그래서 정신분석은 환자가 드러내는 하나의 기표를 이해하기 위해 기표의 이중 기입 방식을 사용한다. 이런 방식으로 의미의 이중 기입, 기표의 이중화된 의미를 파악한다. 이런 것이 바로 정신분석의 기술 가운데 하나다.

우리가 프로이트 정체화를 다룬 제2부에서 '무의식 체계'를 공부할 때 꿈의 사상이 언어로써 구성된다는 것을 이해했다. 이와 같은 맥락에서 라캉도 전의식이 공동의 대화에서 분절된 언어로 구성된다고 보고 전의식이 무의식과 연결된다고 말한다.

전의식을 향한 무의식의 통로는 이처럼 무의식의 구성 안에서 떠도는, 말하는 주체로서 주체의 우선적이고 근본적인 통합 기능을 무의식 안에서 유지하는, 일종의 일상적인 빛을 발함의 결과일 뿐입니다.[50]

---

50. Ibid., 1962. 1. 10. 강의.

프로이트가 무의식의 체계를 '무의식-대기실-전의식'에 비유하듯, 라캉도 그것을 공간 개념으로 그린다. 무의식은 "Ça(거시기)가 말하는 주체의 장소…, 주체의 말하는 심장"[51]을 지칭한다. 그는 무의식을 대문자 A로 표시되는 대타자Autre의 담론이라고 부른다. 라캉이 프로이트가 사용하는 용어 대신 자신이 고안한 용어를 사용하는 경우가 있다. 예를 들어 그는 리비도 대신 이미지라는 용어를 사용하고, 무의식의 체계 대신 대타자의 체계를 사용한다. 왜냐하면 라캉에게서 무의식은 언어처럼 짜인 체계, 즉 타자들이 사용하는 언어의 체계이기 때문이다. 그래서 라캉에게 대타자는 언어의 장소, 기표의 장소, 기표의 덩어리다. 라캉식 대타자는 프로이트의 무의식 체계에 해당한다. 라캉은 정체화에서 대타자에 관한 아름다운 구절을 남기고 있다. "대타자는 앎에 대한 가정이 표출된 표현의 저장소입니다. 그리고 주체가 이 지식savoir의 가정 속에서 스스로 잃어버린 척도에서 우리가 무의식이라 부르는 바로 그것입니다.…대타자는 거시기ça를 자신도 모르는 사이에 유인합니다. 거시기는 이 사물 속에서 그의 현실이 괴로워하는 것으로 그에게 되돌아오는 파편들, 다소 알아보기 힘든 파편들입니다."[52]

그리고 라캉은 '안다고 가정된 주체'의 기능을 설명한다.

지식을 가정하는 주체의 기능은 이러한 목적으로 전개되는 공시적 기능에 대하여 인정될 수 있는 효력을 갖습니다. 초기의 현상적인 의문들에서부터 어떤 한 점, 구조의 어떤 매듭에 나타나는 그 기능은 우리를 절대적 인식으로 이끄는 것이라 여겨지는 통시적 전개에 의존하도록 허락

---

51. Ibid.
52. Ibid., 1961. 11. 15. 강의.

합니다.[53]

'안다고 가정된 주체'에서의 지식은 모든 것에 대한 앎도 아니고 대타자에 대한 앎도 아님을 의미한다. '지식(앎)은 상호 주관적이다.'

4. 결론

라캉은 『꿈의 해석』 제7장에서 「꿈 과정의 심리학」을 연구하면서 주체의 비밀을 밝힌다. 이전의 거울 단계와는 다르게, 그는 프로이트의 복잡한 현미경으로부터 주체의 비밀을 밝힐 수 있는 '거울 장치'를 만들어낸다. 이 장치를 통해 그 제조자는 i(a)와 자아 간의 상상적 관계를 찾는다. 그리고 말의 장소인 대타자와 주체 사이의 상징계를 추적한다. 그는 더 이상 상징적인 것과 관계없는 상상적인 것을 찾지 않는다. 그는 이 둘을 연결한다. 원시적 자아는 내부 세계에서만 형성되지만, 자아의 이상은 외부 세계와의 분리에서 형성된다. 우리는 '거울 장치'로부터 라캉이 '상상적 놀이'라고 부른 양자택일 메커니즘을 얻었다. 내부 세계와 외부 세계를 나누면서, 아이는 상징 부분이라 불리는 '말의 세계'로 끌려든다.

라캉은 '거울 장치'를 우리가 정체화의 구조를 확인한 '도식 L'로 대치한다. '도식 L'에 따르면 주체는 아이의 상징적 놀이, 일련의 말의 행군, 그리고 닮은 것과 상상적 관계를 맺어 특수한 동공에 의해 태어난다. 자아가 소타자autre를 향해 말을 거는 반면, 주체는 정체화의 두 번째 틀 안에서 대타자Autre에게로 얼굴을 돌린다. 코기토로서의 주체는 '나는 생

---

53. Ibid., 1962. 1. 10. 강의.

각한다 그리고 나는 존재하지 않는다'로서 연결된다. '나는 생각한다'의 '나'Je와 '나는 존재한다'의 '나'Je, 또는 '내가 존재하지 않는 곳에서 나는 생각한다'와 '내가 생각하지 않는 곳에 나는 존재한다'는 엄연히 구분되어야 한다. 문제시되는 것은 이 두 '나'의 단절이다.

'A=A' 방정식은 첫 번째 유형의 정체화에서 이해되지 않고 두 번째 유형의 정체화에서 기표의 순전히 다름으로 이해되어야 한다. 반복의 자동성은 우리를 유일한 특성의 공간으로 인도한다. 주체는 경험 속에 기입된 기표적 차이로만 방정식 'A=A'를 이해한다. 그 결과로 그 방정식은 유일한 특성의 기능에 의한 'A는 A가 아닌 것이 아니다'처럼 지칭될 수 있다. 하나는 주체를 또 다른 하나로 인도한다.

우리는 자아와 주체 간의 나눔을 이해할 수 있게 우리를 이끄는 딕의 경우를 분석했다. 딕의 시도는 처음부터 현실에서 동떨어지거나 고립된 유일한 관심 속에서 행해졌다. 딕에게 세상은 고정되어 있다. 인간계가 대상에 대하여 무한하기 때문에 아이는 분석을 통해 점점 새로운 대상에로 관심을 돌리게 된다. 클라인과의 만남 덕분에 딕의 자아는 고정된 세상 속에 멈추어 있지 않고 상상계를 향해 열린다.

바로 여기서 참된 질문이 제시된다. 참된 진리는 어디에 있는가? 우리는 그 진리가 대타자에게 있다고 말한다. 왜냐하면 그 진리는 정신분석학적 무의식의 경험에서 유래하기 때문이다. 라캉은 새로운 주체를 '안다고 가정된 주체'라고 못 박는다. 그 형식은 환유축과 은유축에 동시적으로 걸치는 기표의 이중 기입 문제에 관계된다. 라캉에게서 무의식은 대타자의 대화처럼 표현되며, 대문자 A로 시작되는 대타자Autre가 문제시된다. 이것은 주체가 아니고 언어의 장소다. 이것은 앎에 대한 가정의 상징적 표현의 저장소다. 주체는 진리도, 대타자도 알지 못한다. 주체는 대상에 대해 상호 관계적이고, 대상은 또한 다른 대상에 대해 동일한 관계를 갖는다. 우리는 이것을 상호적 정신분석의 방법, 정신분석적 상호성의 방법[54]이라 부를 수 있다.

라캉 정체화의 두 번째 장르가 우리에게 말하는 것은 크게 두 가지다. 첫째, 무의식의 주체는 항상 상상된 현실과 첫 번째 장르의 정체화 안에서의 부조화에 의해 발생된 헛된 일치를 거부한다는 것이다. 둘째, 주체는 늘 대타자로부터 오는 말의 행렬에 의해 상징화된다는 것이다.

---

54. 곧이어 올 '세 번째 장르의 정체화'에서 이 새로운 용어에 대하여 정의내릴 것이다.

제4장

세 번째 장르의 정체화

마침내 우리는 라캉 정체화의 마지막 장르에 이르렀다. 우리는 상상적 도면 구조 안에서 첫 번째 종류의 정체화와 주체의 등장을 상징화하기 위해 은유축에서 두 번째 종류의 정체화를 소개했다. 우리가 확인한 바에 의하면, 자아는 상징계를 향해 열리는 동시에 닫힌다. 여러 부분으로 나뉘는 자아는 복잡한 사물계에 직면한다.

이 장에서 우리는 대타자를 가정하고 소타자autre를 겨냥하는 주체의 본질을 탐구할 것이다. 물론 라캉은 '도식 L'(1953)을 고안할 때부터 이 계획을 알고 있었다. 『정체화 세미나』(1961-1962)에서 그는 정체화의 세 번째 장르를 정의하려고 노력한다. 이를 위해 프랑스 정신분석학자는 오일러Euler의 원, 이중의 원, 거꾸로 된 아라비아 숫자 8, 크로스캡을 이용한 개념적 장치를 갖춘다. 우리의 연구를 단순화하기 위해 두 개의 원이나 이중 원, 환상 방정식, 도라 분석, 두 명의 젊은 동성연애자, 무의식적 주체 개념과 불안 등을 기술할 것이다.

1. 두 개의 원

라캉은 1962년 3월 7일 세미나에서 2차원의 원면圓面을 이용하여 3차원
의 원입체圓立體를 만드는 과정을 보이면서 자신의 의도를 풀어간다. 여
기서 잠시 머리를 식힐 겸, 종이 위에 그린 원으로 도넛 모양의 원체를
만들려면 어떻게 해야 할지 잠시 생각해보자.

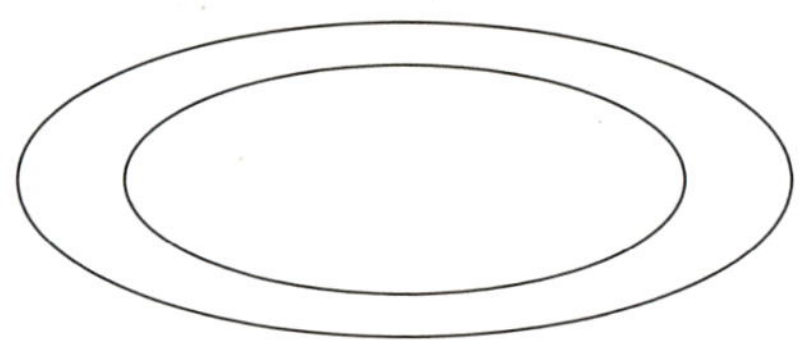

라캉에 따르면 이 원의 재질이 부드러운 고무일 경우, 공기를 넣어서
팽팽하게 하면 '훌라후프'와 같은 원체를 만들 수 있다.[1] 라캉은 이 원체
를 이용하여 두 가지 특성을 설명한다. 첫 번째 특성은 훌라후프에 끈을
묶은 후 조일 때 나타나고, 두 번째 특성은 훌라후프 내부의 빈 공간을
회전할 때 생긴다.

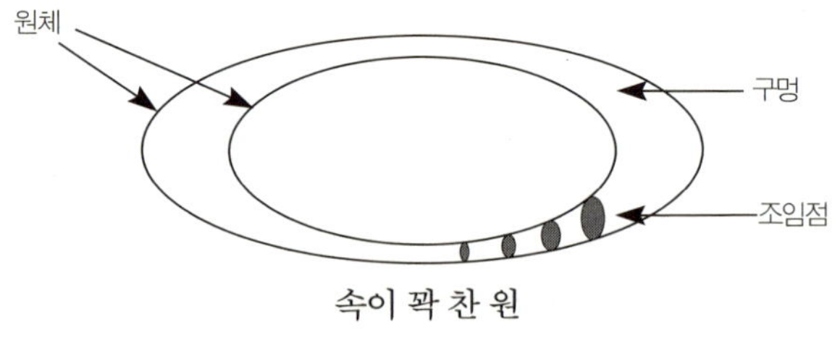

---

1. 그림을 포함한 각주. *L'identifcation*, 1962. 3. 7. 강의. 라캉의 기하학에 관하여, 우리
　는 M. DARMON의 훌륭한 작업을 참조할 수 있다. *Essais sur la topologie lacanienne*
　(Paris: Editions de l'association Freudienne, 1990).

이 원체의 첫 번째 특성은 훌라후프에 끈을 묶어 조이면 훌라후프가 점차 오그라들어서 더 이상 조일 수 없는 지점에 이르는 것이다. 이런 식으로 여러 군데를 조이면 다수의 조임점을 얻을 수 있다. 라캉은 끈으로 꽉 조인 이 원을 '속이 꽉 찬 원, 충만한 원'이라 하고, 이 조임점을 '원둘레의 두께, 원체의 두께'라 부른다.[2] 이 원체의 두께는 '한 점'의 두께이기에 측정할 수 없을 정도로 엄청 얇다. 이때 '한 점'이란 구멍이 완전히 막힌 점이다. 그런 면에서 '속이 꽉 찬 원, 충만한 원'이다. 이 원은 상상적인 관계에서 그리고 요구demande의 구조에서 이해되며, '의식에 기입되는 기표'의 닫힌 구조를 보여준다.

라캉이 이렇게 원체를 만들어 설명하는 것은 앞서 보았듯이, '의식과 무의식에 이중 기입되는 기표' 중에서 의식에 기입되는 기표를 설명하기 위해서다. 이중 기입되는 기표의 성격이 비록 의식에 기입되는 것이라고 해도, 뫼비우스 띠의 성격처럼 결국에는 무의식에 기입되는 기표와 반드시 연결된다. 하지만 '요구의 구조'의 테두리에서만 볼 때 '의식에 기입되는 기표'는 '무의식에 기입되는 기표'를 고려하지 않는다. 그래서 '의식에 기입되는 기표'와 '무의식에 기입되는 기표' 사이에는 언제나 부조화가 있고, 이상과 현실의 허상적 일치처럼 불일치의 일치만 있다.

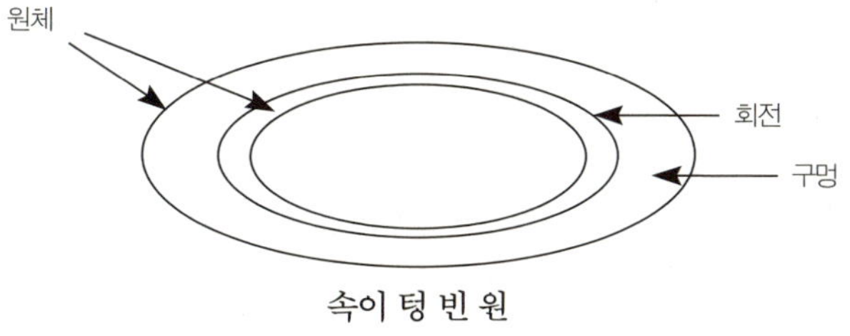

속이 텅 빈 원

---

2. *L'identifcation*, 1962. 3. 7. 강의.

이 원체의 두 번째 특성은 홀라후프 내부의 빈 공간에는 어떠한 칸막이나 장애물이 없다는 것이다. 어떤 물체가 그 빈 공간에 있다면 그것은 계속해서 회전을 할 수 있다. 라캉은 원체의 표면에 닿지 않는 공간의 원을 '속이 빈 원'이라고 지칭한다. 어떤 물체가 이 원 안에서 회전을 시작하면 원체 표면에도 닿지 않고, 앞서 본 '속이 꽉 찬 원'의 조임점의 두께에도 닿지 않고 계속해서 회전을 할 수 있다. 이는 곧 반복의 자동성을 의미한다. 회전하는 모습을 관찰할 수는 있지만, 그 흔적은 즉시 소멸된다. 라캉은 이 모델을 이용하여 '욕망의 구조'를 설명한다. '속이 텅 빈 원'은 욕망을 부추기는 원천이다. 이는 주체의 무의식에 관계되고 '도식 L'에서 보면 'S-A'축에 해당한다. 왜냐하면 이 모델은 대타자^{Autre}에서 유래하는 무의식의 주체, 기표의 결과로만 존재하는 주체를 보여주기 때문이다. 여기서 기표는 '유일무이한 특성'을 거듭하여 자동적으로 반복한다. 구멍 난 구조로서 욕망의 구조는 '속이 텅 빈 원'이 보여주듯이 유일무이한 특성을 지닌 기표의 자동성을 보여준다.

라캉은 욕망을 포기하지 않는 주체를 '생명이냐 봇짐이냐'는 예로써 설명한 바 있다.[3] 이렇듯 주체는 자아의 요구와 대타자의 욕망 사이에서 진퇴양난의 상황에 처해 있다. 이것을 보여주는 것이 바로 원체의 두 가지 특성이다. '요구의 구조'에서 조임점의 두께가 거의 없어 보이지만, '욕망의 구조'에서 볼 때 이 '한 점'은 조이기 전의 구멍의 흔적 내지 성격을 갖고 있다. '속이 꽉 찬 원'은 '막혔고/막혀 있는 것처럼' 보이지만, '속이 텅 빈 원'이 개입하면서 '막혔던/막혀 있는 것 같은' 그 원에는 구멍이 생겨 구멍으로 회전이 가능해진다. 이 회전은 수학 기호 '-1'로 표

---

3. Cf. *Ecrits*, 841.

시되며, 이는 무의식을 지칭한다.

이렇게 되면 요구의 구조와 욕망의 구조를 동시적으로 고려해볼 수 있다. 즉 '속이 꽉 찬 원'과 '속이 텅 빈 원'이 교차하는 지점을 발견하게 된다.

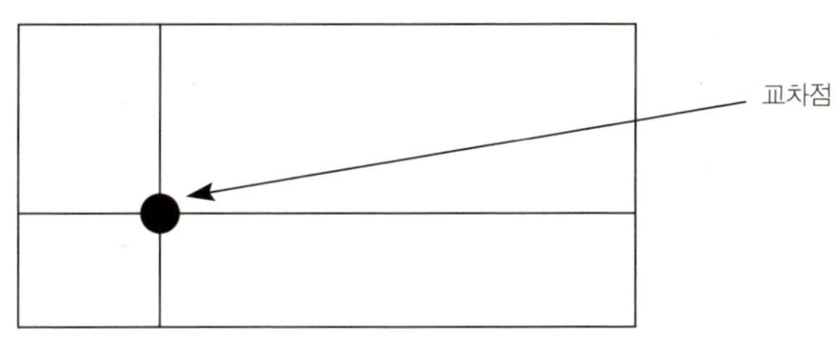

2. 환상 방정식

라캉은 그 교차점을 '한 점으로 모이는 네 개의 꼭지점'이라 부른다.[4] 이 점은 세미나 14의 주제인 '환상의 방정식'을 통해 상세하게 설명될 것이다. 이 점을 설명하기 위해 라캉은 오일러의 다이어그램^{Euler's diagram}을 도입한다. 오일러의 다이어그램이란 전체집합과 부분집합의 관계를 설명하는 것인데 합집합, 교집합, 여집합으로 표시된다. 라캉의 방식으로 말하자면, 속이 꽉 찬 원과 속이 텅 빈 원 간의 관계를 합, 교, 그리고 대칭적 다름으로 설명하는 것이다. 여기서 주의할 점은 보통 우리가 알고 있는 세 번째 가능성인 여집합인데, 라캉은 여집합을 거론하지 않고 대

---

4. *L'identifcation*, 1962. 4. 11. 강의. 환상 개념은 이해하기 쉽지 않다. 라캉의 *Séminaire XIV*를 참조할 수 있다. 이차자료로 사용할 책을 소개하면 J.-D. NASIO, *L'hystérie ou l'enfant magnifique de la psychanalyse* (Paris: Editions Rivages, 1990)와 *Cinq leçons sur la théorie de Jacques Lacan* (Paris, Editions Rivages, 1992)이 있다.

칭적 다름이라는 것을 말한다.

우선 합의 작동은 구조적으로 덧셈(+)과 유사하며 '또는(∪)', 'ou…
ou'(ou는 프랑스어로 '또는'이다)으로 표현되는데, 가령 '1, 2, 3'을 갖는 원과
'3, 4, 5'를 갖는 원의 합의 교차 영역은 '1, 2, 3, 3, 4, 5'임을 알 수 있다.

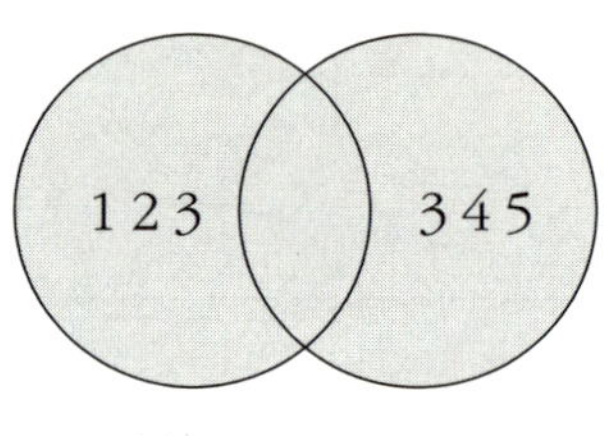

A ∪ B, ou A ou B

이어서 교의 작동은 곱셈(×)과 유사하며 '그리고(∩)'로 표현되는데,
가령 '1, 2, 3'을 갖는 원과 '3, 4, 5'를 갖는 원의 교의 교차 영역은 '3'임을
알 수 있다.

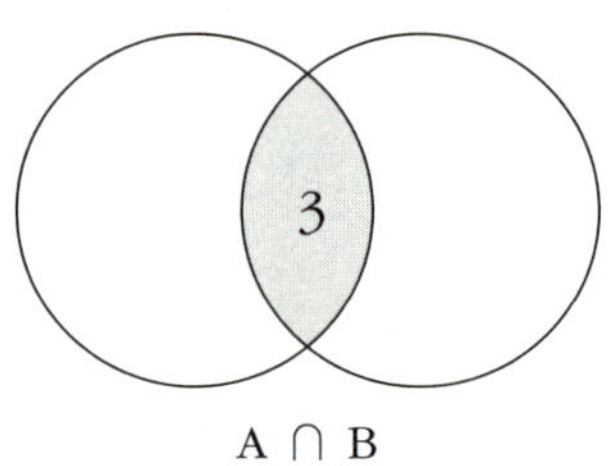

A ∩ B

마지막으로 대칭적 다름의 작동은 두 원의 합의 관계에서 교의 관계
를 뺀 영역이다. 이 영역을 직사각형에 넣어서 여집합 등으로 설명하여
오일러의 다이어그램을 완성한 이가 벤Venn인데, 그래서 이를 벤 다이어
그램이라고 부른다.

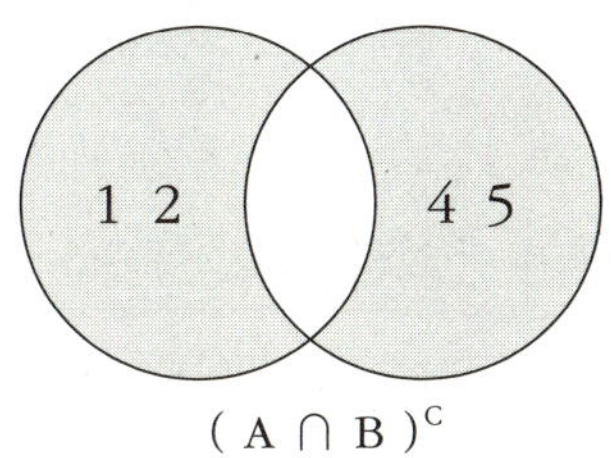

(A ∩ B)^c

이렇게 세 가지 방식의 교차 영역을 제시한 오일러의 다이어그램을 설명한 후, 라캉은 청중들에게 자신의 재미난 상상을 말한다. 즉 오일러가 이렇게 세 영역을 말했던 것과는 달리 라캉은 원 안에 또 하나의 원을 가질 수 있는 가능성을 아래의 그림처럼 제시하고는 '나의 거꾸로 된 팔'Mon huit inversé이라고 부른다.[5]

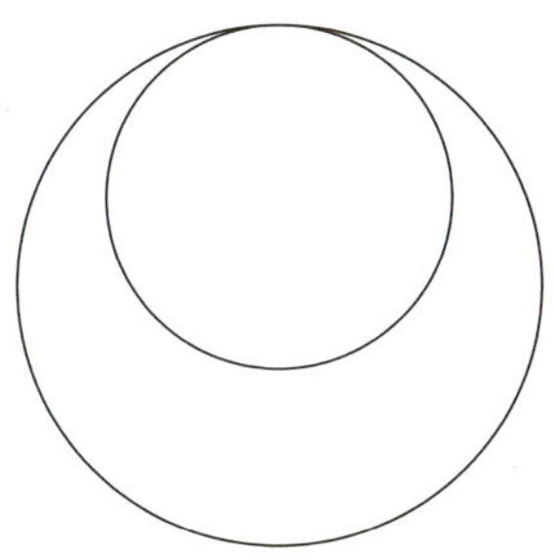

'거꾸로 된 팔(8)'이라는 말 자체가 난해해 의미를 파악하기가 쉽지 않다. 어쩌면 변형된 8, 반으로 접은 8로도 부를 수 있을 것이다. '거꾸로 된 팔'을 좀 풀어서 설명하기 위해 숫자 '8'을 생각해보자. 숫자 8을 쓸 때 보면 보통 오른쪽 위에서부터 시작하여 시계반대방향으로 획을 그으며 위의 원은 좀 작게, 아래의 원은 크게 그리지만, 사람에 따라서는 위의

---

5. *L'identifcation*, 1962. 4. 11. 강의.

원을 아래 원보다 더 크게 쓰는 등 8자를 쓰는 방식에는 각기 차이가 있을 것이다. 라캉의 설명에서는 위의 동그라미는 작고, 아래의 동그라미는 크다고 가정을 한다.

위의 동그라미를 아래의 동그라미(8자 아래의 큰 원) 안으로 넣어 보자. 그러면 위의 동그라미(8자 위의 작은 원)는 아래의 동그라미 안에 들어가서 위의 그림처럼 된다. 이것이 바로 이해가 안 될 수도 있다. 나도 처음 'Mon huit invers?'(나의 거꾸로 된 팔)이라는 단어를 접했을 때가 지금도 기억난다. 숫자 8도 아니고, 숫자 8의 발음인 'huit'(팔)를 썼기에 더욱 난해했다. 한참 후에 이 말의 뜻을 이해하고는 참으로 기뻤다. 하지만 그것이 의미하는 바가 무엇인지를 알기까지는 좀 더 당황스러운 시간을 보내야 했다. 어찌 보면 뫼비우스의 띠처럼 보이는 이 그림은 뫼비우스의 띠가 설명하지 못하는 것을 설명한다. 뫼비우스의 띠가 뒤틀린 하나의 원이라면, 라캉의 '거꾸로 된 팔'은 두 개의 원이다. 각 원은 몸과 정신을 지칭한다. 라캉이 뫼비우스의 띠를 이용하여 몸과 정신을 연결했던 시기가 있었고, 이제부터 그는 자신의 '거꾸로 된 팔(8)'을 이용하여 몸과 정신의 연결을 설명한다. 결론적으로 말하자면 몸과 정신은 분열되어 있다. 이것은 '거꾸로 된 팔'이 보여주는 특성이다. 이는 프로이트가 말한 자아 분열과도 연관된다. 자아 분열에 대해서는 아래에서 따로 설명할 것이다. 여기서 중요한 것은 위의 동그라미(8자의 위의 작은 원)가 갖는 의미인데, '작은 원은 큰 원에 포함되지 않는다'는 의미를 갖는다. 작은 원이 중요한 의미를 갖는다는 측면에서 안으로 들어간 8자의 작은 원을 '거꾸로 된 8'로 명명한 것이라고 볼 수 있다. 아래 그림에서 빗금으로 처리한 작은 원(E^1)이 바로 그것이다. 그러니까 라캉이 '내부의 8', '내부의 동그라미'라고 표현하는 작은 원이 바로 '거꾸로 된 8'인 것이다. 이 원은

'또는…또는'의 합의 작동에도 기여하지 않고, '그리고'의 교의 작동에도 기여하지 않고, 외부의 동그라미를 반영하지 않는다. 이것은 방금 본 '대칭적 다름'(여집합)에 해당한다. 이것이 보여주고자 하는 것은 바로 자아의 분열, 즉 주체의 분열이다.

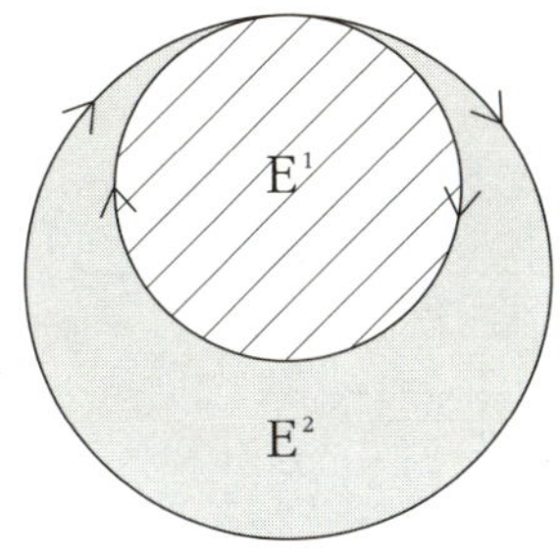

E¹ 자신을 포함하는 전체
E² 자신을 포함하지 않는 전체

이 그림에서 볼 수 있듯이, 내부의 동그라미 자신을 포함하는 전체 E¹과 내부의 동그라미 자신을 포함하지 않는 전체 E²가 있는데, 밖의 동그라미 E²는 어떠한 시도를 해도 안의 동그라미 E¹을 함몰시키거나 합병시킬 수 없다. 라캉은 '내부의 동그라미를 포함하지 않는 외부의 동그라미는 전체라고 볼 수 없다'고 선언한다. 밖의 동그라미가 안의 동그라미를 병합시키지는 못한다고 해도 외부의 동그라미 선은 내부의 동그라미 선에 연장된다. 이렇게 '라캉식의 거꾸로 된 8'을 따라가 보면, 뫼비우스의 띠를 따라갈 때처럼, 계속해서 회전을 하게 된다. 그러나 라캉의 것이 뫼비우스의 것과 다른 점은 내부의 원이 외부의 원에 포함되지 않음을 나타낸다는 것이다. 여기서 내부의 원은 하나의 구멍이 되는데 이것은 결여, 분열 등을 보여준다. 뫼비우스의 띠가 영속되는 회전을 말하지만 결여를 말하지 못하는 것과는 달리, 라캉의 '거꾸로 된 8'은 영속되는 회전뿐 아니라 영구적인 결여를 나타내 보여준다. E²에서 '배제된' E¹은 언제나 구멍

상태로 존재한다. 여기에 라캉 사유의 본질적인 측면이 존재한다. E^2와 E^1의 교차점을 라캉은 '비지점'非地點, '경계'Limite라 하고, 이 경계를 '다름의 자동성'이라고 부른다. 앞서 보았듯이 '다름'이나 '차이'는 기표에 관한 것이다. 즉 의식과 무의식에 이중 기입되는 기표에 관한 것이다. 이렇게 라캉의 '거꾸로 된 8'은 기표의 이중 기입을 설명하는 동시에, 팔루스로 메우고자 해도 메워지지 않는 '오브제 아'를 보여준다. 이것은 세미나 10(불안)에서 더 부연될 것이다.

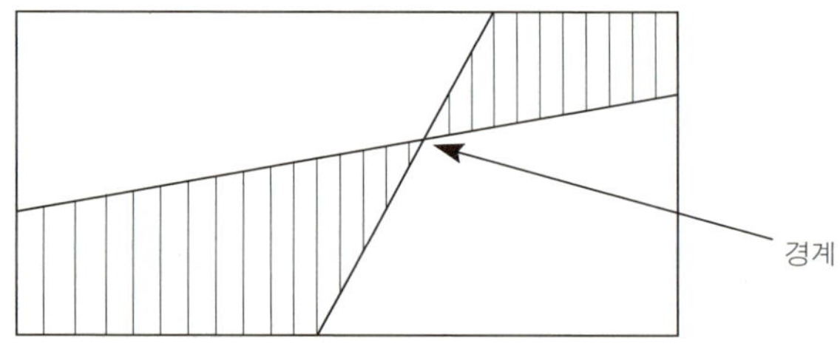

그림에서 보듯이 '경계'는 E^2과 E^1가 만나는 지점이다. 이 지점의 본성은 E^1이 비어 있다는 것, 즉 E^1이 E^2로부터 소외되어 있다는 것이다. 그래서 라캉은 이 경계를 '스스로를 취하고 스스로에게 정체화되지만, 자기 자신은 전체 E^2로부터 소외되는 것'이라고 말한다. 이 경계는 열리는 순간 닫히고, 잘리는 순간 봉합된다. E^2와 E^1 사이에는 E^1이 가진 구멍으로 인하여 완전한 일치, 합한 만남은 이루어질 수 없다. 그래서 라캉에 관한 입문을 저술한 조엘 도르Joel Dor는 이 경계점을 '선 밖의 점'이라는 역설적 문구로 표현한다. 점點은 0차원이고, 0차원의 점이 모여서 1차원의 선線이 되는데, 1차원의 선 밖에 점이 존재할 가능성은 없다. 1차원의 선 밖에 점이 있다면 그것은 선 안의 점도 선 위의 점도 아니다. 그래서 '선 밖의 점'은 불가능성을 표현한 것으로 볼 수 있다. 라캉은 이 경계를 크로스캡Cross-cap 또는 마름모Poinçon[6]를 이용하여 설명한다. 마름모꼴 ◇은 ∧, ∨, <, > 또는 △, ▽, ◁, ▷를 결합하여 얻을 수 있는 모양이다. 여기서 각 기호들은 의식과 무의식, 주체와 대타자, 요구와 욕망 등을 지시한다. 앞서 계속해서 보았듯이, 주체(S)는 대타자(A)로부터 오고 사라지는 시니피앙의 결과이기에, '선 밖의 점'에 자신의 흔적을 남기지 않고 지나가지만, 그 지나간 자취는 없어지지 않는다. 즉 주체와 대타자 사이에는 '오브제 아'인 a가 남는다. 이 a는 바로 '선 밖의 점'에 있다. 라캉은 이를 아래의 그림으로 표현했다. 여기서 a가 거하는 지점은 앞서 본 빗금으로 처리한 작은 원 E'인 '거꾸로 된 8'의 지점이다.

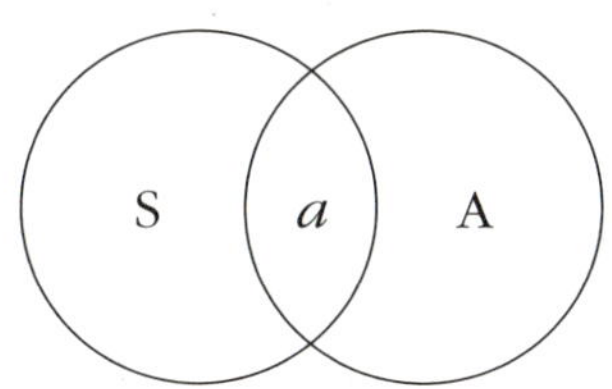

세미나 4에서 라캉은 프로이트가 제시한 세 개의 임상 사례를 통해 주체의 환상적 형태를 전개한 바 있다. 환상에 관련되는 것이 바로 주체와 a의 관계다. 프로이트의 논문 세 개 「성도착의 기원에 대한 공헌, 매

---

6. Poinçon은 송곳이나 펀치를 일컫는 프랑스어로 이 도구를 이용하여 구멍을 내면 어떤 모양의 구멍이 만들어진다. 이 구멍은 작아서 마름모인지 원형인지 구분하기 어렵지만 라캉은 이를 마름모 모양으로 간주한다. 프랑스어에서 마름모는 losange이지만 송곳이 만든 구멍의 모양이 마름모라는 특징을 갖는다는 점을 고려하여 '◇ = ∧, ∨, <, >' 또는 '◇ = △, ▽, ◁, ▷'라고 풀어낸다. 이를 통해서 라캉은 환상이란 이렇듯 작은 구멍에서 발생하는 어떤 것임을 전달하려고 한다.

맞는 아이」(1919),「여성 동성애자의 심적 기원에 대하여」(1920),「히스테리에 대한 분석 단편(도라)」(1905)을 통해 라캉은 a의 흔적을 발견한다. '환상'은「세미나 14」에서 특별하게 독립된 주제로 다뤄진다.

'자아 분열'에 대해 좀 더 부연해보자. 뫼비우스의 띠가 뒤틀린 하나의 원이기에 몸과 정신의 분열을 잘 설명하지 못한다면, 라캉의 '거꾸로 된 8'은 두 개의 원이라서 몸과 정신의 분열 관계를 잘 보여줄 수 있다. '거꾸로 된 8'의 두 원은 각각 몸과 정신에 해당한다. 스피노자는 자신의『윤리학』에서 몸과 정신은 단절된 것이 아니라 하나로 연결되었다고 말한다. 소년 시절부터 스피노자와 친했던 라캉도 몸과 정신이 결합되었다는 것을 설명하기 위해 처음에는 뫼비우스의 띠를 사용했지만, 세미나 9에서는 '거꾸로 된 팔'을 제시한다. 이때 두 원은 2차원面에서 3차원立體으로, 3차원에서 4차원超立體으로 전진한다. 두 원이 만나는 지점은 기표와 기의가 만나는 점이고, 욕망과 요구가 교차하는 점이다. 하지만 이 둘이 만나는 지점에는 항상 구멍이 존재한다. 이 구멍은 결핍의 원인, 부재의 원인이 되며 분열의 증거가 된다. 프로이트는 임상을 통해 이 구멍을 메우는 방식을 말했는데, 라캉은 팔루스라는 용어를 사용하여 프로이트의 사유를 더 명확하게 하였다. 즉 팔루스는 이 구멍을 메우는 대상이다. 그러나 이 구멍은 메울 수 없는 것이고, 계속해서 구멍이 존재하게 된다. 그래서 라캉은 이것을 '오브제 아'objet a로 표현했다. 직물은 씨실과 날실의 수많은 교차로 이루어지는 만큼 수많은 구멍을 갖고, 그 구멍만큼 욕망의 대상을 가진다. 하지만 그 구멍을 다 메울 수는 없다.

이렇게 메울 수 없는 구멍이 있다는 것은 자아가 분열되어 있음을 보여준다. 자아의 분열은 심리 장치가 심급들로 구분(분열)되는 것뿐 아니라, 심급 자체가 각각 분열된다는 것을 의미한다. 심급이란 법정 용어인

데 1심 재판에서 패하면 2심, 3심까지 갈 수 있는 제도다. 원래 판결은 단번에 해야 온전할 수 있다. 그렇지만 세 번의 판결을 해야 된다는 것은 판결에 오류가 있다는 것을 전제한다. 그러니까 판결에 균열이 간 것을 의미한다. 프로이트는 이런 법정 판결 과정을 정신이 분열되어 있다는 것을 설명하는 데 사용했다. 정신분석은 각 위상의 요소를 심급이라고 표현한다. 프로이트는 심급을 재판의 3심처럼 세 요소로 구분하였다. 이는 세 개로 분열됨을 의미하고, 각 요소가 분열되었음을 의미한다. 즉 프로이트는 제1차 위상에서 심리 장치를 '무의식-전의식-의식'으로 구분했다. 이것이 심급 장치의 분열이다. 무의식 자체도 분열되어 있고, 전의식 자체도 분열되어 있고, 의식 자체도 분열되어 있다는 것이다. 이는 전인적인 타락을 말하는 신학과도 연결된다. 영·혼·육이 모두 망가졌다는 것이다. 프로이트는 나중에 가서 심리 장치의 분열을 다른 식으로 표현하는데, '자아-초자아-이드'라는 제2차 위상이 그것이다. 이렇게 프로이트는 심리 장치의 분열을 설명하는 방식을 바꾸면서 분열된 모습을 정교하게 하려고 노력했다. '자아-초자아-이드' 각각도 그렇게 분열되어 있다. 분열되었다는 것은 완전히 망가졌다는 것을 의미하지 않는다. 분열되어 있지만 그래도 어느 정도 작동한다. 그래서 그것이 형성되는 과정과 작동하는 기제를 설명하고자 노력했다. 그 결과 분열된 상황에서도 심리 장치의 보편성이 있음을 보였다.

3. 환상적 정체화

도라의 경우와 두 명의 젊은 여성 동성연애자

주체의 환상적 형태를 전개하기 위해 우리는 『대상과의 관계』, 즉 라캉이 프로이트의 세 본문에 의거한 그의 네 번째 세미나에서 「욕망에 대한 전복적 노선」[7]을 검토한다. 프로이트의 세 본문은 다음과 같다. 첫째, 「성적 도착의 기원에 대한 인식에의 공헌, 매 맞는 아이」(1919), 둘째, 「여성 동성연애자의 심리 기원에 대하여」(1920),[8] 셋째, 「히스테리에 대한 분석 단편(도라)」(1905).[9]

『대상과의 관계』 안에서, 라캉은 '도식 L'의 'S-A' 관계를 부연한다. 한편으로 라캉의 본문은 프로이트 본문을 해석하는 방식을 보여주고, 다른 한편으로 구멍 난 대상에 대한 그의 생각을 우리에게 보여준다. 우리가 이 책의 제2부에서 '도라의 경우'를 전개했음에도, 우리는 그것을 '젊은 동성연애자'들의 경우와 연관해서 다시 분석해볼 것이다. 이 경우를 통해 라캉이 환상 방정식 문제를 해결하는 데 성공할 수 있기 때문이다.

「여성 동성연애자의 심리 기원에 대하여」에서 프로이트는 고위층의 자녀이며, 적어도 열 살 위의 여인을 사랑하는 '18세 소녀의 경우'를 우리에게 들려준다. 그녀의 부모는 자기 딸이 그 여자를 만나지 못하게 하지만, "어떤 금지도, 어떤 감시도, 소녀가 그 여인이 어디 있는지 찾거나 그녀의 습관을 알아내는 것을 방해하지 못한다. 그 소녀는 좀 더 적극적으로 그 여인의 집 앞이나 전철역에서 기다리거나 그녀에게 꽃을 보낸다."[10] 소녀의 부모는 자기 딸이 또래의 소년들에게 관심을 갖지 않는다는 점은 전혀 고려하지 않는다. 어느 날 길거리에서 소녀의 아빠는 그 여인과 동행하는 자기 딸을 마주했지만 노려보면서 지나갔다. "그 즉시 소

---

7. *La relation d'objet* (*Séminaire* IV, Paris: Seuil, 1994), 95-147.

8. 앞의 두 저서에 대한 참고 문헌. S. FREUD, *Névrose, psychose et perversion* (Paris: P.U.F., 1973), 219-243; 245-270.

9. S. FREUD, *Cinq psychanalyses* (Paris: P.U.F., 1954), 1-91.

10. S. FREUD, *Névrose, psychose et perversion* (Paris: P.U.F., 1973), 246.

녀는 동반자의 팔을 뿌리치고 난간을 넘어 아래의 도시 철도 길로 뛰어들었다."[11] 그런데 "회복된 후, 소녀는 이전보다 더 자기의 욕망에 부합하는 상황을 찾았다."[12]

프로이트는 그 소녀가 자기 남동생에게 강한 애정을 갖고 있었다고 이야기한다. 빈의 정신분석학자는 이것을 "엄마가 되어 아이를 갖고 싶어 하는 강한 욕망"[13]이라고 해석한다. 이 욕망은 자기의 엄마가 아빠의 아이를 가짐으로써 현실화된다. "남자의 성을 가진 아이를 갖고 싶다는 욕망은 그녀에게 확실히 의식적인 것이 된다. 그것은 아빠의 아이가 되어야 하고 그의 형상을 따라 만들어져야 된다. 그러나 아이를 가진 것은 자신이 아니라 무의식적으로 그녀가 미워하는 경쟁자, 바로 엄마이다. 분개하고 기분이 상한 소녀는 좁게는 자기 아빠에게, 넓게는 남자에게로부터 관심을 거둔다. 이 첫 번째 크나큰 실패는 그녀로 하여금 자기의 여성 됨을 포기하게 하고 다른 곳으로 자기 리비도를 돌려 대상을 찾게 했다."[14] 아이를 갖고자 하는 욕망을 추진하면서 "소녀는 남자로서의 역할을 하게 되고 사랑의 대상으로서 아버지의 자리에 엄마를 놓는다." 소녀에게 엄마가 문제시되는 이유는 엄마와 양가감정적 관계를 맺고 있기 때문이다. "동성연애자가 되면서 자기 엄마에게 남자들(아버지를 포함하여)을 양보하면서, 소녀는 그때까지 엄마에 대하여 품었던 미움과 증오의 마음으로부터 탈피하게 된다."[15]

젊은 동성연애자의 경우를 생각하면서 라캉은 두 가지 요소를 겨냥

---

11. Ibid.
12. Ibid.
13. Ibid., 254.
14. Ibid., 256.
15. Ibid., 257.

한다. 아빠의 아기 갖기 실패와 자살 시도다. 라캉은 첫 번째 요소를 지적하고, 동성연애의 직접적 요인, 즉 첫 번째 요소의 현상으로 두 번째 요소를 지적한다. "딸은 아빠에 대하여 확실히 공격적입니다. 말하자면 자살 시도는 자기와 밀접한 대상이 자신을 거부함으로써 초래되는 일련의 실망감 때문에 생겨납니다. 그래서 반공격성의 현상, 진정한 놀이 대상의 단계에서 성급하게 환원이 문제시되는 것을 상징적으로 만족시키는, 초기에 주어진 일종의 모든 상황의 붕괴와 연계된, 아빠에 맞선 공격의 주체에게로 되돌아오는 것이 문제시됩니다."[16]

"욕망의 대상에서 기인한 실망이 완전히 위치 전환될 경우들 중 하나가 문제시되기 때문에"[17] 라캉은 그의 생각의 토대를 아빠의 아이 갖기 실패에 둔다. '근본적 위기' 이후에, 소녀는 사랑의 대상으로 여자를 선택한다. 라캉은 이 관계를 '상징적'이라 부른다. "제도, 준거, 그리고 봉사 같은 사려 깊고 상징화된 사랑의 관계의 가장 높은 수준에서 젊은 소녀와 여인의 관계가 설정됩니다. 단지 감수하는 태도가 아니라 한편으로 만족을, 또 다른 한편으로 불만족을 겨냥하는 사랑입니다. 이 질서 안에서, 대상과의 관계에서 부재의 구성이라는 이상적 사랑은 펼쳐질 수 있습니다."[18]

라캉은 동성애 관계에서 구멍 난 대상을 관찰한다. "그 여인에게서 (소녀가) 찾는 것은 그 소녀에게 결여된 무엇입니다. 그녀 저 너머에서 찾는 것은 모든 리비도적 구조의 중심적인 대상—즉 팔루스입니다."[19] 프

---

16. *La relation d'objet*, 106.

17. Ibid., 105.

18. Ibid., 109.

19. Ibid., 110.

로이트는 소녀에게서 위치 전이를 잘 발견했다. 반면에 라캉은 팔루스적 대상의 본성을 찾았다. 젊은 동성연애자의 경우에 환유적 기능이 문제시 된다면, 반대로 도라의 경우는 은유적 기능이 문제시된다. 왜냐하면 K씨 와 그 부인은 도라에게 은유이기 때문이다. "K부인은 도라가 거주해야 할 곳을 찾지 못하는 상황을 인식하지도 깨닫지도 못하고 있음을 보여 줍니다."[20] 도라는 그녀 자신에게 부재하는 것에 정체화된다. "도라는 어 디에 위치해야 하며, 어디에 자신이 존재하며, 무엇에 봉사해야 할지, 사 랑이 무엇에 소용이 있는지를 알지 못합니다."[21] 도라가 겨냥한 위치는 K부인과 아버지의 위치다. 모두는 하나의 대상에 정체화된다. 이 대상은 무엇인가? "도라의 아빠가 도라 저 너머로 사랑할 수 있는 무엇으로 K부 인은 나타납니다. 도라는 이 무엇에 집착합니다. 도라는 그것이 무엇인 지 모르는 한도에서, 도라는 타자 속에 아빠에 의해 사랑받는 그 누구에 게 밀착되어 있습니다."[22] '이 무엇'이란 무엇인가? 이것은 팔루스이고, 라캉에 의해 환상화된 대상, 곧 $\emptyset$ 라 불린다. 이 대상은 +, -, +, - 또는 <, >로 표현된다.

무의식적 주체와 불안

라캉은 정체화 구조 안에서 주체의 탄생을 가르친 후, 불안이라는 주제 로 열 번째 세미나를 개설한다. 키에르케고르의 '불안'l'angoisse, 사르트르 의 '진정한 정신'l'Esprit de sérieux, 하이데거의 '근심'le souci과 구별하면서, 프랑스 정신분석가는 『금기, 증상 그리고 불안』의 본질적 개념을 뽑아낸

---

20. Ibid., 141-142.
21. Ibid., 146.
22. Ibid., 141.

다. 그는 "타자의 욕망"[23]으로서 불안을 정의한다. 이 불안은 키에르케고르나 토마스 아퀴나스에게 나타나는 결과와 같지 않다. 헤겔의 욕망에 대한 욕망은 주체의 소환에 응답하는 욕망에 대한 욕망이다. 반대로 라캉의 대타자에 대한 욕망은 그가 i(a)로 표기하듯, 욕망의 매개, 즉 영상의 욕망, 다시 말해 영상이 갖는 욕망을 뜻한다. "대타자는 이같이 구성된 무의식처럼 거기에 있고, 그에게 결여된 것으로, 가장 함축적인 방법으로 말하자면 내가 흥미를 갖는다는 것을 그가 모른다는 것입니다. 왜냐하면 내 욕망의 대상처럼 나에게 결여된 것을 찾는 데는 다른 우회의 방도가 없기 때문입니다."[24] 그러므로 무의식의 주체는 대타자의 욕망과 관계를 갖는다. "사람의 욕망은 대타자의 욕망입니다."[25]

라캉은 두 개의 기호를 설명한다. i(a)와 $\emptyset$.[26] 첫 번째 방정식, 나르시시즘은 **대타자**에 의해 확증된 거울상의 경험 안에서 주어진 실재réelle나 거울상spéculaire의 영상을 지시한다. 그것은 환상의 대상도 된다. 그것은 실재적 영상Image réelle에 대한 허구 영상[i´(a)]과 구분된다. 반면에 두 번째 방정식, 팔루스는 상상의 단계에도 나타나지 않는 무엇이고 거울상의 영상으로부터 잘리고 단절된 것이다. 즉 그것은 "오브제 a가 부재하는 자리에 나타납니다."[27] 라캉은 오브제 a의 본질을 정의하고, i(a)와 i´(a) 간의 알력을 발견한다. "환상 안에서 욕망의 매개인 오브제 a는 사

---

23. *L'angoisse* (*Séminaire* X, 1962-1963), 미출판, 1962. 11. 21. 강의. Cf. G. TAILLANDIER, "Presentation du séminaire de J. Lacan sur l'angoisse," in *Esquisses psychanalytiques*, 1987, n° 7.

24. Ibid., 1962. 11. 21. 강의.

25. Ibid. 다시 부연하면, 사람이 갖는 욕망은 바로 대타자가 갖는 욕망이다. 즉 욕망의 주체는 대타자이다.

26. Cf. Ibid., 1963. 7. 3. 강의.

27. Ibid., 1963. 1. 16. 강의.

람에게 욕망의 영상을 구성하는 것 속에서 보이는 것이 아닙니다. 오브제 *a*의 나타남, 이것은 욕망의 **시작**Initium입니다. 바로 여기에서 허구 영상[i´(a)]은 환각prestige을 얻습니다. 그러나 인간이 자기 욕망의 대상이 있다고 믿는 것에 접근할수록, 그는 이 욕망의 대상 안에서 거울상의 영상을 묘사하는 것에서 우회하고 탈선합니다. 그가 진지할수록, 그는 이 욕망 안에서 거울상의 영상이 이 꽃병의 완전한 모양을 보호, 유지, 보존하려 합니다. 우리가 빈번히 대상과의 관계에서 완벽한 노선이라 부르는 것에 동참할수록, 그는 더더욱 미궁으로 빠집니다."[28]

오브제 *a*와 불안 간에는 어떤 관계가 있는가? 다시 말해 주체의 자리는 어디인가? 라캉은 독일어 Unheimlichkeit를 분석한다. 프로이트가 했던 것처럼 그도 그렇게 시도를 한다. 'heim'은 집이나 국가를 뜻한다. "사람은 대타자 안에 위치한 한 지점에서 자기 집을 발견합니다. 그 이미지 너머에서 우리는 만들어지며, 이 자리는 우리가 존재하는 곳으로서 부재를 묘사합니다."[29] 그 지점은 "욕망의 지점 또는 불안의 지점"[30]이라 불리는 오브제 *a*다. 우리는 오브제 *a*를 육안으로 볼 수 없다. 두 눈과 구별지으면서, 라캉은 '제로 지점'이라 불리는 "제3의 눈, 환상"[31]을 기술한다. 제3의 눈은 대타자의 단계에 있고 결함은 무의식의 영역에 있다. 간단히 말해 라캉은 엄마와 아기의 관계로 오브제 *a*의 본성을 우리에게 설명한다. "엄마의 신체 구조, 이것은 오브제 *a*가 아이의 기관에서 분리된 대상임을 우리에게 보여주는 인체학에 대한 고찰로 구조화된 것입니

---

28. Ibid., 1962. 11. 28. 강의.
29. Ibid., 1962. 12. 5. 강의.
30. Ibid.
31. Ibid., 1963. 5. 15. 강의.

다. 이 단계에서 엄마와의 관계는 오브제 *a*가 분리되는 기관적 전체성과의 관계에 의해 고립되고 묘사되는 본질적인 관계입니다. 이 대상으로부터 고립된 것같이, 엄마와의 이 관계, 부재와의 관계는 욕망의 관계 안에서 가능한 것처럼 부분적 대상과의 분별이 작용하는 자리 너머에 위치합니다."[32]

라캉은 오브제 *a*를 철학적 전통에 도입한다. "변증법의 잔류로 작용하는 오브제 *a*를 정의하기 위해서는 예전과 다르고 우리가 아는 것과도 다른 욕망의 분야에서 취급해야 합니다. 즉 넓게 보아서 시각 범위 안에서 떠오르는 어떤 단절이고, 전통적인 철학으로 이미 자리 매겨지고 의식의 틀 아래서 칸트에 의해 결합된 근본적 확신이라는 특성을 되찾는 곳이 바로 이 대상입니다. 우선 오브제 *a*라는 틀은 정언적 명령의 형식 아래 지금까지 수수께끼같이 나타나는 것을 자리 매길 수 있도록 우리에게 허락합니다."[33]

그러므로 불안은 오브제 *a* 앞의 불안이다. 그 결과 불안은 향락의 신호이자, 오르가즘의 신호로 이해된다. 불안을 만드는 것은(욕망의 주체가 사망했다는 측면에서) 향락에 근접함을 뜻한다. 오브제 *a*의 출현에서, 아이를 불안하게 하는 것은 엄마의 젖의 부재가 아니라 그것의 다가옴이다. 라캉의 불안 개념은 세미나『불안』에서 사고의 진화 단계를 거친다. 왜냐하면 초기에 그는 그것을 대타자의 욕망le désir de l'Autre으로 표현하고, 나중에는 대타자의 욕망의 부재라고 강연하기 때문이다. 대타자의 욕망에는 신비가 있다. 프랑스 정신분석학자가 환상을 무의식의 주체와 오브제 *a* 간의 관계로 이해하듯이, 그는 대상의 있음과 그것의 부재 간에 상

---

32. Ibid.
33. Ibid.

관성을 발견한다. 라캉은 그것을 **상호 관계적**^{interrelatif} 구멍으로 묘사한다. 라캉은 주체와 환상의 대상 간의 관계를 '환상적'이라고 불렀다. 나는 이러한 주체와 대상 간의 단절인 동시에 연결 관계를 설명하기 위해 상호적 정신분석의 방법, 정신분석적 상호성의 방법(Interpsychanalitique 또는 Interpsychanalisé)이라는 용어를 사용한다. 정신분석은 분석가 쪽에서만 하는 것도, 환자 쪽에서만 하는 것도 아니기 때문이다. 라캉은 그런 면에서 분석가를 analyse, 환자를 analysant이라고 불렀다. 이를 국내에서는 분석가와 분석수행자로 부른다. 이런 관계가 보여주는 것은 인간의 정신이 상상계나 상징계에 갇히는 것이 아니라 이를 벗어난다는 것이다. 그 결과 실재계는 "구멍투성이"[34]가 된다. 상호적 정신분석의 방법에 따른 관계는 마치 무수히 많은 빈 공간으로 구성된 벌집이 금방이라도 무너질 것 같지만 오히려 더 강력한 공학적-역학적 원리가 내포하듯이, 상상계에서 상징계로, 상징계에서 실재계로 관통하는 무수한 구멍들로 구성된 인간의 정신도 쉽사리 무너질 것 같지만 언제나 닫히면서도 언제나 열리는 작동에 의해 주체와 대상 사이에서 탄탄한 상호성이 형성된다.

4. 결론

정체화의 두 장르를 요약하면서, 그리고 세 번째 장르를 소개하면서 우리는 두 원을 기술했다. 속이 찬 원(만원)과 속이 빈 원(허원). 전자는 원환면의 표면을 스쳐 지나고, 후자는 그것에 접촉되지 않는다. 전자의 양

---

34. Ibid., 1963. 3. 13. 강의.

면은 닫힌 표면, 둘레 또는 원환면의 두께라고 불린다. 우리는 그것을 상상적 측면과의 관계에서 이해한다. 왜냐하면 원환면의 양면 사이에는 불일치가 있기 때문이다. 원의 가장 내부에는 욕망을 자극하는 원천이 있다. 원환면의 내부와 외부 사이에는 불일치가 문제되지 않는다. 왜냐하면 한 점이 회전을 시작할 때, 우리는 그 흔적을 찾을 수 있지만 그것은 곧 사라지기 때문이다. 그 회전은 허원이 무의식에서 유래한다는 의미에서 '-1'로 표시된다. 이 세 번째 틀에서는 두 원 간의 교차 관계가 중요하다. 라캉은 그것을 '한 점에 모이는 네 개의 정점'이라고 부른다. 교차점의 본성을 표현하기 위해 우리는 두 원 사이에 생길 수 있는 세 개의 위치를 공부했다. 합집합, 교집합, 대칭적 다름이 그것이다. 외부 원과 내부 원 간의 만남이 있기 때문에 내부 원은 외부 원에 의해 구성된 경계에 접촉된다. 특히 우리는 세 번째 경우인 '내부 8 또는 거꾸로 된 8'에 흥미를 갖는다. 경계의 본성은 중요하다. 그것은 열리는 순간 닫힌다. 라캉은 그것을 크로스캡이나 마름모로 표현한다. 여기에는 두 개의 표면이 있다. 한편으로 뫼비우스의 띠와 유사한 비대칭적인 표면, 또 다른 한편으로 생각할 수 없는 대칭적 표면이 바로 그것이다. 첫 번째 표면 안에서 마름모의 열림과 두 번째 표면에서 닫힘은 주체가 마름모라는 상징으로 표시된 오브제 a에 정체화되기 때문에 중요하다.

열여덟 살 난 소녀의 경우와 열네 살의 미성년 소녀의 경우를 통해, 우리는 동성연애자 관계 안에서 '구멍 난 대상'을 연구했다. 우리는 도라의 경우에서 그것을 '∅로 표기되는 환상의 대상'이라 불렀다. 정체화의 세 번째 장르에 따른 주체는 무의식적이고 불안한 주체다. 오브제 a, 실재 영상[i(a)]은 제로점이라 불린 제3의 눈(시각)이라는 환상처럼 기술된 욕망점이고 불안점이다. 불안은 오브제 a 앞에서 느껴지는 것이고 향락

의 신호로서 이해된다. 불안은 대타자의 욕망이 등장함이요, 동시에 그
것의 부재다. 그러므로 불안의 구멍, 불안점만이 있을 뿐이다. 오브제 a
는 결국 겁먹은 구멍이다.

일반적인 결론

정체화의 개념은 라캉에게 있어서 주체에 대한 인식론적 출발의 근거인 것은 명백하다. 그것은 현대 인문학에서 무척 새로운 것이다. 칸트의 인식론 이후 주체에 대한 생각은 감추어져 왔고, 절대적 대타자의 개념은 제거되었다. 헤겔 이후의 주체는 본질과 현상을 동일하게 취급한다. 사르트르의 실존적 방법은 객관과 주관을 완전히 분리한다. 이러한 인식의 상황 속에서, 라캉은 두 측면을 동시에 취급한다. 그는 엄격하게 시니피에와 시니피앙을 해체시킨다. 그 결과 그는 시니피앙으로서의 주체를 구축한다. 여기에서 상호적 정신분석의 방법의 관계가 제기된다. 만약 우리가 정체화의 첫 장르에 고정되었다면, 우리는 주체라는 생각과 구멍 난 대상을 얻지 못했을 것이다. 설령 우리가 첫 번째 장르로부터 두 번째 장르를 본다 해도, 우리는 상호적 정신분석의 방법에 따른 관계를 구상하지 못할 것이다. 히스테리 연구 덕분에 정신분석학은 주체의 틀과 환상의 대상을 형상화했고 그것을 이중적으로 상징화할 수 있었다. 즉 상징화된 주체와 상징화된 대상이 그것이다. 분석적 방법을 제외한 어떠한 방법도 이 생각을 알아차리지 못했다. 상징화된 두 축 간에는 기표의 반복만이 있다. 주체는 기표의 덩어리이고 구멍 나고 상처투성이인 대상들로 구성된 현실이다. 상호적 정신분석의 방법은 현상학적 고찰에서 연역된 상호 주관적 방법과는 다른 정신분석학적 경험에서 생겨났다. 리쾨르가 그것을 잘 파악했다. "현상학은 고찰적 원리이다. 그것이 목표하는 방법론적 자리바꿈인, 즉 다시 말해서 직관과의 관계에 의한 고찰 그 자체이다. 정신분석학은 고찰적 원리가 아니다. 이것이 실행하는 편심扁心, décentrememt은 '환원'과는 근본적으로 다르다. 그것은 프로이트가 '분석적 기술'이라 명명함으로써 아주 정확하게 구성된 것이고, 프로이트는 이를 다음의 다른 두 이름으로 포괄하고 있다. 그것은 리비도 방출 방법과 정확히 말해 치료 기술이다."[1] 다르게 말하면 고찰적 방법은 에라스무스가 말한 자유의지의 능력을 확신하는 반면, 분석적 방법은 루터가 비판한 자유의지를 믿지 않는다. 리쾨르는 그것을 정확하게 기술한다. "만약 현상학이 실존에 대한 데카르트적 회의懷疑에 대한 수정이라면, 정신분석학은 자유의지에 대한 스피노자적 비판에 대한 수정이다. 그것은 심오한 동력원을 알지 못하는 의식의 명백한 자의성을 부정함으로써 시작한다. 그 때문에 현상학이 '중지'의 행위로, 주체의 자유로운 조치인 중지ἐποχή, Epoche로 시작하는 반면 정신분석학은 의식의 통제를 중지함으로써, 스피노자의 용어로 말하자면 진정한 노예성에 일치하는, 노예로 취급되는 주체에 의해 시작된다."[2]

　　라캉은 환상 정체화에 도달하였음에도, 인간이 우선 신체의 거울상의 영상에 정체화된다는 사실을 부정하지 않는다. 최초의 틀은 두 번째

<hr>

1. P. RICŒUR, *De l'interprétation, essai sur Freud* (Paris: Seuil, 1965), 380.
2. Ibid., 380-381.

와 세 번째 정체화의 그루터기^{Souche}가 된다. 라캉의 인간 이해는 근본적으로 첫 번째 정체화에 기초를 두고 있다. "이상과 현실의 허상적인 일치에 의한 이 부조화를 해결하려는 시도는 나르시스적 자살 성향에서 나타나는 공격성이 솟아나는 상상적 매듭의 심연까지 공명한다.…이것은 인간이 노예라는 근본적인 환영, 데카르트적 의미에서는 '신체에 대한 열정' 그 이상을, 영혼에 대하여 진지한 인간이 되려는 열정을 나타낸다. 나르시시즘은 그 구조를 좀 더 상승한 모든 욕망에게 부과한다."[3]

프로이트가 사용하는 '기술적' 방법은 노예처럼 변형된 자아와 동시에 끝없이 욕망하는 자아를 정의한다. 또한 라캉의 '분석적' 방법은 시니피앙의 덩어리로서 주체를 기술한다. 정신분석학 덕분에 얻은 두 방법론은 제1부에서 제기된 고전적 다섯 가지 방법론에 덧붙일 수 있는 또 하나의 인식 방법으로, 주체와 대상, 주체와 주체 간의 상호적 정신분석의 방법의 관계를 표상한다. 이 결과는 우리 작업에서 가장 큰 수확이다.

---

3. "Propos sur la causalité psychique," in *Ecrits*, 187-188.

—

제4부

정체화 이론과
루터의 노예의지 개념

앞 장에서 우리는 다섯 가지 신학적 방법론을 염두에 두고 정체화에 대한 프로이트와 라캉의 이론을 기술했다. 정신분석학적 인식은, 우리가 상호적 정신분석의 방법이라 부르는 새로운 방법을 고안하는 데 큰 공헌을 하였다. 정체화의 세 장르를 이용하여, 제4부에서는 루터의 「노예의지에 관하여」를 해석하고 상호 의존 연관성을 찾아볼 것이다.

루터의 종교 개혁이 인간과 신에 대한 색다른 이해를 다루는 구원론의 재중심화로 시작되었다는 것은 명백한 사실이다. 루터(1483-1546)는 율법과 복음, 옛사람과 새사람, 숨은 하나님과 예수 그리스도로서 계시된 하나님을 구분한다. 그렇지만 이러한 구분은 이분법적 그리스 사유가 아니다. 인간은 이러한 두 축 사이에서 거하는 존재로 이해된다. 성서 연구로 점차 깊어진 이 인식은 매우 세밀한 인간 본성 이해로 나아간다. 루터는 인간을 '처마 위에 앉아 있는 외로운 새'라고 생각했다. 즉 그는 한편으로는 악귀에게로, 또 다른 한편으로는 하나님에게로 관심을 돌리는 인간의 모습을 표현한다. 이 종교 개혁자 본인도 끊임없이 그 두 축 사이에서 긴장한 모습으로 나타나고 있음을 그의 글들이 증거하고 있다.

프로이트와 라캉이 세 가지 장르로 정체화 이론을 발전시켰듯이, 동일하게 세 가지 계획안으로 우리는 제4부를 전개할 것이다. 첫 번째는 에라스무스(1469-1536)의 「자유의지에 관하여」 책읽기와, 루터가 이해한 에라스무스의 신앙 개념이다. 두 번째는 루터의 노예의지 개념이다. 세 번째는 루터 사상에서 노예의지의 현주소다. 정신분석학 방법론을 통해 읽은 '에라스무스의 자유의지에 관하여'는 인간의 존재론적이고 망상증적 구조 이해로, '루터의 노예의지에 관하여'는 환상적 주체로서의 '노예의지의 역동성'으로 우리를 인도할 것이다.

이제부터 나는 그동안 전개해온 정신분석 개념으로 루터의 글을 설명해갈 것이다. 이 글을 읽는 독자들은 내가 정신분석 개념을 어떤 방식으로 루터의 글에 적용하는지를 볼 것이다. 여러분이 정신분석 개념을 잘 몰라도, 내가 어떤 방식으로 루터의 글을 해석하는지를 잘 살펴본다면 여러분은 정신분석의 개념을 어느 정도 이해할 수 있을 것이다. 또한 이 반대의 경우도 그럴 것이다. 물론 정신분석과 신학의 응용 부분은 내 주관적 견해를 담고 있다. 이 점을 감안하고 이 책을 읽는다면 여러분은 더 좋은 적용과 해석의 길로 나아갈 수 있을 것이다.

제1장

노예의지 개념에 접근하기 위한 인식론

1. 「노예의지에 관하여」의 형성 배경

종교 개혁 초기에, 에라스무스는 루터를 단지 가톨릭교회 내부의 한 개혁자로만 생각했다. 그런데 비텐베르크 대학의 젊은 교수가 몇 편의 글을 출판[1]하고 교회의 권위의 상징인 지휘봉을 불태운 사건을 계기로 모든 상황은 변하고 만다. 로테르담의 인문학자는 루터에 의해 지휘된 종교 개혁의 확산에 맞서서 자신의 입장을 밝힐 목적으로, 「자유의지에 관하여」[2]를 작성한다. 독일 종교 개혁자는 에라스무스의 사상을 고찰하고, 이에 대한 답문인 「노예의지에 관하여」[3]를 통해 하나님에 대한 인식과 인간학에 대한 토대를 담은 자기의 사상을 면밀하게 기술한다. 노예의지

---

1. Cf. "A la nobless de la nation allemande sur l'amendement de l'état chrétien," "La captivité babylonienne de l'Eglise," "De la liberté du chrétien," in *Œuvres* II, (Genève: Labor et Fides, 1520).
2. *Erasmi Opera omnia*, t. 9. (1523년) 라틴어에서 P. MESNARD에 의해 불어로 처음 번역/소개된 책이다. 『루터와 에라스무스』(두란노아카데미 역간, 2011).
3. *Œuvres* V (1525년). 『루터와 에라스무스』.

개념을 다룰 때, 우리는 반드시 에라스무스의 본문과 루터의 본문을 동시에 참고해야 한다. '노예의지'라는 루터의 표현은 에라스무스의 '자유의지'와의 관계에서 논의되어야 할 것이다. 그렇게 해야만 우리는 루터가 말하는 본의에서 벗어나지 않고 인간학과 신학에서 가장 예민한 부분에 밀접하게 관계할 수 있기 때문이다.

첫 장에서 우리는 에라스무스의 자유의지에 대한 소론을 분석할 것이다. 루터의 논고에 관계하면서, 우리는 두 종류의 인간상을 임의로 구분한다. 그것은 바로 자유의지의 인간과 노예의지의 인간이다. 전자는 법 아래서의 죄를, 후자는 복음에 의한 신앙을 지칭한다. 노예의지의 저자는 그 두 축을 따르면서도 각각을 나눈다. 그러므로 그는 결국 노예의지가 수동적인 것이 아니라 역동적인 것임을 확신한다.

2. 에라스무스의 「자유의지에 관하여」

인간의 본성

로테르담의 인문주의자는 인간을 기술할 때 타락을 염두에 두지 않는 것 같다. 그는 보통 집회서^Ecclesiasticus 혹은 시락의 지혜서^Wisdom of Sirach 라고 불리는 책의 구절(15:14-17)[4]을 주석하면서, 선악을 분간할 수 있는

---

4. Cf. 15장 14-18절. 그리고 ERASMUS, *La philosophie chrétienne* (Paris: Librairie philosophique J. Vrin, 1970), II. A1. 자유의지에 대한 아우구스티누스와 에보디우스(아우구스티누스 이전에 개종하여 공동체적 삶의 목표를 나누기 위해 아우구스티누스 형제단에서 교제하였고, Uzalis의 주교가 되기 전까지 Ostie, Rome, Thagaste, Hippone 에 아우구스티누스와 동행했다) 간의 대화가 우리의 흥미를 끈다. *De libero arbitrio, dialogue avec Evodius*, Paris, IEA (nouvelle bibliothéque Augustinienne n° 2), 1993. 에라스무스의 자유의지에 관하여는 세 부분으로 구성된다. 첫 장에서는 악과 선한 의지의 중요성, 두 번째 장에서는 명백한 진리로 받아들여진 하나님 실존에 대한 이성적

능력을 지닌 이성의 소유자 아담과 선에 등을 돌리고 악으로 향하는 아담을 말하고 있다.

위의 구절은 인류의 머리인 아담이 무엇을 추구해야 하고 무엇을 피해야 할지를 분별할 수 있는, 타락하지 않은 이성을 소유하도록 창조되었음을 선언하는 것이다. 타락했음에도 불구하고 자유로워서 악에서 돌이켜 선으로 향할 수 있는 의지가 덧붙여졌다.[5]

아담은 출생 때부터 스스로 원하는 것을 할 수 있는 '자유의지'를 가지고 있었는데, 그 부부의 첫 선택은 그만 악을 향해 기울어졌다. 바로 이 맥락에서 에라스무스는 원의原義와 타락 간의 관계를 이렇게 기록한다. "첫 부부의 죄는 후손들에게 전승되고, 악의 성향은 모든 사람에게 전해진다."[6] 여기서 우리는 질문을 던진다. 왜 에라스무스는 본성의 전승을 강조하는가? 결국 인간이 자기가 하고 싶은 것을 선택할 '자유 이성'을 가진다면, 전승보다는 오히려 원하는 것을 행할 자유의지의 상실이 인간에게 문제시되는 것이 아닌가?

에라스무스가 이성의 질병으로 원죄를 이해하는 것은, 죄가 이성을 파괴하는 것이 아니라 단지 몽롱하게만 하기 때문이다. 그의 의지 개념은 '훼손된 이성'에서 유래한다.

증명, 세 번째 장에서 자유의 문제를 다룬다.

5. "De libero arbitrio diatribe seu collato," in *La philosophie*, II. A1, *Desiderii Erasmi Roterdame, Opera omnia* T. 9 (Londres: The Gregg Press, 1962).

6. Ibid., II. A3.

은총이 결핍되어 있는 사람에게 이성이 희미하나 완전히 소멸된 것이 아
닌 것과 마찬가지로, 그들 안에 또한 의지의 능력이 완전히 사라지지 않
은 것 같다. 그러나 선을 행할 수는 없다.[7]

에라스무스가 인간 본성의 본질적 요소를 어떻게 부연하고 있는지가
중요하다. 그가 '육'을 '불경한 성향'이라고 이해하기 때문이다. 그는 복
음서의 요한과 사도 바울의 전통을 추종한다. 전자는 '육은 육에서 나고'
'영은 영에서 난다'고 말한다. 후자는 '육의 인간'과 '영의 인간'을 말한
다. 만약 인간의 본성이 육뿐이라면 '영에서 영이 난다'는 것은 무슨 뜻
일까? 그래서 에라스무스는 인간 본성을 '육과 영'이라 보는 것이다. 특
히 그는 '인간의 영'을 강조하고, 여기서 어떤 도덕적 원리들을 발견한
다. 그런 의미에서 에라스무스는 인간의 영의 본질을 '굽은 의지'라고 이
해한다.

누군가가 인간 본성의 가장 뛰어난 부분이 다름 아닌 육신 즉 악한 욕망
이라고 주장하기를 원한다면, 나는 그가 "육으로 난 것은 육이요 영으로
난 것은 영"(요 3:6)이라는 성서의 증언에 대해 자신의 주장을 관철시키
는 한에서 기꺼이 승복할 것이다.…바울은 하나님에 관해서 아무것도 모
르는 육적인 인간과 모든 것을 판단하는 영적인 인간으로 구분한다. 모든
인간이, 심지어 믿음으로 거듭난 사람조차 단지 육체에 다름 아닌 존재라
면, 성령으로 태어난 영은 어디에 있는가? 하나님의 아들은 어디에 있는
가? 새로운 피조물은 어디에 있는가? 이 점에서 나는 설명을 듣기를 원

---

7. Ibid.

한다. 나는 사람들에게 어느 정도 덕을 보고 덕을 추구하게 하는, 그러나 그들을 다른 것으로 유혹하는 큰 감정과 혼합되어 있는, 마음에 뿌려진 어떤 씨앗이 있다고 말하는 교부들의 권위를 전적으로 이용할 것이다. 이 것이 자유 선택이라고 불리는 굽은 의지다.[8]

'육과 영'으로서의 인간 본성은 독립적이다. 인간의 영은 '곧은 의지' 를 소유하지 않고 '굽은 의지'를 갖는다. 후자는 계명보다 탐욕을 선호한 다. 에라스무스는 이 의지를 통해서도 우리가 영원한 구원으로 인도될 수 있다고 생각하는 것 같다.

율법의 기능

에라스무스는 사도 바울에 근거를 둔 세 범주, 즉 자연법, 행위법, 신앙 의 법에 따라 율법의 개념을 사용한다.

첫 번째 범주인 자연법은 "모든 사람의 마음속에 완전하게 새겨진"[9] 것을 의미한다. 다시 말해 신앙의 조명 없이도, 신적인 은혜의 개입 없이 도, 자연적 인간은 신적인 모든 인식을 포착할 수 있다. 왜냐하면 이성이 타락했음에도, 인간 마음에 새겨진 법은 창조 시부터 하나님의 지혜에 속한 것을 분간할 수 있기 때문이다. 그 인문주의자는 '자연법'에서 자유 의지의 근거를 발견한다.

철학자들은 믿음의 빛과 성서의 도움이 없이 피조물로부터 하나님의 영원 한 능력과 신성을 끄집어내며, 선한 삶에 대한 많은 교훈들을 남기며, 마음

---

8. Ibid., III. B4.
9. Ibid., II. A5.

으로 복음서의 가르침에 동의하며, 많은 말로 덕을 고양시키고 악을 혐오하게 만든다. 이러한 일에 믿음의 은혜를 더함이 없이는 영원한 구원에는 효용이 없지만, 어떤 점에서 선을 위해 예비된 의지가 있는 것 같다.[10]

에라스무스는 '법의 첫 번째 범주'가 갖는 경계를 알고 있다. 이것이 인간 내부에 있다면, 두 번째 범주는 인간 외부에 있다.

그 인문주의자가 '행위법'을 기술할 때, 그는 우선 '낙원의 나무'에 대한 규범을 검토한다. 하나님이 '선과 악을 인식하게 하는 나무는 먹지 말라'고 말씀하실 때, 이 법은 이미 인간이 불순종한 행위를 할 것을 가정할 뿐 아니라 그로 인한 죄의 결과와 처벌을 근거로 삼는다.

행위의 법은 명령하고 형벌로 위협한다. 그것은 죄를 배가시키고 죽음을 야기한다. 그것 자체가 악은 아니나 은혜 없이는 수행할 수 없는 행위를 요구한다.[11]

그 계명들은 신의 은혜 없이 성취될 수 없음에도, 에라스무스는 인간이 "행위법"을 성취할 능력을 갖고 있다고 확신한다. 결국 인간이 '행위법'에 순종하지 않는다면 그 대가로 처벌을 받는다. 반대로 순종한다면 축복을 얻는다.

의심할 나위 없이 집회서가 의도하는 바는 이것이다. "주님은 그들과 함께 영원한 계약을 세웠으며, 그들에게 자신의 심판을 보여주었다." 누구를 위

---

10. Ibid., II. A5.
11. Ibid., II. A6.

한 것인가? 먼저 인류의 조상인 두 사람을 위해서, 그 다음에 모세와 예언 자들에 의해 유대 민족을 위한 것이다. 율법은 불순종하는 자에게는 벌을 내리고, 순종하는 자에게는 상을 내리시는 하나님의 뜻을 보여준다. 나머지는 선택이 능력을 그 안에 자유롭게 이쪽이나 저쪽으로 향할 수 있게 창조된 자유에 남겨두었다. "네가 계명을 지키면, 그가 너를 지킬 것이다." 그리고 이어서 "네가 원하는 데로 너의 손을 펴라"고 말한다.[12]

하나님은 인간이 자유의사로 계명을 성취하도록 하기 위해 자유의지를 인간에게 부여하신다. 그러므로 처벌에 대한 책임은 하나님에게 있는 것이 아니라, 인간에게 있다. 만약 인간이 '행위법'을 지켰다면, 그는 추락하지 않았을 수도 있었을 것이다. "선과 악을 구별할 능력과 하나님의 뜻이 사람에게 숨겨졌다면, 그들이 잘못 선택할 때 그들에게 책임을 물을 수가 없을 것이다. 의지가 자유롭지 못했다면 죄는 전가될 수 없을 것이다. 죄가 자발적인 것이 없다면 의지의 잘못이나 금지가 자체로 죄의 열매일 때를 제외하고는 죄가 더 이상 죄가 되지 않을 것이다."[13] 타락의 심각성에도, 선한 율법 행위는 '타락한 의지'에 속한다.

인간의 본성이 인간 자신을 악으로 유인한다 해도, 인간은 자유의지 덕분에 하나님의 지혜를 아는 능력을 갖는다. 가령 에라스무스는 이렇게 말한다. "비록 악이 하나님 은총의 도움이 없이는 완전히 극복되지 않더라도, 대부분의 사람 속에 있는 이러한 악에 치우치는 경향은 자유 선택을 모두 빼앗아가지 않는다. 회개의 어떤 부분도 의지에 좌우되는 것이 아니라 모든 것이 어떤 필연성을 통해 하나님에 의해 된다면, 왜 인간에

---

12. Ibid., II. A6.
13. Ibid., II. A7.

게 회개할 여지가 주어지는 것일까?"[14] 이 인용문에서 보듯이 에라스무스는 본성 위에 은총이 있음을 알고는 있지만 은총만으로는 악한 본성이 완전해질 수 없다고 말한다. 이것은 인간의 자유의지와 은총이 협력해야 함을 의미한다. 본성과 은총이 서로 협력한다면 인간은 '자유의지' 덕분에 자기 구원에 도달할 수 있다. 달리 말하면, 인간이 구원받기를 원한다면 계명을 준수하면 되고, 구원받기를 원하지 않는다면 계명을 거부하면 되는 것이다. 에라스무스는 성서의 권위를 받아들이고 재인식하며 성서를 자기 나름대로 해석한다.[15] '자유의지'를 이론화하면서, 그 인문주의자는 일치하지 않는 본문들에 직면하고 이 덕분에 하나님-인간 협력에 의한 구원을 확신한다.

> 인간이 아무것도 하지 않는다면 왜 "힘써 일하라"고 하며, 인간이 무엇인가를 한다면 왜 "하나님은 인간 안에서 모든 것을 역사役事하신다"라고 말씀하시는가? 당신이 특별한 해석을 지지하기 위해 한 구절을 비틀기를 원한다면 사람은 아무것도 할 수 없으며, 당신의 목적을 위해 다른 쪽으로 돌린다면 사람은 모든 것을 할 수 있다. 사람이 아무것도 할 수 없으면 행위를 위한 여지가 없다. 행위에 대한 여지가 없는 곳에 형벌이나 보상은 없다. **인간이 모든 것을 한다면, 바울이 그토록 여러 번 강조하는 은총의 여지가 없다.**…서로 모순되어 보이는 이러한 구절들은 우리가 우리 의지의 노력을 하나님의 은총의 도우심과 결합시킨다면 쉽게 조화가 될

---

14. Ibid., III. B2.
15. "영감으로 성서를 만든 성령은 자기 자신에 대해서 싸우지 않는다. 양측은 다 성서의 침범할 수 없는 권위를 인정하지만, 이러한 매듭을 풀 수 있는 해석 방법이 발견되어야 한다."

것이다.[16]

결국 우리는 제3의 율법에 다다른다. "신앙의 법"이 그것이다. 만약 인간이 자기 구원에 참여하지 못한다면, 그는 신앙을 갖고 있지 않다. 그러므로 그는 법의 한 범주로써 신앙을 이해한다.

신앙과 자유의지

확실한 것은 에라스무스가 자유의지의 맥락 속에서 신앙을 이해한다는 것이다. 에라스무스에 따르면 "자유의지의 창설자",[17] 즉 하나님은 피조물에게 자유의지를 부여하신다. 그 인문주의자가 이사야서의 한 본문[18]을 주석할 때, 그분은 흙에, 비록 그것이 토기장이의 손 안에 있지만, 자유로운 의사를 부여하신다. 게다가 그는 "이것은 전적으로 자유 선택을 빼앗는 것이 아니며, 우리의 의지를 영원한 구원을 얻기 위해 하나님의 의지와 협력하는 것에서 배제하는 것도 아니다"[19]는 것으로 이해한다. 흙 없이는 토기장이도 형태를 만들 수 없다. 그는 재료가 있기 때문에 자기 과업을 완수할 수 있는 것이다. 예레미야가 "진흙이 토기장이의 손에 있음같이 너희가 내 손에 있느니라"[20]라고 말할 때, 그것은 형성될 흙의 무능력을 의미하지 않는다. 흙이 좋은 품질을 갖고 있지 않다면, 토기장이도 아름다운 꽃병을 만들 수 없을 것이다. 설사 그 인문주의자가 아래와 같이 자유의지를 정의 내린다고 해도, 그가 토기장이의 손 안에서 빚

---

16. Ibid., III. A17.
17. Ibid., II. A3.
18. Cf. 렘 45:9.
19. Ibid., III. A13.
20. Cf. 렘 18:6.

어질 흙처럼 인간을 생각한다면, 이 흙인 인간은 신의 작품에 협력하는 것이다.

여기서 우리가 자유의지를 인간 의지의 능력처럼 정의 내린다면, 그 덕택으로 인간은 영원한 구원에로 자기를 인도하는 모든 것에 대치될 수 있을 것이고, 반대로 그것으로부터 멀어질 것이다.[21]

'신앙의 법'은 하나님과의 협력에서 유래한다. 자유의지의 인간은 하나님과의 선한 협력자다. 비록 계명들이 자기에게 감당하기 힘든 것이라고 해도, 그는 용이하게 그것들을 성취할 수 있을 것이다.

'신앙의 법'은 '행위의 법'보다 더 힘든 일을 명령한다. 그러나 (그것은) 은혜가 넘치게 역사함으로 스스로는 불가능한 일들을 쉽게 행하며 그의 명령에 기꺼이 따른다. 그러므로 믿음은 죄에 의해 상처를 입은 이성을 치유하며, 은사는 약한 의지를 계속해서 견디게 한다.[22]

그 인문주의자는 인간의 행위와 신의 은혜가 만남으로써 생겨나는 것이 구원이라고 확신하고 있다. 왜냐하면 자유의지의 창조자, 곧 하나님이 인간에게 선택권을 부여하셨기 때문이다. 에라스무스식의 신앙은 구원을 향한 '자유의지'를 시동케 하기 위한 일시적 구동력일 뿐이다.

---

21. Ibid., I. B10.
22. Ibid., II. A6.

제2장

루터에 의한 「자유의지에 관하여」 분석

앞 장에서 우리는 에라스무스의 「자유의지에 관하여」를 분석했다. 에라스무스는 인간이 구원에 이를 수 있는 자유의지를 소유하고 있다고 간주한다. 게다가 그는 종교적 결정을 할 때 이성을 훼손하지 않고 흐리게만 하는 것이 죄라고 생각한다. 이 저서에서 에라스무스가 그리스도에 대한 믿음이나 그 신앙이 야기하는 것에 대해서 전혀 거론하지 않는다는 것은 주목할 만한 일이다.[1] 그런데 루터는 "모든 사람은 어두운 마음을 지니고 있기에, 비록 그들이 성서에서 발견할 수 있는 모든 것을 암송한다고 해도 그들은 참다운 인식을 가질 수 없다"[2]고 말한다. 따라서 루터가 주장하는 원의의 박탈Privation de la justice originelle[3]을 검토하는 것이

---

1. "Du serf arbitre," in *Œuvres* V, *Weimarer Ausgabe*(이하 약자 *W.A.*) 18권.

2. Ibid., 29, *W.A.*, 18. Cf. Ibid. "성서에는 두 종류의 어둠이 있듯이, 두 종류의 명확성이 있다. 하나는 외적인 것으로 말씀의 사역 안에 머무는 것이고, 다른 하나는 내적인 것으로 우리 마음에 거하는 것이다."

3. 우리는 다른 말로 그것을 "본질적인 죄(Péché capital)", in *Œuvres* VII, 239, "근본적인 죄(Péché radical), 본성적 죄(Péché naturel)", "Commentaires de l'Epître aux

필요하다. 오이디푸스 구조가 프로이트의 정체화 이론을 세우듯이, 이 교리는 노예의지의 양가감정에서 생겨나는 역동성을 세운다.

1. 거울 단계(라캉)와 망상증적 구조로서의 근본적 의의 박탈(루터)

에라스무스는 출애굽기[4]를 공부하면서, 왜 하나님은 활동 중인 나쁜 의지를 변화시키지 못하는가라는 질문을 던진다. 그렇다면 아담의 타락도 허락된 것이 아닌가? 인간이 출생하기 전에 뿌리를 정결케 할 수 있었는데도 왜 원죄라는 마치 옥의 티 같은 거추장스러운 것을 갖고 태어나게 했을까? 이 의문은 그 인문주의자를 자유의지 지지자로 충동질하는 원동력이 된다.

루터는 「노예의지에 관하여」에서 파손된 의지라는 견해를 이렇게 설명한다. "자유의지는 악을 원할 뿐이다. 왜냐하면 모든 것을 아시며 침묵하시지 않는 하나님은 이런 확신으로 애굽 왕 바로가 강퍅하게 될 것을 예언하기 때문이다. 결과적으로 하나님은 나쁜 의지가 악만을 욕구한다는 것과, 그(바로)에게 악에 반대되는 선을 제시할 때, 나쁜 의지는 더 나쁘게 될 수 있다는 것을 알고 계시는 것이다."[5] 원의에 대한 진정한 이해 없이 우리는 참다운 신학적 인간학에 다다를 수 없다. '근본적 의의 박탈론'은 노예의지 개념을 구성한다.

Romains," in *Œuvres* XII; II. 4. 7, *"peccatum* radicale, originis, naturale,"in *W.A.*, 56권, 284, 23라고 부른다. 원죄에 대한 아우구스티누스와 펠라기우스, 프란체스코 학파와 토마스 아퀴나스, 칼 바르트와 현대 신학자 간의 논쟁을 위하여, P. TILLICH, *Histoire de la pensée chrétienne*, trans. L. JOSPIN (Paris: Payot, 1970), 144-145.

4. 9장 12절. Cf. "Du serf arbitre," in *Œuvres* V, 143.

5. "Du serf arbitre," in *Œuvres* V, 143, *W.A.*, 18.

'자유의지'는 착하고 성스러운 행위로 구원에 참여하는 인간의 능력[6]을 수용하는 반면, '노예의지'는 구원에 접근하는 인간의 무능력을 선포한다. 전자는 에라스무스와 스콜라 신학자들에게서 솟아나고, 후자는 루터에게서 솟아난다.

스콜라 학자들의 관점에 따르면 "원의는 인간 본성 자체에 속하는 고유한 것이 아니다. 그것은 일종의, 아름다운 처녀의 머리에 쓰여 그녀를 완전히 다르게 보이게 하는 화관처럼 첨부된 장식, 선물이다. 그것은 외부로부터 그녀에게 주어진 것이고, 본성 자체에 해를 끼치지 않고 없어질 수도 있다."[7] 결국 스콜라 학자들은 인간이 근본적 의로서의 '첨부된 장식'을 잃어버렸다고 해도, '창조된 본성'에는 상처가 없다고 판정한다.[8]

반면 루터가 생각하는 원의는 스콜라 학자들의 원의와는 전적으로 구별된다. 그에게 의란 "외부로부터 첨부된 것도, 인간 본성과 다른 것도 아니다. 그것은 정말로 본성인 것이다. 왜냐하면 아담의 고유 본성은 하나님을 사랑하고, 하나님을 믿고, 하나님을 아는 기타 등등의 것이었다.[9]

무시무시한 타락으로 인해 우리의 본성은 더러운 욕망과 탐욕의 노예가 되었을 뿐 아니라 전적인 타락 속에 놓여 있다. 우리의 지성이 모호

---

6. 자유의지에 대한 정의, "Du serf arbitre," 83, *W.A.*, 18. "그러므로 우리는 자유의지에 대한 정의에서 시작한다. 당신(에라스무스)은 그 정의를 이렇게 말하고 있다. '우리는 인간 의지의 능력을 자유의지로 이해한다. 이 의지 덕분에 인간은 영원한 구원으로 이끌거나 거기에서 우회하게 하는 것들에 밀착해 있을 수 있다.'"

7. "Commentaire du livre de la Genèse," in *Œuvres* 17 (Genève: Labor et Fides, 1975), 151 (ch. 3, v. 7), *W.A.*, 42권, 123, 38-42.

8. Cf. Ibid., 151 (ch. 3, v. 7), *W.A.*, 42권, 123, 42-124, 2. "스콜라 학자들에 따르면, 만약 인간들과 악마들이 근본적 의를 상실했다면, 자연적 본성은 첫 창조의 완전함을 보전할 수 없었다." 루터는 근본적 죄에 대한 스콜라 학자들의 가르침을 전개한다. "Les articles de Smalkalde", in *Œuvres* VII (Genève: Labor et Fides), 239-240.

9. "Commentaire du livre de la Genèse," in *Œuvres* 17, 3.7.

하기 때문에, 우리가 하나님과 그분의 의지를 인식할 수 없기 때문에 처음의 완전함은 하나의 추억일 뿐이다. 우리는 하나님의 행위를 분간할 수조차 없게 된다. 우리가 하나님의 의지와 그분의 말씀을 부정하면서 탐욕과 육의 격렬함에 우리를 내어주기 때문이다. 비텐베르크의 종교 개혁자는 근본적 의의 박탈을 확신하면서 "원죄"(근본적 죄)[10]를 정의한다.

> 만약 아담 한 사람의 잘못 하나로 우리가 죄인이 되고 징벌을 받는다면, 우리는 죄도 저지르지 않고 처벌도 받지 않는 행동 하나라도 할 수 있을까? 바울이 '모두'라고 말할 때, 행위를 하는 자든지 하지 않는 자든지, 노력하는 자든지 노력하지 않는 자든지, 자유의지도 어떠한 사람도 제외시키지 않는다. 아담의 잘못은 우리의 모방이나 행동에 의하지 않고도 우리의 것이 된다(왜냐하면 그것은 더 이상 아담 자신만의 잘못이 아니고 그것을 범하는 것은 바로 우리이지 그가 아니기 때문이다). 그것은 출생에 의해 우리의 것이 된다.…그러므로 원죄는 죄인이나 선고받은 자의 죄와는 다른 가능성을 자유의지에게 남겨 놓지 않았다.[11]

「비방서」(자유의지에 관하여)에서 에라스무스는 '외부에서 첨부된 일종의 장식'처럼 원의를 이해한다. 루터는 그것을 '본성의 고유함'이라고 수정한다. 그 인문주의자가 신앙인의 완전한 의를 강조하는 반면, 그 종

---

10. Cf. 장 칼뱅은 근본적 죄를 '유전적 오염'과 '자연적 전복'이라고 부른다. *Institution Religion Chrétienne* (Livre II, 5, Paris:Libraire de ch. Meyrrueis et Compagne, 1859), 126, *Commentaire de Jean Calvin sur le Nouveau Testament* t. 3 (Genève: Labor et Fides, 1960), 125.

11. "Du serf arbitre," in *Œuvres* V, 216, *W.A.*, 18. Cf. "Commentaire aux Romains," II.5.12.

교 개혁가는 고유한 본성의 상실을 지지한다.

　루터에게 있어서 원의의 상실은 거울 단계 이론에 비교할 만하다. 거울 단계 전에, 아이가 상상적 신체와 실제 신체를 혼동하는 것과 마찬가지로, 원의가 박탈된 사람은 고유한 본성과 부여된 성품을 구분하는 데 다다르지 못한다. 그러므로 온전하지 못한 인간은 원의의 소멸과 하나님에 대한 신뢰가 상호 부조화된다는 점을 알지 못한다. 인간이 실상과 허상의 이중화를 모른다는 사실을 유념한 라캉은 이러한 인식을 근거로 '광기'를 연구한다. 에라스무스식 자유의지가 스콜라학의 인간학의 토대였듯이, 인간에 대한 라캉의 인식이 첫 번째 장르의 정체화의 근거를 이룬다. 결과적으로 죄에 대한 이론은 '모호한 지성'이 망상증적인 인식을 하는 한, 우리들의 고찰에 스며 있는 인간계의 존재론적 구조를 따른다는 사실을 보여준다. 이 인식은 망상증적 정신병과 인성 간의 관계를 부연하는 라캉의 박사 논문에 상세히 기술되어 있다.[12] 프랑스의 정신분석가는 자신의 저서에서 자아Moi의 영상과 타자에 의해 가해지는 박해 감정을 설명하는 '에메의 경우'를 분석한다. 자기 처벌이라는 심리적 메커니즘의 토대를 이루는 이 인식은 원의의 계속성에 대한 자유의지 자체의 방어에 사용된다. 이 맥락에서 우리는 자유의지의 "자기중심적"Centripéte[13] 본성을 확인한다.

　이 장을 끝맺음하기 위해, 거울 단계와 원의의 상실 간의 비교를 도식화해보자(다음 쪽의 도표 참조).

---

12. *De la psychose paranoïaque dans ses rapports avec la personnalité, thèse de doctorat en médecine* (1932) (Paris: Seuil, 1975).

13. 정체화에 대한 앙리 발롱의 용어인 "centripète, centrifuge, et réciproque," in *Les origines du caractère chez l'enfant* (Paris: P.U.F., 1949), 87; 275.

정신분석학에 대한 환기	루터의 상응 내용
거울에서 자아(Moi)는 대타자에 의해 제기된 주체 국면을 망각한다.	자유의지에서 기독교인은 자기의 정체성이 외부(extra se)에 있음을 몰인식한다. 대타자의 선물, 즉 원의를 상실했음을 인식하지 못한다.
자아(Moi)는 이상적 자아(Moi ideal)의 동질적인 행동들에 순응하면서 자기의 정체성을 세워야 한다고 믿는다.	행위로 구원을 이룰 수 있다고 생각한다.
자아(Moi)는 이상적 자아 (전지전능의 신)에 부합되기를 원한다.	마치 '신'이었던 것처럼 자유를 소유한다고 믿는다.
a-a´축이 작동하지만 A-S축은 작동하지 않는다.	그리스도로서 역사하시는 하나님에게 자유의지는 부재한다. 이 하나님은 삼위일체(三位一體) 하나님의 정체성 전체를 보여주지 않는다. 단지 심판자 하나님 앞의 고독한 인간으로서의 그리스도와 하나님의 부재를 드러낸다.

2. 오이디푸스(프로이트, 라캉)와 자유의지에서의 삼각 개념(루터)

우리는 정체화의 불변하는 상수로서 오이디푸스의 두 구성 요소를 기술했다. 그것은 세 가족(아빠, 엄마 그리고 아들)의 부부 생활과 아이의 선천적인 양성兩性이었다. 오이디푸스 삼각 개념을 통해 우리는 세 가지 요소로 설명되는 루터 신학 구조를 추출하게 된다. 그것들은 바로 '죄인', '육의 지혜', '법'이다. 자아가 사랑을 위해 리비도를 방출하는 대상을 추구할수록 그는 법에 의해 위협을 받는다. 결과적으로 자유의지[14]는 '육의

---

14. '자유의지'에 대한 루터식 이해에 의하여, 우리는 자유의지를 불의한 자나 죄인으로 간주할 것이다.

욕망’ 같은, 그리고 ‘거울상의 영상들’ 같은 ‘육의 지혜’에 의해 감금된다. 양가감정 개념 또는 상상적 매듭을 부연하는 양성 개념은 법의 이중적 사용의 근거를 이룬다.

정신분석학에 대한 환기		루터의 상응 내용
오이디푸스 구조		자유의지의 구조
지그문트 프로이트	자크 라캉	마르틴 루터
아들 엄마 아빠(방해꾼 삼자)	나르시스적 자아 거울상의 영상들 상상적 매듭	죄인 육의 지혜 법의 이중적 사용

위의 도표가 보여주듯, 아래에서 오이디푸스 삼각 개념과 루터의 자유의지 이해의 관계를 살펴볼 것이다.

나르시스적 자아와 자유의지의 본성

“마치 인간이 인간적인 외형으로 나타날 수 있는 것처럼, 인간은 건강하고 공정한 존재라고 그 「비방서」는 꿈꾼다”[15]라고 루터는 말한다.

죄의 본성을 깊이 연구할 목적으로 루터는 장 루쉴렝Jean Reuchlin이 번역한 시편 32/1-2을 묵상한다. “허물을 사함받고, 죄의 가리움을 받은 자는 행복하도다. 하나님으로부터 자신의 타락에 대하여 정죄를 당치 않는 자는 복이 있도다.”[16]

우리는 여기서 죄를 기술하는 세 개의 용어를 상고한다. 그것은 허

---

15. “Du serf arbitre,” 96, *W.A.*, 18.
16. “Commentaire de l’Epître aux Romains,” II. 4. 7, *W.A.*, 56.

물(Crime 또는 *Crimen*), 죄(Péché 또는 *Peccatum*), 위선(Iniquité 또는 *Iniquitas*)이다.

첫 번째로 허물은 나쁜 짓들, 걱정들, 범죄들 등을 지칭한다. 두 번째로 죄는 불씨, 죄의 근원 자체, 원죄, 그리고 악에의 욕정, 즉 나쁜 행위의 성향을 의미한다. 세 번째로 위선은 부정과 죄의 저항에도 행해지는 부정의와 선한 업적, 다시 말해 그것들을 성취해야 된다고 강요당한 자들의 노력에 의한 선한 업적을 의미한다. 이것과 같은 의미에서, 불경건(Impiété 또는 *Impietas*)은 죄의 부정을 표상한다.[17]

인간은 율법이 규정하는 것을 설령 행한다 해도, 율법이 요구하는 것을 더 이상 성취하기를 원하지 않는다. 이런 특성을 지닌 인간은 자기가 행하기 원하지 않는 것을 하면 할수록 더더욱 율법을 증오한다. 죄인들은 법을 지키면 정의와 구원으로 인도된다고 생각한다. 그러나 신앙과 은혜 없이, 법 덕분에 만들어진 업적은 단지 구속하기 위한 두려움과 유혹하기 위한 일시적 약속으로 사용된다. 율법의 행함과 율법의 성취는 서로 다른 것이다. 율법의 의와 하나님의 의 간의 차이점을 기술하면서 루터는 죄인의 허망한 사고를 이렇게 드러내 보인다.

바울은 분명하게 두 종류의 의를 구분하여 하나는 율법에, 다른 하나는 은총에 귀속시킨다. 은총은 율법과 율법의 행위와는 상관없이 주어지며, 율법은 은총 없이는 아무것도 의롭게 하지 못하며 가치 있는 것으로 여기지 못한다. 나는 자유 선택론이 어떻게 이런 주장들에 대항해 그 자신을 지탱하면서 변호할 수 있는지를 보고 싶다.…바울은 다시 한 번 매우

---

17. Ibid., 4. 7.

분명하게 전 인류를 두 부류로 구분한다. 그는 신자들에게 하나님의 의를 부여하고, 비신자들에게서 그것을 제거한다. 자유의지의 능력과 노력이 그리스도의 신앙과 다르다는 사실을 의심할 어리석은 사람은 없다. 그러므로 바울은 이 신앙 밖에 있는 모든 자는 하나님 앞에서 의롭지 못하다고 가르친다. 만약 하나님 보시기에 그것이 의롭지 않다면, 그것은 필연적으로 죄일 수밖에 없다. 하나님에게 의와 죄 사이의 중간 지대란 없다. 말하자면 의도 아니고 죄도 아닌 중립 지대란 없다는 말이다.[18]

오만한 자들은 외적인 덕 안에서만 하나님의 지혜를 이해한다. 우리는 이 사실을 루터의 한 문장을 통해 동감한다. "다양한 말, 묵상, 행위들로 구성되는 이 지혜의 외적 측면은, 각각 모든 자에게 보일 수 있다.…이 모든 것으로 하나님을 찾지만, 이런 것들은 단지 외적인 것일 뿐이다. 내적으로 그들은 다른 이들보다 그분을 잘 알지 못한다. 왜냐하면 그들은 하나님을 연구함 없이, 그분을 깨달음 없이 자기 자신들에게 너무 신경 쓰기 때문이다."[19] 모든 인간은 선과 일시적 행복에 대한 탐욕에 만족한

---

18. "Du serf arbitre," 210, *W.A.*, 18. Cf. "Les sept Psaumes de la pénitence," in *Œuvres* I, 52 (Ps. 51:7). "외적 의와 드러나는 경건은 근거도 없이 진리도 없이 순수한 혼돈이다. 왜냐하면 그것들은 내적 죄를 덮고, 진정하고 원의에 대한 얼굴일 뿐이다. 너는 그것들의 적이고, 사람들은 그것들을 사랑한다. 그것을 위해 너는 내적 진리를 사랑하지만 그것들은 내적 허위이고, 너는 깊음이고, 그것들은 외적 허위이다. 이성으로 그들은 '내가 네 앞의 죄인이다'라고 말하지 않는다."

19. "Les sept Paume de la pénitence," in *Œuvres* I, 52-53 (Ps. 51:7). 계속해서 루터는 지혜의 또 다른 면을 기술한다. "이 지혜의 숨겨진 내적 측면은 자신의 가슴 깊은 곳에서 찾을 수 있는 것이다. 결과적으로 자기를 증오하고, 자기에게 없지만 하나님에게 있는 모든 의를 찾고, 끊임없이 자신에게 불만족하고, 하나님께 친밀한, 즉 겸허를 가지고 하나님을 사랑하고 자신을 포기한다. 그들이 모르는 이 내적 의는 교만한 자들이 냉혹해진 모든 장식, 수단, 말, 외적 행위로 드러난다. 그래서 하나님은 가슴 깊은 곳에

다. 또한 그들은 악과 일시적 불행 앞의 결과도 만족한다. 그렇지만 그들은 완전한 만족을 얻을 수는 없다. 그들의 업적들은 하나님 앞에서 선한 것으로 인정되지 않는다. 게다가 그들은 하나님의 은혜와 진리에 대한 모든 인식으로부터 이탈된다. 그 결과 그들은 그들의 죄도, 그들이 뒤쫓는 법의 진정한 의미도 알 수 없다. 모든 인간이, 법이 내적 의에는 허약하며 빈약하고, 무익한 퇴화물임을 이해하기란 가능하지 않을 것이다. 왜냐하면 "의와 죄 사이의 중간 지대란 없고, 의도 아니고 죄도 아닌 중립 지대는 있지 않기 때문이다."[20]

법적 의미에서 업적을 성취한다는 것, 이것은 아담의 가죽옷을 입는다는 것을 의미한다. 아담이 사탄에게 굴복한 직후, 주님은 아담과 그의 부인의 타락을 논의했고 그들에게 가죽으로 만든 옷을 주었고 그 의복으로 그들을 덮었다. "이 짐승 가죽은 단지 가고 올 죄에 대한 기억만이 아니라 죄에서 흘러나오는 현재의 재앙을 상기시킨다."[21] 주님은 그들을 낙원에서 추방했고 여자의 남편은 식물을 먹기 위해 땅을 경작해야 했다. 그들은 죽음의 외투와 죄의 의복, 즉 "우리 모두가 죄에 예속되고 팔렸다는 것과 우리가 하나님에 대하여 두렵고, 무지하고, 불신하고, 그리고 증오심을 갖고 있다는 것"을 상징하는 그것을 입고 있다. 또한 우리는 나쁜 갈망, 티끌, 인색 등으로 가득하다. 결국 이 의복, 다시 말해 더럽혀지고 죄로 물든 이 본성은 아담에서 유래한다."[22]

법을 행함은 바로 옛사람이라 불리는 죄인의 옷이다. 이 옛사람은 신

계시고, 진정한 것을 사랑하시고, 겉모양과 위선을 사랑하기에 그들을 미워하신다."

20. "Du serf arbitre," 210, *W.A.*, 18.

21. "Commentaire du Livre de la Genèse," 3. 21.

22. "Commentaire de l'Epître aux Galates," II. 3. 27.

앙이 형성하는 하나님과의 관계 안에서 고려될 성질의 것이 아니라 세상과의 관계 틀에서 이해되어야만 하는 것이다. 그러므로 그 종교 개혁자는 그것을 **마귀적 자유** *Libertas Diabolique*라 불렀다. "옳다고 믿는 것을 처벌 없이 행하고 가르치기 위해 자신들의 견해와 시도 속에서 자유롭게 되고자 하는 열광적인 사람들처럼, 오늘날 무지한 군중이 바로 이 자유에 속박되어 있기 때문이다."[23]

자기에 대한 사랑은 죄인의 본성의 변함없는 토대를 이룬다. 죄인은 나르시스적 본질을 지닌 대상에 정체화된다. 그러나 나르시스적 성격을 띠지 않는 새로운 대상에게로 눈길을 돌리는 법은 없다. 그가 그 대상을 잃어버린다 해도, 그 대상에 대한 사랑만은 포기하지 않는다. 왜냐하면 죄의 뿌리 자체를 의미하는 죄 *Peccatum*는 자아 외부에 있는 것이 아니라 자아 내부에 있기 때문이다. 그리스도로 계시된 하나님을 믿는 것 밖에서, 자유의지의 신앙을 갖고 있는 신자는 더 이상 은혜의 의로움과 법의 의로움을 분리하지 못하고 단지 법을 행하는 것에만 몸을 내맡긴다.

그러므로 우리는 자아에 대한 프로이트적 개념에서 출발하여 이중적인 죄인의 면모를 발견한다. 그중 하나는 새사람에 대한 비판, 또 하나는 비판당하는 자아나 정체화에 의해 수정된 자아처럼 근본적인 죄에 물든 옛사람이다. 프로이트에 따른 정체화에 의해 변모된 자아는 욕망하기를 멈추지 않는다. 그리고 비판당하는 자아는 그 욕망의 완전한 만족을 거부한다. 동일하게, 라캉의 허구 영상을 겨냥하는 자아는 프로이트적 의미에서 정체화에 의해 수정된 자아에 비유되고, 또 구멍 난 대상에 정체화된 자아는 비판당하는 자아에 정체화된다. 신학적인 면에서

---

23. Ibid., *W.A.*, 40-2.

볼 때 **내적 인간**$^{ἔσω\ ἄνθρωπος}$은 노예의지의 본성을 말하고, 외적 인간^{ἔξω} ^{ἄνθρωπος}은 자유의지의 망상증적 기능을 말한다. 루터가 의와 죄를 매개하는 것을 거부하듯, 우리는 새사람과 옛사람 간의 중립 지대를 인정하지 않는다. 에라스무스식의 신앙은 근본적으로 외적 인간이 육을 향하는 욕망과 나르시시즘 메커니즘만을 추종한다. 그것은 신자 자신에 대한 신뢰일 따름이다.

그 결과, 첫 번째 장르의 정체화에서 이상과 현실의 헛된 일치에 의한 것처럼, 내적 인간과 외적 인간 간의 부조화는 은혜의 의 없이 율법의 업적으로 해결된다. 프로이트가 '양가감정'이라 부른 것을, 라캉은 '상상적 매듭'이라 불렀다. 우리는 그것을 '자신에의 신뢰'라고 일러두고자 한다. 이 매듭을 풀기란 여간 힘든 일이 아니다. 왜냐하면 이 얽힘이 육적이고 나르시스적 대상에 밀착되어 있기 때문이다. 프로이트가 일차 나르시시즘과 이차 나르시시즘으로 '자아의 리비도'를 세분하듯, 라캉은 '자아-쾌락'에 감금된 자아를 기술한다. 이 자아는 '자아-현실' 안으로 진입할 수 없다. 자아의 두 메커니즘을 서로 이어주는 통로는 없는 것 같다. 결국 구원에 있어 하나님-인간 협력이란 거울을 매개로 한 협력, 즉 이것을 신뢰하는 자유의지의 신앙은 자아에서 시작되는 리비도와 일차 나르시스적 자아에 비유할 만하다. 정신분석학 이론에 따르면, 그 신앙은 상상적 정체화에 위치하는 것이기 때문이다.

정신분석학에 대한 환기	루터의 상응 내용
자아에 대한 비판	새사람에 대한 비판 내적 인간
정체화에 의해 변형된 자아	원죄에 물든 옛사람 외적 인간
나르시시즘	자기 사랑 - 죄인의 본성
광기/현실과 허상 간의 부조화에의 무지	자유의지/하나님-인간 간의 협력을 믿음
상상적 매듭	자기에의 신뢰

거울상의 영상과 육의 지혜

우리가 확인했듯이, 에라스무스는 인간의 의지가 굽었지만 아직 실질적인 힘이 있음을 확신한다. 비록 인간의 본성은 병들었지만 완전히 파괴된 것은 아니기 때문이다.

하지만 루터는 자유의지의 인간이 "육의 업적"[24]을 추구한다고 인식한다. 그래서 그는 이 업적을 법 아래 있는 인간의 형상이라는 항목에 기입한다. 루터에 의하면 "은혜는 자유의지의 공로나 노력으로 다가갈 수 있는 것이 아니다." 왜냐하면 "자신의 힘에만 의존하는 자유의지는 죄만 짓는 데 공헌할 뿐이기 때문이다."[25]

사도 바울은 "육신의 분별은 하나님의 적"이라고 굳게 믿고 있다. '분별'이라는 용어(그리스어 το φρόνημα)를 아우구스티누스는 *sapientia*로

---

24. Cf. "Serf arbitre," 58-59, *W.A.*, 18. "게다가 너는 자유의지가 성령이나 그리스도에게서 유래하지 않고 인간의 것임을 알 것이다.…그러므로 만약 그럼에도 교부들이 자유의지를 가르쳤다면, 그것은 확실히 육신의 나약함 때문일 것이다. 왜냐하면 자유의지의 가르침은 하나님 영의 행위로 난 것이 아니라 인간으로부터 났기 때문이다."

25. "Serf arbitre," 172, *W.A.*, 18.

번역하고 루터는 *prudentia*라고 번역하고 이해한다. 사전적 용법에서 *prudentia*는 사변의 가능성에 초점을 둔다. 반면에 *sapientia*는 행위의 가능성에 강조점을 둔다. 루터는 "도덕의 의미와 행위의 가능성"[26]으로 *prudentia*의 의미를 이해한다. 결과적으로 그에게 *prudentia*는 이중적 측면을 내포한다. 하나는 **육의 지혜**prudentia carnis고, 다른 하나는 **영의 지혜**prudentia spiritua다. 인간의 타락과 관련해서는 첫 번째 측면이 문제시된다. 한편으로 그 종교 개혁자는 그것을 종국적이고 궁극적인 대상으로서 자기 사랑amor sui으로 구분하고, 다른 면에서 탐욕으로 구분한다.

우리는 *Prudentia carnis*가 개인적 의지를 뜻함을 주지해야 한다. 그리고 그 계명이 '선과 악의 인식 나무'를 범하는 '처음 난 자'에게 부과되었다는 것도 고려해야 한다. 루터는 하와의 출생 전에 이미 교회 제도가 있었다고 기록하고 있다.[27] 에덴에서 처음 난 자는 하나님을 경외하는 예배를 드렸고 행위로 순종했다.[28] 주님이 명령하고 지시함에도, 아담에게는 신적 의지에 순종하는 것보다 더 큰 기쁨은 없었다. 타락 이후에, 그 부부는 하나님 앞에서 자신들의 위반을 인정하기보다 자신들을 방어하기 위해 거짓 변명을 늘어놓는 데 급급했다. 인간은 하나님에게서 멀어질수록 더욱더 하나님으로부터 벗어나고자 욕망한다. 처음 난 자가 뱀의 유혹으로 정복당한 때부터 그의 의지는 더럽혀진다. 근본 의로부터 박탈된 인간은 양가감정식으로 자유의지의 창조자를 향해 행동한다.

종국적이고 궁극적인 대상으로서 '우리 자신'을 부연해보자. 오래전

---

26. "Commentaire de l'Epître aux Romains," II. 8. 7.

27. "Commentaire du Livre de la Genèse," 2. 16-17.

28. Cf. "Commentaire du Livre de la Genèse," 2. 16-17. "그분은 한 가지만을 원하신다. 그것은 금지된 과일을 먹지 않으면서 아담이 하나님을 찬양하고, 은혜를 그에게 돌리고, 주님 안에서 즐거워하고 순종하는 것이다."

부터 시편 기자의 마음을 묵상하던 그 종교 개혁자는 1517년 「일곱 편의 참회 시편들」에 대한 두 번째 강의에서 '영의 농간', '자기 사랑 또는 음욕에 대한 애욕', 다시 말해 시편 32편 2절을 주석하면서 기만의 성격을 다룬다. "이것이 의미하는 것은, 외적으로 볼 때 그의 마음이 의롭다는 것과 하나님의 의와 사랑을 지닌 자처럼 자기 자신을 취급하는 것은 잘못된 생각이라는 것이다. 반면 내적으로 볼 때 이 견해는 그릇되고 하나님을 섬기지 않고 하나님의 사랑에 힘입어 자비를 베풀지 않고, 그 반대로 자기 자신을 사랑함이다."[29]

그 종교 개혁자는 '나쁘고, 거짓되고, 기만적인' 것을 농간*ruse*이라 기술한다. 왜냐하면 교활한 자는 자신의 영과 행위를 반성함 없이, 의로운 삶과 선한 업적을 자랑삼아 교만한 태도로 살아가기 때문이다. "각자의 영 깊숙이"[30] 침전된 더러움, 루터는 이것을 "영의 농간"[31]이라 말한다. 결국 '영의 농간'은 자기 사랑*amor soi*에서 흘러나온다. 인간이 자비를 실천하는 것은 하나님을 사랑해서가 아니라 하늘에 희망을 두기 때문이다. 그 종교 개혁자는 「스콜라 신학에 대한 반론」*La controverse contre la théologie scolastique*에서 자기 사랑*amor sui*을 이렇게 간추리고 있다. "실수하는 인간은 피조물을 사랑할 수는 있지만 하나님을 사랑하기란 불가능하다. 또한 인간은 하나님이 하나님이라는 가설을 원하지 않는다. 반대로 자신이 하

---

29. "Les sept Psaumes de la pénitence, première redaction(1517)", in *Œuvres* I (Genève: Labor et Fides, 1957), 26.

30. Ibid., 27.

31. Ibid. "인간이 의식적으로 자신이나 타인에 대하여 노력해서 만드는 것이 아니라 자기 속에 내재된 것이 농간이다. 이 결과 인간은 미친 듯이 상상할 수 있다. 그래서 잔류하는 농간에서 비롯되는 이 추악한 더러움을 신학박사들은 자기 사랑(*amor sui*), 음욕에 대한 애욕(*amor concupiscentiae*)이라 부른다."

나님이 되고 싶어하고 하나님을 하나님이 아니라고 믿고자 한다. 사실상 높은 곳에 계신 하나님을 사랑한다는 것은 하나의 허구이고 일종의 망상이다."[32] 육의 지혜는 궁극적으로 자기 사랑을 목표로 한다. 자신을 사랑하는 것은 하나님을 미워하는 것이다. 인간은 하나님이 되고자 시도하고, 이 하나님은 그의 이상적 자아Ideallch, Moi-idéal일 뿐이다.

계속해서 루터가 말하는 탐욕에 대해 알아보자. 그 종교 개혁자는 "육의 영광"[33]에 대해 말한다. 창조 시, 인간의 육은 순결하고 정숙continence했지만, 거룩을 실추한 인간은 "정신적 우상 숭배"[34]에 의해 그의 육신이 더럽혀졌다. 다양한 용도로 사용될 수 있는 신체를 불합리하게 사용하는 것, 즉 신체에의 치욕ignominie,[35] 불순결, 그리고 신체적으로 타락된 향락la volupté dépravée[36]이 문제시된다. 그러므로 그 종교 개혁자는 하나님에 대항한 인간의 욕정을 이렇게 정의한다. "자연에는 하나님에 대항한 탐욕 행위만 있다. 하나님에 대한 모든 탐욕 행위는 악이며 영의 간음fornication이다."[37] 육의 나쁜 사용은 근본 의의 타락에서 기인하고, 정신적 우상숭배는 우리를 '행위의 우상숭배'로 유인한다.

루터는 「노예의지에 관하여」에서 에라스무스가 자유의지의 본성으로 기술했던 육의 지혜를 비판한다. "나(루터)는 이 위대한 위인들이 은총을 끌어당길 만한 능력을 가졌다고 생각하지 않는다. 반대로 나는 그

---

32. "La controverse contre la théologie scolastique (1517)", in Œuvres I, 97.

33. "Commentaire de l'Epître aux Romains," I. 1. 24.

34. Ibid., I. 1. 25.

35. Ibid., I. 1. 24.

36. Cf. Ibid., 1. 24. "한편 이것은 파렴치한 사고의 불꽃 같은 화염에 의해, 다른 한편 손으로 만지거나 신체적 접촉, 특히 여인의 몸, 또는 추잡한 몸짓 등에 의한 것이다." 또한 그는 첫 번째 의도를 '의지적인 더러움', 두 번째 것을 '고독한 더러움'이라 명한다.

37. "La controverse contre la théologie scolastique (1517)", in Œuvres I, 97.

들이 은총에서 떠날 수 있는 능력을 가졌다고 생각한다.…우리는 당신 (에라스무스)에게 한 가지를 질문한다. 과연 어떤 행위로 자유의지의 능력을 만들고, 어떤 말로 해야 되고, 어떤 생각을 가져야 되는지 우리에게 말해주시오. 능력이 있다, 능력이 있다, 자유의지의 능력이 있다. 이 보다 더 쉬운 말이 어디 있는가? 이것을 설명하는 데 학문과 거룩함으로 오랜 세기에 걸쳐 명성이 높은 많은 사람이 필요한 것은 아니다."[38]

우리가 오이디푸스 콤플렉스의 구성 요소인 세 가지 관계를 공부했을 때, 창녀의 역할은 아이의 근친상간적 욕망의 대상으로서 엄마를 지칭할 가능성이 매우 높다. 아이는 아빠에게 소속된 사랑의 대상으로서 어머니를 선택한다. 이와 같은 방식으로 '근본적인 의'에서 거세된 인간은 명확히 법에 의해 금지되고 육적인 대상을 포착하도록 운명지어져 있다. 그는 육의 지혜로 구성된 거울 세계 속에 감금된다. 육의 지혜란 개인적 의지, 종국적·궁극적인 대상으로서 자기 자신, 욕정에의 사랑, 신체에의 치욕^{ignomonie} 등을 일컫는다. 그는 이 대상들과의 신뢰 관계를 유지하기 위해 다른 모든 유익한 것을 거부한다.

우리가 이상적 자아로서 자기 아빠를 관망하는 아이의 태도를 검토했듯이, 죄인은 자기가 원하는 모든 것을 할 수 있는 전지전능한 하나님이 되고자 한다. 이 의미의 틀 속에서 에라스무스는 구원을 위해 하나님과의 좋은 협력자로서 해석되는 자유의지의 인간을 이해한다. 그러나 루터는 스콜라 신학자들에 의해 펼쳐진 "굽은"^{ployable}[39] 사상에 저항한다.

---

38. "Du serf arbitre," *W.A.* 18. Cf. Ibid., *W.A.* 18.
39. "La philosophie chrétiene," III. B4. 'ployable'라는 단어는 정신분석학에서 'perversion'이란 것과 비교될 수 있다. 왜냐하면 에라스무스는 인간의 '굽은 의지'는 자유의지의 인간과 동일한 것이라고 생각하기 때문이다(Ibid.). 그런데 루터는 하나님에게만 자유의지를 부여한다. 결국 에라스무스의 생각은 전도된(perverse) 것이다. Cf. J.

우리 생각으로는 인간이 하나님이 되고자 한다는 에라스무스식의 생각은 상상적 아버지를 말하는 정신분석학적 생각과 유사하다. 그 증거로 "인간은 그 자신이 신이 되고자 한다."[40] 이 인식은 정체화의 첫 번째 장르의 기초로서 인간의 존재론적인 본질이 되는 것이다.

우리는 '정신적 우상숭배'로 복합된 육의 지혜를 자아가 정체화되는 거울상의 영상이라고 이해한다. 이 자아는 상상적 대상들처럼 되려고 하지도, 그것들을 소유하고자 하지도 않고 끊임없이 그것들을 욕망할 뿐이다. 그는 '요구'demande의 둥근 원 안에서 충만한 만족을 얻는다. 라캉이 생물학적 도면(1949년도에 발표한 거울 단계 논고를 참조)과 거울 영상을 고찰할 때, 꼬마 아이는 신체적으로 덜 성숙되었다. 하지만 라캉은 아이의 심성까지 비활동적인 것은 아니라고 언급한다. 이 시기 동안, 아이는 가족적이고 사회적인 영상들에게 정체화되고 아이의 자아는 "행위의 덩어리"[41]로 형성된다. 그러므로 자유의지의 인간은 죄로 구성된 육의 지혜와 말로 창조된 영의 지혜를 혼돈한다. 이 무지에서 그는 더 이상 근본적인 의와 의의 박탈을 분간할 수 없고, 창조 시의 근원적인 본성을 되찾지 못한다. 이 의미에서 "우상은 신으로부터 추방당한 신경증적 인간성"[42]을 말할 따름이라고 장 앙살디는 확신에 찬 목소리로 말한다. 그리고 자유의지의 성격을 이렇게 정의한다. "현실의 인간이 왜소하고, 나약하고, 제한되고, 죽음에 처함을 느끼면 느낄수록, 사르트르가 말한 '신이 되려

ANSALDI, *Les perversions dans le champ de l'éthique*, Montpellier, 1991-1992/2학기 강의 노트.

40. "Les sept Psaumes de la pénitence, première rédaction(1517)", 27.

41. 왜냐하면 자유의지의 인간은 줄기차게 행위의 율법을 성취하려 하는데, 우리는 이것이 '행위의 덩어리'라고 생각한다.

42. J. ANSALDI, *Le dialigue pastoral* (Genève: Labor et Fides, 1986), 28.

는 욕망'처럼 인간은 점점 더 전지전능하고 거의 신적인 이상적 자아 속에 잠기게 된다."[43]

정신분석학에 대한 환기	루터의 상응 내용
자아는 거울상의 영상에 정체화된다.	육의 지혜/율법의 행위
자아-이상/전지전능한 아버지, 상상의 아버지	자유의지의 인간은 하나님이 되려고 욕망한다.

양가감정 개념과 법의 이중 사용

앞에서 우리는 아이가 처음에는 근친상간 금지를 내리는 자로서 아버지를 알아보지 못한다고 기술했다. 아이가 아버지에게 정체화될 때, 아버지는 실현해야 할 그의 이상이자 제거해야 할 경쟁자가 된다. 동일한 방식으로 '근본적인 의'에서 박탈된 죄인은 법의 창조자 하나님에게 항거하는 행동을 개시한다. 여기서 우리는 법의 양가감정을 전개하며 '아버지에게 정체화'에 그것을 적용할 것이다.

에라스무스는 '신앙의 법'을 구원에 이르는 방법이라고 이해하지만, 루터는 자유의지가 그리스도에게로 우리를 이끌지 못한다고 굳게 확신하고 있다.[44] 「노예의지에 관하여」에서 법의 역할을 기술하면서, 그 종교 개혁자는 질문 하나를 던진다. "만약 하나님이 교만하게 그분의 충고에 저항하는 적들인 우리에게 율법을 내놓으면서 도전하기를 원하신다

---

43. Ibid., 46.

44. Cf. "Du serf arbitre," W.A. 18, 766. "바울이 말하길 법은 자유의지를 증명하지 못하고 자유의지는 의롭게 됨에 도움을 주지 못한다. 왜냐하면 의롭다 함이 되는 것은 법에 의한 것이 아니라 죄의 인식에서 비롯되기 때문이다.…이 빛은 우리에게 자유자 그리스도를 보여주는 복음의 목소리다. 이성은 자유의지로 이것을 밝히지 못한다."

면,…결과적으로 우리가 이 모든 것을 자유롭게 할 수 있을까 아니면 하나님이 우리를 우롱하시는 걸까?"[45] 그에 따르면 우리는 오히려 다음과 같은 결론을 내려야 한다. "하나님은 자기의 율법으로 우리 인간이 무능력하다는 것을 인식하도록 이끄신다."[46]

그 독일 종교 개혁자는 에라스무스에 의해 삭제된 한 본문을 검토한다. "법이 제정된 것은 의인을 위한 것이 아니다."[47] 스콜라 학자들은 이 문장을 이렇게 해석한다. "아담은 의로웠다. 그러므로 법은 의인인 그를 위해 제정된 것이 아니다. 이 사실로부터 에라스무스는 법이 문제되는 것이 아니라 보상이 문제된다고 연역했다."[48] 반대로 루터는 "법이 제정된 것은 의인을 위해서가 아니다. 법이 없는 곳에는 위반도 없을 것이다"[49]라고 말한다. "법이 제정된 것은 의인을 위한 것이 아니다"에 대한 스콜라 학자들과 루터의 두 견해는 우리를 동일한 결론으로 이끌지 않는다. 왜냐하면 전자의 것은 우리를 "근본적인 죄에 대한 부인"[50]으로 안내하고, 후자는 '근본적인 죄'의 인식으로 안내하기 때문이다.

법이 의인을 위한 것이 아니라면, 그것은 죄인을 위한 것이라고 볼 수 있다. 이런 의미에서 바울은 법이 죄 이후에 공포되었다고 선언한다. 이제 법이 선포된 시점이 중요해진다. 우리는 "바울이 죄 이후에 주어졌다고 말한 법을 에덴동산에 주어졌던 법"[51]과 동일한 것이라고 말할 수

---

45. Ibid., 96, *W.A.*, 18, 673.

46. Ibid.

47. "Commentaire du Livre de la Genèse," 2. 16-17 *W.A.*, 42, 19. Cf. Ibid., 111.

48. Ibid., 2. 16-17; *W.A.*, 42, 19-21.

49. Ibid., 2. 16-17; *W.A.*, 42, 26-27.

50. Ibid. *W.A.*, 42, 22.

51. "Commentaire du Livre de la Genèse," 2. 16-17; *W.A.*, 42, 33-35.

없다. 확실히 법은 죄인을 위해 제정되었다.

여기서 우리는 이 두 가지 방법의 설정, 법 설정의 두 가지 측면인 본질적인 내인성적內因性的, intrinsèque · 비본질적인 외인성적外因性的, extinsèque 방법과 내적 · 외적 방법의 측면을 이해할 수 있다.

법에 대한 본질적인 내인성적 해석은 법을 실천하여 얻는 열매에 강조점을 둔다.[52] 반면 법에 대한 비본질적인 외인성적 해석은 법의 경계(제한)에 강조점[53]을 둔다. 달리 말해 법의 내인성적 측면은 주어진 법을 실행할 수 있다는 점을 강조하는 것이고, 법의 외인성적 측면은 주어진 법을 실행할 수 없다는 점을 강조한다. 우리가 이 법을 행함으로 법의 열매를 맺어서 내적으로 인간이 의롭다고 생각할 때, 인간은 오히려 죄의 '불씨' 아래나 죽음에 이르는 열매, 즉 "욕망, 애정 그리고 죄로 기우는 성향"[54]을 낳는 죄의 "열정" 아래 있게 된다.[55] 우리가 인간은 본질적으로 의롭지 않다고 생각할 때, 설사 우리가 법의 업적을 선호한다고 할지라도, 인간은 자기의 선한 행위로 자신을 구원할 수 없음을 깨닫고 자신의 위치를 알게 된다.[56] 왜냐하면 법은 그 권력 안에 제한되기 때문이다.

법의 역할을 이해하기 위해 루터가 법의 이중 기능을 어떻게 보았는지를 알아보자. 즉 시민적 · 정치적이라고 불리는 법의 제1기능*le primus usus*

---

52. "Commentaire de l'Epître aux Romains," II. 3. 31; *W.A.*, 56.

53. Ibid., II. 3. 32; *W.A.*, 56.

54. Ibid., II. 3. 31; *W.A.*, 56.

55. Ibid., II. 4. 7. Le tison 또는 la passion은 불 피우는 도구인 조그마한 나뭇조각을 지칭하는 라틴어 *Fomes*에서 유래한다.

56. Cf. "Du serf arbitre," 208, *W.A.*, 18. "율법은 무식한 자, 앞 못 보는 자를 위한 빛, 병자, 죄, 악, 죽음, 지옥을 우리에게 보이기 위한 빛, 우리를 이런 것에서 자유케 하는 것이 아니라 단지 그것들을 보일 뿐이다. 자기의 병, 즉 죄를 인식한 인간은 음울해지고 서글퍼하고 절망한다. 율법은 치료의 목적으로서 인간에게 다른 어떠한 빛도 될 수 없다."

*legis appelé civilicus et politicus*과 **신학적·교육적·영적이라 불리는 법의 제2기능** *le secindus usus legis appelé theologicus, paedagogicus, spiritualis* [57] 이 그것이다. 법의 제1기능은 엄격하게 시민들이 사용하는 것이고 인간을 고소하지 않고 세상의 어려움에서 인간을 보호한다. 법의 제2기능은 직접적으로 인간을 고소한다. 간접적으로 인간이 절망하고 그리스도에게로 가기 위해 다른 곳에서 그리스도를 찾을 때 그를 그에게로 인도한다.

전자는 법이 도시 국가 *cité*에서 갖는 기능이다. 이러한 기능은, 가령 먹이를 찢어발기는 사자와 곰을 포승줄과 철끈으로 묶듯이, 경건하지 않은 자와 순종하지 않은 자를 저지하기 위해 하나님에 의해 제정되었다. [58] 루터는 법의 제1기능이 필요하다고 말하면서도 그것이 인간을 의롭게 하는 것과 관계되지 않는다고 설명한다. 법의 시민적·정치적 기능은 세상 왕국, 즉 **인간 앞에서** *coram hominibus* [59] 와 관련이 있다. "자유의지는 자기의 노력에 의해, 가령 착한 행실을 하거나 시민법 또는 도덕법을 준수하여 무엇인가를 이룰 수 있다고 생각하지만 하나님의 의에는 다가갈 수가 없다. 그리고 하나님은 이 노력을 전혀 고려치 않으신다. 왜냐하면 하나님은 의인이 법 없이 산다고 말씀하시기 때문이다." [60]

후자인 신학적 또는 영적인 사용으로서 법의 제2기능은 인간의 잘못

---

57. 루터는 법의 이중 사용을 전개한다. "Du serf arbitre," in *W.A.*, 18, "Commentaire de l'Epître aux Galâtes," II. 3. 19; II. 4. 3.

58. Cf. "Commentaire de l'Epître aux Galates," II. 3. 19; 4.3.

59. Cf. 두 왕국/두 통치에 대하여, M. LUTHER, *Vorlesung über Iesaias* (1527-1530), *W.A.*, 31-2, ch. 2, v. 1; ch. 9, v. 6. Cf. G. RUPP, "Luther et sa doctrine des deux royaumes," in *Revue d'histoire et de Philosophie religieuse*, 1968/3, 207-211. 제4장에서 우리는 두 왕국론을 다룰 것이다.

60. "Commentaire de l'Epître aux Galates," II. 3. 19; *W.A.*, 40-1, Cf. "세상은 죄, 죽음 그리고 하나님의 진노, 이런 불순한 뒤섞임일 뿐이다." II. 4. 3.

된 행동을 제거하기보다는 반대로 "위반을 증가"[61]하게 한다. 법의 순전하고도 기본적인 기능은 "무지한 자와 눈먼 자들에게 빛, 즉 병·죄·악·죽음·지옥·하나님의 진노를 우리가 볼 수 있게 하는 빛이지만, 그것에서 우리를 자유롭게 하지는 못하고 단지 우리에게 그것을 보여주는 것만으로 만족한다."[62] 이러한 기능은 스콜라 학자들뿐 아니라 바리새인들에게도 알려지지 않은 것이다. 그들은 의롭다고 자처하고, 이 비참한 것과 불경함을 인식하지 못하기 때문이다. 루터는 그들을 "야만적인 짐승"[63]이라고 불렀다. 하나님은 그들 스스로가 비참함과 형벌 아래 놓여 있음을 알려 주기 위해 법 이외의 다른 방법으로 그들을 요동케 하거나 겸허하게 하지 않으신다.[64]

루터에 의하면 법의 주요 기능은 신자들을 구속하고 고소하는 신학적 측면을 갖고 있다. 그것은 인간이 스스로의 공로로 하나님과 화해할 수 없음을 깨닫도록 일깨운다. 그러므로 독일 종교 개혁자는 법의 제3기능을 주장하는 장 칼뱅과는 화해할 수 없을 만큼 먼 거리에 있다.[65]

---

61. "Commentaire de l'Epître aux Galates," II. 3. 19; *W.A.*, 40-1. Cf. Ibid., II. 3. 23. "법의 고유한 기능은 우리에게 죄의식을 심어주고, 우리를 겸허하게 하고, 죽음으로 이르게 하고, 지옥으로 이끌고, 우리에게서 모든 것을 빼앗아가는 것이다. 그러나 그것은 우리를 의롭게 하고 건져내고 생명을 부여하고 하늘로 인도하고 모든 것을 획득하게 하기 위한 것이다. 그것은 우리를 죽음으로 이끌지 않는다. 그것은 우리가 생명을 갖도록 하기 위해 죽음으로 인도한다."

62. "Du serf arbitre," 208, W.A., 18. Cf. "Commentaire de l'Epître aux Galates," II. 3. 19; *W.A.*, 40-1, "법은 인간에게 그의 죄, 눈멂, 비참함, 불경건, 무지, 증오, 경멸, 죽음, 지옥, 심판, 그리고 하나님의 시각에서 평가된 진노를 드러낸다."

63. Cf. "Commentaire de l'Epître aux Galates," II. 3. 19.

64. Cf. Ibid., II. 3. 19. 그리고 *W.A.*, 40-1.

65. Cf. 칼뱅은 법의 주요 기능이 신자를 새로운 순종에 머물게 하는 변증법적 기능(*usus dialectique*)이라고 주장한다. 다시 말해 법은 긍정적 기능을 갖고 있다. 인간이 그리스도에게 사로잡힌 후로, 그는 구원의 견지에서 성취해야만 하는 법으로부터 자유롭게 된

법의 이해는 복음의 빛 아래서 바뀐다. 에벨링에게 법은 "거룩하게 됨의 자동성에 대하여 유용한 거부를 일으키는데, 치명적인 충격은 삶을 향한 전환을 예고한다. 이런 방식으로 법을 이해하고 가르치고 취급하는 것은, 루터가 말하는 법의 진정한 사용, 즉 법을 신학적으로 사용하는 것이다. 왜냐하면 이런 사용이 인간에 대한 하나님의 행동을 목표하는 것에 부합하게 하기 때문이다."[66] 루터에게 법의 진정한 사용은 인간의 불신앙과 근본적 의의 박탈을 나타내는 것이다.

법에 의해 치명타를 입은 죄인은 하나님을 불신하고 하나님을 "제삼자인 방해자"처럼, 오이디푸스 위기의 상상적 아버지처럼 여긴다. 아버지에 대한 아들의 유아기적 태도는 하나님에 대한 자유의지의 태도와 비교될 수 있다. 특히 스콜라 학자들의 신앙의 관점에 따르면 신자는 창조자처럼 "되고자"être 노력한다. 그는 하나님이 되면, 자기의 모든 욕망을 성취할 수 있다고 생각하기 때문이다. 우리는 정신분석학에서 말하는 "이상적 자아"Moi idéal, IdealIch처럼 신자가 하나님을 생각한다는 견해를 갖는다.

정신분석학에 대한 환기	루터의 상응 내용
제삼자인 방해자에 대항한 나르시스적 자아에 대한 양가감정	법의 이중적 사용에 맞선 자유의지 인간의 태도
아버지를 향한 아들의 태도 (오이디푸스 2단계)	전지전능한 하나님에 대한 자유의지 인간의 양가감정적 상태

다. 왜냐하면 법은 이미 그리스도에 의해 성취되었기 때문이다. 그 결과 법은 신앙을 돕는다. *Institution de la Religion Chrétienne* 2. 7; 2. 12.

66. G. EBELING, *Luther, introduction à une réflextion théologique*, 118.

우리는 '아버지에게 정체화'가 초기 신화 속에서 논리적 자리를 찾는다고 이미 기술했다. 이 기술에서 왕이 전지전능을 표상한다는 주장을 상기해보자. 백성이 왕실 의식에 참여했을 때, 그들은 왕에게 경의를 표하고 가장 완전한 안전을 마련해주지만, 동시에 그들은 왕에게 복수의 활을 쏠 마음을 품는다.

이와 동일한 태도가 법 앞에 선 개인에게 나타난다. 법은 양가감정적인 성향이 있기 때문이다. 한편으로 법은 죄인을 고소하지만, 다른 한편으로 법은 죄인에게 자기 잘못을 알도록 안내한다. 그래서 인간은 법을 부정할 수 없을 뿐 아니라 동시에 법에 순종할 수도 없다. 법을 부정할 수도 순종할 수도 없는 이 수평선상에서 장 앙살디는 법의 제2기능이 인간학적인 면에 끼치는 부정적인 면을 이렇게 강조한다. 법의 제2기능은 "인간에게 내재된 불가능한 꿈의 노정을 봉쇄하면서 나르시시즘에 상처를 주고, 이 상처에서 생긴 동공Béanc, 구멍은 유한을 거부하고 전능을 추구하는 모든 윤리적 노력이나 종교적 노력때문에 생긴다. 이렇게 법의 제2기능이 인간의 나르시시즘을 신랄하게 고발함으로 그 상처의 골은 깊어진다. 그러므로 바로 여기서 우리는 **법의 제2기능**과 만나게 된다."[67]

아버지에게 정체화된 아이가 아버지에게 양가감정적이듯, 법의 이중 사용을 인식하는 인간은 이와 동일한 방식으로 행동한다. 프로이트가 구축한 오이디푸스 구조, 그와 라캉이 기초한 정체화의 구조, 라캉의 거울 이론은 자유의지의 망상증적 인식을 깨닫도록 우리를 인도한다.

이 장을 결론짓기 위해, 정신분석학적 이론과 루터에 의한 자유의지

---

67. J. ANSALDI, "Le concept de loi dans la théorie de Martin Luther et dans la réflextion psychanalytique française contemporaine," in *Revue d'histoire et de Philosophie religieuses*, janvier-juin/1983, 147.

해석을 대조하고 도식화하자(다음의 표 참조).

정신분석학에 대한 환기		루터의 상응 내용
거울 단계 - 라캉의 정체화의 토대		근본의 박탈 - 루터의 노예의지 근거
거울 영상 - 거울에 갇힌 자아		망상증적 구조로서 자유의지
허구 세계와 실제 세계 간의 부조화		고유한 본성과 근본적 의 박탈 간의 불일치
광기		자유의지
오이디푸스 구조		자유의지 구조
지그문트 프로이트 아들 엄마 아빠(제삼자, 방해자)	라캉 나르시스적 자아 거울상의 영상 상상적 매듭	마르틴 루터 죄인 육의 지혜 율법의 이중 사용
자아에 대한 비판		새사람에 대한 비판/내적 사람
정체화에 의해 변화된 자아		근본 죄에 물든 옛사람/외적 사람
나르시시즘		자아 사랑 - 죄인의 본성
광기/실상과 허상 간의 무질서에 대한 무지		자유의지/하나님-인간 협력에 대한 믿음
상상적 매듭		자기에 대한 신념
자아는 거울 영상에 정체화된다.		육의 지혜/율법 행위
제삼자인 방해자에 대한 나르시스적 자아의 양가감정		율법의 이중 사용에 대한 자유의지 인간의 태도
아버지에 대한 아들의 태도 (오이디푸스 2단계)		전지전능한 하나님에 대한 자유의지 인간의 양가감정적 태도

제3장

루터의 노예의지 개념

루터의 「노예의지에 관하여」 강독을 재현실화하려고 고심하면서, 우리는 에라스무스의 자유의지 인간을 루터의 비판적 시각으로 다시 읽어보았다. 우리는 라캉의 첫 번째 장르의 정체화, 즉 영상에 대한 정체화를 특징짓는 '망상증적 형태의 인식'을 통해 루터의 사상에 접근해보았다. 결국 자유의지의 인간은 이상적 자아에 상응하도록 의무화된 라캉의 '도식 L'의 자아를 본받아서, '자기를 구원하기'를 해야만 하고, 할 수 있는 것처럼 행동한다.

　이어서 나는 루터의 다른 작품을 강독하며 「노예의지에 관하여」를 분석할 것이다. 나는 라캉의 '도식 L'이 '숨은 하나님', '그리스도로 계시된 하나님', '육의 지혜에 따른 하나님', '영의 지혜에 따른 하나님' 등과 같은 신학적 개념을 잘 설명한다는 것을 보여줄 것이다. 내가 노예의지 개념을 재해석하면서 목표하는 것은 새로운 인문과학의 특징을 이루고 현대적 구조를 가지는 라캉의 '도식 L'이 「노예의지에 관하여」가 담고 있는 내용을 분명하게 제시해주는 것도 있지만, 여기서 한 걸음 더 나아가 신학의 방법론으로 '도식 L'의 항구성을 제시하는 것이다.

1. 도식 L(라캉)과 하나님에 대한 인식(루터)

한편으로 루터는 "인간 이성으로 완전하게 이해할 수도, 접근할 수도 없는"[1] 하나님을 기술한다. 다른 한편으로 그는 "하나님을 필요로 하지 않는 자들을 의롭다 하시고 구원하시면서 그분의 인자함을 드러내시는 하나님을 경외하고 두려워해야 한다"[2]고 강조한다. 그 종교 개혁자는 숨은 동시에 계시된 하나님을 가정한다.

「면죄(벌)부 효력을 제시하기 위한 논쟁」(1517)에서, 루터는 스콜라 학자들에게 교황의 지팡이에 새겨진 십자가는 그리스도의 십자가와 동등하다는 사실을 지적한다.[3] 스콜라 신학은 보이는 것 외의 전지전능하고 무소부재한 하나님의 인식을 겨냥하고 있다.[4] 여기서 그리스도의 고난과 그의 부활은 전지전능한 하나님 앞에서 이루어진 모든 행위보다 덜 중요하다. 우리가 긍정신학과 부정신학에서 이미 살펴보았듯이, 사변신학은 하나님이 만드신 보이는 것들을 인간이 인식해서 보이지 않으시는 하나님을 이해할 수 있다고 주장한다.

반면 루터는 '영광의 신학'에 대립된 '십자가의 신학'을 세운다. 십자가 신학에 의하면, 진정한 신학과 하나님의 인식은 십자가에 달리신 그리스도와 그 고난에서만 가능하다. "하나님의 열등하고 보이는 속성은

---

1. "Du serf arbitre," 229.
2. Ibid.
3. "Controverse destinée à montrer la vertu des indulgences" *Œuvres* I, 111.
4. Cf. 하나님의 인식에 대한 연구물로는 J.-D. CAUSSE, "Luther et l'angoisse de l'enfer," in *Etudes théologiques & religieuses*, 1994/4, 515-528.

보이지 않는 것들과는 대립된 것이다. 즉 그것은 인간적인 면, 약함, 광기 등의 속성이다."[5]

그러므로 스콜라 신학은 숨은 하나님에 대한 사변에서 유래하고, 루터의 신학은 그리스도를 묵상하는 데 그 근거를 둔다. 결국 그 종교 개혁자는 기독교 역사에서 가장 놀라운 기점에 도달한다. 그 자신이 그것을 "십자가의 신학"*Theologia crucis*[6]이라고 말했다. 사변신학은 존엄한 하나님, 벌거벗은 하나님, 우리에게 자신을 감추시는 하나님을 강조하는 반면, 십자가 신학은 십자가에 못 박히신 하나님, 성육신 하신 하나님, 하나님의 말씀에 역점을 둔다. 루터의 신학 사상 가장 중요한 여정은 숨으시는 하나님과 선포되신 하나님, 침묵하시는 하나님과 계시되신 하나님 간의 차이를 명백히 밝히는 작업이다.[7] 그가 후자에서 전자를 구분함에도, 그는 두 축 간의 역설적인 관계를 망각하지 않는다. 하나님은 스스로를 숨으시면서 계시하신다. 시편 첫 강해 때부터 십자가의 신학자는 숨은 하나님이란 신학 사상을 가지고 있었다.

만약 하나님이 육의 영광 아래서 영의 영광을, 육의 풍부함에서 영의 풍부함을, 그리고 육의 호의와 명예 아래서 은총과 영의 명예를 부여한다

---

5. "Controverse tenue à Heidelberg," in *Œuvres* I, 137.

6. Cf. *Theologia crucis*라는 용어는 아래의 책에서 처음 사용된 듯하다. M. LUTHER, "*Divi Pauli ad Hebreos epistola*," in *W.A.*, 57-3, 12. 11.

7. "Du serf arbitre," in *W.A.*, 18, 684. "그는 선포되고 제공된 하나님의 자비에 대하여 말하는 것이지, 자기 뜻에 따라 명령하고 인간들을 결정하는 하나님의 무섭고 숨겨진 의지를 말하는 것이 아니다. 그것은 얼마의 사람들이 이 선포되고 제공된 자비에 참여할 것인가 하는 의지다. 이 의지는 탐색해야 하는 것이 아니라 존엄한 하나님의 최상의 존경스러운 신비, 오직 하나님에게 부여되고 인간에게는 금지되는 신비처럼 두려움과 떨림으로 경배해야 하는 것이다."

면, 그가 그것을 숨겨진 심오함이라 지칭할 만한 타당성이 있다. 그러나 그가 그것을 반대의 경우로 부여하고 그 신호가 반대의 의미를 갖는다면, 그가 그것을 심오하게 숨길 뿐 아니라 더 심오하게 숨기는 것이라고 말할 수 있을 것이다. 만약 그가 신앙에 의한 성령으로부터 그것을 얻지 못한다면, 겉보기에 겸허하고 공격받고 거부되고 그리고 죽임당하는 자가 동시에 내적으로 소생하고 위로되고 영접되고 그리고 더 높은 곳에서 부활되는 자임을 어떻게 깨달을 수 있을까.[8]

영광의 하나님이 보이지 않는 것은 그분이 십자가에 못 박히신 하나님의 숨겨진 특성과는 동일하지 않기 때문이다. 그것은 "세상의 영광으로 이성에게는 명백한 것이다. 그 인식은 세상의 신에 대한 원리와 유사한 방식의 업적 안에서 실현되는 인간적 갈망의 확신을 교만하게 하며 눈멀게 하는 지혜다. 반대로 십자가에 못 박힌 하나님의 숨은 특성은, 이성에게는 논란거리지만, 믿는 자에게는 하나님이 행동하도록 하는 모든 지혜와 모든 의의 궁극을 의미하는 것이다."[9] 제일 요인이나 자신의 원인으로서 하나님에 대한 인식은 기독교의 하나님을 설명하기 위해 그리스 사상

---

8. *W.A.*, 4, 14-21 (1513/15), 이 글은 에벨링이 번역하고 인용한 그의 저서 *Luther, introduction à une réflextion théologique*, 199에 재인용된 것이다.

9. G. EBELING, *Luther, introduction à une réflextion théologique*, 192. 십자가 신학자에 따른 하나님의 인식은 하나님의 계시와 그리스도-예수에 의해서만 획득되었다. 루터는 츠빙글리와 그리스도-예수의 본성에 대하여 다투었다. 츠빙글리는 한 인격체에 다른 두 개의 본성이 혼합되어 있다고 주장한다. 계속해서 취리히의 그 종교 개혁자는 기록하길 "우리는 한 인격체에서 하나님과 인간으로서 우리 주 그리스도를 취한다." "De la cène du Christ—Confession," in *Œuvres* VI, 54. Cf. 루터는 신앙의 대상처럼 그리스도의 인격을 정의한다. Ibid., 58. 하나님이 예수의 육신 아래 숨어 있다는 의미에서 그리스도가 하나님이라고 정의되는 것은 아니다. 그러므로 츠빙글리는 숨은 하나님과 계시된 하나님이라는 구도를 알지 못한다.

에서 발생한 반면, 숨은 하나님*Deus absconditus*의 지식은 십자가의 신학에서 유래한다.

확실히 십자가의 신학은 기독론 신학 사상과 관계한다. 하나의 인격에 두 개의 구별되는 본성은 **존재의 유비***analogia entis*[10]가 아닌, 단지 십자가 변증법의 역설적 구도 아래에서*sub contraria specie*[11] 설명된다. 그 종교 개혁자는 하나님 스스로 계시하시는 곳 이외에서는 그분을 강구하지 않는다.[12] 우리는 그것을 **인트라 루테라눔***intra lutheranum*[13]이라 부른다.

장 칼뱅의 성육신 해석은 하나님이 **육체 안에 오신 하나님***Deus incarnatus*임에도, 그리스도의 본성이 **있는 모습 그대로의 하나님***Deus nudus*[14]임을 보여주는 것이다. 그러므로 루터가 긍정적으로 평가하는 꼬

---

10. Cf. 제1부 방법론적 접근, 3) 유비의 방법.

11. Cf. M. LIENHARD, "Christologie et humilité dans la *Théologia crucis* du commentaire de l'Epître aux Romains de Luther," in *Revue d'histoire et de philosophie religieuse*, 1962/4, 306. "신자가 십자가의 변증법에 참여하면서 신앙이 계시로부터 숨은 하나님을 발견하도록 하는 것은 바로 성령이 하는 역사이다."

12. Cf. M. LIENHARD, 312.

13. Cf. A. GOUNELLE, "Conjonction ou disconjonction de Jésus et du Christ. Tillich entre *l'extra calvinisticum et l'intra lutheranum*," in *Revue d'hisoire et de philosophie religieuses*, 1981/3, 250-251. 그러나 제네바의 종교 개혁자 칼뱅은 하늘에 계신 하나님의 아들과 땅에 있는 그리스도를 하늘에 있는 하나님과 동일하다고 말한다. 그리스도 인격의 두 본성을 분리하면서, 신성은 도처에 있으면서 동시에 하늘에 있다고 주장한다. "오직 하나이신 예수-그리스도는 인격상 하나님이고 인간이시다. 그는 하나님으로서 도처에 계시고, 인간으로서 하늘에 계신다. 왜냐하면 인간이신 하나님의 독생자는 현재 도처에 계시고 게다가 온전하고 하나님이시면서 교회에 계시기 때문이다. 그럼에도 그는 하나님처럼 하늘에 계신다. 참된 육신이 그 측정 방법이기 때문이다." *Institution, Livre* IV. 28. Cf. (t. II, Evangile selon Jean. 1:14), (Genève: Labor et Fides, 1968), 26-27.

14. Cf. "Du serf arbitre," 27, *W.A.*, 18. "하나님에게는 우리가 알지 못하는 많은 숨겨진 것들이 있다."

뮤니까티오 이디오마툼*Communicatio idiomatum*[15] 개념은 제네바의 종교 개혁자에게 논쟁거리가 된다. 칼뱅의 하나님 인식은 존엄한 하나님이나 전지전능하고 무소부재한 하나님에게서 유래한다. 장 앙살디는 "칼뱅이 기독론에 관계되지 않는 하나님에 대한 지식을 찾고 있음을 부정할 수 없다"고 기술한다. 또한 앙살디는 "하나님의 본질이 그리스도 없이도 기술될 수 있다.…기독론이건 출애굽 사건이건 어떠한 것에 접근하기 이전에 칼뱅은 하나님을 정의하고 그의 섭리적이고 창조적인 행위를 기술하고 인간과 성서의 본질을 이해한다"고 덧붙인다. 여기에 장 앙살디는 "결국 기독론은, 마치 하나님이 그리스도의 운명을 결정짓고 종국에까지 연루시키듯이, 칼뱅 신학의 중심선 상에 놓여 있지 않은 것 같다. 그것은 보조자이자 수단의 측면으로 정확하게 환기되는데, 신의 계획은 역사 안에서 드러나는 동시에 역사 밖에서 완전히 구상되고 실현된다"[16]고 지적하면서 **하나님 중심의 신학**Théologie de Deocentrique을 비판한다.

루터의 알 수 없음으로서의 하나님에 대한 연구와 라캉의 망상증 환자의 존재론적 구조에 따른 인간 이해는 그 맥락을 같이한다. 프로이트의 거울 장치에서 착안한 라캉의 '도식 L'은 신체와 거울 속의 신체 간의 거리를 표상한다. 1953년부터 거울 장치는 말의 세계 안에서 주체의 탄생을 보여주는 것을 목표로 한다. 라캉이 도식화한 "거꾸로 된 꽃다발에 대한 경험"은 심리적 구조 안에서 상상적 질서와 심리적 현실간의

---

15. Cf. *Communicatio idiomatum*(기독론에서 속성의 교류, 신성과 인성의 교류)에 대한 칼뱅의 처음 글들은 *Christianae religionis institutio* 제1판(1536)과 제2판(1538)에 나타난다. Cf. *Ioannis Calvini Opera quae supersunt omnia* vol. 1 (줄임말 *Opera Calvini*), 66-67.

16. J. ANSALDI, *L'articulation de la Foi, de la Théologie et des Écritures*, 110-111; 120.

협소한 통로를 표현하는 것을 가능케 한다. 자아의 원형과 이상적 자아는 외부 세계와 분리되면서 구성된다. 안에 포함된 것은 투사 과정에 의해 되돌려 보내진 것과 분리된다. 라캉이 "상상의 놀이"라고 부르는 꽃병과 꽃다발 간의 있음과 없음의 양자택일 메커니즘은 숨으시는 하나님과 계시되신 하나님, 침묵하시는 하나님과 선포하시는 하나님 간의 차이와 유사하다. 내투와 던짐이라는 반복 놀이가 점차적으로 외부 인간과 내부 인간으로 나누듯이, 하나님의 현저히 구별되는 두 본성은 인간으로 하여금 그리스도에 대한 신앙*fides Christi*과 인간의 신앙*fides hominis*을 혼돈하게 한다. "상상적 구조는 인간임을 인정하는 것에 제동을 건다. 그것은 유한, 도덕성, 유오성 등으로 규정지어지는 피조물의 상태를 받아들이는 것에 제동을 걸면서 인간 운명을 결정지을 것이다. 상상적인 것은 상징적 거세를 승낙하는 것을 막는다. 이 유한함은 완성되고 둥글고 자기만족적인 자아 이상의 태도 안에서 부정된다. 아래의 방정식에 의하면 주체는 우연히 자기 자신의 한 부분으로부터 박탈당한, 신적 형상에서 추락하고 절단된 것처럼 꿈꿀 것이다. 자아 + 잃어버린 부분 = 이상적 자아 = 충만 상태."[17]

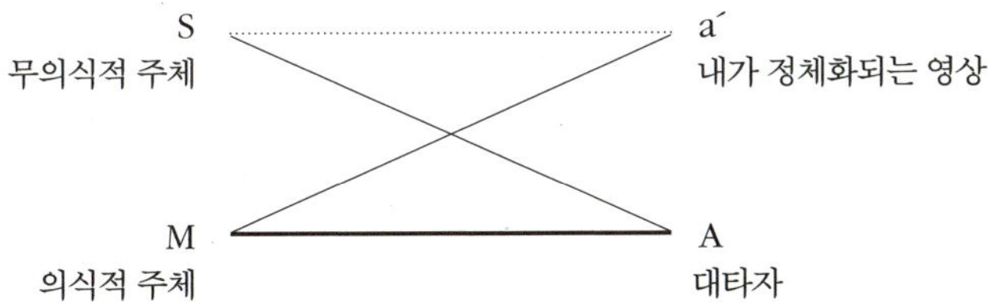

문자 S는 무의식적 주체를 상징하는 기호다. A는 언어, 즉 대타자 또

---

17. J. ANSALDI, *Le dialogue pastoral* (Genève: Labor et Fides, 1986), 48.

는 거세된 아버지의 자리를 상징한다. M은 의식적 자아[Moi]이고 a´는 자아가 정체화되는 영상이다. "우선 라캉의 이 도식의 의미를 상기해보자. 인간은 분열되어 있다. 그는 실존의 주체처럼 S에 위치하고, 사회 계약의 장소와 언어의 장소처럼 A에 위치한다. 그리고 정체화로부터 침전되고 의식의 자아처럼 a[m]에 위치하고, 영상들의 자리처럼 a´에 위치한다."[18]

「도둑맞은 편지에 대한 세미나」(1966)에서부터, 명백하게 도식 L은 의식적 자아와 이상적 자아나 허상적 영상 간의 상상적 관계를 보여준다. 그리고 그것은 무의식적 주체와 대타자 간의 상징적 관계를 보여준다. 의식적 자아는 상상적/상징적 대상 i(a)을 겨냥하고, 반면에 무의식적 주체는 환상화된 오브제 a에 정체화된다.

정체화와 노예의지 간의 공통분모를 찾는 본서에서, 우리는 도식 L에 나오는 M에는 '에라스무스의 자유의지의 인간'을 위치시키고 S에는 '노예의지의 인간'을 위치시키고, A에는 '숨은 하나님의 계시된 하나님'을 a´에는 '하나님의 보이지 않는 것들'을 위치시킬 것이다. "주체의 진리는 A에 접근되지 않고, 즉 진리 안에서 이해되지 않고 단지 은유, 오자[誤字], 췌언[贅言], 침묵, 부인[否認]을 형성하는 단절 안에서만 접근 가능하다." 다시 말해 노예의지는 설교, 세례식, 신앙에 관한 대화 그리고 성서 강독이란 매체 안에서, 그리고 이 매체를 통해 계시된 하나님의 실체를 이해한다.

---

18. Ibid.

정신분석학에 대한 환기	루터의 상응 내용
도식 L	하나님에 대한 인식
M 의식적 자아	에라스무스의 자유의지 인간
a´ 내가 정체화되는 영상	하나님의 보이지 않는 것
S 무의식적 주체	노예의지 인간
A 대타자, 언어의 자리	숨은 하나님의 계시된 하나님

2. 기표(라캉)와 말씀(루터) 또는 대타자(라캉)와 성서(루터)

첫 번째 부부는 타락한 때부터 원의原義를 상실했다. 그리고 그들의 본성 자체는 치명적으로 근본적인 죄에 의해 물들었다. 이 시점에서, 인간은 실존적으로 중요한 질문을 하나 던진다. 어떻게 타락한 인간의 본성이 죄를 이길 수 있을까? 첫 사람의 타락은 인간이 인간 구원을 위해 하나님이 제공한 말씀을 거부한 것을 명백하게 보여준다. 인간은 약속을 포기하고 말씀 이외의 또 다른 지혜를 찾는다.[19] 인간은 보고, 생각하고, 욕망하는 죄에 넘겨진다. 그는 죄로 인해 자기의 본성이 타락 속에 빠졌다는 사실을 받아들이지 않는다.

종교 개혁자에 따르면 죄는 말씀의 불순종에 관계된다. 원의의 상실이 우리에게 보여주는 것은 사탄에게 인간의 최상의 권위가 넘겨졌다는 것이다. 인간은 선과 악에 대한 인식을 지닌 '신이 되려'고 욕망한다. 그는 하나님에 대한 신뢰와 확신을 잃어버린다. 루터는 인간에게 본성적으로 하나님과 사탄을 구분하는 영적 판단력이 없다고 강조한다. 그래서 그는 인간이 가지는 무능력의 요인을 이렇게 기술한다. "모든 죄의 원천

---

19. Cf. 창 2:16-17; 3:4-5.

은 진실로 우리가 말씀에서 분리될 때 나타나는 불신과 의심이다."[20]

만약 인간이 자기를 구원해줄 구원자가 필요하다면, 그는 어떤 종류의 구원자(메시아)를 기다리는가? 루터는 이 질문에 인간은 진실한 그분을 기다리기보다는 오히려 새로운 신을 만드는 것을 선호한다고 답한다. 그리고 그 증거로 이스라엘 백성들이 시내 산에서 보여준 모습을 제시한다. 출애굽한 이스라엘 백성들은 아론에게 우상을 만들어줄 것을 요구했고 아론은 그들에게 금송아지를 만들어주었다.[21]

게다가 하나님은 우리에게 메시아를 약속하셨는데, 어떻게 우리는 그리스도가 출현했다는 것을 알 수 있을까? "신앙은 우리가 보지 못하는 것들과 관계되어 있다. 내가 믿는 것들이 숨겨져 있다면, 나는 신앙을 통해서만 그것을 알 수 있는가?"[22] 루터는 「스말칼트 항목들」에서 복음은 말씀에 의해, 세례를 통해, 성례전을 통해 우리에게 알려진다고 부연한다.[23] 메시아의 도래가 포로 상태의 사람에게 계시되도록 복음이 전파되는 것이 중요하다. 죄인은 계시된 말씀에 힘입어 의롭게 된다.

에벨링에 따르면, "**영적**이란 단어의 의미는 이제 명확해진다. 하나님 앞에서 이해되는 모든 것이 영적인 것이다. 다시 말해 그리스도의 십자가 표시 아래서, 역설 속에 숨어 계신 하나님의 의미 안에…**영적인 것**은 존재의 특별한 영역, 순수한 영성, 은밀함, 불가시성 분야를 지칭하는 것이 아니다. 이런 방법으로 사물의 숨겨진 특성을 이해한다는 것은 그것을 영적으로 이해하는 것이 아니라 오히려 육적으로 이해하는 것이다. 영적 이

---

20. "Commentaire du Livre de la Genèse," 3. 1, *W.A.*, 42.
21. Cf. 출 32:1-6.
22. "Du serf arbitre," 51.
23. "Les Articles de Smalkalde," 249.

해는 참된 이해의 범주다. 영적으로 존재하는 것은 물론 가시성 안에 존재하지만 확실히 보이는 방법으로는 아니다.”[24] 말씀에 대한 기독론적 이해로부터 하나님 앞에서의 각자의 근본적 태도가 흘러나온다. 바로 여기서 외적 말씀의 필요성이 제기된다. “그리스도는 말씀 이외의 다른 방법으로 우리 앞에 자리할 수 없다.”[25] 이성[26]은 말씀 밖에서는 하나님에 대해 곧게 생각할 수 있는 능력이 없기 때문이다. 인간이 말씀을 믿을 때 “신앙은 마음의 진실 이외에 다른 것이 아닌, 즉 하나님에 대한 곧은 마음의 반향이다.”[27] 지금 그리스도는 말씀 밖에서 부재하듯이 말씀으로 현존하신다. 말씀의 청취는 신앙의 출발이다. 의롭다 함은 ‘현재의 그리스도’ 안에서 이루어지고, 동시에 ‘오실 그리스도’ 안에서도 마찬가지로 이루어진다.[28] 그리스도가 우리에게 줄 구속은 ‘율법의 행함’을 성취하

---

24. G. EBELING, *Luther, Introduction à une réflexion théologique*, 94.

25. “Commentaire de l'Epître aux Galates,” II. 3 28; *W.A.*, 40-1. Cf. 외적 말씀에 대하여, “Les Articles de Smalkalde,” 252.

26. 그 종교 개혁자는 신앙과 이성의 차이점을 이렇게 설명한다. “진리는 하나님의 입장에서 직접적으로 판단하는 신앙 자체다. 우리는 하나님이 우리의 행위와 우리의 의를 고려하지 않음을 알아야만 한다. 왜냐하면 우리가 불순하기 때문이다. 그러나 만약 우리가 세상의 죄를 속죄(propitiation)하기 위해 하나님이 자기 아들을 보내신 것을 믿는다면, 그분은 우리를 측은하게 여기시고 우리에게 호의적인 시선을 보내시고 우리를 의롭다 하시고 구원하신다. 하나님에 대한 진정한 생각은 신앙과 다른 것이 아니다. 내 이성은 나에게 그리스도로 인해 은혜받았음을 전적으로 확신하도록 판단하는 것을 허락하지 않고, 복음에 의해 그것을 듣고 신앙으로 그것을 포착하도록 한다.” “Commentaire de l'Epître aux Galates,” I. 3. 7; *W.A.*, 40-1.

27. “Commentaire de l'Epître aux Galates,” I. 3. 7; *W.A.*, 40-1.

28. Ibid., 3. 7; *W.A.*, 40-1, 14-17. “오늘날 그리스도는 어떤 이들에게는 현재 함께하시고, 또 다른 이들에게는 오셔야 할 분이다. 신자들에게 그분은 현존하시고—이미 오셨고—, 불신자들에게 그분은 아직 오시지 않은 분이고 그들에게 그분은 유용하지가 않으시다. 만약 이들이 그분의 말씀을 듣는다면, 만약 그들이 그분을 믿는다면, 그리스도는 그들에게 현존하시고, 그들을 의롭게 하시고 구원하신다.”

는 것과는 별개의 것이다.

신앙은 그리스도가 현존하는 자리다. 한편으로 그것은 "가슴으로 확신된 신뢰이고 확고한 동의assentiment"다. 다른 한편으로 "가슴속의 먹구름nuée이고 일종의 우리가 보지 못하는 확실함"이다. 그리스도는 말씀과 신앙 자체 안에서만 나타나신다. "그분은 우리 시야에서 그를 숨기는 암흑의 밑바닥에 계신다."[29] 신앙은 암흑 속에 위치하므로, 결과적으로 그리스도는 성육신과 계시를 설명할 수 있을 만한 곳에 나타난다. 우리는 역설 속에 있다. 우리는 설명될 수 있을 만한 지식이 아니라 그분의 현존에 대한 것만 확신할 수 있다.[30] 이 의미에서 에벨링은 말씀 선포 안에서만 모든 의미를 찾을 수 있다고 확언한다. "왜냐하면 율법과 복음의 구별이 신학의 중추신경이자 기독교의 진정한 말씀이기 때문이다.…만약 신학의 중추신경이 율법과 복음을 구분하는 것이라면, 신학의 핵심점은 율법과 말씀과의 관계를 구별하는 것을 배우는 데 있다."[31]

라캉에 의해 발견된 주체는 말씀의 명상에 의해 대타자와의 상징적

---

29. Ibid., 142-143, *W.A.*, 40-1. "신앙은 우리가 보지 못하는 것에 관계한다. 결과적으로 내가 믿는 것들이 감추어져 있을 때만 신앙이 존재한다."

30. "Commentaire de l'Epître aux Galates," I. 2. 16; *W.A.*, 40-1. "그러므로 신앙은 의롭다고 인정된다. 왜냐하면 신앙이 현재 함께하는 예수 그리스도를 알고, 그 보화를 지니기 때문이다. 그러나 그리스도가 현재하심을 어떠한 방법으로도 알아차릴 수 없다. 바로 거기에는 내가 말한 대로 암흑이 있다. 진정한 확신을 찾는 그곳에, 구름과 신앙 안에 현존하시는 그리스도가 계신다. 이 형상적 의로 말미암아 사람은 의롭게 되는 것이지, 소피스트들이 주장하듯 자비 때문이 아니다. 간단히 말해서 자비가 신앙을 형성하고 양육한다고 소피스트가 주장하는 반면, 우리는 바로 그리스도가 그 일을 하시며, 그분이 바로 신앙의 형상이라고 주장한다. 그러므로 신앙으로 획득되고 가슴속에 살아 있는 그리스도는 기독교인의 의이며, 이로 인하여 하나님은 우리를 의롭다 칭하고 우리에게 영원한 생명을 주신다. 거기에는 율법의 행위도, 자애도 없고, 율법 그 이상이고 그것 밖에 있는 완전히 별개의 의와 새로운 세상이 있다."

31. G. EBELING, *Luther, Introduction à une réflexion théologique*, 103-105.

관계에서 유래하는 산물이다. 그 프랑스 정신분석학자가 '도식 L'을 연구할 때, 말의 세계 속에서 주체의 탄생을 초안하기 때문이다. 말씀에 의한 신앙의 탄생은 시니피앙의 이중 기입, 즉 환유적 시니피앙과 은유적 시니피앙에 비유될 수 있다. 라캉은 하나의 시니피앙은 또 다른 하나의 시니피앙에 귀속된 주체를 재현한다고 말한다. 주체는 상징적 질서에 기입된다. 오브제 a의 나타남과 없어짐, 즉 이 놀이의 반복은 주체를 의식적이면서도 무의식적인 시니피앙에 기입시킨다. 이 이중 기입은 라캉이 인간 경험의 반복의 자동성에서 발견한 매듭이다. 이 반복의 중추는 우리를 **유일무이한 특징** *Einziger Zug*의 국면으로 안내한다.

정신분석학에서 주체는 유일무이한 특징의 체계나 고유명사의 체계로서 어떤 충전의 장소를 가정한다. 라캉은 "존재자들 각각은 오직 하나만 있습니다.…존재자들 각각이 오직 하나만 있다고 말하는 것은 바로 단일성이란 매개를 통해서입니다"[32]라고 말한다. 오직 하나는 주체를 또 다른 오직 하나의 주체로 인도한다. 주체의 진리는 대화를 피해 달아나는 또 다른 대화다. 왜냐하면 하나의 기표는 기표의 이중 고리로 인하여 다른 기표에 걸려 있는 주체를 나타내기 때문이다.

비유를 들어 설명하면, 신자와 비신자가 바울이 선포하는 사랑에 대한 설교(예를 들어 고린도전서 13장)를 함께 들을 때, 그들은 이 시니피앙 즉 사랑에 대한 동일한 이해에 다다르지 않는다. 왜냐하면 이 단어는 그들에게 질적으로 다른 시니피앙이기 때문이다. 전자는 아가페적인 사랑을 생각하고, 후자는 에로스적인 사랑을 생각한다. 말씀은 계속적으로 노예의지의 인간을 또 다른 말씀에 귀속된 존재, 말씀으로만 자신의 정체성을

---

32. *L'identification*, 1961. 12. 13. 강의.

확인받을 수 있는 존재라고 기록한다. 노예의지의 인간은 전적으로 다른 기표에 기입된다. 그는 시니피앙의 육적 속성과 그 영적 속성을 분간한다. 결국 노예의지의 신앙*fides*은 시니피앙의 집인 성서를 강독할 때에 만들어진다. 그래서 노예의지의 인간은 말씀에 의해 매 순간 거듭나고 새로워진다.

우리는 루터의 신학과 라캉의 정신분석학적 이론 간에 새로운 유사점을 확인할 수 있다. 다시 말해 대타자에서 나오는 말씀의 결과에 의한 '새로운 주체'의 탄생, 언어와 별개로 있는 것이 아닌 말씀, 누군가에게 전달되기 위해 언어의 익명*anonymat*을 모면하는 말씀 등을 비교할 수 있다. 라캉에게 말씀은 주체를 드러내기 위한 언어(시니피앙의 보고)로부터 솟아나고, 루터에게 말씀은 '내적 인간'을 출현시키기 위한 성서(시니피앙의 보고)로부터 솟아난다.

정신분석학에 대한 환기	루터의 상응 내용
환유적 시니피앙	외적 말씀
은유적 시니피앙 유일무이한 특징/유일한 하나, UN	내적 말씀
대타자, 시니피앙의 보고로서 언어의 자리	시니피앙의 집으로서 성서

3. 대상의 본성(라캉)과 의롭게 됨(루터)

앞서 살펴보았듯이 루터에 따르면 하나님은 성육신된 그리스도 안에 숨으시면서, 그분의 말씀 선포 안에서 계시된다. 그러나 우리가 그분의 도래에 대하여 확신을 갖는다고 해도, 우리는 그분이 어떻게 도래하는지는 알 수 없다. 그러므로 우리는 '칭의'라 불리는 '의롭게 됨'을 공부할 필요가 있다.

「노예의지에 관하여」의 저자 루터는 **겸허**^{humilité}가 구원의 확신을 향한 순간이라고 부연한다. 겸허의 목적은 인간이 스스로 그리고 자기 행위로 (구원에 대한) 안전성을 갖는 데 있다. 겸허는 수동적 의^義 개념에 관계한다.[33] 왜냐하면 "하나님의 수동적 의로움이 하나님의 의로움이 되고, 하나님의 능동적 의로움이 우리의 의로움이 되기 때문이다."[34] 겸허의 행위는 신앙에 의해 의롭다 함을 준비하는 데로 이끈다. 하나님의 수동적 의는 죄인에게 겸허를 불러일으키고, 그분의 능동적 의는 그에게 신앙을 불어넣는다.[35]

리엔나르^{Marc Lienhart}가 루터의 좁은 의미의 겸허를 수동적 의 개념에 연결할 때 그는 한 가지 중요한 점, 즉 "자랑할 수 있는 신자의 모든 경험

---

33. Cf. "Du serf arbitre," 50, *W.A.*, 18. "만약 인간 스스로가 구원될 수 있다고 확신하고 자기 힘에 의지한다면, 인간은 스스로 절망하지 않을 것이다. 그러므로 그는 하나님 앞에서 겸허하지 않고 구원에 이르도록 허용하는 어떤 기회나 행위를 고려할 것이다. 반대로 모든 것이 하나님의 의지에 달렸음을 아는 자, 자기 힘을 희망하지 않는 자, 하나님이 행하시도록 기다리는 자는 구원의 은혜에 근접해 있다."

34. "Commentaire de l'Epître aux Romains," I. 3. 3. *W.A.*, 56.

35. Cf. "Du serf arbitre," 51, *W.A.*, 18. "신앙은 우리가 보지 못하는 것에 관계한다. 결과적으로 내가 믿는 것들이 감추어져 있을 때만 신앙이 존재한다. 그러나 더 잘 감추어진 그것들은 외관상, 감정, 또는 대립적인 경험들 중 어디에 숨어 있는가? 그러므로 하나님이 우리를 살아 있게 하시려면, 그분은 우리를 죽일 것이다. 만약 그분이 우리를 의롭게 하시려면, 그분은 우리에게 죄의식을 갖게 할 것이다. 그분이 우리에게 하늘을 선물로 주시려면, 그분은 우리를 지옥으로 빠지게 할 것이다." 그리고 "Commentaire de l'Epître aux Romains," I. 3. 4; *W.A.*, 56. "하나님의 수동 의와 능동 의, 자기를 믿는 것은 유일하고도 같은 것이다. 왜냐하면 우리가 그분의 말씀을 의롭다고 한다면, 이것은 그분이 우리에게 주신 선물이고 이 선물 덕분에 그분은 우리를 의인이라 칭하신다. 그분이 우리를 의롭게 하신다. 그리고 우리는 그분의 말씀을 믿는 것 이외에 달리 그분의 말씀을 의롭다고 할 방도가 없다."

과 습성*habitus*[36]의 관계에서 이 '의의 외재성'을 강조하려는 루터의 지속적인 근심"[37]을 지적한다. 결과적으로 의롭다 함은 외부적 의에서 기인한다. 신자가 하나님의 말씀을 인정하지 않고 믿지 않는다면, 하나님은 그를 의롭다고 하지 않을 것이다.

간단히 말해서 하나님은 인간의 의지를 등한시하지 않는다. 신자는 우선 겸허의 행위로 하나님에게 다가간다. 신자가 하나님에게 겸허하게 행동할수록, 신자는 겸허를 미워한다. 이 순간에 하나님의 능동적인 의가 신자에게 그리스도를 보여준다. 이것이 바로 영과 육의 치열한 싸움이다.[38] 자신에 대한 증오는 은혜의 결과이지, 은혜를 향한 과정이 아니다.

앙살디는 "신앙은 이중 운동을 내포하는 하나의 만남 체계라고 정의

---

36. 이 용어의 뜻은 '신앙행위와 관계없이 획득한 완전한 상태나 조건'[루터, "선행에 관한 논문"(1520) 『루터선집 9』, 서울: 컨콜디아사, 1983, 38], 또는 "어떤 천부적 성질"(멜랑히톤, 『신학의 주요 개념들』, 서울: 경건, 1998, 70)을 의미하는 스콜라 신학 용어로, 자연적 성질 또는 타고난 성질, 성정, 격정을 의미하는 *affectus*와 유사한 개념이다. 인용한 멜랑히톤의 글을 좀 더 부연하면 "내가 자연법이 하나님에 의해 인간의 마음속에 각인되었다고 말할 때, 이것들의 인식(내용)은 그들(스콜라 신학자들)이 말하는 대로 어떤 천부적인 성질(*habitus*)에 있음을 뜻했다." 즉 *habitus*는 하나님이 우리에게 심어준 인식이다.

37. Cf. "Christologie et Humilité dans la *Theologia Crucis* du commentaire de l'Epître aux Romains de Luther," 308. *L'habitus*는 일시적인 행위로부터 구분하기 위해 신자에게 영구적인 위치와 형상을 의미한다. 은혜의 *l'habitus*는 신자의 영혼에 형성된 틀로서 이해된다. Cf. "Commentaire de l'Epître aux Romains," I.1.1, *W.A.*, 56. "모든 의와 인간의 모든 지혜를 파기하기, 그것들의 뿌리를 뽑고 붕괴하기."

38. "Commentaire de l'Epître aux Romains," II. 8. 3. ; *W.A.*, 56. "결국 성령은 육의 지혜를 죽인다. 그는 속사람을 살리고, 죽음을 아랑곳하지 않고, 생명을 아끼지 않고, 애가의 말처럼 어떤 모든 것보다 하나님을 사랑하게 한다. '사랑은 죽음처럼 강하고, 질투는 지옥처럼 곤혹스럽다'(그러므로 영은 육욕이 우리를 고발하게 한다). 왜냐하면 만약 우리가 자신을 증오한다면, 만약 우리가 지금 육욕을 버리고 자비를 선택한다면, 이것은 우리가 한 일이 아니요 하나님의 선물이다. 그 이유로 사도 바울은 육의 죄를 파괴하고, 그리스도의 신앙이 우리 가슴에 퍼지도록 성령으로 죄를 짓부순다."

한다. 한편으로 신앙은 그리스도에 대한 믿음*fides Christi*과 또 다른 한편으로 인간의 믿음*fides hominis*"[39]이다. 그래서 우리는 이 이중 운동의 성격을 알아야 한다. 만약 인간의 믿음이 그리스도에 대한 믿음을 만든다면, 겸허 행위는 하나님의 은혜를 소환하는 것이 된다. 그러나 만약 그리스도에 대한 믿음이 인간의 믿음을 만든다면, 전자가 후자를 소환하는 것이다. "그리스도에 대한 믿음은 하나님이 인정하지 않은 순수한 도래가 아니라 하나님이 의롭다고 인정하신 불시의 도래다. 인간이 의롭게 되는 것은 (하나님이) 새로운 정체성으로 인간을 특수화하는 것이다." 인간의 믿음에 대한 그리스도에 대한 믿음의 기독론적 선재성은 통시적 축 안에 있음을 뜻하는 것이 아니다. 반대로 그 둘의 만남은 공시적 축 안에서 성립된다. 왜냐하면 "그리스도에 대한 믿음이 시기적으로 인간의 믿음을 앞선다면 인간은 어떠한 개입도 할 수 없기 때문이다. [신앙이란] **기계장치에서 등장하는 신***Deus ex machina*처럼 하나님이 역사하시는 매우 짧은 시간이다." 루터가 **숨으시는 하나님의 비본래적 사역** *Opus alienum Dei*이라고 부르는 이 행위는 그 본성과는 명백히 반대되는 것으로 나타난다. 하나님의 진노는 이상한 행위로 이해되고, 그것은 죄인의 회개를 이끌고 그를 구원으로 이끈다. 그러므로 그 대립은 계시된 특성에 반대되는 것이 아니다. 그 종교개혁자는 그것을 **계시하시는 하나님의 본래적 사역** *Opus proprium Dei*이라고 부른다. *Opus alienum*과 *Opus proprium* 간의 긴장은 십자가 신학의 중요한 요소다. 신자는 *Opus alienum*으로 절망 속에 빠지고, *Opus proprium*으로 절망에서 되살아난다.[40] "여기에는 어떤 인간적·신적인

---

39. *L'articulation de la Foi, de la Théologie et des Ecritures*, 15. Cf. 앙살디는 이 개념을 루터의 저서 "Commentaire de l'Epître aux Galates," I. 142-143에서 찾는다.
40. Cf. "Sur Jean 16, 20," in *W.A.*, 28. "요한이 끊임없이 그 복음서 전체에서 되풀이 하여

'본성'의 병행이나 혼돈도 없고, 죄와 의의 교환만이 있을 뿐이다."[41] 신자가 완벽하지 않은데도, 하나님은 그리스도에 대한 믿음에서 비롯된 인간의 믿음 덕분에 신자를 의인으로 받아들인다. 신자가 계시된 하나님으로서 암흑에 숨어 있는 그리스도를 인식하기 때문이다.[42]

그러므로 **하나님의 의**_Justitia Dei_는 신자가 **신자의 의**_justitia fidei_를 갖는다는 조건으로 의롭게 된다는 약속이지, 그것이 의롭다 함을 위해 '하나님-인간 협력'을 의미하는 것은 아니다.

루터의 의롭다 함과 오브제 _a_에 대한 라캉 이론을 비교하기 위해 오브제 _a_의 형성 원인을 상기해보자. 이 대상은 물리적 의미의 실재 대상이 아니고 심리적 의미의 환상적 대상이다.[43] 그 대상은 누군가도 아니고, 누군가에 대한 상상적 산물도 아니다. 그것은 단지 환상적·무의식적

말하는 것을 보자. 그리스도 이외의 하나님의 존엄에서 이성이나 철학자들에 의하여 고양된 모든 아름다운 사유를 거부해야 된다. 그 저자는 그리스도가 요람과 엄마의 품에서 쉬고 있고 십자가 위에 있다고 이해하는 반면, 그들은 어떻게 하나님이 세상을 다스리는지를 알기 위해 하늘로 올라간다고 이해한다. 이것은 공허하고도 매우 위험한 사유다.…이 사유는 만질 수도 볼 수도 없는 모든 것에 연관되어 있다. 만약 네가 하나님에 다다르고, 그가 누구인지, 무엇을 행하는지, 무엇을 생각하는지를 이해하고자 한다면, 그가 숨어 있는 그곳에서만 그를 찾아라.…이것이 바로 기독인이 그를 그리스도가 스스로를 나타내는 말씀, 십자가, 동정녀의 품 안에서만 오직 하나님을 찾고 발견해야 되는 이유이다." 나는 이 본문을 앙살디의 저서 _L'articulation de la Foi…_, 82에서 저자(앙살디)가 라틴어에서 번역한 글을 인용한다.

41. _L'articulation de la Foi…_, 16.

42. 그러므로 "신앙은 어떤 인식면에서 어둠이고, 아무것도 보지 못한다. 그러나 신앙으로 얻은 그리스도는 어둠에 있다." in _Œuvres_ XV, 142.

43. Cf. _Correspondance Freud—Jung. La lettre de Freud à Jung_(vol.1), 1907. 5. 23. 서신 (Paris: Gallimard, 1975), 95. "나(프로이트)는 리비도가 대체된 환상적 표상으로 향하려고 실재의 대상에서 퇴행한다고 믿지 않는다. 이 대체 표상으로 리비도는 즉시 자기 성애적 놀이로 인도된다.…나는 반대로 리비도가 대상의 표상을 떠난다고 믿는다. 내부처럼 지시되는 리비도 방출이 없는 이 표상은 외부로 투사된 지각처럼 취급될 수 있다."

재현이다. 영상 뒤에 숨겨지고 결과적으로 자아에게 비가시적인 이 대상은 이탤릭체 a(대상 a, 타대상, 또는 오브제 a)로 표기된다. 이 대상은 영상에 숨겨진다. 라캉은 그것을 i(a)라고 표기한다. 여기서 I(이미지)는 a(욕망의 대상)를 덮는다. 그래서 라캉은 이것을 d(a)로 표시한다(여기서 d는 désir). 항상 의식적 자아에는 이중적 무지가 존재한다. 그것은 이미지들로 만들어진 존재와 a에 의해 표기되고 원인되는 이미지들의 존재라는 이 이중적 무지를 뜻한다.

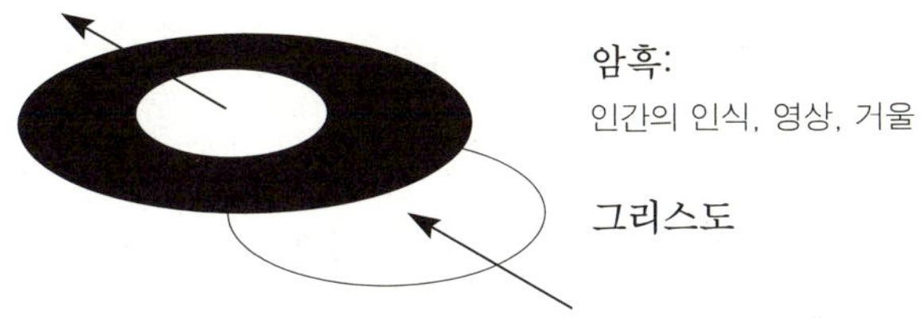

비교 방법으로, 루터가 기술하는 신앙의 대상으로서 그리스도는 시각적 대상이나 상상에 의해 획득된 인물이 아니라 신앙 자체 안에서 나타나는 대상이다.[44] "그러므로 신앙은 일종의 인식이고 암흑이다. 그것은 전혀 볼 수가 없다. 그러나 신앙으로 획득된 그리스도는 암흑 안에서 그 정체를 드러낸다."[45] 인간의 인식 뒤에 숨어 있고, 물론 자유의지의 인간은 그를 이해하지 못한다. 그리스도는 모호한 방법으로 암흑의 단계에서 재현된다. 암흑은 숨은 하나님을 덮고 그리스도를 드러낸다.

노예의지의 인간이 '현재의 예수-그리스도'를 포착하고 얻는다 해

---

44. "Commentaire de l'Epître aux Galates," I, 142. "그리스도는 신앙의 대상이다. 오히려 그는 대상이 아니라 신앙 자체 속에 현재한다."
45. Ibid.

도, 루터가 말하듯 그는 신앙의 형성[46]을 설명할 수가 없다. 왜냐하면 이것은 "일종의 우리가 보지 못하는 확신이기 때문이다."[47] 이 하나님의 이중 행위는 신자를 겸허와 자기 증오로 인도한다. 첫 번째 행위인 하나님의 비본래적 사역*Opus alienum Dei*은 확신을 향한 순간적·일시적인 행위이고, 반면 두 번째 행위인 하나님의 본래적 사역*Opus proprium Dei*은 말씀의 결과, 은혜의 상태 또는 신실함*habitus*, 하나님의 선물이다. 한편 노예의지의 이 두 업적들, 즉 겸허와 증오는 그를 오브제 *a*의 표상으로서 그리스도에게로 인도한다. 다른 한편으로 그 업적들은 하나님의 이중 행위, 수동적인 의, 능동적인 의에 의해 창조된다. 하나님의 의*Justitia Dei*는 신앙으로 획득되고 현존하는 그리스도를 향해 인간의 의*justitia hominis*를 이끈다. 이 의미에서 루터의 '의롭다 함'이 겸허와 신앙, *Opus alienum Dei*와 *Opus proprium Dei* 간의 이성으로 이해하기 어려운 작용에서 결과한다.

정신분석학에 대한 환기	루터의 상응 내용
오브제 *a*	예수-그리스도 • 신앙의 대상 • 신앙 자체 안에서 현존 • 암흑에 재현
주체의 행위	노예의지의 두 행위 • 겸허/확신을 향한 순간 • 증오/은혜의 *habitus*

(계속)

---

46. Ibid., 143. "그러나 그는 그가 현재하는 방식을 이해할 수 없다."

47. J. ANSALDI, *L'articulation de la Foi...*, 15. 나는 "Commentaire de l'Epître aux Galates," I, 142에서 사용하는 단어 assurance보다 앙살디에 의해 번역된 단어인 certitude를 지지한다.

대타자의 행위	하나님의 이중 작용
	• *Opus alienum Dei*
	  (숨으시는 하나님의 비본래적 사역)
	• *Opus proprium Dei*
	  (계시하시는 하나님의 본래적 사역)

4. 상징적 정체화(라캉)와 영의 지혜(루터) 또는 '안다고 가정된 주체'(라캉)와 '말씀이 가정된 노예의지'(루터)

앞 장에서 우리는 육체의 지혜*prudentia carnis*가 옛사람의 본성이라 말했다. 그것은 자기 사랑, 공동선의 거부, 개인적 선의 선택으로 움직이며 율법 아래서의 일상인의 상황을 잘 보여준다. 반대로 외부 말씀에 의해 접촉된 인간이나 십자가에 못 박히신 하나님에 의해 부름받은 자는 율법의 통치에 더 이상 복종하지 않는다. 그렇다면 신자는 하나님 앞*Coram Deo*에서 어떻게 행동할까라는 물음을 제기할 수 있다.

우리가 그 해답을 찾기 위해 검토할 영의 지혜*prudentia spiritus*는 육의 지혜와 외부 말씀 간의 싸움에서 유래한다.[48] 그것은 하나님의 의에 의해 열린 길이고 율법을 지키는 것과는 다른 것이다. 십자가 신학자의 두 축은 육과 영, 율법과 복음, 세상의 통치와 그리스도의 통치 등이다. 노예의지는 '암흑' 앞에, 그리고 상관의 방법에 따른 노에시스적-노에마적 왕복기관에 의해 건널 수 없는 협곡에 위치한다.[49] "갑자기 도래하는 것과 그것을 표현하는 언어 사이에는 부정할 수 없는 깊은 구렁*fossé*이 존

---

48. 갈 5:24-25. Cf. "Commentaire de l'Epître aux Galates," II, 5. 24-25.
49. Cf. 제1부 방법론적 접근, 4) "상관의 방법"을 참고.

재한다."[50]

*Fides*는 일종의 언어와 영상 안에 기입될 수 없는 인식을 지칭한다. 그것은 신앙의 대상으로서의 그리스도처럼 "암흑"[51]에서 생긴다. 우리가 십자가 신학에서 *Opus proprium Dei*를 기술하지 않으면서 두 축을 화해하기 위한 합당한 해명점을 제시할 수는 없다. 루터는 육이 몸 자체를 인도한다는 사실을 알고 있다. 그는 영에 대립되는 육의 욕정을 이렇게 기술한다. 우리의 욕정은 "불규칙적인 욕망뿐 아니라 교만, 성냄, 슬픔, 참을성 없음, 회의감(무신앙) 등이다."[52] 죄의 본성은 이런 욕정에 저항하지 못한다. 갈라디아서의 주석가인 루터는 영의 크나큰 시련에 다다를수록 육과 영을 구분한다. 그는 진정으로 육적 시험과 영적 시험에 대한 경험의 차이점을 느낀다.[53] 겸허의 행위를 하는 자들은 육의 욕망에 저항하고 죄에 대한 그들의 성향을 인식한다. 신자의 삶은 진실된 자유를 얻기 위한 싸움이다. 육과 영의 모호한 상태에 대한 루터의 고백을 들어보자.

나는 진실로 죄인이며 죄를 느낀다. 왜냐하면 나는 아직 육으로부터 벗어나지 못했고, 육체가 생명을 유지하듯 이 육에 죄가 밀착해 있다. 그러나 나는 육이 아닌 영으로 내가 인도되게 할 것이다. 신앙과 희망에 의해 그

---

50. J. ANSALDI, *L'articulation de la Foi…*, 22.
51. Ibid., 17. Cf. Ibid., 18. "실재계(Reel)에는 언어와 영상 안에 기입될 만한 어떠한 지식도 존재하지 않는다. 그러므로 만약 실재계와의 만남이 대화의 순간 중심부에 그 근원을 설정한다면, 이 만남은 가능한 한 즉각적인 과학에로 열리지 않는다. 신자의 확신은 지식에 대하여 모호한 선험적(*a priori*) 체계로부터 생긴다."
52. "Commentaire de l'Epître aux Galates," II. 5. 17. ; *W.A.*, 40-2.
53. Ibid., II. 5. 17. ; *W.A.*, 40-2.

리스도를 포착할 것이고, 이미 그랬던 것처럼 말씀에 의해 구원될 것이라고 말하는 것은 육의 욕망을 성취하지 않을 것을 뜻하는 것이다.[54]

인간의 신앙*fides hominis*은 그리스도에 대한 신앙*fides Christi*과 동일한 본성을 갖고 있지 않다. 만약 신자가 십자가에서 고통당하는 실제의 영상을 갖지 않는다면, 그는 "우리의 첫 번째 의*justica*, 우리의 성취된 의*justica*, 우리의 완전한 의*justica*인 그리스도에 대한 충만한 확신"[55]을 갖지 못할 것이다. 루터는 우리에게 다음의 세 가지를 간직하라고 권유한다. 그것들은 바로 신앙, 희망, 그리스도다. "그러므로 그는 항상 신앙을 간직하고 희망하고, 우리 의의 시작과 근원인 그리스도를 간직해야 된다"[56]고 강조한다.

갈라디아서 주석과 로마서 주석에서 영의 지혜는 겸허의 행위로 받아들여진다. 육의 지혜에 복종하는 자들은 근심함으로 자신의 비참함을 극복할 수 있다고 굳게 믿는다. 이것은 근본적인 죄에 의해 타락한 옛사람의 본성이다. 그러나 영의 지혜를 가진 자들은 하나님의 의지를 사랑하고 그에게 일치되는 것을 기뻐한다.[57] 이것은 말씀에 의해 창조된 새 사람의 태도다.

비참함에서 벗어난다는 것은 "하나님이 원하시는 것에 완전히 의지"하기를 희망한다는 것을 의미한다. 리엔나르가 '복종'*conformité*을 강조하고 "모방의 영성"[58]을 거부한 데는 이런 이유에 있다. 루터가 로마서 주

---

54. Ibid., II. 5. 17. ; *W.A.*, 40-2.
55. Ibid., II. 5. 17. ; *W.A.*, 40-2.
56. Ibid., II. 5. 17. ; *W.A.*, 40-2.
57. "Commentaire de l'Epître aux Romains," II. 8. 7.; W.A., 56.
58. Cf. "Christologie et humilite dans la *Theologia Crucis* du commentaire de l'Epître

석에서 겸허의 공덕을 말할 때, 그는 겸허와 승리의 모델로서 그리스도 기술하기를 잊지 않는다. 왜냐하면 육적 죽음, 모든 현세의 고난과 영원한 죽음을 극복하신 그리스도 한 분을 제외하고는, 어느 누구도 이 두려움을 이길 수 없기 때문이다. "그를 믿는 자들은 두려워해야 할 것이 전혀 없다.…그들은 모든 악조건 속에서도, 사물들과 그들의 고유한 인격 안에 실현된 그리스도의 승리를 체험하고 희망하고 보도록 운명 지어진 잃어버린 것이 아니라 흡수되어야만 하는 인간으로서 웃고 즐긴다."[59] 그리스도에게 속한 모든 이들은 그들의 악과 함께 육을 십자가에 못 박았다. 영의 지혜를 추구하는 자들은 육의 유혹에서 자유로워진다. 그들은 전적으로 육의 지혜를 십자가에 못 박았다. 의로움에 관계된 영의 지혜를 종결하면서 십자가 신학자의 확신을 들어보자. "말씀, 신앙, 기도로 무장된 그들(신앙인들)은 육의 탐욕에 빠지지 않는다. 이렇게 육에 저항하면서 그들은 그들의 정열과 욕망과 함께 육을 십자가에 못 박는다. 설령 육이 살아 있고 여전히 움직인다 할지라도 십자가에 손과 발이 못 박힌 육은 자신이 원하는 것을 할 수 없다."[60]

육의 지혜와 영의 지혜 간에 위치한 노예의지는 라캉의 '안다고 가정된 주체'에 비유된다. 우선 세 단어로 구성된 라캉의 개념을 상기해보자. '주체'와 '지식'은 '가정된'이라는 수식어에 상관된다. 대타자(대문자 A로 표기되며 시니피앙의 장소)는 지식을 지칭하는데, 원인은 시간적으로 결과에 선행한다는 범위 내에서 지식, 즉 시니피앙이다. '지식'은 시니피앙 사건 이후에만 가정된다. 결과적으로 '가정된'은 무의식의 재현을 내포

---

aux Romains de Luther," 314.

59. "Commentaire de l'Epître aux Romains," II. 8. 7. ; *W.A.*, 56.

60. "Commentaire de l'Epître aux Galates," II. 5. 24. ; *W.A.*, 40-2.

한다. 결국 '안다고 가정된 주체'는 시니피앙에 대한 지식을 가정된 범위에서, 다시 말해 다른 시니피앙의 전체와 한 시니피앙의 관계를 가정한 무의식적 주체를 의미한다.[61]

비교해볼 때, **코기토**^{Cogito}에 대한 선입견은 인간이 직관에 의해 가정되지 않은 '지식'에 대한 인식을 미리 예상한다는 사실을 보여준다. 스콜라 신학은 제일 원인의 본성을 정의하고자 몸부림친다. 반면에 십자가 신학은 "나는 성령에 의해 인도된다", "나는 신앙으로 그리고 희망으로 그리스도를 붙들 것이다", 그리고 "나는 육의 욕망을 성취하지 않을 것이다"[62]라고 고백한다. 마찬가지로 노예의지의 신학자는 "진실로 나는 죄인이요, 죄를 느낀다. 왜냐하면 나는 아직 육의 허물을 벗지 못했고, 육이 살아 있는 만큼 죄는 육에 밀착되어 있기 때문이다"[63]라고 고백한다.

결과적으로 루터에게 노예의지는 육의 의지와 영의 의지, 근본적인 죄에 의해 손상된 옛 사람과 말에 의해 창조된 새 사람 사이에 위치해 있다. 신앙은 육의 지혜의 실추, 말^{parole}의 근본적 행렬, 그리고 닮은 것과의 상상적 관계에 대한 특수한 동공의 길에 의해 태어난다. 그러므로 우리는 '말씀이 가정된 노예의지'로써 신앙을 이해한다. 주체가 은유축 위에 기입된 시니피앙의 순수한 차이를 이해하듯이, 신자는 말씀의 반복과 그것의 유일무이한 특징의 기능에 의해 십자가에 못 박힌 하나님의 '도래'를 이해한다.

---

61. Cf. J. LACAN, *Télélvision* (Paris: Seuil, 1973), 49.
62. "Commentaire de l'Epître aux Galates," II. 5. 17. ; *W.A.*, 40-2.
63. Ibid.

정신분석학에 대한 환기	루터의 상응 내용
안다고 가정된 주체 (Sujet-supposé-savoir)	말씀이 가정된 노예의지 (Serf arbitre-supposé-Parole)
상징적 구조 라캉 • 주체 • 대상 a(오브제 a) • 대타자의 행위	노예의지의 구조 루터 • 노예의지의 신자 • 영의 지혜, 예수-그리스도 • 하나님의 이중 작용

이 장을 마치면서, 우리는 정체화에 대한 라캉의 정신분석학적 이론화와 루터에 의한 노예의지의 개념 간의 비유를 도식화할 것이다.

정신분석학에 대한 환기	루터의 상응 내용
도식 L 　M 의식적 자아 　a´ 내가 정체화되는 영상 　S 무의식적 주체 　A 대타자, 언어의 자리	하나님에 대한 인식 　에라스무스의 자유의지 인간 　하나님의 보이지 않는 것 　노예의지 인간 　숨은 하나님의 계시된 하나님
환유적 시니피앙	외적 말씀
은유적 시니피앙 유일무이한 특징/유일한 하나, UN	내적 말씀
대타자, 시니피앙의 보고로서 언어의 자리	시니피앙의 집으로서 성서
대상 a	예수-그리스도 • 신앙의 대상 • 신앙 자체 안에서 현존 • 암흑에 재현

(계속)

주체의 행위	노예의지의 이중 작용 • 겸허/확신을 향한 순간 • 증오/은혜의 *habitus*
대타자의 행위	하나님의 이중 업적 • *Opus alienum Dei* (숨으시는 하나님의 비본래적 사역) • *Opus proprium Dei* (계시하시는 하나님의 본래적 사역)
안다고 가정된 주체 (Sujet-supposé-savoir)	말씀이 가정된 노예의지 (Serf arbitre-supposé-Parole)
상징적 구조 라캉 • 주체 • 대상 *a*(오브제 *a*) • 대타자의 행위	노예의지의 구조 루터 • 노예의지의 신자 • 영의 지혜, 예수-그리스도 • 하나님의 이중 작용

제4장

노예의지 개념과 정체화의 세 번째 장르

루터는 스콜라 신학자들이 확신하는 것에 대해 반감을 가진다. 특히 그는 구원에 있어서 하나님-인간의 협력을 부인한다. 우리가 제2장 "루터에 의한 자유의지 해석"에서 보았듯이, 루터는 "자기 공로"로 얻을 "미완성의 신앙"을 부정한다. 그는 노예의지에 대한 세 번째 장에서 복음에 의해 창조된 신앙을 받아들인다. 이 장에서는 비텐베르크의 젊은 교수가 노예의지로서의 신자의 위치를 명확하게 밝히는 것을 살펴볼 것이다. 그가 기독교에 대해서 말할 때, 신앙인은 하나님의 통치에 속하면서 동시에 세상의 통치에 종속된다고 한다. 그러므로 노예의지의 인간은 정신분석학에서 아이가 죽음의 욕동과 동시에 욕망을 나타내는 삶의 욕동에 의해 이끌리는 것처럼 "두 길의 교차로"에 위치한다.

1. 두 원의 '접합점'(라캉)과 '두 길의 교차점'(루터)

우리가 에라스무스의 '인간의 본성'에서 살펴보았듯이 첫 사람 아담은 선과 악을 구분할 수 있는 '완전한 이성'과 선으로부터 우회하고 악을 향해 나아가는 불순한 의지를 소유하였다. 그 인문주의자에 따르면 죄는 이성을 어둡게 할 뿐 이성을 파괴하지는 않는다. 에라스무스는 이성의 타락으로 인간의 근본적인 죄를 이해함에도, 선을 행할 수 있는 인간의 의지를 강조한다. 그는 인간이 "선을 원하는 힘"과 "선을 원하지 않을 수 있는 힘"[1] 사이에 있다고 믿는다. 그리고 이 인간적인 의지를 '절대적 의지'라 부른다. 에라스무스에게 인간적 의지란 자유의지가 어디든지 갈 수 있는 '중립 지대'를 의미한다. 우리는 '루터에 의한 자유의지 이해' 안에서 *Suspensus manera*[2]처럼 자유의지를 소개했다.

그런데 루터는 "성서의 이율배반성과 이미 언급된 어려움을 더 용이하게 해결하기 위해 자유의지에 매우 미약한 능력을 부여할 것이고 아마도 좋은 의도에서 「자유의지에 관하여」가 우리에게 권하는 이 중립 지대"[3]를 인정하지 않는다. 그는 '두 길의 교차 지역'을 제시한다. 그리고 "인간 이성은 인간을 우롱하고 지키기 불가능한 계명을 인간에게 제시한다고 믿는다. 그러나 이 계명은 인간의 무능력함을 직시하도록 하기 위해 혼수상태에서 건져내려는 의도를 가진다고 우리는 말한다. 결국 우리는 두 길의 갈림 지역에 있지만, 오직 하나의 길만 접근이 가능하다. 아니 더 정확히 말하자면, 우리는 둘 중 어떠한 것에도 접근할 수가 없다. 그러나 율법 덕택에 둘 중의 하나, 즉 하나님이 우리에게 그분의 영을 허락하셔서서 선한 쪽으로 인도하지 않으신다면 우리는 그것에 접근하

---

1. "Du serf arbitre," 91. "인간의 의지 속에는 은총 없이 선을 향할 수 없지만, 은총에서 박탈당한 채 반드시 악을 원하지 않는 어떤 의견이 있다. 은총의 도움으로 선을 향해 일어나고, 죄의 군림 아래 악을 향해 고개 숙이는 순수하고 단순한 의지가 있다."
2. Cf. 이것을 번역하자면 "확실한 비결정 상태에 있는 것과 다른 것이 아니다."
3. "Du serf arbitre," 192.

는 것이 불가능하다는 것을 깨닫는다. 반대로 하나님이 그것을 허락하시면 다른 길은 넓고 쉬워진다."[4]

인간은 하나님과 사탄 사이에 있는 전투장에 있도록 강요된다. 만약 그가 사탄에게 종속된다면, 하나님의 강력한 은혜를 누리지 못할 것이다. 만약 그가 하나님에게 예속된다면, 그의 손상된 본성은 선을 향하게 된다. "하나님이 우리와 함께하신다면, 사탄은 부재하고 선을 향한 의지만이 있게 된다. 하나님이 부재하신다면, 사탄은 자기 모습을 나타내고 우리에게는 악을 향한 의지만이 있게 된다. 왜냐하면 하나님도 사탄도 우리에게 순수하고 단순한 의지를 허용하지 않기 때문이다."[5] 노예의지의 인간은 선한 의지와 악한 의지에 동시적으로 위치한다.

루터가 현실 속에서 두 왕국을 기술할 때 그는 하나님의 결심과 인간의 결심을 구분한다.[6] 루터는 하나님의 결심처럼 자유의지를 이해하지만, 루터가 인간을 자유의지의 증여자처럼 생각할 경우에는 인간의 왕국 안에서만 그렇게 생각하는 것이다. 그래서 그는 자유의지의 이중 의미를 발견한다.

집회서에 따르면 인간은 두 왕국 사이에 공분되어 있다. 첫 번째 왕국에서 인간은 자기에게는 보잘것없는 것들을 위해 하나님의 계명 밖에서 자기 의지에 따라서 행동한다. 여기서 인간은 자기 자신의 의사에 따라 군림하고 통치한다. 하나님이 그를 포기하시는 것이 아니라 모든 일에서 그와 협력하지 않는다는 것이다. 그러나 하나님은, 어떠한 법이나 계명으로

---

4. Ibid., 100.
5. Ibid., 91.
6. Cf. Ibid., 93-94.

도 구속함 없이, 그가 일을 자유롭게 할 수 있도록 내버려두신다. 반면 다른 왕국 안에서 인간은 자기 의지나 결심에 이끌리지 않고 하나님의 의지와 결심에 의해 인도된다. 이처럼 첫 번째 왕국 안에서 인간은 어떤 법에도 종속됨 없이 자기 의지에 따라 이끌리는 반면, 하나님의 통치 아래서 그는 자기 자신의 의지의 개입 없이 다른 법에 의해 인도된다.[7]

사탄의 통치는 불경건, 실수, 죽음, 하나님의 노여움에 종속되어 있다. 그리스도의 통치는 사탄의 통치에 저항한다. 믿는 자는 자기 힘으로 하나님의 왕국 안에 들어갈 수 없고, 그를 암흑의 권세에서 구출하시는 하나님의 은혜에 의해서만 하나님의 왕국 안에 들어갈 수 있다. "우리가 전투 중인 두 왕국의 실존을 인식하고 고백한다는 사실은 자유의지의 공덕을 반박하기에 충분할 것이다."[8]

노예의지는 하나님의 의지와 사탄의 의지 사이에 위치한다. 인간이 피조물을 통치한다고 해도 그는 사탄이나 하나님 중 어딘가에 종속되어 있다. 루터는 그것을 명확하게 설명하기 위해 주목할 만한 예를 든다.

그러므로 하나님과 사탄 사이에 위치한 인간 의지는 짐바리 짐승과 유사하다. 시편 기자가 '내가 주 앞에 짐승이오나 내가 항상 주와 함께 하니'(시 73:22-23)라고 고백하는 것처럼, 하나님이 이 짐승에 올라타면, 그 짐승은 하나님이 원하고 지시하는 곳으로 간다. 사탄이 그 짐승에 올라탈 때 그것은 사탄이 원하는 곳으로 간다. 그러나 그 짐승은 두 기사 중 어느 하나를 자유로이 선택할 수 없다. 그러나 두 기사들은 그 짐승을 탈취하

---

7. Ibid., 94.
8. Ibid., 228.

고 소유하려고 싸운다.[9]

인간은 노예인 것 같다.[10] 망상증 환자에 비유되고 원의를 상실한 그의 본성이 문제의 쟁점이다. 인간이 자기가 하고 싶은 모든 것을 할 수 있다고 생각하고 그가 모든 피조물을 통치한다고 해도, 그는 한 마리의 금수처럼 여겨진다. 이 사실은 인간의 중립 의지를 강조하는 것이 아니라, 루터가 두 왕국과의 관계 속에서 노예의지의 역동성을 확신하는 '두 길의 교차점'을 강조하는 것이다.

비교해보면, 라캉에 의해 차용된 오일러의 두 원은 속이 꽉 찬 원과 속이 텅 빈 원 사이에 끼여 있는 주체의 동공 상태, 즉 부재 상태를 나타낸다. 첫 번째 원 안에서 막대는 구멍을 통과하여 그 구멍의 반대쪽으로 나온다. 설사 원환면 두께의 양쪽 면 사이에 언제나 공간이 있을지라도, 인간은 그것을 둥근 원으로 메운다. 이 원 안에서 자기와 닮은 것에 정체화되는 이상과 현실과의 허상적 우연이 작용한다. 이제 더 이상 구멍은 없고, 모든 것은 만원 안에서 메워진다. 이것은 요구^{demande}의 구조다. 두 번째 원 안에서 막대는 원환면의 표면에도 만원의 표면에도 닿지 않는다. 막대가 회전을 시작할 때 그 흔적은 구멍 속에서 사라진다. 허원은 욕망을 부추기는 원천이다. 문제시되는 무의식적 주체는 유명한 일화인 봇짐이냐 생명이냐[11] 또는 요구와 욕망처럼 진퇴양난 앞에 있다.

이 저서에서 만원은 에라스무스의 자유의지 메커니즘을 상징한다.

---

9. Ibid., 53.
10. Cf. Ibid., 56. "구원이나 영벌(永罰)에 관계되는 하나님 또는 사물들의 시각에서 인간은 자유의지를 갖지 않고, 하나님의 의지에 그리고 사탄의 의지에 굴복한다."
11. *Ecrits*, 841.

우선 망상증적 구조로서의 자유의지는 의의 본성 자체와 근본적 의의 상실 간의 부조화에 대해 무지하다. 자유의지는 신-인간 연합을 믿는다. 허원은 루터의 노예의지를 설명한다. 노예의지는 시니피앙의 집인 성서로부터 도래하는 말에 의해 욕망된다. 그는 '암흑 속에' 나타나시는 그리스도에게 정체화된다. 그러나 하나님의 이중 활동, 즉 *Opus alienum Dei*와 *Opus proprium Dei*는 신자의 인식과 그의 영상의 수준에 의해 발견되지 않는다.

그런데 우리가 두 원을 동시에 생각할 때 이것은 동공, 즉 "교차점" Point croisé[12]의 성격을 가진다. 이 교차점을 라캉은 '네 점이 한 점으로 연합되면서'라고 그들의 만남을 말한다.

	Point croisé(교차점) ↙ Huit inversé(거꾸로 된 8)
Cercle plein(속이 꽉 찬 원)→	↑ Cercle vide(속이 텅 빈 원)

이 점은 우리를 노예의지의 역동성을 설명하는 환상 방정식[13]으로 인도한다. 하나님이 부재하실 때 요구의 원은 자유의지의 인간과 비교된다. 자유의지의 인간은 하나님의 계명 밖에서 자신의 의지에 따라 행동한다. 반대로 하나님이 임하실 때 노예의지는 하나님의 이중 행위에 의해 교차된다. 여기서 욕망의 원은 노예의지의 인간과 비교된다. 노예의

---

12. 이 점은 두 원이 연결될 때 나타나고 자신에 포개어질 수 있는 구멍을 의미한다. 나는 프로이트의 정체화를 결론지으면서 그것을 기술했다.

13. 나는 이 개념을 라캉의 정체화를 다룬 제3부에서 부연했다. 나는 이것을 아래의 "3. 환상 방정식과 거룩하게 됨"에서 다시 거론할 것이다.

지의 인간은 자기 의지와 결심에 인도되지 않고 하나님의 의지와 결심에 의해 인도된다. 결국 속이 꽉 찬 원에서 인간은 속이 텅 빈 원에 종속됨 없이 자기 의지에 따라 행동하는 반면, 속이 텅 빈 원에서 인간은 자기 의지의 개입 없이 유일한 시니피앙의 반복에 의해 인도된다. 이러한 의미에서, 두 원 사이에 교차된 무의식적 주체는 두 기사의 의지에 따라 끌려가는 짐승에 비유된다. 결국 이 특별한 예는 하나님의 주권적인 결심을 상징화하는 것이며, 이 결심으로 노예의지의 인간은 자연적으로 하나님 쪽으로 당겨진다. 그는 두 왕국의 교차로에서 자기 길을 선택하기 위해 자유의지도, 자기 자신의 결심도 갖고 있지 않다. 결과적으로 인간의 신체적 메커니즘은 두 원 사이의 중립 위치에 안전하게 고정되는 것이 아니라 두 통치의 교차로에서 당황하는 것이다.

정신분석학에 대한 환기	루터의 상응 내용
요구의 원 또는 속이 꽉 찬 원	인간의 왕국 인간의 결심 인간의 의지
욕망의 원 또는 속이 텅 빈 원	하나님의 왕국 하나님의 결심 하나님의 의지
두 원 사이에 교차된 주체	두 왕국 간에 교차된 노예의지

2. 환상적 대상 a(오브제 a)의 본성(라캉)과 조건적 필연성(루터)

나는 노예의지를 두 길의 교차점이라고 설명했다. 만약 하나님의 주권적 역사로 인간이 하나의 길로만 접근할 수 있다면, 신자가 신의 의지를 어떤 방식으로 이해할지 자문할 수 있을 것이다. 나는 우연과 필연에 대한 논쟁을 검토할 것이다. 루터는 이 개념이 에라스무스의 자유의지를 토론하기 위한 필수요소라고 생각하기 때문이다.

루터 신학의 본질적 특성은 하나님의 인식에 관한 것이다. 영광의 하나님에 대한 무지와 십자가에 달리신 하나님에게서 가능한 들음이 그것이다. 에라스무스와의 언쟁을 피하기 위해,[14] 루터는 필연의 두 범주를 조건적 필연*necessitate consequentiae*과 절대적 필연*necessitate consequentis*으로 구분한다. 전자는 본질과 실존 간의 단절을 내포한다. 하나님의 행위가 필연적일지라도 그 결과는 필연적이지 않다. 후자는 한편으로 원인과 결과의 차이를, 다른 한편으로 그들의 연관성을 이해한다. 그것은 우연적 행위를 이해하기 위한 근거다.[15]

신자가 하나님의 예지豫知를 이해함에도, 그는 현실에서 우연적 행위와 예상치 못한 일을 받아들이지 못한다. 더욱이 그는 절대적 필연의 결과로서 그것들을 믿지 못한다. 그 독일 종교 개혁자는 우리가 두 개의 신

---

14. Cf. "Du serf arbitre," in *Œuvres* V (Genève: Labor et Fides), 33. "왜냐하면 우선 인간 의지가 할 수 있는 것을 모른다면, 만약 그의 예지가 필연의 특징을 갖는다면, 자유의지라는 것을 알기란 불가능하다."

15. Cf. "Du serf arbitre," 35-36. "그러므로 소피스트들은 조건적 필연에 의해 무엇을 듣는가? 하나님이 무엇을 원하실 때, 이 무엇이 만들어지는 것은 필연적이다. 그러나 만들어지는 것은 필연적인 것이 아니다. 왜냐하면 하나님 한 분만이 필연적으로 존재하시기 때문이다. 만약 하나님이 원하신다면 다른 모든 사물이 존재하지 않을 수 있다. 그러므로 소피스트들은 하나님의 행위는, 그분이 원하실 때, 필연적이라고 말한다. 그러나 이 행위의 결과는 필연적인 것이 아니다.···창조된 것은 필연적인 것이 아니다. 즉 그 본질은 실존을 내포하지 않는다. 이것을 간단하게 말하자면 창조된 것은 하나님이 아니라는 것이다. 그래도 여전히 모든 것이 필연적으로 생산된다고 말할 수 있다. 왜냐하면 하나님의 행위는 필연적이고 절대 필연이기 때문이다.···내가 필연적으로 만들어진 것이라면, 내 존재가 변화에 종속되고 우연적인 것에 종속되는 것은 중요하지가 않기 때문이다. 내 실존이 하나님의 실존처럼 필연적인 것이 아니라도, 나는 존재한다."

적 의지를 이해하고 인식할 수 있도록 우리를 인도한다. 그 두 의지는 우리가 경배하도록 설교되고 계시되고 헌신되는 것과 우리가 감탄하는 데 숨겨지고 계시되지 않은 것으로 구분된다. 숨겨지고 계시되지 않은 것은 인간 이성으로 포착할 수 없다. 반면 계시되고 헌신되는 것은 인간 이성으로 이해되는 것이다. 설교되는 하나님은 우리와 관계를 맺으시고, 숨은 하나님은 우리와 관계하지 않으신다.[16] 그래서 루터는 우리에게 깊이를 측량할 수 없는 의지는 한쪽에 놓아두고 하나님의 말씀에 귀를 기울일 것을 권유한다. 인간이 위엄의 하나님에 대한 인식을 연구하면 할수록, 점점 더 그는 루터가 조건적 필연이라 지칭한 부조리하고 이해하기 어려운 경우들에 봉착하게 된다. 루터는 조건적 필연과 절대적 필연에 대한 에라스무스의 견해를 비판하기 위해 유다의 경우를 검토한다. 그 결과 그는 자유의지로서의 하나님에 대한 이해와 확신에 도달한다.

만약 우리가 조건적 필연성을 받아들인다면 자유의지는 패배당하고, 격파되고, 필연성이나 절대적 우연은 아무 쓸모가 없을 것이다.…만약 하나님이 유다가 배반할 것을 예견하셨다면, 또는 유다가 배신하려는 의지를 수정해야 된다고 생각했다면, 그가 예견한 것은 필연적으로 일어나야 된

---

16. Ibid., 110. "그러므로 하나님을 존엄과 본질 속에 두도록 하자. 왜냐하면 우리는 이 숨으신 하나님과 할 수 있는 것이 아무것도 없기 때문이고 하나님 자신도 그것을 원하지 않기 때문이다. 그러나 말씀으로 우리에게 계시하시고 성육신하신 범위에서, 우리는 그분을 생각한다. 시편 기자가 말하듯이 그분의 영광과 장신구가 거하는 곳은 바로 거기이기 때문이다.…죄와 죽음에서 자유롭게 하고 구원하기 위해, 인간에게 말씀하시는 하나님이 행하시는 것을 보라. '그는 그의 말씀을 보내었고 그들을 치료한다'(시 107:20). 존엄 속의 숨으신 하나님에 대하여 말하자면, 그는 죽음을 제거하시지도 슬퍼하시지도 않고, 생명과 죽음을 만들어내신다. 왜냐하면 그는 자신의 말로 한계들을 지정하시지 않고, 모든 것 위에 자신의 자유를 간직했기 때문이다."

다.…결국 조건적 필연의 견지에서, 하나님이 예견한 것은 필연적으로 일어나야만 된다. 이것은 인간에게 자유의지가 존재하지 않는다는 것을 의미한다.[17]

루터에게는 우연한 것들이 없다. 만약 그가 그것을 믿는다면, 그것은 단지 그가 '자유의지'를 부여하는 하나님의 예지 안에서만 믿는 것이다. "자유의지는 신적 호명이고, 그것은 신의 존엄함에만 합당한 것이다. 결과적으로 이 근엄함은―시편 기자가 노래하듯―하늘과 땅 안에서 스스로가 원하는 모든 것을 할 수 있고 하는 것이다. 인간에게 그것(자유의지)을 부여하는 것은 그들에게 신성을 부여하는 것이다. 즉 상상할 수 있는 가장 심한 신성 모독 발언이다. 이런 이유로 신학자들이 인간의 힘에 대해 말할 때 그들은 이 용어 사용을 절제하고 그것을 하나님에게 남겨둔다. 그것은 하나님에게만 부여된 거룩하고 존경할 만한 호명이기에 인간의 입술과 언어에서 근절해야만 된다."[18] 루터는 절대적 필연에 확신의 근거를 두고 인간적 의지와 신적 의지를 구분한다.

라캉의 이론을 루터가 인식한 것과 비교해보자. 한편 조건적 필연과 절대적 필연에 대한 인식은 우리에게 자유의지로서의 하나님에 대한 이해를 펼쳐 보인다. 다른 한편으로 정신분석학에서 그것은 우리에게 오브제 a의 본성을 암시한다. 본질과 실존 간의 단절을 만드는 조건적 필연은 허원 안에서 작용하고, 그 흔적은 인간 이성에 의해 포착되지 않고 사라진다. 이것이 숨으시는 하나님의 역사하심(비본래적 사역)*Opus alienum Dei*이다. 그 본성을 설명하는 것은 생각할 수도 없는 일이다. 그러므로 원

---

17. "Du serf arbitre," 153-154. Cf. Ibid., 154.
18. Ibid., 54-55.

인과 결과 간의 역설적 관계를 표상하는 절대 필연은 동시에 속이 꽉 찬 원과 속이 텅 빈 원 안에서 움직인다. '뫼비우스의 띠'에 대한 라캉의 해석은 우리에게 두 개의 필연의 행위를 설명하도록 허락한다. 기표 S와 S´는 뫼비우스의 띠 위에 절단선을 만든다. 이 절단선은 어떤 면에도 닿지 않는다. 왜냐하면 이 단선은 일련의 '점 없는 선'으로 구조되어 있기 때문이다. 다시 말해서 신적 의지가 인간의 인식 안에 개입될 때, 그 의지는 꼬인 띠의 일면 구조^{Unitéralité}, 즉 뫼비우스의 띠 안에 기입된다. 조건적 필연은 무의식적 시니피앙 고리 위에 절단선을 만든다. 그러나 절대적 필연은 이 꼬인 띠의 어떤 가장자리도 가로지르지 않고 인간의 신앙^{fides hominis}에 계시된다.

루터는 필연의 두 범주 사이에 성립되는 절단 상태를 인지한다. 그러나 하나님의 본성이 대립적인 것이라고 말하지는 않는다. 신적 의지와 인간적 의지로 구분할 때, 실재 대상의 본질과 대상 본연의 본질 간의 차이를 예견한다. 첫 번째 본성은 절대적 필연에 관계하고, 두 번째 본성은 조건적 필연에 관계한다. 대상에 대한 지각이 문제시된다. 언어와 실재 간의 부조화에 의해 억압된 인간은 완전히 무의식적 지각됨의 의식적 지각을 상상할 수 있다.[19] 다시 말해 뫼비우스의 띠를 지나면서 조건적 필연의 본성은 우연, 예상치 못함, 이해할 수 없음의 방식으로 노예의지의 인간을 위해 드러나지만, 노예의지의 인간이 그것을 늘 욕망한다고 해도 인간의 인식으로 인식되지는 않는다. 그 본성은 "암흑의 표상 너머" 그리고 "무의식의 고리 너머"로 엄폐된다.

---

19. Cf. "Complément métapsychologique à la théorie du rêve," in *Métapsychologie*, 125-146.

정신분석학에 대한 환기	루터의 상응 내용
물 자체(Das Ding) 물(La Chose) 대상 a(objet a)	조건적 필연/숨은 하나님/하나님의 은밀한 역사
뫼비우스의 띠	성육신/예상치 못한 역사/우연함
무의식의 표상	절대적 필연/계시된 하나님/하나님의 본연적 역사
실재 영상 [i(a)]	암흑/인간적 인식/영상/거울

3. 환상 방정식(라캉)과 거룩하게 됨(루터)

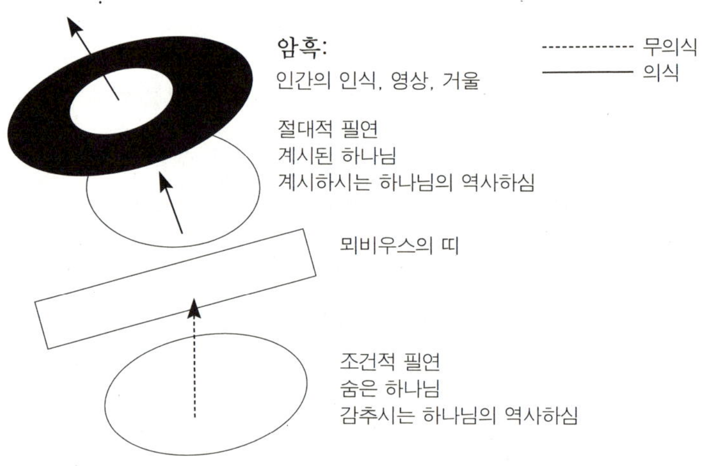

노예의지의 인간은 악의 통치나 의의 통치로 인도될 수 있는 '교차로'에 위치한다. 첫 번째 십자 교차로를 지나면서 첫 번째 길로 안내될 때, 그는 다른 십자로를 만나게 된다. 그러므로 그는 끊임없이 '뫼비우스의 고속도로'를 달린다. 다시 말해 출발점은 도착점과 만난다. 기사(즉 사탄이든 하나님이든)는 그가 원하는 곳으로 '노예의지라는 말'을 이끈다. 우리는 '운행 노선'을 신자의 삶에 비유할 수 있는데, 왜냐하면 우리는 루터에게서 영적인 진보의 활동성을 배우기 때문이다. 그는 "변화를 받으십시오"[20]라는 글귀를 해석할 때, "(그리스도인의) 삶은 정체停滯되는 것이 아니라 보다 개혁적인 방향으로 움직이는 것이다"[21]라고 기술한다. 그 종교 개혁자는 계속적으로 변형되고 개혁되는 삶의 반복 메커니즘을 보이기 위해 '자연법'에서 이끌어낸 규칙을 기록하고 있다.

자연계에는 다섯 법칙이 있다. 비존재, 생성, 존재, 행위, 열정(즉 아리스토텔레스에 의한 박탈, 질료, 형상, 작동, 열정).[22]

루터는 노예의지의 다섯 과정을 실재화한다. 그는 죄인이 '비존재'le non-être 안에 있다고 생각한다. 가령 죄인이 선을 행한다고 해도 그는 '거룩하게 됨'에 들어가지 못한다. '존재'는 말씀을 듣고 그것을 행하는 자를 의미한다. 거룩함에로 이끄는 '행위'는 겸허, 인간의 신앙*fides hominis*과 비교된다.

비존재는 이름 없는 사물이고 인간은 죄 안에 있다. 생성은 의롭게 되어

---

20. "Commentaire de l'Epître aux Romains," II. 12. 2.

21. Ibid.

22. Ibid. Cf. 내 견해로는 루터가 토마스 아퀴나스의 논고, *Les principes de la réalité naturelle*를 알고 있는 듯하다. 그 이유는 아퀴나스가 세 가지의 자연적 현실 원리로서 질료, 형상 개별화를 말하고 있기 때문이다. "생산되는 것으로 다음의 세 가지가 있다. I. 능력 있는 존재로서 질료, II. 행위로서의 비존재는 개별화, III. 행위로서 존재하는 것은 형상. 우리가 벽돌로 어떤 모양을 만들 때, 형틀과의 관계에 의한 능력으로서 벽돌은 질료가 된다. 벽돌의 무형적 외양은 개별화다. 모양에 대한 윤곽은 형상이 된다(38).… 이성의 관점에서 질료는 형상과 개별화로부터 구분된다. 질료는 형상과 개별화가 존재하는 주체다. 예를 들어 윤곽 없는 벽돌은 돌이고, 형틀의 형상을 받아들이는 것도 돌이다"(47).

가기다. 존재는 의다. 행위는 바르게 살고 행동하려는 것이다. 열정은 완
성되고 성취된 결과다.[23]

루터는 '열정'을 대단히 강조한다. 왜냐하면 그는 인간의 오염된 본
성을 너무도 잘 알고 있기 때문이다. 신자가 의로움에도 그 행위는 진실
하게 모든 계명을 완수하지는 못한다. 그 종교 개혁자는 되어감, 존재함,
행위 간의 노예의지의 통합적 생명력을 기술한다.

이 다섯 단계는 인간 안에서 언제나 활동하고 있다. 그리고 인간에게서
발견되는 것이 무엇이든지 간에(상호적으로 최초의 비존재와 궁극적 존재:
왜냐하면 이 두 극점, 비존재와 열정 사이에는 언제나 다른 세 가지, 즉 생성,
존재, 행위가 순환하고 있기 때문이다). 새로운 탄생에 의해 죄에서 의로, 비
존재로부터 되어가기로 넘어간다. 이것이 이루어진 후, 그는 바르게 움직
인다.[24]

되어감, 존재함, 행함 간의 반복되는 순환은 루터의 의롭게 됨과 회
개함과 거룩하게 됨을 내포한다. 이 순환이 노예의지를 새로운 국면으로
인도하기 때문이다. 노예의지는 한편으로는 육의 지혜에 의해 이끌리고
다른 한편으로는 영의 지혜에 의해 이끌린다. 그러므로 그는 성난 바다
위의 한 척의 배처럼 여겨진다.

존재하고 존재하지 않는 이 새로운 방식으로부터, 인간은 열정에 의해(즉

---

23. "Commentaire de l'Epître aux Romains," II. 12. 2.
24. Ibid.

다른 것을 하면서) 나아가면서 새로운 존재와 우수한 존재, 그리고 이 존재에서 다른 존재에로 넘어간다. 또한 그가 언제나 박탈 상태에 있고, 언제나 되어가기 상태에 있고(또는 능력으로서 그리고 질료로서), 언제나 행위 상태에 있다는 것은 너무나 옳은 말이다.[25]

중요한 것은 회개의 의미다. 회개는 부정의와 의를 연결하는 매체다. 그것은 두 개의 길의 교차로를 정확하게 드러낸다.

인간은 언제나 비존재 속에, 되어가기 속에, 존재 속에 있다. 언제나 박탈 상태에, 능력 있는 상태에, 움직임 속에 있다. 언제나 죄 안에, 의 안에 있다. 즉 인간은 언제나 **죄인**이고 언제나 **회개하는 사람**이고 언제나 **의인**이다. 왜냐하면 회개하면서 그는 비존재에서 존재가 되기 때문이다. 그러므로 회개는 불의와 의 사이의 중간에 있다.[26]

인간이 비존재 안에 있을 때, 이것은 출발점*terminus a quo*으로 여겨진다. 반면 열정 속에 있을 때는 도착점*terminus ad quem*으로 여겨진다. 우리는 언제나 죄인이어서 늘 회개하며 동시에 의롭다 함을 받는 중이다. 그래서 회개는 출발에서 도착을 연결하는 동력이다. 루터는 이것을 한 문장으로 "회개치 않으면 소용없다"[27]라고 표현하며 강조한다. 보통 죄인인 동시에 의인이라고 말하는데, 여기서 회개를 빼고 말하기 때문에 루터의 견해가 오해받는 것이다.

---

25. Ibid.
26. Ibid. 강조한 것은 나의 것이다.
27. Ibid.

　　라캉의 정체화 세 번째 장르에서 설명한 환상의 논리를 이용하면 루터의 노예의지에서 보여지는 개혁되는 삶의 반복을 잘 해석할 수 있다. 한편으로 그것은 무의식적 주체와 오브제 a 간의 상호적 정신분석의 방법의 관계를 설명해준다. 다른 한편으로 그것은 노예의지의 인간과 암흑에 재현된 계시된 하나님 간의 상호적 정신분석의 방법의 관계를 설명해준다. 라캉이 '교차점'을 정의하기 위해 오일러의 원을 이용한 것을 상기해보자. 두 원 간에 있을 수 있는 세 가지 관계가 중요하다. 그 관계는 합, 교, 대칭적 차이다. 세 번째 점의 본성을 정확히 설명하기 위해 그 프랑스 정신분석학자는 '거꾸로 된 8'을 도입한다. 이것은 자신을 포함하지 않는 전체의 전체 속에 자신을 포함한다. 즉 내부에 다른 원을 가질 수 있는 가능성이다. 이것은 외부 원으로부터의 추출, 즉 외부 원의 여집합은 자신을 포함하지 않는 전체이며 내부 원을 지칭한다. 이것은 '또는…또는'이라는 기능에 도움이 되지도 않고, 자신에 의한 교집합 기능에 사용되지도 않는다. 이것에 의해 저것이, 이것 안에 저것이 반영되지 않고, 외부 원의 선이 이것과 저것의 원을 만나기 위해 내부 원의 선과 이어진다. 이 내부 원은 외부 원에 의해 구성된 '경계'에 맞닿아 있다. 라캉은 이 경계를 '차이의 자동성'이라 부른다. 두 원은 자신들에게서 벗어나는 다른 분야와의 관계에 의해 존재하는 것처럼 여겨지기 때문이다. 결국 이 오일러의 기하학 덕분에 라캉은 내부 원과 외부 원이 동질일 것이라는 가능성을 확신한다. 그러므로 우리는 환상의 방정식을 기술할 수 있다. 경계는 자신을 포함하고 그것에 정체화된다. 그것은 외부 원과 내부 원을 분리하는 거리를 나타낸다. 그것은 자신의 모든 명상을 배제한다. 그것은 열리면서 동시에 닫힌다.

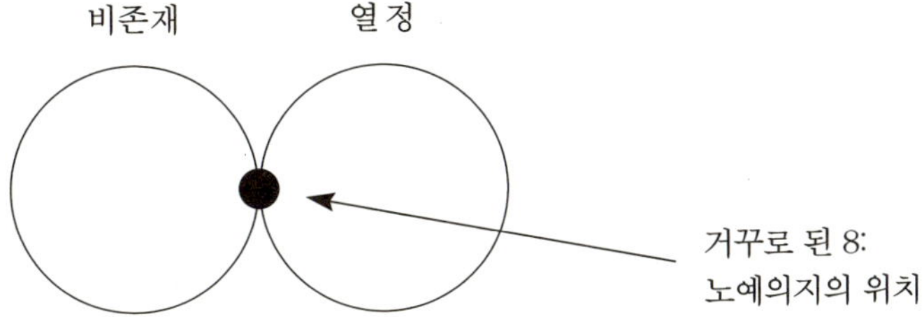

인간의 다섯 단계와의 관계에 비교되고, 비존재와 열정은 오일러의 두 원과 비교된다. 왜냐하면 교차점에, 즉 한편으로 육의 지혜와 영의 지혜 간에, 다른 한편으로 인간의 통치와 하나님의 통치 간에 있는, 노예의지의 인간은 외부 원이라는 전체에서 제외된다.

노예의지의 인간은 **거꾸로 된** 8 안에, 즉 한편 죄인과 완전함 사이에 위치하고, 다른 한편으로 비존재와 열정 사이 위치한다. 이는 우리가 '교차점'이라 부르는 곳에 위치한다. 그는 늘 죄인이며 동시에 의롭게 되어 가는 중에 있다. 결국 거꾸로 된 8은 다른 세 단계를 내포한다. 생성, 존재, 행위 또는 그리스도의 신앙, 인간의 신앙, 신앙이 바로 그것이다. 다시 말해 '거꾸로 된 8'은 의롭게 됨과 거룩하게 됨의 불가분성을 표상한다.

외부의 두 원의 선은 서로 만나기 위해 내부 원의 선 안에 지속된다. 내부 원은 외부 원에 의해 구성된 '경계'에 닿는다. 이 경계는 마름모의 열림과 닫힘을 의미한다. 한편 출발점이 열릴 때 인간은 겸허의 행동을 하고, 그것이 닫힐 때는 율법의 행위를 미워한다. 이것이 **인간의 신앙**이다. 다른 한편 도착점이 열릴 때 계시하시는 하나님의 역사하심은 그에게 말씀을 보이시고, 그것이 닫힐 때 그는 신앙 안에 나타난 그리스도에 정체화된다. 이것이 **그리스도의 신앙**이다. 거꾸로 된 8은 출발점과 도착점이 만나는 지점이다. 이것을 그림으로 표현하면 다음과 같다.

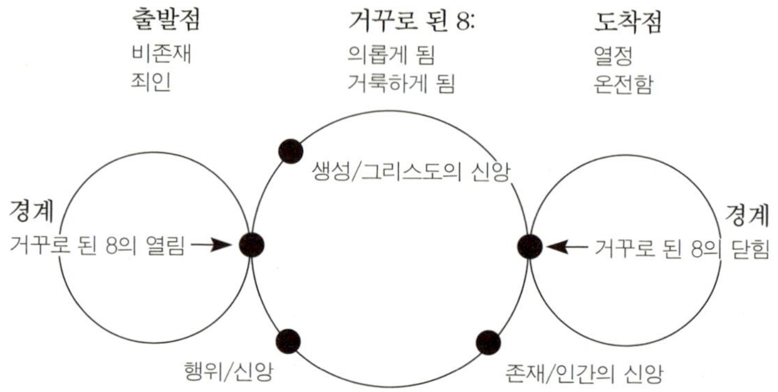

'경계'라 불리는 이 두 개의 대립점은 노예의지의 탄생과 하나님의 성육신을 가르친다. 주체와 대상은 상징화된다. 결국 상징화된 두 축은 거꾸로 된 8 안에서, 즉 '교차점' 안에서 상호적 정신분석의 방법[28]이 작용한다. 환상 방정식 덕분에 우리는 인간의 신앙과 그리스도의 신앙 간에 놓인 노예의지의 역동성을 깊이 있게 하는 하나의 나선형을 구체화할 수 있다.

그러므로 루터의 노예의지는 두 원으로부터 배제된 '거꾸로 된 8' 안에 기입된다.

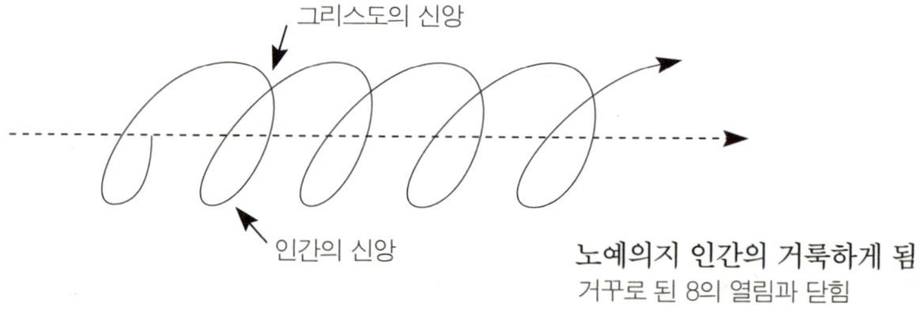

---

28. 내가 사용하는 '상호적 정신분석의 방법'이라는 표현은 '상호 관계적' 방법에서 유래하는 것이 아니라 라캉의 정체화에서 획득한 '상호적 정신분석의 방법'에서 유래한다. 이것은 무의식의 주체와 환상된 대상 간의 관계를 의미한다. 다르게 말해서 주체가 거세된 대상을 받아들이듯이, 거세된 대상은 상징화된 주체로서의 주체와 관계를 맺는다는 의미다.

다시 말해 노예의지의 인간은 그리스도의 육체, 즉 현존하는 그리스도와 오실 그리스도를 표상하는 교회 속에 살고 있다. 그가 스스로를 구원하는 데 절망하면 절망할수록, 복음은 그에게 말하길 네 속에 사는 것은 네가 아니라 바로 그리스도라고 말한다. 노예의지의 인간은 언제나 죄인이며, 동시에 언제나 회개하는 사람이며, 동시에 언제나 의인이다*simul peccator, simul penitens, simul justus*고 고백한다. 이것은 정체화에 대한 프로이트와 라캉의 이론에서 출발하여 재강독한 루터 사상 속의 노예의지의 본연의 위치다.

정신분석학에 대한 환기	루터의 상응 내용
두 원들/요구, 욕망 1) 속이 꽉 찬 원/요구 2) 속이 텅 빈 원/욕망	두 원/비존재, 열정 1) 출발점/비존재, 죄인 2) 도착점/열정, 완전함
교차점 거꾸로 된 8	세 단계 생성 - 그리스도의 신앙 존재 - 인간의 신앙 행동함 - 신앙
출발의 경계 도착의 경계	노예의지의 탄생 하나님의 성육신
상징화된 두 경계 무의식의 주체/거세된 대상	상징화된 두 축 노예의지/계시된 하나님

라캉의 세 번째 정체화 장르와 노예의지 간의 대조를 제시하기 위해, 우리는 다음과 같이 도식화한다.

정신분석학에 대한 환기	루터의 상응 내용
요구의 원 또는 속이 꽉 찬 원	인간의 왕국 인간의 결심 인간의 의지
욕망의 원 또는 속이 텅 빈 원	하나님의 왕국 하나님의 결심 하나님의 의지
두 원 사이에 교차된 주체	두 왕국 간에 교차된 노예의지
물 자체 Das Ding 물 La Chose	조건적 필연 숨은 하나님
뫼비우스의 띠	성육신 예상치 못한 역사 우연함
무의식의 표상	절대적 필연 계시된 하나님 하나님의 본연적 역사
실재 영상[i(a)]	암흑 인간적 인식 영상 거울
두 원들/요구, 욕망 　1) 속이 꽉 찬 원 　2) 속이 텅 빈 원	두 원/비존재, 열정 　1) 출발점/비존재, 죄인 　2) 도착점/열정, 완전함
교차점 거꾸로 된 8	세 단계 　생성 – 그리스도의 신앙 　존재 – 인간의 신앙 　행동함 – 신앙
출발의 경계 도착의 경계	노예의지의 탄생 하나님의 성육신
상징화된 두 경계 무의식의 주체/거세된 대상	상징화된 두 축 노예의지/계시된 하나님

일반적인 결론

지금까지 우리가 기술한 루터의 노예의지 개념은 법 아래 있는 인간의 본성과 복음으로 창조된 신앙 간의 차이에 근거를 둔다. 에라스무스의 「자유의지에 관하여」 분석에 따르면, 근본적인 죄는 스콜라적 사고의 반복일 뿐이다. 독일 종교 개혁자는 자유의지에서 흘러나오는 모든 신학에 저항한다. 라캉이 '도식 L' 창설 이전에 상상적 국면을 근본적으로 연구한 것처럼, 비텐베르크의 신학자도 인간 본성의 고유함을 깊이 인식한다. 노예의지에 대한 그의 사상은 명상적 인식을 능가하고, 사변적 신학을 육의 지혜나 미완성의 신앙으로 간주한다. 법을 행하는 것은 신자를 신앙으로 이끄는 것이 아니라 오히려 죄인의 잘못과 혐의를 고소하는 것이다.

신앙은 기다림이다. 만약 하나님이 그리스도-예수로서 성육신하지 않으셨다면, 신자의 영은 '숨은 하나님'에 대한 상상에 사로잡혔을 것이다. 신앙은 언어 영역 밖에서 창조되는 것이 아니다. 복음은 말씀으로, 세례로, 성례로, 우리를 도우러 온다. 다음의 유명한 문장은 우리에게 루터의 기독론을 상세히 알려준다. "그리스도는 말씀 이외의 어떤 다른 것으로 우리 앞에 나타나실 수 없다." 신앙은 말씀을 들음에서 유래하고, 말씀은 신앙의 출발이다. 신앙은 암흑에서 생기고, 그것은 그리스도와 인간이 만나는 자리이다. 또한 말씀은 인간의 신앙과 그리스도의 신앙 간의 교차점이다. 신자는 말씀이 도래하는 두 길의 교차로에 위치한다. 한편 신앙인은 하나님의 이중 역사 하심으로 상징화되고, 다른 한편 율법의 양가 사용으로 상징화된다. 이 관계는 신학에서의 다섯 가지 고전 방법으로 해석할 수 없는 것이다.

우리는 루터가 노예의지로 정의한 것을 '신학적 방법'이라 부른다. 진정하고 유일한 신학은 한편으로 숨어 계신 하나님과 계시된 하나님, 또 다른 한편으로 노예의지와 자유의지 간의 차이에 대한 인식에서 흘러나오기 때문이다. 이것이 바로 루터 신학의 새로움이다. 이 새로움은 노예의지의 근본적 인식론의 근거를 이룬다.

제5부
—
라캉과 성서 해석

제1장
라캉과 신약성서 해석

누가복음 7장 38-50절을 중심으로[1]

나는 장로교 합동교단 신학교인 총신대학교에서 신학을 공부하고 프랑스 개혁교회 신학교 연합체인 몽펠리에-파리신학대학교에서 박사 학위를 받았다. 박사 논문의 지도교수는 앙살디Jean Ansaldi, 1934-2010 로서, 그는 몽펠리에 III대학 인문대학 철학-정신분석학과에서 정신분석 이론을, 몽펠리에 신학대학교에서 조직신학을 가르쳤다. 나는 자연스럽게 신학과 정신분석학을 연결하는 공부를 했다. 앙살디가 파리신학대학교의 오그 Hubert Augue 교수와 함께 주최하는 'Psycho-anthropologie religieuse' 세미나에 참석하면서는 정신분석적 방법론으로 텍스트들을 분석하며 토론하는 분위기를 익힐 수 있었다. 자연스럽게 박사 논문의 방법론을 정신분석적인 주제로 정하고, 이 방법론이 신학적인 방법론과 어떤 차별

---

1. 이 글은 2009년 5월 14일 경동교회 장공채플에서 열린 한국민중신학회 월례세미나에서 발표되었고 『다시, 민중신학이다』(서울: 동연, 2010)에 수록된 글을 수정하여 2012년 제7회 한국조직신학자 전국대회에서 발표한 것을 다듬은 것이다.

성을 갖고 있는지를 보이기 위해 전통적인 신학 방법론을 우선 정리했
다. 앞서 보았듯이 그것들은 긍정의 방법, 부정의 방법, 유비의 방법, 역
설의 방법, 상관의 방법이었다. 이런 방법론이 갖는 한계를 보완할 수 있
는 것으로 정체화라는 정신분석 개념을 소개하였다. 학위 논문을 발표하
는 자리(1998. 6. 30.)에서 어느 심사위원은 내가 정리한 정신분석적 방법
론을 성서 본문에 적용했다면 더 좋았을 것이라고 말했다. 당시 조직신
학 영역에서 박사 논문을 준비한 나는 거기까지 논문의 범위를 확대할
여력은 없었다. 그래서 다음 기회에 꼭 그렇게 하겠다고 약속했다. 논문
구두 심사를 마치면서 심사위원들은 이런 방법론을 대한민국에 소개할
전도자로서 학위를 수여한다는 농담 섞인 말도 건넸다. 하지만 그 농담
은 그 후 해결 못한 숙제처럼 늘 내 마음속에 자리했고 성서를 읽을 때
마다 그것을 염두에 두었다. 그래서 성서를 묵상하고 설교를 준비할 때,
성서 공부를 할 때도 언제나 그런 관점으로 성서를 접했다.

아래에서 전개되는 글은 내가 박사 논문을 발표할 때 심사위원들에
게 정신분석 방법론을 성서에 적용하겠다는 약속을 지키는 부분이다. 즉
앞서 전개한 프로이트와 라캉의 이론에 근거하여 성서를 분석한 것이다.
이를 위해 우선 기독론을 간단하게 스케치하고 이어서 라캉의 정신분석
적 이론 틀인 '3위체'를 다시금 정리할 것이다. 이런 개념으로 누가복음
7장 38-50절을 읽고 그 의미를 나눌 것이다.

1. 신학적 기독론 이해

초기의 기독론

초기의 기독론은 크게 보아 '가현설'(예수의 인간성을 부정)과 '에비온주

의'(예수를 단지 한 선지자로 이해) 등으로 이해된다. 이는 신과 피조물의 경계를 뛰어넘는 그리스적 사고(가현설)와 이 경계를 유지하는 유대적 사고(에비온주의)에서 비롯되는데, 교리의 역사에서 이 두 노선은 혼합되어 희석된다.

에큐메니칼 신조에 따른 기독론

그리스적 사고와 유대적 사고를 비판하며 등장한 기독론은 '에큐메니칼 신조에 따른 기독론'이라 볼 수 있다. 제1차 에큐메니칼 공의회(니케아 신조, 325년)와 제2차 에큐메니칼 공의회(제1차 [니케아-]콘스탄티노플 신조, 381년)는 '주 예수 그리스도'라는 선포와 고백을 중심으로 성부와 성자의 동일본질, 신적 동일본질, 신앙의 그리스도를 정리하여 교리화한다. 이것은 위에서 아래로의 기독론, 선재 기독론, 알렉산드리아 학파 중심의 기독론이라 볼 수 있다.

이어서 진행된 제3차 에큐메니칼 공의회(에베소 신조, 431년)는 성자와 인간의 동일본질, 인적 동일본질, 역사의 예수를 정리한 것으로 볼 수 있다. 이것은 아래서 위로의 기독론, 거양擧揚 기독론, 안디옥 학파 중심의 기독론이라고 정리할 수 있다.

이렇듯 위로부터의 기독론이 정리된 후, 아래로부터의 기독론이 정리되는 방식의 첨부된 신조는 위와 아래의 만남의 방식에 대해 의문점을 남긴다. 그래서 제4차 에큐메니칼 공의회(칼케돈 공의회, 451년), 제5차 에큐메니칼 공의회(제2차 콘스탄티노플 공의회, 553년), 제6차 에큐메니칼 공의회(제3차 콘스탄티노플 공의회, 681년) 등이 소집되어 이 점을 논했다. 결론적으로 공의회는 하나의 신적 위격에 두 본성의 일치, 양성이의일치를 합의한다. 그래서 공의회는 양성을 분리시키는 행위에 대해 단호하게 대처한다. 이것을 가장 잘 보여주는 사례가 '성상'icon의 문제다. 즉 그림 속의 예수가 인성일 뿐이라고 주장할 경우, 이는 신성을 분리하였기에 정죄되는 것이다. 이 문제를 정리한 것이 바로 제7차 에큐메니칼 공의회(제2차 니케아 신조, 787년)다.

동방교회의 주도로 진행된 공의회 이후에는 서방교회에서 주도권을 잡고 공의회가 열렸다. 오늘날까지 총 21차례 공의회가 소집되었고 그 가운데 시점에서 종교 개혁이 이루어졌다. 개신교는 앞에서 설명한 기독론을 그대로 수용했고 그러한 틀은 기독교의 교리가 되었다.

안티 에큐메니칼 신조의 흐름

역사 속에서 계속 되풀이된 것이지만, '안티 에큐메니칼 신조'의 흐름이 오늘날에도 이어지고 있다. 종교학자 오강남은 '신앙의 예수'를 '하나님'으로 고백하는 것을 거칠게 비판했다. 불트만도 '역사적 예수'에 접근할 수 없다며 신앙고백하는 근원에 대해 숙고했다. 더군다나 북미 신약학자 중심의 '예수 세미나'에 따르면 '역사적 예수'와 '신앙의 예수' 간의 소통은 말할 수 있지만, 이를 하나님으로 고백하는 데는 문제를 제기하며[J. D. Crossan], '신앙의 예수'보다는 '역사적 예수'에 비중을 두며[R. Funk], '부활 이후의 예수'를 경험한 자들이 구성한 것이 '부활 이전의 예수'[M. Borg]라는 등 여러 이유에서 이런 관점이 대두되고 있다.

민중신학에 따른 기독론

이런 가운데 '민중신학'은 '예수가 민중이다'(예수민중론), '민중이 예수다'(민중메시아론) 등 신약성서에 기초한 기독론을 펼쳤다. 권진관 교수는 2009년에 출간한 『예수, 민중의 상징 민중, 예수의 상징』에서 '예수, 민중 그리고 사회운동을 주제로' '민중신학'을 재해석하고 있다. 그의 설명에 따르면 '예수, 민중의 상징'은 '민중이 예수다'라는 의미다. 즉 '민중이 신화되었다'는 뜻이다. 그는 이를 동방교회의 전통에서 본다(Deification, Theosis, Recapitulation: 권진관). 그리고 '민중, 예수의 상징'은 '예수가 민중이다'는 의미다. 즉 '예수가 육화되었다'는 뜻이다(Incarnation: 권진관). 권진관 교수가 주장하는 이런 내용을 잘 이해하기 위해 동방교회 전통을 깊이 연구하여 전개하는 것보다는 오히려 그가 사용하는 '상징'의 의미를 더 파헤치는 것이 나을 듯하다. 왜냐하면 그가 인용하는 '동방교회의 용어'는 '상징'의 의미를 보여주는 것이지, 복고적인 연구 결과물 자체가 '민중신학'을 새롭게 하는 것이 아니기 때문이다. 보그[Borg]의 말처럼, 신조는 "초기 기독교의 신학적 발전을 요약한 것이며 동시에 토착화[indigenization]시킨 것"[2]이다. 그래서 신조는 신앙고백을 그리스 언어로 언어화시킨 문화적인 것이라 볼 수 있다.

예수의 이름을 강조하는 신학에 따른 기독론

예수와 민중의 관계를 연구하는 민중신학의 논의처럼, 예수와 예수의 이름 간의 관계를 연구하는 예수이름신학이 논의되고 있다. 최근에 룩-슈뢰더이는 야웨 이름과 예수 이름의 연속과 단절에 관하여 질문을 제기했다.[3] 그녀는 신약학 분야의 박사 학위 논문에서 '예수의 이름'이 나타나는 신약성서 대부분의 본문을 주석한다. 신약성서 담론으로 예수의 이름을 분석하면서 역사적 실재로서의 예수에 접근한다. 나는 「예수 이

---

2. 보그 & 라이트, 『예수의 의미』(서울: 한국기독교연구소, 2001), 238.
3. ADELHEID RUCK-SCHRÖDER, *Der Name Gottes und der Name Jesu: eine neutestamentliche Studie* (Neukirchen-Vluyn: Neukirchener Verl, 1999), 5.

름과 양성일치 기독론」에서 룩-슈레더가 서술하는 예수의 이름에 대하여 정리한 바 있다.[4] '마태복음' 첫 부분 주석에서 '예수의 이름'은 '전前-삼위일체구조'의 한 요소이지만, 뒷부분에 가서는 통일성 범주(단수로 된 이름)에서 서술된다. 그리고 이 이름은 덧붙여지고 '담지'된 이름으로 풀이된다. 그러나 '요한복음'에서는 '구약성서'에서 하나님 자신이라고 보인 바 있는 '은혜와 진리'(출 34:6, 인자와 진실), 바로 이것을 '담지하고-매개하고-그 자체'가 바로 유일하게 하나님을 본 아들 예수 그리스도, '예수의 이름'으로 표현된다. "기독론은 하나님의 통일성의 해석을 위한 것이다. 그렇기 때문에 '탄생 계보-이름'이 예수로 위임되는 것이 유태인의 이해로는 신학적 경계를 넘어서는 것을 의미한다 해도, 신약은 하나님 한 분으로서의 일치와 통일성에 관한 성서적 확신을 객관적으로 지속시키는 것이다."[5] 이렇게 '요한신학'의 증언에 따라 '야웨 이름의 통일성이 곧 예수의 이름의 통일성의 근거'가 된다는 것을 보여준다.

구약신학에서는 신명을 연구하는 호신명 신학이 있어 왔지만, 예수 이름을 주제로 연구하는 것은 흔한 일이 아닌 것 같다. 20세기 초반에 구약학자 아이히로트는 『구약성서신학』에서 언약의 하나님 이름으로서 '야웨'를 다룬 바 있다.[6] 반면 20세기 중반에 신약학자 오스카 쿨만은 『신약의 기독론』에서 칭호로서의 예수 그리스도를 다루었다.[7] 하지만 그는 '예수의 이름'을 칭호의 범주에서 거론하지는 않았다. 우리는 국내에서 저술된 '예수의 이름'에 관한 몇 편의 글을 더 찾아볼 수 있다.[8]

---

4. 강웅섭, 「예수 이름과 양성일치 기독론」, in 『한국조직신학논총』 제29집(2011.6.), 50-55.
5. ADELHEID RUCK-SCHRÖDER, 265.
6. 발터 아이히로트, 『구약성서신학 1』(서울: 크리스찬다이제스트, 1995), 185-216.
7. 오스카 쿨만, 『신약의 기독론』(서울: 나단, 1988), 22.
8. 신약학의 관점에서 참조할 수 있는 논문은 성종현, "신·구약성서와 유대문헌에 나타난 하

오늘날 우리나라의 상황에서 누군가 '예수의 이름이 무엇인가?'라고 질문하면, 그는 사람들에게 도리어 '그 질문을 왜 하는가?'라는 반문을 받을 만큼 '예수의 이름'은 신앙생활에서 많이 사용되고 있다. 하지만 '예수의 이름'이 연구 주제로 자리 잡고 있지는 못한 것 같다. '예수의 이름'에 신학적 가치를 부여하는 '예수의 이름을 강조하는 신학'에 따른 기독론은 무엇인가? 그 이름은 역사적 예수를 지칭하는가? 신앙의 그리스도를 말하는가? 등 우선적으로 단순한 질문을 몇 가지 할 수 있다. 여기서는 '예수 이름의 신학'을 소개하는 것이 주목적이 아니기에 자세한 내용은 언급하지 않겠다. 다만 결론적으로 말해 '예수 이름의 신학'에서 '예수의 이름'은 기존의 기독론과 관계될 뿐 아니라 '삼위일체론'에 관계된다는 식의 관점만을 제시할 것이다. '예수의 이름'은 구약성서의 '주'를 대체한다는 의미에서 '하나님의 이름'으로 이해될 수 있다. 또한 '예수의 이름'은 성부로부터 상속받은 이름[9]이고 오순절 사건 때 성령이 가져온 이름[10]이라는 의미에서 삼위일체와 관련된다. 그런 면에서 예수의 이름은 삼위일체의 일체성을 보여주는 동시에 개별성을 보여주는 이름이다.[11]

나님의 성호와 예수 이름에 대한 고찰", in 『장신논단』 제8집(1992), 102-125. 실천신학적인 관점는 안석모, "'예수님의 이름'을 부르는 기도", in 『신학논단』 37(2004), 413-448, 윤혜진, 『하나님의 이름, 예배 그리고 음악』(서울: 예일신학대학원대학교출판부, 2012)이 있다. 또한 이명범, 『예수 이름』(서울: 레마, 1987), 나의 글(각주 4번과 11번 참고)이 있다.

9. 이와 관련된 성구는 마 1:21, 빌 2:9-11, 요 5:43, 17:12-13, 26 등.

10. 이와 관련된 성구는 요 14:26 등.

11. Cf. 강응섭, "룩-슈레더에 따른 '예수의 이름'에 재현된 삼위일체 하나님의 유일성과 현재화에 대한 연구", in 『한국조직신학논총』 제36집(2013), 215-245.

2. 라캉의 3위체[12]

3위체

예수 그리스도의 인성과 신성을 분리하지 말아야 한다는 칼케돈 공의회 신조를 따를 때 거기에는 약간의 문제가 있는 것 같다. 그것은 위에서 간략하게 소개한 기독론과 대다수의 기독론이 삼위일체의 제2격에 해당하는 예수 그리스도의 인성과 신성을 잘 결합하지 못하고 분리하고 있다는 것이다. 이를 극복하기 위해 아래에서 소개하는 라캉의 2위체는 예수 그리스도의 인성과 신성을 구분하되 분리하지 않고 잘 결합하는 방법론이 될 것이다.

정신의학자이자 정신분석가인 라캉은 인간의 '정신 차원'을 '3위체'로 구분한다. 이는 '지·정·의'라는 정신 기능과는 다르다. '3위체'는 인간 정신이 대상과 관계를 맺는 발달 과정에 논리적 순서로 나타난다. '제1위'는 상상계나 상상적인 것Imaginaire에 관한 것이다. 라캉은 '거울 단계'와 관련된 논문을 발표한 1936년 이후부터 공개 세미나를 실시하는 1953년 사이에 논리적인 설명을 더해 '제1위'를 설명했다. '제2위'는 상징계나 상징적인 것Symbolique에 관계되는데, 라캉은 1961년 세미나 9권 '정체화'를 다루기 전까지의 시기에 제2위를 설명한다. 이때 '제1위'와 '제2위'의 연결고리에 대해 설명하면서 점차 '제3위'를 다룬다. 제3위는 실재계나 실제적인 것Réel에 관계되는 것으로, 라캉은 1961년 이후 3위체를 연결

---

12. 라캉은 세미나 2권에서 Imaginaire Symbolique Réel을 une triade라고 부른다. 이를 국내에서는 '계'로 번역하고 있다. 불어 'triade'는 그리스어 *trias, triados*, 라틴어 *trinitas, trinus*와 연관된다. 이는 신학에서 三一性이라 번역되는 용어이다. 이런 면에서 나는 이 글에서 triade를 '3위체'로 번역한다.

하는 가운데 '제3위'에 매진한다.

3위체의 논리

신학 틀에서 볼 때, 라캉의 3위체는 중세의 보편실재론(1위)과 텍스트주의(2위), 탈코기토(3위)에 비교할 수 있다. 즉 중세의 보편실재론은 라캉식으로 볼 때 '제1위' 해당하고 칸트식으로 볼 때 '주머니 속의 동전이 사유되는 것'에 해당한다. 텍스트주의는 라캉식으로 볼 때 '제2위'에 해당하고, 칸트식으로 볼 때 '사유 속의 동전은 주머니 속에 있다'에 해당한다. 라캉식으로 볼 때 사유의 주체는 그 동전에 대해 숙고하여 동전의 상징 체계를 구상한다. 즉 제2위는 텍스트 안(의 동전)이라고 볼 수 있다. 탈코기토는 라캉식으로 볼 때 '제3위'에 해당하고, 칸트식 사유로 볼 때 '사유 속의 동전은 주머니에서 사탕이 되고, 주머니 속의 사탕은 사유 속에서 지우개도 되고 […]'에 해당한다. 즉 사유의 주체는 동전으로 살 수 있는 헤아릴 수 없이 많은 여러가지 것들을 향해 있다고 볼 수 있다. 그러니까 제3위는 텍스트 안팎이라고 볼 수 있다. 사유의 주체는 상징의 체계를 벗어나 환상의 나래를 펼치며 새로운 체계로 향하게 된다.

다시 말해 '제1위의 논리'는 객관적인 '타자'(가령 동전)가 주관적인 타자가 되는 것이다. '제2위의 논리'는 주관적인 타자가 객관적인 것에서 발견되는 것이다. 그러나 그것이 객관 속의 바로 '그 타자'가 아닐 수도 있다. '그 타자'는 objet a(오브제 아)라고 표시된다. '제3위의 논리'는 주관 속의 타자가 객관 속의 타자가 아니라고 해도 완전히 '아닌 것은 아니고, 그것 자체인 것도 아니다'. '아닌 것도 아니고 그것 자체인 것도 아닌' 타자는 a fantasmé(환상화된 a)로 표시된다. 여기서 '타자'는 프랑스어 autre(other)로 표기되는데, 이것은 chose(thing)라고 보아도 된다. 대문자 Autre(Other, 대타자)는 타자가 내뱉은 '말'에 가깝다.

3위체의 기호론, 주체의 출현

3위체의 논리를 전개하기 위해 '기호'Signe가 등장한다. 기호는 기의s, signifié, signified(시니피에, 개념)와 기표S, signifiant, significant(시니피앙, 소리), 물res, 物로 구성된다.[13] 강조점에 따라 라캉은 소쉬르의 기호식을 변형한다.

소쉬르의 기호: $\dfrac{s}{S}$ (s강조)

라캉의 기호: $\dfrac{S}{s}$ (S강조)

실재는 3위의 동일화 논리 방식으로 드러난다. 인간이 타자와 맺는 관계는 직접적일 수 없고 매개를 이용하는데, 이 매개는 '기호화'(상징화)된 것이다. 즉 =이라는 기호나 상징으로 표현된다.

실재계를 단편적으로 표상하는 상징적 표상 방식은 '기표'다. 즉 기표는 소리, 청각적 요소, 청각 이미지 요소다. '기표'는 음성적인 것 외에도 몸짓, 냄새, 영상, 미각 등 오감적인 것을 포함한다. 이에 비해 '기의'는 개념적이며, '기표'로 상징화되기 전의 시각적 요소, 시각 이미지 요소다. '소쉬르'가 '한 뜻을 표현하는 소리가 다양하다'(기의의 우위)고 본 반면, '라캉'은 '한 소리는 다양한 뜻을 지닌다'(기표의 우위)고 본다.

라캉은 기표들의 연결고리를 $f(s)\dfrac{1}{s}$로 표현한다. 기표+기표=의미화가 생기고, 기표+기표=무의식의 주체를 드러낸다. 주체는 기표의 고리, 말의 덩어리, 언어화된 존재이지, 육화된 존재가 아니다.

---

13. 『다시, 민중신학이다』에는 편집오류로 인해 기의와 기표 설명이 반대로 되어 있다.

3위체의 의미론, 기호 또는 상징의 의미화, 의미 생성 과정

의미는 '환유'métonomie의 '전치'déplacement와 '은유'métaphore의 '압축' condensation이 만날 때 생성된다. 라캉은 야콥슨의 언어 이론을 수용한다.

$$\text{환유(이동, 대체, 조합, 역사):} \quad f(S...S')S \cong S(-)s \cong \frac{S}{s}$$

$$\text{은유(압축, 연상, 선택, 탈역사):} \quad f\left(\frac{S'}{S}\right) \cong S(+)s \cong \frac{S}{s}$$

환유의 축과 은유의 축이 만나는 지점, 의미가 생성되는 지점을 'Point de Capiton'(소파점)이라 하는데, 이 지점은 8자를 변현變現시킨 거꾸로 된 8(◎)로 상징화되어 설명된다. 이 마름모꼴은 '환상의 논리'를 설명하는 상징으로 사용된다. 또한 '뫼비우스의 띠'도 이를 설명하는 상징이다. '아닌 것도 아니고 그것 자체인 것도 아닌' '제3위'를 설명하는 상징이다. 즉 '안과 밖이 다르면서도 통하는 것'이다.

미끄러지는 것

기호로든 기표로든 기의로든 그 어떤 것으로든 3위체를 엮을 수 없다. 그러나 그것은 엮인다. 어떻게 엮이는지를 표현한 상징이 S(Ⱥ)인데, 사랑의 문자라고 부른다. 이는 '기표로 표현될 수 없는(/) 대타자Autre'의 상징이다. 그러나 이렇게[S(Ⱥ)] 기표로 상징된다. 기표로 표시할 수 없는 것을 표기하고자 하는 것이 바로 '학문'이다. 그것을 승화시켜 표현하는 것이 예술이다. 그것이라고 말하지만 다시 그것이라고 말하고 또다시 그것이라고 되풀이하는 것이 '종교'다. 여기서 '그것'이 동일한 소리일지라도 그 소리의 담긴 뜻은 다양하다. 그래서 선포와 고백이란 것이 매 순간 동일한 것이 될 수 없다. 끊임없이 되풀이되는 것, 어느 순간 덫에 걸려(정체화) 고정된 것처럼 보이지만 다시 덫으로부터 풀려 의미가 미끄러져 다른 것이 되는 반복 과정이 '종교'의 근원이다. '학문으로서의 종교'는 선포와 고백의 대상을 고정하고자 한다. '학문'은 고정되지만 '종교'(=신앙)는 그 것으로부터 미끄러진다고 라캉은 세미나 7권에서 말한다.

3. 성서 읽기(공동번역 개정판)

누가복음 7장 36-50절은 '시몬'의 '집'에서 '향유'를 '예수'께 '붓는' '한 여인'의 사건이다. 이 사건에서 3위체의 전모를 찾을 수 있을까? 텍스트에 담기기 전의 예수, 텍스트에 담긴 예수, 텍스트 안팎의 예수. 이렇게 구분된 예수는 논리적 순서상 '제1위', '제2위', '제3위'의 방식으로 표현된 것이라고 해석해보기로 하자.

36 예수께서 어떤 바리사이파 사람의 초대를 받으시고 그의 집에 들어가 음식을 잡수시게 되었다.

37 마침 그 동네에는 행실이 나쁜 여자가 하나 살고 있었는데 그 여자는 예수께서 그 바리사이파 사람의 집에서 음식을 잡수신다는 것을 알고 향유가 든 옥합을 가지고 왔다.

38 그리고 예수 뒤에 와서 발치에 서서 울며 눈물로 그 발을 적시었다. 그리고 자기 머리카락으로 닦고 나서 발에 입 맞추며 향유를 부어 드렸다.

39 예수를 초대한 바리사이파 사람이 이것을 보고 속으로 〈저 사람이 정말 예언자라면 자기 발에 손을 대는 저 여자가 어떤 여자며 얼마나 행실이 나쁜 여자인지 알았을 텐데!〉 하고 중얼거렸다.

40 그때에 예수께서는 〈시몬아, 너에게 물어볼 말이 있다〉 하고 말씀하셨

다. 〈예, 선생님, 말씀하십시오〉 그러자 예수께서는 이렇게 말씀하셨다.

41 〈어떤 돈놀이꾼에게 빚을 진 사람 둘이 있었다. 한 사람은 오백 데나리온을 빚졌고 또 한 사람은 오십 데나리온을 빚졌다.

42 이 두 사람이 다 빚을 갚을 힘이 없었기 때문에 돈놀이꾼은 그들의 빚을 다 탕감해 주었다. 그러면 그 두 사람 중에 누가 더 그를 사랑하겠느냐?〉

43 시몬은 〈더 많은 빚을 탕감받은 사람이겠지요〉 하였다. 예수께서는 〈옳은 생각이다〉 하시고

44 그 여자를 돌아보시며 시몬에게 말씀을 계속하셨다. 〈이 여자를 보아라. 내가 네 집에 들어왔을 때 너는 나에게 발 씻을 물도 주지 않았지만 이 여자는 눈물로 내 발을 적시고 머리카락으로 내 발을 닦아 주었다.

45 너는 내 얼굴에도 입 맞추지 않았지만 이 여자는 내가 들어왔을 때부터 줄곧 내 발에 입 맞추고 있다.

46 너는 내 머리에 기름을 발라 주지 않았지만 이 여자는 내 발에 향유를 발라 주었다.

47 잘 들어 두어라. 이 여자는 이토록 극진한 사랑을 보였으니 그만큼 많은 죄를 용서받았다. 적게 용서받은 사람은 적게 사랑한다〉

48 그리고 예수께서는 그 여자에게 〈네 죄는 용서받았다〉 하고 말씀하셨다.

49 그러자 예수와 한 식탁에 앉아 있던 사람들이 속으로 〈저 사람이 누구인데 죄까지 용서해 준다고 하는가?〉 하고 수군거렸다.

50 그러나 예수께서는 그 여자에게 〈네 믿음이 너를 구원하였다. 평안히 가거라〉 하고 말씀하셨다.

텍스트에 담기기 전의 예수: 환유의 축에서, 인성으로서 예수

'객관적인 타자가 주관적인 타자가 된다'는 '제1위'의 논리에 따르면, 본

문 속의 '객관적인 타자'와 '주관적 타자'는 누구라고 규정지을 수 있을까? '객관적 타자'는 바리새인 시몬의 접대 방식 때문에 심기가 불편하신 예수이고, '주관적인 타자'는 바리새인 시몬의 접대 방식에 대해 아무렇지도 않은 것처럼 행동하시는 예수다. '주관적 타자'는 저자 누가가 예수를 이해한 것이고, '객관적 타자'는 누가가 숨기는 것에 관계된다. 사건을 풀어가는 누가의 의도는 어디에 있는가?

누가는 '객관적인 타자'를 '주관적인 타자'로 변형시키려는 듯이 예수의 모습을 숨긴다. 그런데 꽁하고 계신 예수의 객관적 모습은 감추어지지 않고 '향유 붓는 사건'에서 폭발한다. 그 폭발은 강한 굉음을 드러내지 않는다. 오히려 침묵 속에서 굉음, 즉 칭찬과 데나리온 비유로 드러난다. 예수가 여인의 붓는 행위를 칭찬하는 것은, 역으로 시몬의 붓지 않는 행위(머리에는커녕 발에도 붓지 않음)를 비난하는 것과 같다(44절, 46절). 예수는 이를 더 잘 표현하기 위해 빚진 사람의 예를 들어서 극대화시킨다. 누가는 객관적 예수를 이런 예화를 통해 더 잘 그린다. 청중은 이 본문에서 그런 예수를 만나게 된다. 그러나 본문을 묵상하면서 예수의 말을 '들어보면' 누가가 전면에 내세우는 예수와 예수 자신의 심정은 다름을 알 수 있다. 예수의 본심은 누가에 의해 감추어진다. 우리가 누가의 이런 속임수에 빠지지 않고 객관적인 모습의 예수를 지켜본다면 인성으로서의 예수를 더 잘 알 수 있을 것이다. 보통 신성으로서의 그리스도에 대해 포커스를 맞추기 때문에 인성으로서의 예수는 숨겨지는 경우가 많다. 누가의 의도도 신성으로서의 그리스도 서술에 함몰되었다고 볼 수 있다. 그렇기 때문에 라캉식 제1위의 차원에서 인성으로서의 예수를 충분히 거론할 필요가 있다.

텍스트에 담긴 예수: 은유의 축에서, 신성으로서 그리스도

이 본문은 짧지만 많은 기호와 상징으로 짜여 있다. 라캉에 따르면 "무의식은 언어처럼 짜여 있다."[14] 스토리 형태로 짜인 이 무의식은 언어로써 주체를 드러낸다. 또한 라캉은 "하나의 기호 형식(기표, 시니피앙)은 또 다른 기호 형식에 연결된 주체를 재현한다"[15]고 말한다. 주체는 언어로 표현된다. 이 본문의 기호와 상징은 누가가 드러내고자 했던 예수의 모습, 즉 주체를 보여준다. 예수의 모습은 언어처럼 짜여 있기 때문에 글에 숨겨진 채 드러난다. 언어는 '환유'와 '은유'의 결합 방식에 의해 '의미'를 드러낸다. 그 '의미화'를 통해 우리는 '이해'하고 '믿게' 된다. 우리는 이런 '이해'나 '믿음'을 기반으로 '움직'인다.

이 본문의 사건은 환유와 은유의 대표적인 본문과도 같다. 환유적인 측면에서 보면 '빛'(S)의 크기와 '사랑'(S)의 크기는 등가적이다. 또 다른 환유적인 측면에서 보면 '죄'(S)의 크기와 '용서받음'(S)의 표현도 등가적이다. 환유적인 측면에서 시니피앙은 빛-사랑, 죄-용서받음으로 이어지고 있다. 반면 은유적인 측면에서 보면 '빛'이 '죄'로 수용되고, '사랑함'이 '죄 용서 받음'으로 연결되고, 또 다른 은유적인 측면에서 보면 '빛'은 '입맞춤-씻을 물-썰렁한 공기-음식-향유' 등이 될 수 있고, '죄'는 '외면', '사랑'은 '여인의 눈물-입맞춤-머리칼로 씻음-향긋한 향기' 등이

---

14. "무의식은 언어처럼 짜여 있다" (L'inconscient est structuré comme un langage). 이 글은 다음에 수록되어 있다. J. LACAN, *Les quatre concepts fondamentaux de la psychanalyse* (Paris: Seuil, 1973/1992), 137.

15. "하나의 기호형식은 또 다른 기호형식에 연결된/전속된 주체를 재현한다"(Un signifiant représente le sujet pour un autre signifiant). 이 글은 다음에 수록되어 있다. J. LACAN, *L'éthique de la psychanalyse* (Paris: Seuil, 1991), 19, 53. 이 문장에서 'pour'는 'auprès de'(~에 전속된)란 뜻이라고 라캉은 세미나 XVII에서 말하고 있다.

될 수 있다.

하나의 사건은 환유적인 시니피앙의 나열(예수와 시몬의 대화)로 전개
된다. 이것이 제1위, 즉 누가의 서술이다. 누가의 서술을 타고 예수의 무
의식의 주체가 드러난다. 즉 '빚이 죄'이며 '빚 탕감 받는 것이 죄 용서
받는 것이며' '많이 탕감받은 자가 많이 사랑한다'고 말하는 주체가 등장
한다. 무의식의 주체의 출현 앞에서 대화 참관자들은 어안이 벙벙해졌
다. 특히 이 사건을 기술하는 누가는 객관적인 모습의 예수를 뒤로하고
새로운 예수의 모습을 등장시킨다. 객관적인 모습의 예수와 새롭게 이
해된 모습의 예수 간에는 일치도 아니고 완전히 다름도 아닌, 어떤 관계
가 성립된다. 이 지점은 인성으로서의 예수는 감추어지고 신성으로서의
예수가 돋보이는 지점이기도 하다. 저자 누가는 예수를 죄사하는 권세
를 지닌 전능자로서 '이해' 또는 '신앙'하고 '고백'한다. '제2위'의 논리대
로 경험된 주관적인 타자를 객관적인 공간(집)에서 발견하고 있다. 앞서
보았듯이 경험된 주관적 타자는 객관 속의 바로 '그 타자'라고 말할 수
는 없지만, '객관 속의 바로 그 타자'를 통해서만 주관적 타자는 서술된
다. 누가에 의해 경험된 주관적 타자로서의 예수는 사람의 속마음을 훤
히 뚫어보는 전지자로 표현된다. '객관 속의 바로 그 타자'에 대한 경험
은 무수한, 다양한, 여러 측면의 주관적 타자의 모습을 볼 수 있게 하는
원천이 된다. '제2위'의 주체화 과정은 a가 a´가 되는 과정이다. 이는 누
가에게서 일어나는 주체화의 과정이다. 인성으로서의 예수는 신성으로
서의 그리스도로 고백된다. 이 과정이 누가에게서 발생하고 있고 예수는
그 결과에 따라 다른 차원의 주체화로 거듭나게 된다. 누가의 거듭남은
곧 예수의 거듭남으로 이어진다. 여기서 우리는 누가의 거듭남이 우선
적인지 예수의 거듭남이 우선적인지 그 우선순위를 논할 수는 없다. 다

시 말해 누가가 거듭났기 때문에 예수가 그리스도로 고백되는지, 그리스도로서 예수가 침투해오기에 누가가 거듭난 것인지 그 우선순위를 정할 수 없다. 이것은 시간상의 순서라기보다는 논리상의 순서라고 보아야 할 것이다. 이를 제3위에서 좀 더 구체적으로 살펴보자.

텍스트 안팎의 예수: 환상의 축에서, 실재의 현현

이 본문의 핵심은 여인이 저지른 '사건'이다. 이 사건을 통해 '주체'가 드러난다. 한마디 말도 하지 않는 여인의 주체가 예수로 하여금 말씀하게 하며, 그 말씀에 의해 주체로서 예수 스스로의 참모습이 드러난다. 초대받은 불청객 예수는 이 '사건'을 통해 자신의 내면을 드러낸다. 예수의 내면은 뫼비우스의 띠가 안과 밖의 이어짐으로 된 것처럼 '빛'이 '죄'로, '극진히 사랑함'이 '죄 용서 받음'으로, 이것과 저것이 이어진 것으로 표현된다. 곧 '제3위'의 논리인 주관 속의 타자가 객관 속의 타자가 아니라고 해도 완전히 '아닌 것은 아니고, 그것 자체인 것도 아닌' 것이다. '아닌 것도 아니고 그것 자체인 것도 아닌' 타자는 환상화된 $a^{\text{fantasmé}} a$로 표시된다. 일상인에게 '환상'은 객관적인 것과는 관련 없는 주관적인 것의 정신활동이라고 보겠지만, 라캉은 객관과 주관 간의 상호적인 논리를 찾아낸다. 이런 환상의 논리도 언어처럼 구조화된(또는 짜인) 무의식의 영역에 속한다. 라캉은 객관과 주관의 상호 관계에서 실재를 구성한다.

저자 누가는 이 본문에 실재의 모습을 담아두었다. 누가는 어떤 방식으로 실재의 모습을 그렸을까? 정신분석에서 실재를 보여주는 것은 '꿈', '증상'이듯이, 이 본문도 '꿈', '증상'처럼 여러 장치를 이용하여 실재를 보여준다. 초대된 집, 비스듬히 누운 손님들, 이들의 일그러진 얼굴, 갑자기 발생한 여인의 돌발행위, 옥합을 깨트렸기에 발생하는 냄새, 여기에 덧붙여진 예수의 담화, 주인의 상심한 마음 등 이루 말할 수 없는 복잡한 것이 이 사건의 장면에 녹아 있다. 이 장면은 꿈꾼 것을 이야기하는 것처럼 누가가 실제의 사건을 우리에게 들려준다. 사건의 장면은 실재의 장면이다. 사건이 실재 속에서 발생한 것이다. 마치 '그것이 아닌 것도 아니고 그것 자체인 것도 아닌 것'을 표시하기 위해 저자는 어떠한 열망을 갖고 펜을 들었을까? 이 본문은 글 쓰는 저자 누가의 욕망에서 비롯될 수도 있지만 그보다는 글을 쓰도록 부추기는 상황들, 가령 시몬의 무례한 행동, 예수의 언짢은 말투와 고난도의 비유, 비극 배우 같이 행동하는 여인의 슬픈 연기 등에 이끌려, 마치 '꿈 구조'처럼, 비상한 꿈을 표현하라고 잠자는 자에게 보내는 메시지에 의해 구성된 것이라 볼 수 있다. 이 사건의 실재는 본문의 말에 기록되어 있다. 이 실재는 누가의 기록에 의해 우리에게 전달되고 있다. 실재는 사건에 기록되어 전달된다. 라캉식 '제3위' 논리로 읽을 때, 고정화되었던 이 실재는 되살아나 생동감을 갖는다. 이 실재의 사건은 말이라는 매개로 우리에게 전달된다. 긴 시간의 차이와 공간의 아득함이 말로 매개된 사건에 담기는 것이다.

예수의 이름, 사건 중심의 신학 그리고 현재성

누가복음의 저자는 〈자기가 누구인데 죄까지 용서해준다는 말인가?〉(49절)라고 말하는 청중의 입을 빌어 예수가 〈누구〉인지를 질문하고 있다. 여기서 〈누구〉는 청중에 따라 달라질 것이다. 앞서 본 초기의 기독론, 에큐메니칼 공의회들은 〈누구〉에 해당하는 '주 예수 그리스도'를 〈어떤〉과 〈무엇〉으로 질문해왔다. 그 결과 '예수는 성부와 동일본질-유사본질-차이본질이다.' 그리고 '예수는 인간과 동일본질-유사본질-차이본질이다'라고 표명되어왔다.

〈어떤〉이 위격에 관한 질문이라면, 〈누구〉는 직무에 관한 질문이다. '민중신학'은 예수가 〈누구인가〉에 강조점을 둔다. 그래서 초기부터 '예수가 민중이다', '민중이 예수다'라는 고백이 나왔으며, 최근에는 '예수, 민중의 상징('민중이 예수다'). 민중, 예수의 상징('예수는 민중이다')' 등으로 초기 고백의 의미를 정교화하고 있다. 신약학자 쿨만은 신성과 인성의 위격이라는 〈어떤〉에 함몰된 초기 에큐메니칼 공의회의 기독론을 비판하면서 직무에 관계된 용어를 설명하여 『신약의 기독론』을 펴내기도 했다.[16]

쿨만의 비판과 함께, 바로 이 지점에서 〈어떻게〉가 질문되었다. 즉 '민중이 예수다'의 의미는 '민중이 신화되다'는 뜻이고, '예수는 민중이다'의 의미는 '예수가 육화되다'는 뜻이다.

〈어떤〉과 〈무엇〉을 강조하면 '개념 중심의 신학'이 되고, 〈누구〉와 〈어떻게〉를 강조하면 '사건 중심의 신학'이 된다. 이런 면에서 '민중신학'은 '개념 중심의 신학'과 거리를 두는 '사건 중심의 신학'이라 볼 수 있다. 그렇다면 '예수 이름을 강조하는 신학'은 어떠한가? 예수 이름의 신학에는 동일본질과 양성일치론 같은 것이 끼어들 틈을 주지 않는다. 그 이유는 예수 이름의 신학이 이런 이론에 대해 폐쇄적이라서 그런 것보다 예수라는 이름을 통해 드러나는 '사건'을 강조하는 데 있다. 이런 강조는 성서에 '이름 예수'가 표기되는 문맥에서 이미 드러나고 있다.

그러나 〈누구〉의 자리에 '누구'를 넣을 것이냐 '무엇'을 넣을 것이냐의 문제는 노상 논쟁거리다. 이 글은 누가복음을 분석 본문으로 채택하였고 요한복음은 다루지 않았다. 요한복음은 〈누구〉의 자리에 '내 이름'

---

16. 쿨만, 『신약의 기독론』(서울: 나단, 1987), 22. "기독론은 본성(위격)들의 교리가 아니라 하나의 사건의 교리다."

을 넣음으로 신학 지평을 무한대로 확장시켰다. 예수라는 이름이 '내 이름', '예수 이름' 등으로 표기되는 '이름 담론'은 구약 전통의 믿음의 대상인 주主(야웨)의 이름과의 관계 정리를 통해 재고해야 할 것이다. 또한 '이름 담론'을 '제1위', '제2위', '제3위'를 넘나드는 인간 정신의 구조상 어디인가에서는 멈추어야 하되 고착되지 말아야 하고, 어떤 것으로 채우지만 비워야 할 때 비우고 다시 담을 수 있는 장치를 마련하게 한다고 말하는 라캉식 관점에서 어떻게 볼 수 있을지 더 상고해보아야 할 것이다. 앞서 잠시 언급한 룩-슈레더는 '예수의 이름'이 '전치사'와 결합되어 사용될 경우에는 현재성을 나타내는 것이라고 주장한다. 즉 예수의 이름'으로'라는 표현은, 과거에 있었지만 현재는 부재하는 어떤 것이 현재에도 있음을 표현하는 것이라고 주장한다. '예수의 이름으로'에서 전치사 '으로'는 한글로 번역된 성서에서는 대부분 예수의 이름'으로'로 번역되어 있다. 그래서 그 의미가 드러나지 않는다. 하지만 헬라어 원문으로 볼 경우 '으로'에 해당하는 전치사는 $\acute{\epsilon}v$(~안에), ϵis(~안으로), $\acute{\alpha}\pi o$(~위에서) 등이다. 여기서 $\acute{\epsilon}v$만 해도 그 용법이 수십 가지에 달하기 때문에 우리가 알지 못하는 다양한 뜻이 전치사구에 담겨 있다고 볼 수 있다.

콘텍스트는 텍스트에 담긴다. 텍스트는 시니피앙으로 구성된다. 시니피앙은 사건을 살아 있게 한다. 사건은 늘 지금의 사건일 때 의미가 있다. 사건은 '환유-은유'의 시니피앙 고리를 통해 상징이 갖고 있는 의미를 밝힌다. 이 사건에서 중심 '상징어'는 '용서'와 '구원'이다. '용서'는 '빚=죄'라는 공식이 이해되는 시점에 등장한다. 환유의 '이동'에서 은유의 '압축'으로 이어진다. 환유가 〈어떻게〉에 대한 물음이라면 은유는 〈어떤〉에 대한 물음이다. 본문의 시니피앙은 〈빚→죄→사랑→용서→구원〉 등으로 이동하는데(환유, 역사), 이는 예수의 사역이 〈어떻게〉 진행되는지를 찾는 경로와도 같다. 이는 사건신학의 경향이기도 하다. 또한 이런 시니피앙은 여러 압축된 의미를 지니는데(은유, 탈역사), 이는 예수가 〈무엇〉이며 〈어떤〉 존재가 되는지를 설명하는 것과도 같다. 이는 개념신학의 경향이기도 하다. 환유와 은유의 작용을 통해 '상징어'는 의미를 드러낸다. 그곳에 무의식의 주체는 시니피앙의 행렬로, 시니피앙의 그물망으로 그 모습을 드러낸다. 즉 어떤 존재이며 어떻게 사역을 하는지 그 모습을 드러낸다.

빛 → 죄 → 사랑 → 용서 → 구원

무의식의 주체는 대면하는 평면적 만남을 넘어서, 향기가 퍼지는 공간적 만남을 넘어선 곳에 있다. 그러다가 무의식의 주체는 마치 몸(말과 몸짓을 포괄하는)의 실루엣처럼 사라진다. 시니피앙 '예수'는 늘 텍스트에서 그 안팎을 넘나드는 가운데 그의 영원한 직무를 이행하고 있다. 이런 예수의 직무는 라캉식 정신분석가의 직무와도 비교될 수 있다. 환자가 정의한 정신분석가는 '전지전능의 주체'sujet-supposé-savoir이지만, 정신분석가 스스로는 그렇게 생각하지 않는다. 그는 스스로를 '분석가'analyste라고 부르고, 고객을 '분석수행자'analysant라고 부른다. '정신분석가'는 환자의 모든 것을 통찰하는 자가 아니라 환자의 말을 '집중하지 않는 주목'attention flottante으로 듣고, 환자 스스로 주체화되도록 돕는 자다. '분석가'와 '분석수행자' 사이에는 '감정전이'Transfert가 일어나는데, 이는 마치 '텍스트 안팎(< + > + ∧ + ∨ = ◇)의 예수'가 청중과 교감하면서 던지는 질문 〈그가 누구길래…〉와 같은 시니피앙으로 드러나면서부터 교감되기 시작한다.

분석가가 분석수행자가 되며 분석수행자는 분석가가 되듯이, 예수는 민중에 의해 질문받고 민중은 예수에 의해 질문받으며 서로의 정체성을 나눈다. 이 본문에서 예수는 스스로를 '전지전능의 주체' 혹은 '참하나님이요, 참인간'이라거나 '욕망 없는 기관의 몸'이라고 표현하지 않는다. 오히려 청중과 동일하게 느끼고 통하는 '꿍한' 모습을 보여준다. 이는 인성으로서의 예수의 모습이다. 이런 모습을 감추기에 급급한 것은 제2위의 수위에서 텍스트를 보는 누가의 주체성 때문이다. 제2위 수위에서 본문을 보면 객관적인 모습의 예수를 놓치게 된다. 그러나 실제로 그 일이 발생하고 있다. 제2위는 제1위의 예수를 변형시키지만, 이 또한 예수의 또 다른 모습이다. 제2위를 통해 본문을 볼 때 상징어들이 보여주는 더 광활하고 넓은 의미를 볼 수 있다.

중요한 것은 하나의 사건에 나타난 주체의 모습이 '제1위'의 경험에서 볼 때는 타인들과 별반 다르지 않지만 '제2위'를 거치면서 좀 각별하고, '제3위'에 이르러서는 순간적으로 청중을 어리둥절하게 만들 뿐 아니라 자신들이 부르던 방식의 시니피앙으로는 규정할 수 없는 다른 존재로 체험되고, 그래서 다시금 〈누구〉인가를 질문하게 된다. 비록 〈그 누구〉를 '예수'라고 부른다고 해도, 누가가 서술하는 '예수'는 이 사건을 경험하기 전의 그 예수가 아니고, 사건 속의 예수도 아니다. 이 예수는 지금까지의 예수와는 전혀 다른 차원의 예수가 된다. 이런 예수는 시니피에의 그물에 걸리진 않지만, 시니피앙의 그물에 걸린다. 이름으로서의 예수는 언어처럼 구조화된 무의식이기 때문에 제1위, 제2위, 제3위에 따른 예수를 담는다. 이름으로서의 예수는 하나의 기호 형식에 연결된 또 다른 기호 형식이 보여주는 주체이기 때문에 살과 피로 구성된 육으로 된 몸이 아니라 시니피앙의 덩어리로 된 몸이다. 이런 면에서 이름 예수는 기호학적인 장치에 의해 읽혀야 하는 기호 형식이라 볼 수 있다. 이름으로서의 예수는 개념 중심의 신학을 비껴가면서 사건 중심의 신학을 구성한다.

'종교갈등이냐 종교평화인가? 다문화 다종교 세대의 교회의 신학'이라는 주제로 열린 제7회 한국조직신학자 전국대회에서 이 글이 제시할수 있는 시사점은 무엇인가? 하나의 사건이 일어나는 시몬의 집 거실은 어떤 면에서 볼 때 다문화(여인의 문화와 예수 제자들의 문화, 예수의 문화와 시몬의 문화 등) 다종교(유대교와 새롭게 전개될 기독교) 사회의 자리라고 이해할 수 있고, 여기서 발생하는 것은 이질과 반목이고 이 지점에서 요청되는 것은 평화와 일치다. 당시 관습이나 풍습에서 볼 때 초대받은 예수는 견디기 어려운 대접을 받는데, 그럼에도 그 자리는 다툼과 분쟁의 자리가 되기보다는 화해와 용서, 구원의 자리가 된다. 이는 시몬과 예수 간의 반목에 끼어든 여인의 사건을 예수가 평화의 관점에서 풀이해낸 덕분이다.

〈어떻게〉 이런 일이 발생했는지에 대한 경험을 묻는 것도 누가 자신이다. 이렇듯 우리 인식에 잡히는 듯 잡히지 않고 미끄러지는 이 예수를 '신조'에 넣음으로 그 예수를 고착화시킨 것은 '학문으로서의 종교'가 지니는 딜레마다. 이런 의미에서 토마스 아퀴나스는 전형적인 개념 중심의 신학자다. 그는 『신학요강』[17] 첫 부분에서 예수를 신조에 넣은 것은 인간이 아니라 말씀으로서의 예수 자신이라고 말한다. "[말씀은] 인간의

---

17. 토마스 아퀴나스, 박승찬 옮김, 『신학요강』(*Compendium Theologiae*, 경기: 나남, 2008), 35. THOMAS D'AQUIN, *Opuscules de saint Thomas d'Aquin, Compendium Theologiae* (Vrin, 1984), 76-77. THOMAS AQUINAS, *Compendium Theologiae Compendium of Theology* (Veritatis Splendor Publication, 2012), 29-30. 박승찬 교수의 옮김과 설명이 정확하다면, 이 구문의 주어인 말씀은 로고스를 의미하는데, 말씀은 신앙 조항에 축약된 것이 아니라 말씀 자신이 신앙 조항을 축약하였고 신앙 조항에 축약되어 박제화되었다고 나는 해석한다. 박승찬은 축약했다는 능동태를 9행, 16행에서 사용하고 있다.

구원을 위해서 필수적인 진리에 대한 지식을 짧고 간략한 신앙 조항에 축약했다." 한글 문법으로는 단번에 이해가 가지 않는 이 문장의 원문을 보면, 주어인 '말씀(성자)이 진리를 신앙 조항에 축약했다'고 되어 있다. 즉 예수 스스로 신조 속에 들어가셨다는 것이다. 이는 아마도 성서^{Ecriture}와 전통^{Tradition}의 권위를 동등하게 보는 중세 서양 가톨릭 신학에서 유래한 것이라고 볼 수 있다. 그런데 내가 보기에 이 방식은 예수를 신조 속에 박제화시킨 것이다. 이런 것에서 벗어나기 위해 '개념 중심의 신학'을 탈피하여 '사건 중심의 신학'으로의 전환이 요구된다. 성서의 본문이 짤막한 사건들로 이루어진 것도 아마 이런 것에 좌초하지 않기 위한 작전이 아닐까 하고 생각해본다.

'사건 중심의 신학'으로 볼 수 있는 '민중신학'이 학문적으로 정리되기를 바라면서도 그렇게 되는 것을 지양하고 '지금의 사건'을 '과거 사건'의 분출이나 반복으로 남기고자 하는 것도 개념화되는 것을 우려하는 것이 아닐까 한다. '지금의 사건'(증상)을 '과거 사건'(트라우마)이 재현된 '사후적'^{après-coup}인 것이라고 말하는 정신분석도 이런 것과 맥을 같이한다. 마찬가지로 '예수 이름의 신학'도 한편으로는 전통적 기독론과 삼위일체론 등 개념화된 신학에 의해 재해석되기를 바라면서도, 다른 한편으로는 신약성서의 문단에서 사건 그 자체로 남겨두는 것도 방관하는 자세는 아닐 것이다.

제2장

라캉과 신약성서 묵상

– 그의 사랑함이 많음이라 –

누가복음 7장 38, 47절을 중심으로

아래의 글은 방금 소개했던 신약성서 해석에 따른 내용을 묵상문으로 만든 것이다. 주요 구절 및 제목도 정신분석적 관점에서 읽고 선택한 것이다. 정신분석적 관점으로 성서를 묵상하기 위해서는 우선 신학에 대한 이해가 바탕이 되어야 된다. 즉 성서학에 따른 석의 과정과 통전적 신학의 이해가 전제된다. 이런 바탕 위에 정신분석적 방법으로 성서를 묵상해보면 본문이 전하는 의도와 그에 따른 적용이 분명하게 나타난다.

예수의 뒤로 그 발 곁에 서서 울며 눈물로 그 발을 적시고 자기 머리털로 닦고 그 발에 입 맞추고 향유를 부으니(눅 7:38).

이러므로 내가 네게 말하노니 그의 많은 죄가 사하여졌도다 이는 그의 사랑함이 많음이라 사함을 받은 일이 적은 자는 적게 사랑하느니라(눅 7:47).

1. 누구를 초대해본 일이 있는가? 흔쾌히 초대를 할 대상이 있을 때도 있지만, 마지못해 초대해야 하는 대상도 있다.

2. 그리고 초대를 받아본 일이 있는가? 초대장을 받고 기뻐하는 경우도 있지만, 좀 망설여지는 경우도 있다.

3. 예수님은 한 바리새인의 초대를 받았다. 바리새인 시몬은 예수님을 초대했다. 이 본문 바로 전에는 세례 요한과 예수님을 배척하는 바리새인이 등장한다. 이들은 요한과 예수님을 이렇게 평가했다.

세례 요한은 와서 빵도 먹지 않고 포도주도 마시지 않으니까 귀신 들렸다(눅 7:33).

예수는 와서 먹고 마시니까 보아라 먹보요 술꾼이며 세리와 죄인들의 벗이로다(눅 7:34).

누가는 이 초대를 '의도된 것'이라고 판단한 듯하다.

4. 어쩌면 이 초대가 적어도 하루 전에 예고한 것이라면, 이 초대에 대한 불편한 마음은 바리새인 시몬에게나 예수님에게나 공통적이었을 것이다.

4-1 그러다가 바리새인은 이런 꿈을 꾸었을 것이다. 그들이 들어왔을 때 입맞춤의 인사도 하지 않고, 발을 씻을 물도 주지 않고, 허기를 면할 정도의 음식과 음료만을 내놓는 것이다. 이런 상황을 보고 바리새인은

즐거워하고 있다.

4-2 예수님은 이런 꿈을 꾸셨을 것이다. 입구에는 환대하는 사람도 없고 두리번거리다가 자리에 눕게 된다. 약간의 음식이 나오고, 마실 것도 변변치 않아서 기분이 상한다. 그래서 잠에서 깨어서는 이런 상황에 적합한 비유와 말씀을 생각하신다. 그리고 평소처럼 하나님 아버지께 기도하셨을 것이다. 자신이 그런 대접을 예상하는 데 따른 불편한 마음을 위로해주시기를 간구했을 것이다.

5. 드디어 초대의 시간이 되었다. 바리새인의 마음과 예수님의 마음은 모든 상황 속에 그대로 드러나고 있다. 입맞춤 안 하기, 씻을 물 안 주기, 실내에 피운 느끼한 향냄새에 바리새인 시몬의 마음이 흐른다. 예수님은 그것을 느끼고 흡입하고 겪고 계시다.

6. 그런 중에 공기의 냄새를 바꾸는, 상황의 반전이 일어난다. 예수님의 기도는 응답되어 현실화된다. 그 마을에서 공식적인 죄인이라 낙인찍힌 여인이 등장한 것이다. 그 여인은 마치 자기 집인 양 행동하기 시작한다. 그 행동은 특이했다.

6-1 얼굴과 얼굴을 맞대고 하는 입맞춤이 아니라 발에 하는 입맞춤이다.

6-2 물로 발을 씻기는 것이 아니라 자신의 눈물로 씻기는 것이다.

6-3 실내에 흐르는 냉랭함 대신 온화하게 하는 향유 붓기였다. 향수 원액은 조금만 몸에 발라도 그 냄새가 멀리까지 확산된다. 향수 원액을 물에 타서 데우면 그 향기는 더 멀리까지 간다. 따뜻한 눈물, 머리카락으로 마찰한 발, 이에 따른 열기, 여기에 더해진 향수의 향기는 그 공간을

가득 채운다.

6-4 그것은 예수님께서 올린 기도의 향처럼 퍼졌다. 그리고 바리새인의 의도를 밀어내고 그 공간을 가득히 메운다.

7. 우리가 그리는 이 상황은 마치 꿈속 같다. 우리 각자의 소망이 충족되어 우리를 더 깊이 잠들게 만드는 꿈의 상황과도 같다. 그러나 이것은 예수님이 만들어내시는 역사 속의 실제 공간이다. '이 공간'이란, 없는 것도 아니면서 있는 것이다. 있지만 설명하기 힘들고, 설명하지만 느낄 수 없고, 오직 당사자들만 경험하고 있는 그런 것이다.

7-1 성서에는 꿈 이야기가 많다. 하나님은 때때로 우리를 꿈으로 만나주신다. 그러나 그것을 다른 사람들이 이해하기는 힘들다. 오직 꿈꾼 당사자와 그 꿈을 풀이하는 자만이 꿈을 이해할 수 있다. 요셉의 꿈 해몽은 그런 의미에서 이해할 수 있다. 바로는 자신의 꿈을 알았지만 표현할 수가 없었다. 많은 사람이 바로의 꿈을 해석해주었지만 그것들은 만족할 만한 해석이 아니었다. 요셉이 해석해주었을 때 바로는 그것이 바로 자신이 듣고자 했던 것임을 직감했다.

7-2 오늘 본문은 '바리새인-예수님-여인'의 만남 공간을 아주 잘 보여준다. 특히 한 편의 비유가 그것을 잘 보여주고 있다. 비유는 해석하기 전에는 그 의미를 알 수 없다. 비유를 만든 이의 해석이 있을 때까지, 그 비유는 무의미로 남는다.

8. 본문에서 바리새인 시몬은 자신의 마음을 감추고 상황을 전개하지만 오히려 그 상황이 그의 마음을 훤히 드러낸다. 이런 의도를 상황 속에서 파악하고 있는 예수님은 '꽁'해 있는 것 같지만, 대처할 준비를 하

고 계신다. 여인은 앞뒤를 가리지 않고 돌진한다. 마치 그녀는 하나님이 보내신 사신처럼 자신의 임무를 수행한다. 여인의 등장으로 인해 예수님의 꽁한 마음은 하늘을 날 듯하다. 이 이야기의 본문 초기부터 예수님은 행복하시다.

8-1 예수님이 비유로 말씀하실 만큼 그분의 마음은 여유와 평안을 갖고 있다. 그 비유란 무엇인가?

어떤 돈놀이꾼에게 빚진 사람 둘이 있었다. 한 사람은 오백 데나리온을 빚졌고 다른 사람은 오십 데나리온을 빚졌다(눅 7:41).

그들이 갚을 길이 없자, 돈놀이꾼은 두 사람의 빚을 탕감해주었다. 그 가운데 누가 그를 더 사랑하겠는가?(눅 7:42)

8-2 이 비유에서 '빚'이 무슨 의미를 갖는지 그 해석은 계속 미루어지고 있다. 예수님은 계속해서 이렇게 이야기하신다.

이 여자가 보이는가? 내가 이 집에 들어섰을 때 당신은 발 씻을 물도 주지 않았지만 그는 눈물로 내 발을 적시고 머리카락으로 닦아주었다. 당신은 입 맞추어주지도 않았지만 그는 들어왔을 때부터 줄곧 내 발에 입 맞추었다. 당신은 머리 기름도 발라주지 않았지만 그는 내 발에다 향유를 발라주었다. 나는 말하거니와 그는 많이 사랑했기 때문에 많은 죄를 용서받았다. 적게 용서받은 사람은 적게 사랑한다(눅 7:44-47).

8-2-1 바리새인 시몬은 '도대체 이 여인은 예수와 어떤 관계일까! 특

히 경제적인 관점에서 볼 때 어떤 관계일까? 예수가 2년 치의 일당을 빌려준 것일까? 그렇다고 이 여인이 이러는 것은 이해가 되지 않는군!' 하고 생각했을 수도 있다. '이렇게 한다고 빚을 갚지 않은 데 대한 미안함을 많이 표현한다고 말하는 것도 우습지 않은가! 이들은 이런 식으로 하는구나! 우리로서는 이해할 수 없는 계층이야!' 하고 시몬은 생각했을 수도 있다.

8-2-2 신앙이 없는 사람들이 이 본문을 읽는다면 어떻게 생각할까? '예수님은 바리새인의 잘못을 하나하나 지적하는 깐깐한 선생님이구나. 바리새인의 태도가 못마땅해서 꽁한 마음을 줄곧 갖고 있었어. 예수님은 아주 인간적인 분이시네!'라고 생각할 수도 있다.

8-2-3 예수님은 어떤 말씀을 하고 싶으셨을까? 예수님은 '빚'이라는 단어를 '죄'라는 단어로 은근슬쩍 교체하신다. 하지만 '빚'이 '죄'라는 의미로 바로 대체되는 것은 아니다. 점차 '빚 갚음'이 '죄 용서'로 대응될 수는 있지만 예수님은 그 사이에 연결고리가 필요함을 말씀하고 있다. '빚 갚음'이 '죄 용서'로 이해되기 위해서는 '사랑'이 필요하다. 그러나 시몬은 많이 사랑하는 것이 죄 용서 받음에 대한 반응이라는 것을 이해하지 못한다.

8-2-4 결국 바리새인은 얼떨떨한 상태에 빠진다. 논리적으로는 이해가 가지만 왜 이런 말이 지금 상황에서 오가고 있는지는 알지 못하고 있다. 그 주위에 있는 사람들도 마찬가지다.

8-2-5 여인도 자신의 행동이 그런 심오한 의미를 담고 있는지 알지 못했을 것이다. 그녀는 그냥 와서 한바탕 울고 입 맞추고 향유를 뿌렸을 뿐인데, 자신이 아주 많은 빚을 탕감받았기에 예수님을 아주 많이 사랑하는 사람인 것을, 예수님을 통해서 비로소 알게 된 것이다.

8-3 결국 누가는 오늘 본문 속에 '빚 탕감-죄 용서'가 의미를 갖기 위해서는 사랑을 통해서라고 밝히고 있다. 사랑이 없으면 빚의 의미도, 죄의 의미도, 용서의 의미도 알지 못한다는 것을 보여주고 있다.

8-3-1 이 여인이 보여준 예수님에 대한 사랑은 죄인인 우리를 향한 예수님의 사랑으로 이해될 수 있다. 예수님을 향한 사람의 반응은 곧 사람을 향한 예수님의 반응과도 호응한다. 마치 내보낸 목소리가 다시 자신의 귀에 들리는 메아리처럼, 신앙이란 상호적임을 보여주고 있다. 예수님을 초대하여 핀잔을 주고자 했던 시몬 집에서, 난데없이 찾아온 불청객을 통해 예수님은 극진한 대접을 받으셨다. 그래서 예수님은 심리적으로나 외적으로나 모두 회복이 되셨다. 그분은 빚을 탕감해주시는 분, 죄를 용서해 주시는 분으로 사람들에게 알려지게 되었다. 그리고 그분은 여인을 향해 "네 믿음이 너를 구원하였으니 평안히 가라!"고 말씀하신다.

나가면서

이제 예수님은 평안해지셨다.

자신의 전부를 드려 '우리'를 사랑하신 분이 되셨다.

자신의 전부를 드려 '우리'의 모든 죄를 사해주신 분이 되셨다.

여기서 '우리'라는 것은 예수님께 빚진 모든 만물을 뜻한다.

왜냐하면 예수님은 창조자, 말씀, *Logos*, *Verbum*이시기 때문이다.

진 빚을 모두 탕감해주신 예수님께 사랑받은 자의 모습은 어떠해야 할지,

오늘 누가는 그 마을에서 공식적인 죄인이라 인정된 한 여인의 말없

는 행동을 통해 보여주었다.

예수님은 여인과 같은 그런 행동을 해야 빚을 탕감받는다는 인과론적 신앙을 가르친 것이 아니다.

오히려 탕감을 받았기 때문에 그런 삶을 살아야 함을 보여주고 있다.

예수님은 빚을 탕감해주시는 분이시기에, 죄를 용서해주시는 분이시기에 그런 삶을 사셨다.

그런 삶이란, 바리새인과 서기관들이 빈정대는 말투로 예수님을 흠집 낸 내용에 담겨 있다.

보아라 나사렛 예수는
먹보요 술꾼이며
세리와 죄인들의 벗이로구나.

이 말에서 오늘날 우리가 예수님의 관심을 찾아본다면, 그분의 관심은 어떤 것일까?

우선 우리는 먹을거리에 지대한 관심을 보여야 한다. 지구화Globalization 시대를 사는 지금, 먹을거리들이 어디서-어떻게 만들어지는가? 그 먹을거리들은 우리에게 즐거움을 주는가? 우리의 몸에 안전한가?

또한 우리는 먹을거리를 만들어내는 사람들의 노고를 이해하고 감사해야 한다. 한국의 노동자뿐 아니라 전 세계의 노동자에 대한 관심을 기울여야 할 것이다.

그리고 한솥밥을 먹는 사람들과 강의실 안의 사람들, 이들은 빚진 자요, 죄인이고, 탕감받고 용서받아야 할 사람이며, 그렇기에 예수님이 가까이했던 예수님의 친구인 것이다. 예수님은 언제나 질이 좋지 않은 친구를 둔 분으로 남을 것 같다. 우리가 그의 친구인 이상 우리도 그들의 벗이다.

이런 우리에게 예수님은 평안히 가라고 말씀하신다. 시몬은 이게 아니지 않느냐고 반문하고 싶었을 테지만, 여인에게 이 말씀을 하신 예수님은 자신의 평안을 빚진 우리에게 주시고 있다. 모두에게 평안이….

제3장

라캉과 구약성서 해석

사무엘하 11장 2-27절을 중심으로

오래전에 작성한 문서일지라도 그 속에 저자의 마음이 담겨 있다는 것은 라캉식 해석법의 기본 전제다. 우선 라캉은 '무의식은 언어처럼 짜여 있다'고 말한다. 이 말은 언어로 표현된 것에는 무의식의 주체가 등장한다는 말이다. 즉 말한 이의 참뜻이 담겨 있다는 것이다. 또한 라캉은 '하나의 시니피앙과 또 하나의 시니피앙을 연결하면 주체가 드러난다'고 말한다. 언어학적인 관점에서 인간을 바라보는 것은 정신분석의 영역만이 할 수 있는 일은 아니다. 라캉은 이를 넘어서서 욕망에 대해 말한다. 또한 무의식의 주체에는 욕망이 담겨 있다는 것을 말한다. 이는 라캉식 인간학의 핵심에 해당하기도 하지만 성서가 말하는 인간의 모습이기도 하다. 이런 관점에서 볼 때 성서의 각 구절에는 말한 이와 글쓴이의 마음이 담겨 있다. 프로이트도 여기서 멀지 않다.

1. 프로이트의 도식

심적 장치 - 제1차 위상과 제2차 위상

프로이트가 제안한 정신 구조의 첫 번째 원리는 무의식-전의식-의식이다. 우리는 이것을 보통 제1차 위상이라 말한다. 이는 지각조직→기억조직→[무의식-(제1차 과정, 압축과 전치, 은유와 환유)-전의식(제2차 과정)-의식]→운동조직으로 연결된다. 여기서 제1차 과정은 무의식에 해당하고 제2차 과정은 의식화되는 과정에 해당한다. 주체가 지각조직에서 운동조직으로 옮아가면서 글을 작성한다고 할 때, 운동조직의 결과물인 글을 분석한다는 것은 이 과정을 거꾸로 되돌리는 행위다. 아래 그림 가운데 부분에 있는 칸막이들은 되돌리는 행위를 간섭하고 방해하는 저항이다. 이를 어떻게 잘 피해갈 것인가 하는 것이 정신분석의 기술이다.

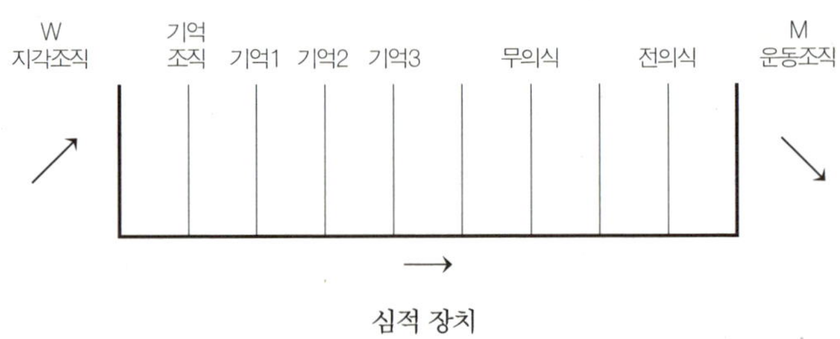

프로이트가 제안한 정신 구조 그 두 번째 원리는 자아-초자아-이드다. 우리는 이것을 제2차 위상이라고 부른다. 이 구조는 모든 것이 무의식적이라고 말해준다. 제1차 위상에서는 무의식과 전의식을 '연결하는 지점'에서 발생하는 저항에 대해 말했는데, 제2차 위상에서는 저항의 문제가 '무의식-저항-전의식'의 차원을 넘어선다. 모든 것이 무의식에서 비롯되는 만큼 모든 것에서 저항이 발생한다. 정신을 설명하는 구조는 바뀌었지만 저항을 해결하는 과정은 그대로 수용된다. 프로이트가 하고자 했던 작업은 사람의 본심을 듣기 위해 어떤 일을 해야 되는가에 있었다. 환자를 돌보는 그의 최선책은 환자가 하는 이야기의 참뜻을 파악하는 방법이었다. 이는 바로 인간 정신에 대한 이해였다. 이 기술은 성서를 읽는 우리에게도 요청된다. 왜냐하면 우리가 대하는 본문을 작성한 이가 이런 과정을 거치면서 그것을 작성했기 때문이다. 이 과정을 꼭 정신분석적 해석법으로 환원시키는 것에 이의를 제기할 수 있겠지만, 나는 그러한 이의 제기를 수용하면서도 나의 방법론으로 해석하고자 한다.

2. 라캉의 도식

도식 L －언어처럼 구조화된 무의식

L'inconscient est structuré comme un langage.[1]

'도식 L'Schéma L은 앞서 우리가 언급했듯이 라캉식 해석법의 기본 전제 가운데 첫 번째다. 다시금 도식 L을 인용하면서 그 내용을 환기해보자.

---

1. J. LACAN, *Les Psychoses* III, *séminaire du 2 mai 1956* (Paris: Seuil, 1981), 251. J. LACAN, *Les quatre concepts fondamentaux de la psychanalyse, séminaire du 29 avril 1964* (Paris: Seuil, 1973), 137.

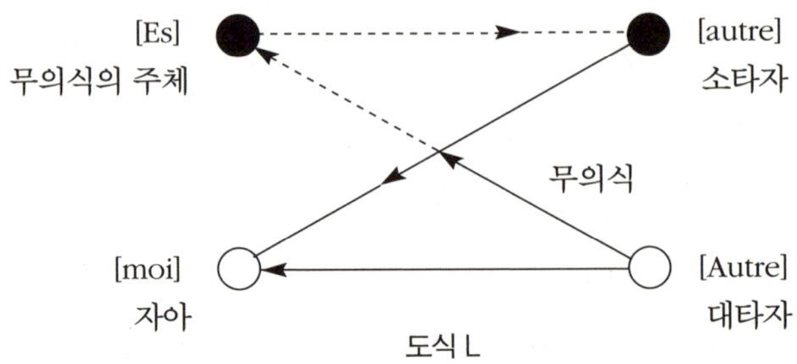

위의 프랑스어 문장을 번역하면 '무의식은 언어처럼 구조화되어 있
다'이다. 여기서 '언어처럼 구조'란 야콥슨이 말하는 은유와 환유에 의한
언어의 구조다. 즉 은유와 환유에 의해 의미가 생성되는 것처럼 무의식
은 이런 언어 법칙에 의해 짜인다. 앞서 보았듯이 도식 L은 세 개의 축을
가지고 있다. 그 가운데 첫 번째 것은 오른쪽 위에서 왼쪽 아래로 향하는
축이다. 이를 표기하면 다음과 같다.

$$\text{autre} \longrightarrow (\text{image-langage}) \longrightarrow \text{moi, Personne}$$
(소타자) (이미지-언어) (자아)

여기서 autre는 소타자다. 여기서 소타자란, 사물로 드러나는 외부
대상을 일컫는다. 이 대상은 부분 대상이다. 이 대상을 접수하는 이는 자
아다. 여기서 자아는 *persona*라는 말로도 표기되는데, 라틴어로 '가면'
이라는 뜻이다. 불어로 personne는 선천적인 인격이 아니라 후천적으
로 습득한 인격을 의미한다. 배우가 가면을 쓰면 자신의 정체성을 가리
고 다른 인물의 역할을 할 수 있게 되듯이, 자신을 위장하고 숨기는 자
아다.

3. 성서 읽기(개역개정판)

이런 방식으로 구약성서 사무엘하 11장 2-27절을 읽고 무의식의 주체를 파악해보자.

2 저녁 때에 다윗이 그의 침상에서 일어나 왕궁 옥상에서 거닐다가 그곳에서 보니 한 여인이 목욕을 하는데 심히 아름다워 보이는지라

3 다윗이 사람을 보내 그 여인을 알아보게 하였더니 그가 아뢰되 그는 엘리암의 딸이요 헷 사람 우리아의 아내 밧세바가 아니니이까 하니

4 다윗이 전령을 보내어 그 여자를 자기에게로 데려오게 하고 그 여자가 그 부정함을 깨끗하게 하였으므로 더불어 동침하매 그 여자가 자기 집으로 돌아가니라

5 그 여인이 임신하매 사람을 보내 다윗에게 말하여 이르되 내가 임신하였나이다 하니라 […]

14 아침이 되매 다윗이 편지를 써서 우리아의 손에 들려 요압에게 보내니

15 그 편지에 써서 이르기를 너희가 우리아를 맹렬한 싸움에 앞세워 두고 너희는 뒤로 물러가서 그로 맞아 죽게 하라 하였더라

16 요압이 그 성을 살펴 용사들이 있는 것을 아는 그곳에 우리아를 두니

17 그 성 사람들이 나와서 요압과 더불어 싸울 때에 다윗의 부하 중 몇 사람이 엎드러지고 헷 사람 우리아도 죽으니라 […]

26 우리아의 아내는 그 남편 우리아가 죽었음을 듣고 그의 남편을 위하여 소리 내어 우니라

27 그 장례를 마치매 다윗이 사람을 보내 그를 왕궁으로 데려오니 그가 그의 아내가 되어 그에게 아들을 낳으니라 다윗이 행한 그 일이 여호와

보시기에 악하였더라.

사무엘하 11장 본문에서 읽을 때 '부분 대상'은 편지다. 이 편지는 요압에게 보내진다. 이때 운반 매개는 우리아다.

$$편지 \rightarrow (우리아) \rightarrow 요압$$

여기서 편지는 다윗이 밤새워 작성한 것이다. 그리고 이 편지를 읽게 될 요압, 이를 실행하게 될 요압의 해석이 이어진다. 묘하게도 이 편지는 운반 매개인 우리아에 관한 내용을 담고 있다.

$$밤새워 쓴 편지 \rightarrow 우리아의 운반 \rightarrow 요압의 해석$$

이것이 첫 번째 축이다.

그렇다면 두 번째 축을 보자. 두 번째 축은 도식 L의 오른쪽 아래에서 왼쪽 위로 향한다. 이를 기호로 표기하면 다음과 같다.

$$Autre \rightarrow (métonomie\text{-}métaphore) \rightarrow Sujet\ inconscient(\$)$$
(대타자)　　　(환유-은유: 언어의 축)　　　(무의식의 주체)

여기서 Autre는 대타자다. 대타자란 말로써 표현되는 타자다. 이 말을 받는 이는 무의식의 주체다. 무의식의 주체[Sujet inconscient]는 대타자의 말을 환유와 은유의 과정을 통해서 받는다. 환유[métonomie]를 통해 받는다는 것은 하나의 문장을 이해할 때 하나의 단어와 하나의 단어를 연결하여 문장 전체를 통해 의미를 파악한다는 말이다. 은유[métaphore]를 통해

받는다는 것은, 환유를 통해 읽는 것과는 달리, 하나의 문장에서 단어 하나의 의미를 파악한다는 말이다. 즉 그것은 하나의 문장에서 한 단어의 의미와 문장 전체에서 각 문장의 의미를 파악하는 것이다.

도식 L의 첫 번째 축에서는 본문의 의미를 파악할 수 없다. 왜냐하면 무의식의 주체가 감추어져 있기 때문이다. 사무엘하 11장에서 세 사람(다윗, 우리아, 요압)의 행위는 통상 전쟁에서 지휘자와 부하 간에 있을 수 있는 행위처럼 보일 뿐이다. 그러나 도식 L의 두 번째 축에서는 본문의 의미를 다르게 이해할 수 있다. 즉 밤새워 고민하여 한 줄의 편지를 쓴 다윗의 무의식, 우리는 그 편지를 통해서 그의 욕망을 알 수 있다. 다윗의 욕망은 첫 번째 축 선상에서는 감추어져 있다. 그러나 두 번째 축 선상에서 그의 욕망은 훤히 드러난다. 무의식의 주체로서 다윗의 욕망은 우리아와 요압에게는 매우 은밀하게 숨겨져 있다. 이를 정리하면 다음과 같다.

* 다윗의 욕망 = 문자로서의 편지 내용→(요압의 읽고 실행하기)→편지내용에 따른 결과 = 우리아의 죽음
* 다윗의 무의식→요압에게 감추어짐

그리고 마지막으로 도식 L의 세 번째 축인 왼쪽 위와 오른쪽 위 선상에서 볼 수 있다. 이는 무의식의 주체와 편지 간의 관계다. 다윗은 무의식의 주체로서 자신의 진실을 편지에 담는다. 그러나 첫 번째 축에서는 진의가 가려진다. 하지만 두 번째 축에서는 드러난다. 세 번째 축은 첫 번째 축을 비켜가면서 두 번째 축의 의미를 확정한다. 첫 번째 축에서 편지는 단순한 종이 위의 글자에 불과하지만, 세 번째 축에서 편지는 무의

식의 주체가 가진 욕망을 담고 있다. 그래서 이 편지는 욕망의 편지이다. 욕망의 편지는 파괴력을 지닌다. 그것은 적군과의 싸움에서 아군이 아군을 죽이는 일을 실행하는 무서운 힘을 발휘한다. 이 편지의 진실을 보는 이는 무의식의 주체다. 편지는 자아^{moi}에게는 지휘관의 병법으로 이해되고, 주체에게는 지휘관의 욕망의 찌꺼기로 이해된다. 이를 간단하게 표기하면 아래와 같다.

무의식의 주체의 진실 ↔ 편지

이상과 같이 도식 L은, 무의식은 언어처럼 짜여 있다는 것을 설명하고 사무엘하 11장에 드러난 무의식의 주체를 보여준다.

욕망의 그래프와 다윗의 욕망

Un signifiant représente le sujet auprès d'un autre signifiant.[2]

도식 L과 함께 라캉식 해석법의 두 번째 전제로 간주할 수 있는 것은 시니피앙이다. 프로이트가 리비도의 이동을 말한다면 라캉은 시니피앙의 이동을 말한다. 앞서 보았듯이 환유와 은유는 시니피앙에 관한 것이다. 바로 위에 인용한 글은 '하나의 시니피앙은 다른 하나의 시니피앙에 연결된 주체를 보여준다'고 풀이할 수 있다. 여기서 주체란 말로 된 타자^{Autre}와 관계한다. 그래서 주체는 말과 연관된다. 즉 육으로 된 몸이 아니라 시니피앙의 고리로 된 몸이 곧 주체다.

---

2. J. Lacan, *L'envers de la psychanalyse* (X VII), *séminaire du 26 novembre 1969* (Paris: Seuil, 1991), 19, 53.

도식 L의 첫 번째 축^{a→m}은 아래에 나오는 '욕망의 그래프'^{Graphe de Désir}의 아랫부분에 해당한다. 즉 실선으로 표현된 아랫부분에 해당한다. 여기서는 요구^{demande}의 담론이 이루어진다. 사무엘하 11장에서 보면 요압에게 건넨 다윗의 편지 내용이 나온다. 여기서는 무의식의 주체로서 다윗의 욕망이 드러나지 않는다. 요압이 받은 편지 내용은 단지 다윗이 제안한 병법이다. 싸움에서 이기기 위해 지휘관이 내세우는 최고의 병법이다. 다윗이 요압에게 내리는 요구다. 그러나 실선 이면에 점선으로 표기된 부분은 욕망^{désir}의 담론이 이루어진다. 사무엘하 11장에 기록된 우리아의 손을 통해 요압에게 전해지는 다윗의 편지에는 무의식의 주체의 진실이 담겨 있다. 여기서는 병법을 행사하는 지휘관은 간데없다. 이 편지에는 다만 자신의 욕망을 처리하기 위한 방안이 기록되어 있을 뿐이다. 라캉의 세미나 5권에서는 요구의 담론과 욕망의 담론이 아래와 같이 간단하게 표현되고, 세미나 6권에서는 그 형태가 완성된다. 라캉은 이것을 '욕망의 그래프'라고 부른다. 여기서는 이 그래프를 자세히 다루지는 않을 것이다.

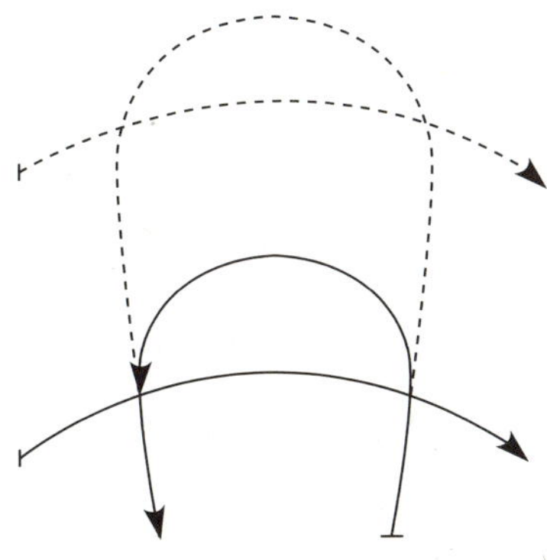

라캉의 세미나 5권에 나오는 욕망의 그래프

이 욕망의 그래프에 나오는 왼쪽에서 오른쪽으로 향하는 아래의 화살
표는 요구와 의미에 관한 언표를 보여준다. 이는 시니피앙 자체가 보여주
는 의미에 관한 것이다. 이를 '보통 담론'이라 볼 수 있다. 우리는 일상적
으로 이런 선상에서 살고 있다. 말하는 자나 듣는 자나 이런 수위에서 의
미를 파악하고 반응한다. 이것은 우리가 해석의 본문으로 삼고 있는 사무
엘하 11장에서 표면적으로 흐르는 내용이다. 우리아와 요압이 이해하는
내용이다. 전쟁에서 병법이라고 말하는 담론이 이런 것에 속한다고 볼 수
있다. 반면 위의 화살표는 요구의 피안, 즉 욕망에 관한 언술 행위를 보여
준다. 언표와 언술 행위 간의 차이점을 보여준다. 편지는 이중적인 내용
을 담고 있다. 병법으로서의 편지는 언표에 해당하고, 주체의 욕망 해소
를 위해 작성된 편지는 언술 행위에 해당한다. 이로써 두 가지의 의미가
생성된다. 즉 욕망의 그래프 아랫부분의 화살에 해당하는 것과 윗부분의
화살에 해당하는 것 두 가지 의미로 이해할 수 있다.

　욕망의 그래프에서 점선은 무의식적인 것이고 실선은 의식적인 것이
다. 하지만 의식도 무의식에서 비롯된다는 관점에서 보면, 실선으로 되
어 있는 그래프도 무의식에서 비롯되는 것임을 알 수 있다. 담론의 제1
의미(아래 화살 부분)가 드러나도 담론의 제2의미(위 화살 부분)는 감추어
질 수 있다. 그러나 사무엘하 뒷부분의 내용을 보면 나단 선지자가 담론
의 제2의미를 알게 된다. 그러자 담론의 제2의미도 비로소 의식적인 부
분이 된다. 담론의 제1의미와 제2의미가 드러남에도 여전히 주체에게
남는 부분이 있다. 담론의 제1의미에서 보면 다윗은 요압을 시켜 우리아
를 죽였지만, 완전하게 죽이지는 못함을 알 수 있다. 요압은 우리아의 사
망 소식을 다윗에게 알린다. 이제 우리아는 전쟁에서는 죽었지만, 다윗
에게는 완전하게 죽은 것이 아니다. 왜냐하면 우리아를 죽였다는 죄책감

은 죽이지 못하기 때문이다. 그래서 이를 점선으로 표현하는 것이다. 또한 담론의 제2의미에서 보면 우리아가 죽은 후 다윗은 미망인 밧세바를 가질 수 있을 것 같았지만, 밧세바에게 달린 꼬리표 때문에 고민에 빠진다. 결국 그녀와의 사이에서 출생한 아이는 죽고 만다. 그리고 이런 사실 자체가 십계명에 위배되는 것임을 나단 선지자가 지적한다. 다윗은 홀로 남은 밧세바를 위한 진정한 남자가 되지 못한다.

'성'서 묵상과 무의식의 주체

우리가 선택한 본문 사무엘하 11장은 '聖'書의 한 부분이다. 그러나 이 내용은 우리가 파악한 바에 따르면 거룩한 책에 담아야 할 내용은 아닌 듯하다. 이것이 도식 L에 해당하는 자아가 던질 수 있는 질문이다. 이것은 도덕이다. 그러나 성서는 도덕책이 아니다. 왜냐하면 성서는 말 그대로 거룩한 내용을 담을 때 성서가 되기 때문이다. 우리가 발견한 무의식의 주체는 자아와는 달리 솔직한 면을 가지고 있다. 주체는 자신을 감추거나 위장하지 않는다. 이는 바울이 말한 속사람과 겉 사람에 상응한다. 사무엘하 11장의 사건이 발생한 지 3천 년이 흐른 지금도 다윗의 마음은 우리에게 전달되고 있다. 그것도 아주 고차원적으로 표현되고 있다. 단순하게 다윗이 이러이러한 마음을 가졌다는 식의 표현이 아니라, '도식 L'의 첫 번째 축이 전개되는 과정에서 두 번째 축이 전개되고 세 번째 축도 전개된다. '욕망의 그래프'의 아랫부분이 전개되는 과정에서 윗부분이 전개되며 이야기가 흘러간다. 이렇게 다면적인 사건 전개 방식을 담고 있는 것이 성서다. 성서는 숨기거나 감추어서 거룩함을 만들어내지 않는다. 이 책은 평범한 것 가운데 추하고 폭력적인 것을 들추어냄으로써 인간의 욕망을 드러내기 때문에 거룩하다.

나는 지금까지 분석한 본문에서 글을 접하는 사람들의 세 모습(다윗, 우리아, 요압)과 무의식의 주체를 살펴보았다. 무의식의 주체는 글을 쓰는 주체다. 그의 글은 자아를 드러내고 주체를 소외시키는 글쓰기다. 하지만 라캉식 분석 앞에서 주체는 고발당한다. 이미 나단이 그 진실을 파악했듯이 라캉식 분석은 주체의 진실을 간파한다. 다윗은 한 줄의 편지 때문에 십계명의 제 6, 7, 8, 9, 10계명을 어긴 자로 판정된다. 바울은 의문의 죽은 것들, 즉 죽은 그라마(γράμμα, 갈 6:14)[3]를 말한 적이 있다. 그러나 의문의 죽은 것은 없다. 존재하지 않는다. 다만 도식 L의 첫 번째 축에만 머물고자 하는 자아의 집단이 있을 뿐이다. 이들을 라캉식 분석 앞에 세워보라. 라캉식 분석은 그들에게 무의식의 주체, 주체의 욕망, 소타자와 주체 간의 관계를 보여줄 것이다. 또한 라캉식 분석은 그들에게 요구의 담론 저편에 있는 욕망의 담론과 아직도 숨기고 있는 그들의 모습을 드러낼 것이다.

모든 것을 폭로하는 것이 라캉식 분석의 임무로 오해될 여지가 있다. 그러나 그렇지 않다. 고발당한 지점에서 문제의 근원은 치유될 장소로 변환된다. 새 생명이 그 속에서 싹트기 시작한다. 편지 한 줄 때문에 소외당한 다윗이 소생하며, 신하를 죽음으로 내몬 지휘관 다윗이 다시금 깨어나며, 무엇보다도 하나님 앞에서 모든 것이 드러나 더 이상 감출 것이 없는 한 인간의 실존이 새롭게 인정받는다.

---

3. 그러나 내게는 우리 주 예수 그리스도의 십자가 외에 결코 자랑할 것이 없으니 그리스도로 말미암아 세상이 나를 대하여 십자가에 못 박히고 내가 또한 세상을 대하여 그러하니라.

제4장
라캉과 구약성서 묵상

– 우리아의 손에 들려 –

사무엘하 11장 14절을 중심으로

아래의 글은 방금 소개했던 구약성서 해석에 따른 내용을 묵상문으로 만든 것이다. 주요 구절 및 제목도 정신분석적 관점에서 읽고 선택한 것이다. 정신분석적 관점으로 성서를 묵상하기 위해서는 신학적인 공부가 우선적으로 뒷받침되는 게 좋다. 성서학에 따른 석의 과정과 통전적 신학 이해를 바탕으로 정신분석적 방법에 따라 성서를 묵상해보면 본문이 전해주는 의도와 그에 따른 적용이 더 분명하게 나타난다.

14 아침이 되매 다윗이 편지를 써서 우리아의 손에 들려 요압에게 보내니

▶ 편지쓰기를 하는가?

개인적으로 나는 편지쓰기를 통해 지금의 아내 마음을 움직여 결혼에 골인했다. 그래서 편지라는 단어를 대하면 감회가 새롭다.

▶ 사무엘하 11장 14절 이 본문은 편지를 보내는 사람, 편지를 배달하는 사람, 편지를 받는 사람, '편지 그 자체'를 포함하고 있는 독특한 구절이다.

여기서는 왜 다윗이 편지를 썼고, 그 내용이 무엇인지 알 수 없다.

또한 그 편지가 잘 전달되었는지도 알 수 없다.

그리고 편지 그 자체의 운명에 관해서도 알 수 없다.

편지가 왜 쓰였는지는 사무엘하 11장을 초반부터 읽으면 알 수 있을 것 같다. 그러나 사무엘하 7장부터 읽다 보면 하나님의 사람 다윗이 왜 이런 편지를 써야 했는지 이해가 되지 않는다.

7장에서 나단은 계시받은 것을 다윗에게 전한다. 곧 나단은 다윗에게 하나님의 성전을 짓는 것을 말한다. 다윗은 이에 감사의 기도, 서원의 기도로 자신의 결단을 보인다. 8장에서 다윗은 모든 전쟁에서 승리하여 조상들에게 약속된 땅을 회복하게 된다. 9장에서 다윗은 요나단과 맺은 우정으로 요나단의 아들 므비보셋을 극진히 보살핀다. 10장에서 그는 암몬과의 전투에서 승리한다.

그런데 별안간 오늘의 본문이 속해 있는 11장은 다윗과 밧세바의 만남을 보여준다.

하나님 앞에서 모든 일이 순조로웠고 이스라엘을 둘러싼 환경도 탄탄했던 이스라엘 왕으로서, 다윗은 왜 한 여인을 중심으로 하찮은 잔꾀를 부렸을까? 그 이유가 궁금해진다.

밧세바가 임신한 것을 안 다윗은 그녀의 임신이 그녀의 남편 우리아에게서 시작된 것임을 꾸미기 위해 전쟁터의 우리아를 불러 그의 집으로 보내려고 하지만 실패한다. 그래서 다윗은 그 다음날 밤 연회를 베푼다. 그러나 다윗의 작전은 또다시 실패한다. 다윗은 진퇴양난에 빠졌다.

우리아가 부하들과 더불어 곤한 잠을 자고 있을 때, 다윗은 괴로운 밤을 보낸다. 그리고 그 결과 한 통의 편지를 작성한다.

본문에 나오는 세 사람에게 공통되는 것은 편지, 즉 글과 접촉한다는 점이다. 이 본문은 우리에게 이렇게 질문한다. 글이란 무엇인가? 이에 우리는, 글이란 다윗이 아침에 쓴 편지라고 답할 수 있다.

그럼 여기서 글을 접하고 사는 사람들에 관해 세 가지 정도를 생각해 보자.

▶ 우선 다윗은 자신의 생각을 짧은 문장으로 표현할 수 있는 글쓰기를 할 수 있었고, 요압도 그 글의 의미를 파악할 수 있었다. 곧 그들은 글을 접하고 살았던 사람들이다.

이러한 글은 다윗과 요압을 단절시키는 매체가 되기도 한다. 왜 다윗이 그런 내용의 편지를 썼고 요압이 그 내용대로 이행했는지, 이미 봤던 영화를 또 보거나 들은 이야기를 또 듣는 사람이 알듯이, 우리는 그 글이 만들 사건을 알고 있지만 요압은 모르고 있다. 어쩌면 계속 몰랐을 수도 있다. 이런 일은 글 때문에 생기는 것이다. 이 짧은 본문에서 흘러다니는 것은 글이다. 글은 돌아다니면서 때로는 장군과 부하 간의 충성의 체계를 세우기도 하고, 때로는 시퍼런 칼이 되기도 한다. 우리는 글을 종이 속에 고정된 것이라 생각한다. 그러나 글은 항상 흘러다닌다. 지금도 우리 앞, 뒤, 옆, 위, 아래에는 문자 메시지가 날아다니고 있다.

▶ 다음으로 글은 다윗 자신을 소외시킨다. 7장부터 살펴본 다윗의 행적으로 보아서 11장 14절의 편지는 다윗의 것이 아니라고 말할 수 있을 정도로, 스케일이 큰 다윗의 생각과는 거리가 먼 것 같다.

글은 다윗과 우리아의 관계를 더 힘들게 만들었고 또 다윗의 충신 요압을 곤경에 빠지게 하는 것이다. 하지만 이런 것은 인간끼리 당면하는 것일 뿐이다. 이에 덧붙여 글은 다윗을 하나님으로부터 멀어지게 했다.

어쨌든 쓰인 글은 읽는 사람의 입장에 따라 다르게 이해되는 속성을 가지고 있다. 글은 다중 성격을 가졌다고 볼 수 있다. 이런 글의 특성 때문에 이천 년 동안의 신학은 글의 다중성을 거부하고 오직 하나의 성질만을 갖도록 강요해왔다. 그러나 글은 이런 신학의 활동에 잡히지 않고 여전히 자신의 다중성을 주장하고 있다. 유일하신 하나님이냐, 삼위일체 하나님이냐? 이런 논쟁 또한 글이 만들어낸 교리들이다.

오늘날에도 오직 하나의 신학만이 살아남도록 잔가지를 치는 작업이 공공연히 일어나고 있다. 그러나 모든 물고기가 그물에 걸리지 않듯이 글은 지배의 범주를 벗어나 그 효력을 지속한다.

이런 일이 발생하는 것은 글 쓰는 것과 글 읽는 것 간의 차이 때문만은 아니다. 그러나 이천 년의 신학은 그런 것이라고만 생각했다.

하지만 오늘 본문을 통해 우리는 좀 더 다른 구도가 있음을 발견할 수 있다.

즉 글을 쓰기 위해 갈등하는 사람의 밤과 그 갈등을 한 문장으로 축소시키는 사람의 아침으로 나눌 수 있다. 다윗은 한 줄의 편지를 쓰기 위해 밤새 갈등한다. 이 모습이 바로 다윗의 모습이다. 이 모습은 한 문장으로 하나의 판단 속에 정리되지 않는다. 그러나 그 모습이 하나의 성격을 지닌 한 문장으로 정리되면서 다윗의 모습은 소외당하고, 다윗은 고정된다. 이렇게 고정된 왕 다윗의 글은 순탄하게-신속하게 실행에 옮겨진다.

다윗에게 '글'이란 자신의 죄를 감추는 밀실, 자신의 음모를 숨기는 방, 밤 동안의 고심을 시원하게 배설하는 아침 화장실과도 같은 공간이다. 우리아에게 '글'이란 왕의 전략이 담긴 용병술이다. 그리고 약속된 땅 대부분을 점령한 다윗의 계속되는 성과를 담은 지시 사항이다. 이런 글을 운반하는 우리아는 자부심을 갖게 된다.

요압에게 '글'이란 충성을 보일 수 있는 기회다. 요압은 글의 다중성을 모른다. 복잡 미묘한 인간을 모른다. 칼을 휘두르는 장군답게 단순하다. 그는 충성된 군인이지만 전인적인 인간은 되지 못한다.

▶ 마지막으로 글은 상황을 자른다. 본질을 숨긴다. 시대가 지나면 다른 이해가 생기는 것이다. 글쓴이의 사정이 글에 담기지만 그 뜻을 그대로 간직하지는 못한다. 언약궤가 적군에게 강탈당하듯이, 글은 글 쓰는 사람의 전인적 인격을 박탈할 수 있다. 이런 글은 돌아다니면서 사건을 만든다. 구약성서를 보면, 그 글은 그것이 행한 결과에 대해 책임을 지지 않는다. 그 책임은 그 글을 쓴 다윗이 져야 했다.

다윗이 범한 죄목은 십계명에 나타난다. 그는 살인, 간음, 도적질하지 말 것, 또한 이웃에게 거짓 증거와 탐내지 말 것 등 십계명의 6, 7, 8, 9, 10 항목의 글을 어기는 죄를 범했다. 이 십계명 항목은 다윗과 그 공동체를 분열시킨다. 왜냐하면 이 글은 다윗을 죄인이라고 고발하기 때문이고, 그 공동체는 죄인인 다윗을 깨끗하다고 인정하지 않기 때문이다.

문자로서의 십계명, 글로서의 율법은 죄인 된 인간과 하나님을 갈라 놓는다. 율법을 기록한 글이 인간에게 잘못을 지적한다고 해도, 그 지적은 총체적이지 못하고 단편적이다. 단편적인 죄를 지적받는 인간은 여기저기 도처에 구멍 뚫린 기름통과 같다. 그 통에 불이 붙으면, 기름통은 곧 폭발할 것이다. 그래서 바울은 자신의 서신 도처에서 이런 위험한 성격을 지닌 글을 고발하고 있다.

바울이 의문이라고 말한 것은 '글, 문자'를 의미하는 그라마γράμμα이다.

바울은 골로새 교회에게 보내는 편지에서 예수님은 "우리를 대적하는 의문으로 된 증서를 도말하기" 위해 십자가에 못 박혔다고 말하고 있다. 구약성서에서 다윗의 글은 심판받지 않았지만, 신약성서에서 십자가의 못은 율법의 문자와 글을 못 박았다. 그러나 십자가의 못의 흔적은 십자가에 달린 예수님과 예수님을 매단 나무에만 남은 것이 아니다. 바울은 이 못이 사람과 세상을 모두 못 박았다고 말한다. 즉 음모의 편지를 쓰고자 고심한 다윗, 그 다윗이 아침에 쓴 글, 이 글이 돌아다니면서 한 일, 이 모두를 못 박았다고 바울은 말하고 있다.

구약성서 사무엘하의 저자라고 알려진 나단은 왜 10장 다음에 11장을 두었을까? 다시 말해서 글이란 무엇인가에 대해 고심했을 성서의 저자 나단은 어떤 영감을 받고 이 사건을 여기에 둔 것일까? 마태는 이런 질문을 던졌다. 마태가 찾은 답에 의하면 "다윗은 우리아의 아내에게서 솔로몬을 낳고…야곱은 마리아의 남편 요셉을 낳았으니 마리아에게서 그리스도라 칭하는 예수가 나시니라"라고 말한다. 곧 오늘 본문의 글이 갖는 의미는 예수님이 이 땅에 오시는 길을 예비한 것으로 볼 수 있다.

바울은 못 박힌 이 세상이 완전히 구멍투성이라고 갈라디아서 6장 14절 주위에서 말하고 있다. 예수님이 못 박힘으로 글도 함께 죽었다. 그러나 그 못의 흔적을 지닌 채 부활하신 예수님은 우리에게 글을 남기셨다. 그 글은 전 인격을 다하여 여호와를 사랑하고 이웃을 사랑하라는 것이다. 글 앞에 설 때, 나-우리는 죽고, 회개하고 변화된 인격이 조성된다. 글 앞에 다시 설 때, 예수님을 믿는 믿음이 점점 자라고 흔들리지 않는 인격을 갖게 된다.

우리의 상황에서 이 본문을 생각해보자. 우리의 상황 중 대표적인 것이 글로 된 것들이다. 그것이 리포트든, 시험이든, 설교문이든 대부분은 글로 구성된 것이다.

우리는 학교에서나 집에서나 책을 접한다. 그 책은 어떤 누군가가 쓴 글이다. 우리에게 세상은 글의 세상이다. 우리 각자는 돌아다니는 책들이다. 우리가 못 박히고 세상이 못 박힌다는 말은, 글 쓰는 우리가 못 박히고 우리가 쓴 글이 못 박히고 세상의 글들이 못 박힌다는 것이라고 말할 수 있다.

자신의 생각이 십자가에 못 박히도록 내어놓는 것, 거기에는 십자가의 고통, 십자가의 피가 있다. 십자가를 여과해서 나오는 글은 인터넷에서 다운받은 글과는 다르다. 남의 생각을 훔치는 것과도 다르다. 십자가에 못 박힌 글은 자신이 이해하고 소화하고 체험한 글이다. 자신으로 하여금 이웃과 용서하게 하는 글이다.

우리는 평생 글을 접하면서 살아가야 할 사람들이다. 매 학기 매 주일 매일 우리는 글 앞에 서게 된다. 글 앞에 서게 된다는 것은 십자가 앞에 서게 된다는 것이다. 글을 생산해내는 일은 참으로 중요한 일이다. 그러나 나오지 않는 글을 나온 글로 위장하는 일은 위험한 일이다. 글쓰기의 습관은 중요하다. 글쓰기는 다양한 형태로 나타날 수 있다. 즉석에서 글쓰기, 생각하는 것과 동시에 말하고 쓰기 이런 글쓰기 형태도 있을 수 있다. 그러나 우리는 아직 글쓰기를 하고 있고 계속해서 글쓰기 연습을 해야 할 것이다. 비록 글쓰기가 우리가 가진 것을 담아내지 못한다고 해도, 우리는 글에 그것을 담고자 노력해야 할 사람들이다. 쓰이기를 멈추지 않고, 계속해서 쓰이기를 원했던 것들이 성서이다. 이 성서는 닫힌 책이 아니다. 순간순간 새롭게 다시 소개되어 해석되고, 우리 삶에서 계속

쓰여야 할 책이다.

글은 인격을 드러낸다. 인격은 자신의 회개와 믿음을 보여준다. 인격의 거울이 바로 글이다. 성서는 바로 우리의 거울이다. 우리는 우리가 갖고 있는 인격을 정확하게 볼 수 있고, 그 본 것을 글로써 표현할 수 있는 훈련을 해야 할 사람들이다.

백지 앞에서 절망하고, 빈 화면 앞에서 쓸 말을 찾는 존재가 우리들이다. 나는 우리가 우리의 것을 그대로 표현해내고자 고심하는 일, 우리가 마음과 뜻과 정성을 다하여 드릴 수 있는 산제사의 한 형태가 글이라고 생각한다.

글을 접하는 사람이라 해도 훌륭한 글쓰기를 할 수 없을 수 있다. 그러나 그 글쓰기가 되지 않아서 마음이 낮아질 대로 낮아진 사람, 마음에 담긴 것 때문에 애통해하고, 마음에 담긴 것이 없어 갈증을 느끼는 사람, 제대로 된 글쓰기가 아닌 글을 보고 긍휼히 여기는 사람, 마음에 있는 것과 글로 쓴 것 간의 차이 때문에 괴로워하는 사람, 진실을 써서 핍박을 받는 사람, 이런 사람에게 예수님은 "기뻐하고 즐거워하라! 하늘에서 너희의 상이 큼이라"라고 말씀하고 계신다.

제5장

종교의 형식과 내용에 관한 라캉적 에세이

마태복음 16장 13-20절을 중심으로

라캉과 종교

나는 이전에 발표한 몇 편의 글[1]에서 라캉의 '장막도식'(세미나 4권)에 따라 물의 전치로서 '종교 담론'(세미나 7권)을 전개한 바 있다. 그러나 그 글은 라캉식 정신분석의 전체 틀 안에서 전개되는 종교적 의미를 확연하게 드러내지는 못했다고 본다. 그래서 이 글에서는 이런 논의를 세미나 17권에서 다룬 정신분석의 '네 가지 담론'에 연결하고, 이를 또다시 세미나 20권에서 소개된 수학소 'S(Ⱥ)'로 확장하여 라캉식 종교 담론을 보완하고자 한다.

---

1. "라깡과 종교", in 『라깡과 현대정신분석』(7권 2호, 2005). "라깡, objet *a*, 예수 이름", in 『라깡과 현대정신분석』(8권 1호, 2006). "라깡의 종교담론과 기독교 신학체계 간의 유비적 접근", 『한국조직신학논총』(21집, 2008). 마지막 글은 출판 편집 과정에서 기호, 도식 등에 오류가 많아 내 뜻이 바르게 전달되지 못했다.

이번 장의 성격은 담백한 종교 형식론 전개가 아니라 '히스테리 담론'으로 이어지면서 산출되는 주체의 문제를 더 부연하는 것이다. 이는 최근 '라캉과 종교'에 관해 담론한 바 있는 권희영과 이유섭의 견해[2]와 맥락을 같이한다. 하지만 이런 논의는 라캉식 종교론 자체를 다루지 않고, 정신분석의 무의식적 주체 개념과 오이디푸스 콤플렉스 개념 등 일반적인 정신분석 개념으로 종교를 분석한다. 이런 일반적인 적용식 글쓰기를 극복하기 위해 이번 장은 라캉식 종교론이 무엇인지를 직접적으로 다루고, 이를 종교적 텍스트(마 16:13-20)에 적용하고, 또한 라캉식 '종교적 인간'을 보이기 위해 원전 읽기와 응용에 매진할 것이다.

대상들

라캉은 세미나 4권에서 '장막도식'을 선보인다.[3] 이 도식을 풀면서 나는 '무'$^{Rien, 無}$를 문자 그대로 이해하거나,[4] 이 '무'를 다시 '물'$^{chose, 物}$로 이해하기도 했다.[5] '무'로 읽을 때는 세미나 4권에 초점을 둘 때고, '물'로 해석할 때는 '물'을 도입한 세미나 7권에 근거한 것이다. 이 글에서 나는 'objet *a*'를 부각시킨 세미나 9권과 10권을 토대로 '무'와 '물'을 'objet *a* 또는 오브제 아'로 읽기도 하고, 세미나 20권에 근거하여 기표로 표현할 수 없는 것을 S(Ⱥ)(사랑의 문자)로 표현했다. 이런 내 시도는 아포파티크

---

2. 권희영, "정신분석적 주체와 *homo religiosus*", in 『라깡과 종교-2009년 한국 라깡과 현대정신분석학회 정기학술대회 전기 프로시딩』(=학술대회집, 2009), 36. 이유섭, 「정신분석으로 읽는 단군신화", in 『학술대회집, 2009』, 53.

3. JACQUES LACAN, *La relation d'objet et les structures freudiennes* (Paris: Seuil, 1994), 156.

4. 강웅섭, "라깡과 종교", in 『라깡과 현대정신분석』 7권 2호, 2005.

5. 강웅섭, "라깡, objet *a*, 예수 이름", in 『라깡과 현대정신분석』 8권 1호, 2006.

신학Théologie apophatique(부정신학)에 다가서는 라캉식 종교 담론을 다시금 보여주려는 것이다. 이런 관점을 포함하여 '장막도식'을 변형시키면 아래와 같다.

변형시킨 '장막도식'(Schéma du Voile)

내가 변형시킨 장막도식을 앞으로 다룰 '네 가지 담론' 형식을 염두에 두면서 분수 형식으로 표시하면 아래와 같이 정리할 수 있다.

$$S \;\Big|\; 무, 물, 대상 a, S(A) \;\Rightarrow\; \frac{S}{무, 물, 대상 a, S(A)} \;\Rightarrow\; \frac{\$}{a}$$

장막도식에서 히스테리 담론으로

이 형식은 라캉의 '네 가지 담론' 형식 가운데 '히스테리 담론' 형식이 됨을 여러분은 아래에서 확인할 수 있을 것이다. 이는 곧 라캉의 대상관계론이 일맥상통하면서 세미나 4권에서부터 세미나 20권에 이르기까지 확대되고 있음을 보여준다.

담론의 형식과 내용

라캉은 '세미나 17권'을 강연하던 첫날(1969년 12월 10일) '네 가지 담론' 생산에 관해 말한다. 이를 위해 그가 제시하는 형식은 네 위치와 네 요소로 된 분수의 교환식이다. 라캉은 이를 '네 가지 위치와 함께 네 발 장치'라 한다.[6] 여기서 위치는 '형식'이고 요소는 '내용'이라 볼 수 있다.

아래 도식은 담론의 네 가지 위치(형식)다. 이 분수를 보는 방법은, 왼쪽 분수의 '분자'(발신자, 집행자)에서 오른쪽 분수의 '분자'(수신자, 노동하는 타자)로 이동하는 화살표(→)를 따라가면 된다. 그리고 오른쪽 분수의 분자에서 '분모'(생산물)로 내려온다. 그리고 오른쪽의 분모와 왼쪽의 '분모'(진리)의 단절된 관계(≠)를 보고, 그다음 바로 위 왼쪽 분자와의 관계를 본다.

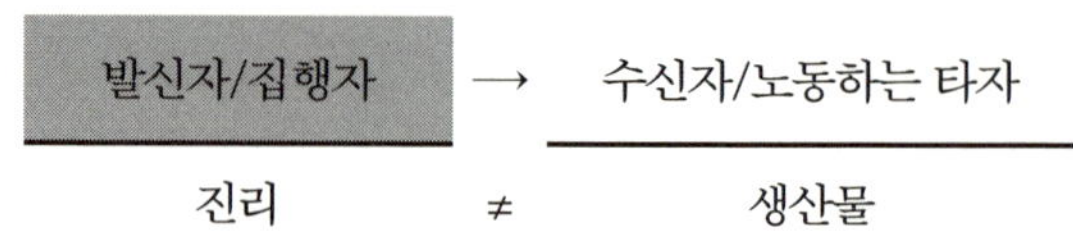

담론의 형식-위치

위치(형식)면에서 볼 때 오른쪽보다는 '왼쪽'이, 분모보다는 '분자'가 상대적으로 우월한 위치다. 분자와 분모를 가르는 선은 그들을 가르며 방해하고 제한한다. 즉 담론에서 그 선은 의사소통에 부정적인 영향을 미친다는 것을 보여준다.

반면 요소(내용)면에서 볼 때 발신자의 위치에 어떤 요소가 오는가에

---

6. JACQUES LACAN, *L'envers de la psychanalyse* (Paris: Seuil, 1991), 19.

따라 담론의 이름과 성격이 정해진다. 발신자의 위치에 주인이나 집행자를 지칭하는 'S1'이 오면 '주인 담론' 또는 '지배자 담론', $가 오면 '히스테리 담론', '*a*'가 오면 '분석가 담론', 'S2'가 오면 '대학 담론'이라 일컫는다. 이때 위치-역할(형식)은 변하지 않는다. 그러나 하나의 위치에 네 개의 요소들(내용)이 돌아가면서 오게 된다. 이 요소들은 S1, S2, *a*, $이다.[7]

라캉이 제일 먼저 이 위치에 기입한 요소들은 '다음 페이지에 나오는 도표 4'와 같다. 이는 '주인 담론'이나 '지배자 담론'이라 불린다.

우선 위치에 따라 설명해보자. 발신자, 수신자, 생산물, 진리. 발신자가 수신자에게 메시지를 보내면, 수신자는 지시받은 대로 생산물을 제공한다. 하지만 수신자가 생산한 것은 자발적인 것이 아니기에 발신자와 참된 소통은 없다. 발신자도 자신의 지시 사항에 의해 생산물을 획득하긴 하지만 진리로부터 소외된 생산물을 갖게 된다. 여기서 발신자와 수신자의 관계는 분리(→)되고, 진리는 생산물로부터 소외(≠)된다.

이번에는 요소에 따라 설명해보자. S1(주인 기표), S2(지식 기표), *a*(오브제 아), $(분열된 주체). 주인 기표는 대타자의 결핍을 지칭하는 S(Ⱥ)의 대체로 보면 된다. '사랑의 문자'라 불린 이 기호는 기표화될 수 없는 것을 표기하고, 텅 빈 것을 기표로 표기한 것이다. 지식 기표는 주인 기표를 제외한 나머지다. 주인 기표와 지식 기표 간의 상반된 효과에 의해 파생된 것이 오브제 아와 분열된 주체다. 즉 'S1→S2'에 의해, 대상으로부터의 분리와 기표에 의한 소외가 이루어진다. 이 분리(결핍)와 소외를 메우는 역할, 메울 수 없는 것을 메우는 역할을 하는 것이 바로 '*a*'다. 욕망의 원인 또는 잉여 향유 또는 불안의 대상인 '*a*'가 나타나는 곳에는 분리

---

7. Ibid., 12.

되고 소외된 '$'가 나타난다. 이런 면에서 '주인 담론'은 'S1→S2'의 분리에 따른 'a'와 '$'의 소외라는 것을 보여준다.

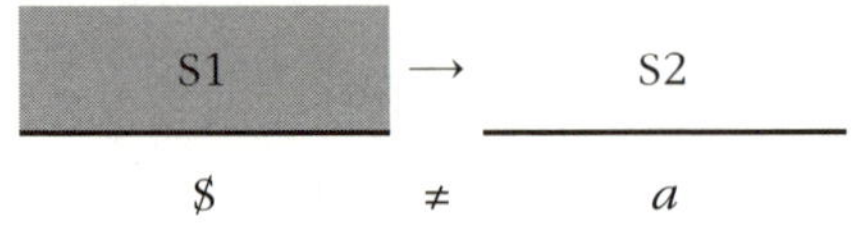

주인 담론의 내용-요소

이 '주인 담론'의 도식을 기초로 라캉은 다른 3개의 담론을 끌어낸다. 이는 각 요소들이 90도씩 회전하면서 생성된다. 아래 제시된 네모로 강조된 주인 담론을 중심으로 시계 방향으로 돌리면 '히스테리 담론', '분석가 담론', '대학 담론'이 되고, 시계 반대 방향으로 돌리면 '대학 담론', '분석가 담론', '히스테리 담론'이 된다. 이 논문에서 구체적으로 부연할 담론은 '히스테리 담론'이다.

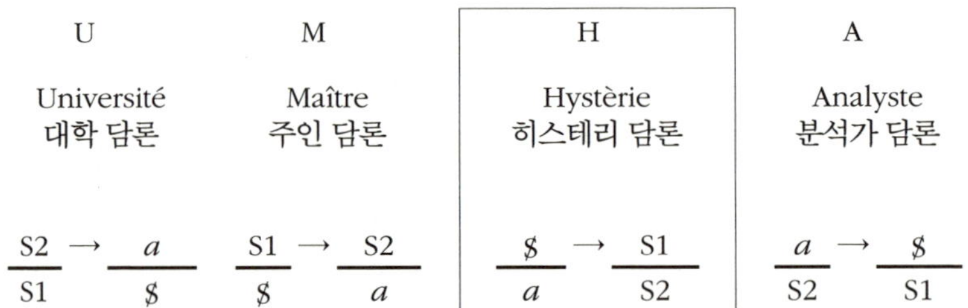

네 가지 담론

종교 담론과 히스테리 담론

라캉은 세미나 7권에서 '물'에 대한 예술, 종교, 학문의 담론을 언급한 바 있다. 세미나 17권에서 '네 가지 담론'을 분석한 것처럼 7권에서는 상세히 분석하지 않는다. 10년 전에 간략하게 밝힌 이런 논의를 10년 후의 관점으로 다시 본다는 것은 세미나 7권의 '종교 담론'을 세미나 17권의 '히스테리 담론'으로 읽는 것과 같은 것이다.

De même que dans l'art il y a une *Verdrangung*, un refoulement 'de' la Chose - que dans la religion il y a peut-être une *Verschiebung* - c'est à proprement parler de *Verwerfung* qu'il s'agit dans le discours de la science.[8]

이 문장은 예술-종교-학문 담론이 'de la Chose'와 맺는 관계를 말한다. 반복을 피하기 위해 '물에 대한'de la Chose은 '예술에'dans l'art 한 번만 나오지만 '종교에'와 '학문 담론에'도 동일하게 적용된다. 그래서 예술은 '물에 대한' 억압, 종교는 '물에 대한' 전치, 학문은 '물에 대한' 배척이 있는 것으로 읽을 수 있다. 즉 예술에는 물에 대한 억압이 있고. 종교에는 전치가 있으며, 학문 담론에서 작동하는 것은 말하자면 배척이다.

의미상으로 볼 때 물에 대한 억압이 예술에 있다는 것은 예술이 물을 억압하는 행위인가, 물로부터 억압을 받는 것인가, 종교에 물에 대한 전치가 있다는 것은 종교가 물을 전치하는가, 물로부터의 전치가 있는가,

---

8. JACQUES LACAN, *L'éthique de la psychanalyse* (Paris: Seuil, 1986), 157. ' '에 넣은 것은 나다.

또한 학문에 물에 대한 배척이 있다는 것은 학문이 물을 배척하는가, 물로부터의 배척이 있는가인데, 우리는 이 중 어떤 것이 의미상 바른 것인지 가려내야 한다.

이 중 우리는 '종교 담론'에 관심을 둔다. 'une Verschiebung de la Chose'의 번역 문제는 'Libido du moi'와 'Libido d'objet'에서 'de'의 용법과도 같다. 전자의 'de'는 출발을, 후자는 도착을 의미한다. 즉 자아에게서 시작되는 리비도와 대상에 가 닿는 리비도다.

이에 따라 'une Verschiebung de la Chose'은 '물에서 시작되는 전치(퇴행)'와 '물에 가 닿는 전치(투사)'로 번역될 수 있다. 이때 전치는 장막도식에서 보면 주체sujet와 '무-물-objet a-S(A)' 사이의 전치로 볼 수 있고, '네 가지 담론'의 위치에서 보면 발신자와 수신자 사이의 전치로 볼 수 있다. 가령 주체와 S(A)의 기표인 S1 간의 담론은 라캉이 '히스테리 담론'이라고 부르는 것의 분자부분에 해당한다($\$$→S1). 이런 논리로 보면 세미나 7권의 전치에 대한 '종교 담론'은 세미나 17권의 '히스테리 담론'에 해당하는 것으로 볼 수 있다. 나는 '장막도식'과 '종교 담론'을 '히스테리 담론'에 담아 아래와 같은 형식을 구상해본다.

$\$$	→	S1
무, 물, 대상 a, S(A)	→	S2

히스테리 담론에 담긴 장막도식과 종교 담론

'히스테리 담론'은 주체($\$$)가 주인 기표(S1)와 맺는 관계를 보여준다. 여기서 주체는 자신의 정체성을 주인 기표에서 찾고자 한다. S(A)의

또 다른 표기 형태인 주인 기표는 지식 기표를 통해 주체에게 답을 제시한다. 주인 기표와 지식 기표 간의 관계는 주인 담론에서 다루는데, 이 둘은 소통이 불가능하다. 그 이유는 두 '요소' 때문이 아니라 두 '위치의 성격'에 있다. 주체는 주인 기표에서 제시하는 지식 기표를 통해 자신을 확인하지만, 진리(a)는 그 관계에서 소외된다.

이와 같은 형식에 속하는 '종교 담론'은 자신의 '진리'를 알고자 하는 '주체'에서 비롯된다. '주체'는 자신의 '진리'(=정체성)를 '누구에게' 질문한다. 형식적인 면에서 '주체'는 '종교적 인간'*Homo religiosus*이고 '누구'는 '종교'(S1)다. '종교적 인간'($) 은 '참자신-진리'($a$)가 무엇인가에 지대한 관심을 갖는다.[9]

그가 찾을 수 있는 답(생산물)은 '종교'(S1)가 던져주는 '경전經典, 교리敎理, 신조信條'(S2) 정도이다. '질문자인 $'는 '답변자인 S1'에 의해 제시된 것(S2)으로만 만족을 얻어야 한다. 그러나 그렇게 하지 못하기 때문에 '주체'는 여전히 분열적이다. 왜냐하면 '답변자'는 '질문자'가 원하는 '진리'를 말하기보다 '답변자' 자신이 품었던 궁금증에 대해 찾은 결론을 제시하기 때문이다. 즉 '질문자'가 '물'에 대해 호기심을 가지면서 '종교'에 질문을 던지는 것(종교 담론)이라면, '답변자'는 이미 생산된 종교 산물인 '경전, 교리, 신조'를 제시한다. '신앙인'은 이렇게 해석이 전제되고 해석을 통해서만 수용 가능한 내용을 이런 '진리'로 믿지 못한다. 이 관계를 도표로 표시하면 이러하다.

---

9. 권희영, "정신분석적 주체와 *homo religiosus*", 『학술대회집 2009』, 36.

내게 답해주시오	→	당신은 그런 존재요
내가 누굽니까?		당신에게 말한(제시된) 대로요

풀어본 히스테리 담론

담론에서 전치의 기능

앞서 논한 '담론의 형식과 내용'에 제시된 '도표 담론의 형식-위치', '도표 주인 담론의 내용-요소', '도표 네 가지 담론'을 보면서 아래의 내용을 이해하면 도움이 될 것이다. '종교 담론'의 연장인 '히스테리 담론'에서 '진리'를 알고자 '질문자'가 문제를 제기하면, '답변자'(S1)는 그 답으로 'S2'를 제시한다. 이는 S1이 '또 다른 답변자'(S2)에게 답을 요구하고 'S2'는 그 답으로 'a'를 제시한 것과 같다(=주인 담론). 답변은 계속해서 겉돌게 된다. 답은 'S2'가 되기도 하고 'a'가 되기도 한다. 심지어는 담론에 따라 답(생산물)의 위치에 $\$$(대학 담론), S1(분석가 담론)이 온다.

이렇게 '주체'가 답을 구하는 과정(→), 즉 '진리'에 접근하는데 여러 장애를 갖는 '주체'가 답을 찾는 과정을 '전치'라고 볼 수 있다. '전치'는 고정된 의미에 '주체'를 묶어 놓지 않는다는 면에서 주체를 분열적이게 한다. 그래서 발신자와 수신자 간에는 '분리'가 있다고 말한다. '분열적 주체'는 'S1'에게 자신의 진리를 묻지만 'S1'은 'S2'에게 그 답을 하게 한다. 'S2'는 '지식 기표'로서 상징계에서는 자신이 '진리'라 여기지만, '진리'에 대한 요구에 대면하면 자신의 것이 진리가 아니라는 인식에 의해 소외된다. 즉 S2는 하나의 기표일 뿐이다. S1에 연결된 S2일 뿐이다. '진리'를 갈구하는 '주체'는 정박할 곳을 찾지 못하고 S1 S2...Sn의 형식으로 전치된다. 라캉은 이를 두고 "un signifiant représente le sujet pour(auprès de) un autre signifiant"[10]이라 말한 바 있다. 이를 직역하면 "하나의 시니피앙은 또 다른 시니피앙 곁에 주체를 드러낸다." 즉 "주체는 시니피앙과 시니피앙의 연결고리에 의해 드러난다." S1 S2...Sn처럼 연결되는 것을 '전치'라고 말한다. 라캉이 말하는 주체는 시니피앙의 행렬, 전치에 의해 드러난다. 라캉은 전치를 환유의 함수로 설명한다.[11]

$$f(S...S')S \cong S(-)s \cong \frac{S}{s}$$
환유의 기표 방정식

가령 '내가 누구인가? 그것을 말해주시오!' 할 때, '내가', '~인가?', '말해주시오!' 등은 전치déplacement 기능이다. '누구', '그것을' 등은 전치 기능이면서도 압축condensation 기능이다.

이런 유형의 질문을 신약성서에서 '나사렛 예수'가 하고 있다. 예수($)는 제자들(S1)에게 사람들(S2)이 인자(나사렛 예수 자신)를 누구라 하느냐?(a)고 질문한다. S1은 S2의 견해를 이렇게 말한다(마 16:13-20).

더러는 세례 요한 더러는 엘리야
더러는 예레미야 더러는 선지자 중 하나라 하나이다.

또한 예수는 S1의 견해를 묻는다. S1의 대표격으로 베드로가 말한다.

너희는 나를 누구라 하느냐

---

10. JACQUES LACAN, *L'envers de la psychanalyse*, 19; 53.

11. JACQUES LACAN, "L'instance de la lettre dans l'inconscient," in *Ecrits*, 515.

주는 그리스도시요 살아 계신 하나님의 아들이시니이다.

이 본문에 근거하여 기독교의 신앙고백, 신조가 형성된다. S1의 대표격인 베드로는 제1대 교황으로 추대되고 그의 고백은 종교(S1)의 위치를 점한다. 이에 대해 예수는 이렇게 답한다.

바요나 시몬아 네가 복이 있도다
이를 네게 알게 한 이는 혈육이 아니요 하늘에 계신 내 아버지시니라.

잠시 성서의 기표를 벗어나서 현실적인 예를 들어보자. 나사렛 예수가 던진 질문을 오늘날 신앙인($)도 던진다. 가령 장로교회를 다니는 신앙인($)이 교회 목사(S1)에게 "사람들(S2)은 저(우리)를 누구라 합니까?(a)"라고 질문한다. S1은 S2의 원칙에 따라 이렇게 말한다.

"기독교인이라고 합니다, 기독교인 중에서도 개신교인이라고 합니다, 개신교인 중에서도 장로교파 교인이라고 합니다, 장로교파 교인 중에서도 어떤 교단 소속 교인이라 합니다, 어떤 교단 소속 교인 중에서도 어떤 교회 교인이라고 합니다, 어떤 교회 교인 중에서도 초신자라고 합니다, 초신자는 S2의 고백을 합니다" 등 계속해서 '누구인가'를 말한다.

다시 그 신앙인($)이 질문한다. "그렇다면 목사님(S1)은 저를 누구라고 합니까?" S1이 $에게 말하는 것은 S2와 유사한 S3...Sn 등이다. 이렇게 종교 담론에서 주체는 '진리'에 목말라 질문한다. 주체는 그 진리를 알기 위해 '주인 기표'(S1)에게 의존한다. 그러나 주인 기표 또한 지식 기표(S2)에 의존한다. 상반되는 S1과 S2의 성격상 진리는 소외된다.

조금 전 논한 성서의 기표를 다시 논해보자. 비록 베드로가 S2에 의지하지 않고 독자적인 답을 한 듯하지만, 예수는 베드로가 그것을 하늘에 계신 예수의 아버지(S3)를 통해 알게 되었다고 말한다. 제자들이 만난 사람들(S1 S2…)과 예수의 아버지(…S3…Sn) 등 전치 기능에 의해 주체는 규정된다. 여기에서 유의할 점은 '히스테리 담론-종교 담론'의 주체가 베드로의 고백을 소중하게 평가하고는 그 진실을 '아무'(Sn)에게도 말하지 말라고 한다는 점이다.

내가 네게 이르노니
너는 베드로(반석)라 내가 이 반석 위에 내 교회를 세우리니
음부의 권세가 이기지 못하리라
내가 천국 열쇠를 네게 주리니
네가 땅에서 무엇이든지 매면 하늘에서도 매일 것이요
네가 땅에서 무엇이든지 풀면 하늘에서도 풀리리라 하시고
이에 제자들에게 경고하사
자기가 그리스도인 것을 아무에게도 이르지 말라 하시니라.

담론의 생산자인 예수($)는 담론의 생산물 위치에 있는 Sn(아무)과 담론의 진리 위치에 있는 a(그리스도)의 의사소통 와해나 소외를 염두에 두고 있다. 예수는 베드로(S1)에게 진리는 감추어져야 한다고 말한다. 제자 무리(S1)에게도, 무리들(S2)에게도, 예수의 아버지(S3)에게도 진리는 감추어져야 한다. 이것이 인자($)가 바라는 것이다.

'히스테리 담론'의 주체는 이렇듯 진리와 대면하지만 진리를 감춘다. 이는 주체의 분열에서 기인한다. 정신분석은 온전한 주체(S)에서 시작하여 '주체의 분열'($)을 말하는 영역이다. 주체 스스로가 온전하다(S)고

말한다면 그것은 정신분석 영역의 담론이 아니다. 정신분석에 따른 주체의 참모습은 분열된 바로 그 모습이다($). 이는 예수가 참그리스도가 아니라는 말이 아니다. 상징적인 것을 통해 실재적인 것을 다룰 수밖에 없는 신앙의 실천을 염두에 둔 예수의 진의를 강조하는 말이다. 이는 신앙의 실천에 상상적인 요소가 개입되더라도 상상적인 것에 매몰되지 않고 상징적인 것으로 이끌기 위한 예수의 심오한 가르침으로 이해된다. 예수의 질문을 '히스테리 담론'에 대입하면 아래와 같은 형식이 된다.

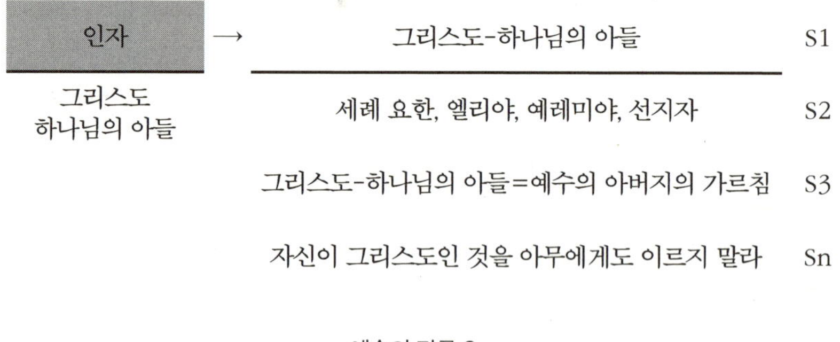

예수의 담론 1

이 질문에 따른 답변을 정리하면 아래와 같다.

예수의 담론 2

‘그리스도-하나님의 아들’을 담는 진리의 자리(a)는 주체에 의해 숨겨져 있지만 그렇게 불리고자 하는 욕망의 원인이면서도 그렇게 불리면 Sn 체계에 위협을 당하는 불안의 대상이 되기도 한다. 전치 기능은 압축 기능이 작용하는 가운데서도 전치 기능을 수행한다. 압축된 것이 풀리는 과정에서 전치 기능이 작용한다. 압축된 것은 계속해서 풀리고 풀려야 한다. 그 과정에서 의미화는 미끄러짐에 의해 지연된다. 네 개의 담론이 90도씩 회전하는 것은 이런 ‘전치’ 기능에 의한 것이다. 이때 회전은 시계 방향의 회전일 수도 있고 반시계 방향일 수도 있다. 라캉은 종종 순방향(투사)과 역방향(퇴행)을 말한다. 가령 주인 담론의 순방향은 히스테리 담론이지만 역방향은 대학 담론이고, 히스테리 담론의 순방향은 분석가 담론이고 역방향은 주인 담론이라고 한다. 다시 말해 ‘전치’는 투사적인 기능과 퇴행적인 기능, 둘 다를 일컫는다.

종교적 인간의 위상

종교적 주체와 히스테리적 주체는 어떤 관계인가? 히스테리란 어떤 것을 상실한 상태의 사람을 일컫는데, 그가 상실한 대상은 상징 질서에서는 찾을 수 없는, 영원히 상실된 것, 말로 육화Incarnation, 기표로 표현할 수 없는 objet a이다. 즉 히스테리 주체($)가 찾고자 하는 진리($a$)는 objet a인데, 이는 말로써는 표현할 수 없는 상실된 대상에 관한 것이다. ‘장막도식’에서 objet a는 ‘물’이기도, ‘무’이기도, ‘S($\cancel{A}$)’이기도 하고, 말Logos의 몸 됨이라고 볼 수도 있다. 즉 상징적인 것에 담긴 실재에 관계된다. 결국 objet a는 지식 기표(S2)로 모두 설명될 수 없다. 그래서 종교적 주체는 기표에 의해 붙들리거나 고착화되기보다 반복적인 신앙 경험에 의해, 투사적 기능과 퇴행적 기능에 의해 작용하는 전치에 의해 반복의 과정에 놓인다.[12] 이런 면에서 우리는 하늘 보좌(신성)에서 내려온 인자(인성)의 상실태와 이 상실태에 붙여진 기호 '그리스도', 이 기표를 숨기는 '인자' 등을 이해할 수 있을 것이다. 여기서 '인자'는 구약성서와 신약성서의 중간기 때 생성된 묵시 문학에서 말하는 '예부터 계신 이가 하늘로부터 내려오는 것'에 대한 상징적인 기호다. 예수는 스스로를 칭한 인자라는 상징어로 질문하면서도, 자신을 상징어로 고착시키는 베드로의 말에 대해서는 숨기는 기능이 필요함을 역설한다. 기표화되기를 바라면서도 기표화될 때는 그것을 멈추게 하는 이것에서 바로 종교적 주체($)가 드러난다. 이런 예수의 의도를 역사 속의 에큐메니칼 공의회에서 합의한 신조들과 다른 합의 신조에서는 신성과 인성이 공존하는 그리스도라고 규정하지만(Sn), 이렇게 규정하면 할수록 이것은 여전히 기표화될 수 없는 주체($)의 문제임을 드러낸다. 신앙의 실천가들, 가령 영지주의[13]는 신앙의 문제가 바로 $와 a 간의 문제임을 보였다. 라캉은 이런 문제를 담론의 형식과 내용에 담아 풀어내고 있다.

<table>
<tr><td>인자</td><td></td><td>→</td><td>제자들(베드로)</td><td>S1</td></tr>
<tr><td rowspan="2">진리</td><td rowspan="2">→</td><td>신성</td><td>사람들</td><td>S2</td></tr>
<tr><td>인성</td><td>아버지</td><td>S3</td></tr>
<tr><td></td><td></td><td></td><td>아무</td><td>Sn</td></tr>
</table>

예수의 담론 3

12. JACQUES LACAN, *L'envers de la psychanalyse*, 53.

13. *The Nag Hammadi Library*, ed. by JAMES M. ROBINSON (New York: Harper & Row Publishers, 1977). ELAINE PAGELS, *The Gnostic Gospels* (New York: Vintage, 1989). ELAINE PAGELS, *Beyond Belief: The Secret Gospel of Thomas* (New York: Vintage, 2004).

학문 담론으로서 종교(S1)는 이 종교적 인간의 경험을 기표 고리(S2)에 담고자 한다. 종교학(S1)은 기표 고리를 통해 정형화된 종교(S2)를 제시한다. 'S1'이라 불리는 종교학은 S2의 내용을 보증하는 역할을 한다. 'S1'은 '지식 기표'(S2) 자체를 명하는 '종교학'이란 이름이 된다. S1과 S2의 관계를 논할 때 둘 간의 일치, 대립, S2를 초월하는 S1, 역설, 모순-부정, S2의 변혁체로 S1 등을 말할 수 있다. 또는 이 둘 간의 정체화, 분리, 변혁 등을 말할 수 있다.

$$\text{환상 공식}\ (\$ \diamond a) \quad \left[\ \frac{\boxed{\text{종교적 인간}} \rightarrow \text{종교학}}{\text{진리} \neq \text{종교지식 (경전, 교리, 신조)}}\ \right. \quad \begin{array}{l}[\text{전체집합}]\ S1 \\ \\ [\text{전체집합}]\ S2\end{array}$$

종교적 인간의 담론

'S1'이 '전체집합'[S(Ⱥ)]이라면 'S2'의 고리는 '부분집합'일 수 있다. 일치-초월-역설-변혁 모델에서 보면 'S1'은 'S2' 고리들에 의해 채워지는 '꽉 찬 집합'이지만, 모순-부정 모델에서 보면 'S2' 고리에 의해서도 'S1'은 규정되지 않고, 바디우식으로 보면 'S2'의 합이 'S1'보다 클 수 있다.[14] 종교라는 이름이 종교인, 지도자, 단체 등을 총괄하는지, 한 명의 지도자, 모임, 단체보다 더 작을 수 있는지, 일상의 세계는 여러 사건을 보여준다. 전자의 상황에서 주체는 S1의 기표에 함몰되어 살 것이고, 후자의 상황에서 주체는 S2를 생산하면서 S1을 전복시키고자 할 것이다.

---

14. 서용순, "철학의 윤리, 진리의 윤리-바디우 진리 철학이 내포하는 윤리적 함의에 대하여", in 『사회와 철학』 13호 2007.

히스테리적 주체는 'S1'을 호명하지만, 즉 S(Ⱥ), '물', '무', 'objet a'를 호명하지만 S1에 함몰될 수 없는 처지에 있다. 왜냐하면 'a'를 충족시킬 수 없는 S2 때문이다. 호명의 기표인 'S1'(주인 기표)은 아버지의 이름, 초자아, 또는 대타자의 욕망이라 볼 수 있다. 히스테리적 주체는 S1을 호명하면서 자신의 충족 상태를 요청한다. 종교를 일컫는 명칭이 아버지-어머니로 대표되는 기표를 사용한다는 것은 이런 면에서 이해될 수 있다. 종교 명칭(가령 기독교, 불교 등)은 이미 그 자체가 비탈진 미끄럼틀 위에 선 주체를 그 자리에 머물게 하는 기능을 한다. 즉 '행위로의 이행'을 막는, 그 자리에 묶는 역할을 한다. 이 자리에서 '지식 기표'는 영원히 상실된 대상의 진리를 주체로 하여금 깨닫게 한다. 종교적 인간의 자리는 히스테리적 주체, 분열된 주체의 자리다. 여기서 분열은 부정적인 면에서 말하는 것이 아니다. 정신분석이 온전한 주체라고 여기는 주체로 하여금 분열된 주체로 인식하도록 하는 것과 같은 맥락에서 하는 말이다. 모든 주체는 분열될 때 진리와 맞닥뜨린다. 분열되지 않으면 Sn을 진리로 오인하게 된다. 여기서 참된 종교적 인간과 그렇지 못한 인간의 구분이 시작된다. 이는 모든 주체가 태어나면서부터 대상으로부터 분리와 기표에 의한 소외를 겪기 때문이다. 이는 라캉식 정신분석이 보여주는 기본 토대다. 그래서 도무지 찾을 수 없는 '유일무이한 시니피앙'signifiant unaire 이 정신분석에서는 가정된다.[15] 이것을 기독교의 '원죄'와 비교할 수도 있다. 이런 토대는 주체가 '종교적 주체'임을 보여준다. 라캉은 상징체계의 S1과 S2에 의해 보이고 들려지는 주체에 대해서도 말하는 동시에, 주체 스스로가 보고 듣고 생산하는 S1과 S2에 대해서도 말한다. 이는 상징계

---

15. 이유섭, "정신분석으로 읽는 단군신화", in 『학술대회집 2009』, 53.

속에서 실재를 대면하는 주체의 상호적 정신분석의 방법에 따른 활동으로 볼 수 있다.[16] 이 활동은 투사와 퇴행 방식을 취하는 전치를 통해 끝없이 돌고 도는 과정이다. 그러나 실상 전치의 원인은, 종교적 인간에게 반복되는 경험을 하게 하는 원인은, 네 가지 담론에서 볼 때 '진리'의 위치다. '히스테리 담론'에서 그 위치는 'a'다. 종교적 인간을 종교적 인간 되게 하는 것은 파편적인, 온전한 것의 조각인, 온전한 것을 얻기까지 뫼비우스의 띠 위를 전치하게 하는 'a'다. 'a'의 상징체계가 S1이고, S2이고, S1 S2...Sn의 기표고리다.

히스테리 담론과 종교 담론

라캉식 '무'는 있으면서도 없고 없으면서도 있는 허무한 것이 아니라, 적극적인 상징으로 재현되어 '물' 'objet a' 'S(Ⱥ)'로 표현된다. 이런 성격의 '무'는 인도 힌두교의 브라만Brahman과도 비교 가능하다. 브라만은 앞뒤·안팎 그 어디에도 없고, 어떤 어휘로도 표현되지 않고, 어떤 틀로도 잡을 수 없는 무한한 영역에 있는 세상의 신적 원인, 우주적 '나'다. 그러나 브라만으로 가기 위해서는 반드시 마야 세계를 거쳐야 한다.[17] 브라만으로 가는 길목인 마야 세계에서 능동적 현실 생활 지침으로서 인과응보라는 '카르마의 법칙'을 거쳐야 한다. 이런 맥락에서 라캉식 '무'의 세계는 상징계 안에서 기표화될 수 없는 것(S1)을 기표화하면서(S2) 무의식의 주체, 분열된 주체를 보여주는 공간이 된다.

이 '무'의 흔적은 승화된 예술 작품에, 언어로 서술된 경전에, 특히 영원한 상실 경험을 하고 살아가는 모든 사람에게서 발견된다. 종교라는

---

16. 3부 제3장 "두 번째 장르의 정체화" 참조.
17. ELIADE, M., *Mythes, rêves et mystères* (Paris: Gallimard, 1957), 71-72.

틀 안에서 '무의 전치'를 보면, 한편으로 '분열된 주체'는 종교의 상징체
계로부터 분리와 소외를 겪기도 하지만, 다른 한편으로는 새로운 상징
체계를 형성한다. 라캉은 시대에 따라 종교 상징체계가 흥망성쇠의 길
을 걷는다는 것을 '무의 전치'로 표현하고자 한 것이 아닐까 하고 평가해
본다. '전치' 기능이 역동적이기 위해서는 '진리'의 위치 역할이 중요하
다. '진리'의 위치에 S1, S2가 자리하면 욕망은 개입되지 않는다. 히스테
리 담론을 종교 담론에 결합할 수 있는 것은 '진리'의 위치에 'a'가 오기
때문이다. 장막도식에서 $\$$가 대면하는 것이 a[무-물-objet a-S($\cancel{A}$)]이
고 이 둘 간의 관계에서 역동적인 신앙인의 담론, 종교 경험을 위한 담론
이 말해지듯이, '히스테리 담론'에서 a에 의해 욕망되고 자극된 $\$$가 S1
S2…Sn의 사막 한가운데로, 초원의 지평 위에 방랑하는 것 또한 종교적
행위, 순간순간 반복되는 신앙 경험, '종교 담론'으로 볼 수 있을 것이다.

—

맺음말

우리는 다섯 가지 고전적 방법으로 두 작가에 대한 책읽기를 했다. 하지만 제1부에서 제시한 이 방법들은 프로이트와 라캉에 있어서 정체화의 세 번째 장르를 해석하는 데는 적합지 못했다. 그래서 우리는 정체화 이론 자체를 또 하나의 방법론으로 구성했다. 우리는 정체화의 세 장르를 이용하여 루터의 노예의지를 분석하고 상호 연관성을 찾아보았다. 노예의지가 라캉의 주체 개념과 비교되고, 노예의지의 역동성은 환상의 주체에 상응함을 발견했다. 그리고 정체화라는 관점으로 신약성서와 구약성서의 본문을 해석하고 묵상해보았다. 그 결과 오래전에 쓰였지만 그 속에 살아 숨 쉬는 무의식의 주체, 언어처럼 짜인 바로 그 주체의 모습을 볼 수 있었다. 이 맺음말에서는 상호적 정신분석의 방법이라고 불리는 방법으로 노예의지의 인식론적 현실화를 성취하기 위해, 다섯 가지 신학적 방법과 정체화에 의해 응용된 강독을 비판하고 일반적 결론을 서술할 것이다.

일반적 정리

제2부에서 기술한 프로이트의 정체화는 세 가지 개념인 됨의 정체화, 가짐의 정체화, 상호적 정체화로 틀이 잡힌다. 정체화의 개념은 모방 개념과 구분된다. 오이디푸스 콤플렉스는 정체화의 구조를 표상하고 리비도의 개념은 정체화의 동력을 상징한다. 오이디푸스 콤플렉스는 인간이 육과 피로 구성되듯이 정체화의 몸이 된다. 리비도론은 전 육신을 향해 내뿜는 심장 역할을 한다. 우리는 오이디푸스의 이중적 콤플렉스인 긍정적인 것과 부정적인 것을 검토했다. 사내아이가 엄마에게 친근감을 보이고 아빠에게는 적대감을 보일 때, 프로이트는 그것을 '긍정적 오이디푸스 콤플렉스'라고 부른다. 그 반대의 경우는 '부정적 오이디푸스 콤플렉스'라고 부른다. 여기서 양가감정이 등장한다. 여기서는 자신을 향해 되돌아오는 리비도와 대상으로 뻗치는 리비도가 문제시된다.

정체화의 첫 장르에서 인간은 나르시스적 대상에 정체화된다. '됨의 정체화'는 나르시시즘처럼 이해된다. 첫 번째로 자신에게 방출된 리비도와 대상으로부터 자신에게로 되돌아온 리비도가 나르시시즘의 리비도

구조다. 그가 이 대상으로부터 리비도를 철수했을 때, 이 리비도는 나르시스적이지 않은 새로운 대상에게 이동하지 않는다. 우리가 오이디푸스에서 보았던 양가감정은 모든 정체화 개념, 특히 '아버지에게 정체화'의 기반이다. 무엇보다 중요한 것은 비판당하는 자아와 일차 정체화에 의해 수정된 자아 간의 분열을 관찰하는 것이다.

대상에의 리비도 방출은 프로이트 정체화의 두 번째 틀의 핵심이다. 인간이 대상과 관계를 맺는다는 것은 리비도가 대상에 도달함을 뜻한다. 주체는 대상의 특징을 취한다. '서른 살 여인'의 이야기에서 신혼 초야의 남편 행위는 중요한 의미를 지니는데, 이 행위가 여인에게 강박적이고 반복적으로 일어나기 때문이다. 이 여인은 대상이 지니는 상징화된 특징에 이미 정체화된다. 남편은 여인의 신드롬 안에서는 남성답지만 실제 생활에서는 무능하다. 그 여인은 강박 행위에서 강력한 대상을 갖는 것으로 만족한다. 프로이트는 그것을 한 문장으로 이렇게 표현한다. "그녀는 남편을 용서했고, 그를 자신의 상상력 속에서 위대한 사람으로 만들었다." 여인의 욕망은 남편으로 인해 만족되는 것이 아니다. 왜냐하면 그는 그녀에게 거세된 대상에 지나지 않기 때문이다. 그녀는 남편의 행위를 반복함으로써 만족을 얻는 것이다. 그녀가 그것을 반복하면 할수록, 그녀의 욕망은 누그러진다. 여기서 증상과 원 사건 간의 초자아 검열이 문제시된다.

'도라'의 경우는 우리를 프로이트의 정체화의 세 번째 틀로 이끈다. 이 경우는 리비도의 방출 없는 정체화가 문제시된다. 다시 말해 우리는 불안이란 문제에 직면한다. 한스 분석은 우리를 양가감정과 거세 불안으로 안내했다. 불안, 즉 위험 신호로서의 불안은 증상에 의해, 즉 주체가 채울 수 없는 자기 욕망을 간직하는 도라의 신경성 기침에 의해 모면될 수 있다.

우리가 '거울 단계' 구조에서 기술한 라캉의 정체화는 정신분석학의 임상 치료에 그 근거를 두고, 구조 언어학이란 거푸집 안에서 설명된다. 라캉의 정체화에서 근본적인 문제는 주체에 있어서 시니피앙(기표)의 선적 특성이다. 우리는 두 개의 시니피앙을 구분했다. 환유적 시니피앙과 은유적 시니피앙이 그것이다.

그 프랑스 정신분석학자는 $f(S \cdots S')S \cong S(-)s$라고 첫 번째 시니피앙을 상징화했다. 부호(-)는 환유축 안에서 기입된 시니피앙과 은유축 안에서의 시니피앙 간의 단절을 지칭한다. 두 번째는 $f(S'/S)S \cong S(+)s$라고 표현된다. 부호(+)가 의미하는 것은 시니피앙이 부호 S/s 안에서 막대기 '–'를 통과하여 나옴을 뜻한다. 기표 S'는 환유축 안에서는 잠재적이고 은유축 안에서는 표상적이다. 그래서 기표 S'는 시니피앙의 이중 기입 문제를 불러일으킨다. 기표 S와 S'는 뫼비우스의 띠 위에 절단선을 만들고, 이 절단의 결과는 우리에게 무의식의 주체를 보여준다. 이 자름은 어떠한 면도 건너뛰지 않는데, 그것은 이 절단이 '점 없는 선'으로 구성되어 있기 때문이다. 시니피앙 S는 의식에서 유래하지만, S'는 무의식으로부터 오는 시니피앙일 뿐이다. 시니피앙은 주체를 또 다른 시니피앙으로 거듭나게 한다. 그 결과 주체는 시니피앙의 결과로 간주되어야 한다.

'에메의 경우'에서 우리는 망상증 환자의 구조를 확인했다. 에메는 자기 언니를 사랑한다. 에메는 자기 언니를 사랑하지 않고 자기 남편을 사랑한다. 자기 언니는 에메의 남편을 사랑한다. 에메는 자기 남편도 자기 언니도 사랑하지 않는다. 그러므로 에메는 아무도 사랑하지 않는다. 자기 처벌 망상증은 성기 발전 단계 시, 성격의 진화가 멈춤으로써 결정된다. 라캉은 이 멈춤점을 '상상적 매듭'이라 명명한다. 이는 인간의 출생부터 신체적 미성숙과 시각의 조기 성숙이 초래되기 때문이다.

라캉은 딕의 사례를 분석하면서 '상상적 정체화'에서 '상징적 정체화'로의 진보를 가져온다. 딕의 현실은 일차 정체화의 대상으로 구성된다. 이 경우는 고정된 현실이 문제시된다. 그 아이는 유한한 현실과 무한한 현실 간의 드나듦을 이루지 못한다. 그러나 클라인과의 만남 덕분에 그는 상징적인 세계를 향해 마음을 연다. 라캉은 환자들을 분석함으로 코기토에서 유래하는 철학과 결별을 선언한다.

그 프랑스 정신분석가는 시니피앙과 그 결과를 포함한 '안다고 가정된 주체'를 구성한다. 주체가 머무는 자리는 언어의 보고인 대타자처럼 묘사된다. 바로 이곳이 환유축과 은유축에 동시에 기입되는 시니피앙의 이중 기입 자리다. 우리는 두 원(속이 꽉 찬 원과 속이 텅 빈 원)을 사용해서 그것을 설명했다. 바로 여기에서는 접촉점이 중요하다. 두 원 간에는 하나의 닿음이 있을 뿐이다. 내부 원은 외부 원에 의해 구성된 경계를 건드린다. 라캉은 이 경계를 자동적 차이라 부르는데, 그 이유는 이 경계가 스스로 열리는 동시에 닫히는 데 있다. 이것이 환상 방정식 또는 환상의 논리다. 마름모($\diamond$)의 기능은 도라 분석으로 잘 묘사된다. 또한 그것은 우리를 무의식의 불안한 주체로 이끈다. 이 주체는 환상화된 대상 a를 겨냥한다. 주체와 대상 간의, 영원히 결여된 상호적 정신분석의 방법에 따른 공허가 존재한다. 우리는 무의식의 주체와 상징화된 대상 간의 관계처럼 기술된 정체화의 세 번째 장르를 상호적 정신분석의 방법이라고 명명하였다.

우리가 정체화의 조명 아래 해석한 루터의 노예의지는 신학적 인간학이 무엇인지를 우리에게 잘 보여주었다. 자유의지의 인간은 인간계의 존재론적이고 망상증적인 구조를 추종한다. 복음이 창조한 신앙은 시니피앙의 차이로 기입된 상징적 국면에 기초하여 노예의지의 근거를 이룬다. 루터는 법과 신앙 간의 중도 위치를 받아들이지 않고 접촉점을 주장한다. 비텐베르크의 교수는 하나님과 사탄 간에 위치한 짐승처럼 노예의지를 기술한다.

에라스무스의 자유의지는 구원에 접근할 수 있는 인간 능력을 의미한다. 루터는 반대로 법에 의해 거세되고 복음으로 구원된 신앙인을 제시한다. 노예의지 이해는 하나님, 왕국, 법, 그리고 의에 대한 구별 인식에서 흘러나온다. 루터는, 자유의지는 하나님의 결심이고 노예의지는 인간의 결심이라고 정의한다.

노예의지로서의 주체는 끊임없이 인간의 신앙과 그리스도의 신앙 사이에서 왕복운동을 한다. 그는 '뫼비우스의 고속도로'를 달린다. 바로 이곳이 예수 그리스도로서 계시된 하나님이 개입하는 곳이다. 또한 노예의지의 역동성은 루터의 '거룩함'의 근거를 이룬다. 인간은 출발의 경계로서 여겨지는 '죄' 안에, 또한 도착의 경계로서 고려되는 '의' 안에 거한다고 루터는 기술한다. 만약 우리가 죄인이라면, 우리는 회개해야 한다. 이제 우리는 의롭게 되는 과정에 있다. 회개는 죄인과 의인됨을 연결하는 고리다. 그래서 루터는 이렇게 강조한다. "회개하지 않으면 아무 소용없다." 십자가 신학자가 계시된 하나님 앞의 노예의지로서 신앙의 탄생을 기술할 때, 우리는 그것을 신학적 방법이라 불렀다.

저자 세 명의 각기 다른 내용을 뒤섞는 것이 중요한 것은 아니다. 우리의 작업은 방법론적 강독을 비평하고, 정신분석학적 방법에서 시작된 루터의 노예의지의 현실화를 시도하는 데 그 목적이 있기 때문이다.

방법론적 강독 비판

상호적 정신분석의 방법

제1부에서 제시한 다섯 가지 방법론으로 우리는 먼저 두 명의 저자의 작품을 강독했다. 또한 우리는 프로이트의 정체화와 라캉 정체화를 세 가지 범주로 구조화했으며, 이 두 저자의 정체화 이론을 신학적 방법에 따라 해석했다. 마지막으로 우리는 정체화 이론의 조명 아래 루터의 「노예 의지에 관하여」를 분석했다.

우리는 부정의 방법과 긍정의 방법을 '됨의 정체화'에 적용했으며, 내부와 외부 간의 비단절(잘리지 않음)을 확인했다. '가짐의 정체화'에서 유비의 방법에 의한 강독은 외부 대상으로서의 무의식을 우리에게 보여 주었다. 우리는 분명히 무의식의 실존을 제시했지만, 그것을 명확히 검증하지는 못했다. 단지 역설의 방법 덕분에 그것의 표상을 인식했을 뿐이다. 우리가 상관의 방법을 '상호 정체화'에 응용했음에도, 억압된 주체와 무지의 대상 간의 관계를 설명하는 데는 성공하지 못했다. 결국 다섯 가지 방법들은 가려진 주체와 표상되지 않은 대상을 기술하는 방법을 갖지는 못했다.

귀납적 방법론에 의해 비평된 '첫 번째 종류의 정체화'가 보여주듯 환유적 시니피앙은 자아의 형상이다. 결과적으로 연역적 방법론 덕분에 은유적 시니피앙은 자아로부터 도망가는 또 다른 형상을 기술했다. 바로 여기서 두 번째 종류의 정체화가 이어진다. 유비의 방법과 상관의 방법으로는 '환유적–은유적'인 이중적 시니피앙을 이해할 수 없었다. 어떠한 방법도 시니피앙의 이중 기입을 해석하는 데 필요한 도구를 제시하지 않았다. 그러므로 도라 이야기는 그 의미를 숨긴 채 신비하게 남아 있었다.

노예의지로서의 신앙은 처음의 세 가지 방법들(긍정의 방법, 부정의 방법, 유비의 방법)에 의해 드러나지 않는다. 그것은 아마도 그리스도의 오심이라는 역설의 방법으로 이해될 것이다. 상관의 방법은 비상징화된 양측 또는 노에마(의식의 대상면)와 노에시스(의식의 작용면)에 관계된다. 결국 위의 방법들은 상징화된 양 축에 관계되지 않는다. 그러므로 이것의 불가능성을 제1부에서 보였고, 그것을 해결하기 위해 프로이트와 라캉의 정체화 이론을 제2, 3부에서 전개했고, 그 개념에 상호적 정신분석의 방법, 정신분석적 상호성의 방법^{Interpsychanalitique, Interpsychanalisé}이란 이름을 붙여보았다. 아마도 이 용어에 대한 깊이 있고 독자적인 연구는 앞으로 진행될 또 다른 작업에서 구체화될 것이다.

정체화와 노예의지

우리는 적어도 두 가지 점에서 루터의 노예의지를 현실화한다.[1] 첫 번째로 정신분석학에서 무의식의 주체에 비유되는 노예의지다. 두 번째로 상징화되지 않는 실재에 비유된, 스스로를 숨기시면서 또 계시하시는 하나님이다. 라캉의 방법은 무의식의 주체 개념과 박탈된 실재계$^{le\ reel}$의 개념을 포함하고 있다. 루터의 작업도 그것을 내포한다. 그런데 코기토 철학과 사변신학은 그것을 이해하지 못한다. 라캉의 사상은 데카르트의 코기토 철학에 대립되고, 루터의 신학 인식은 스콜라 학자들의 사변신학을 거부한다.

그러므로 우리는 정신분석학 이론에서 시작하여, 노예의지의 인간이 무의식의 주체에 대응하고, 계시된 하나님이 상상적인 것의 상징화에 대응한다는 것을 알게 되었다. 노예의지로서의 신자는 예수 그리스도를 성

---

1. 우리는 정체화의 조명 아래 「노예의지에 관하여」를 분석했고, 노예의지와 정체화 간의 세 가지 상응표를 얻었다. 루터에 따른 노예의지의 현실화를 보이기 위해 그것들을 여기에 모두 기술하지는 않고 단지 큰 줄기만 거론할 것이다.

육신 되신 하나님으로 믿는다. 비록 십자가의 신학자가 이성에 의해 알 수 없는 하나님을 주장할지라도, 그는 주관적인 정신기제의 한 심급인 정신분석학에서의 무의식처럼 그를 생각하지는 않는다.[2]

오히려 그는 라캉의 언어의 장소인 삭제되지 않은 대타자 또는 상징화되지 않는 대타자[S(Ａ)]처럼 존엄하신 하나님, 벌거벗으신 하나님*Deus nudus*, 인간의 말로 재단되지 않으신 하나님을 이해한다. 루터는 말씀의 사건으로서의 성육신을, 말씀의 조명으로서의 계시를 강조한다. "그리스도는 말씀 이외의 다른 방식으로는 우리 앞에 나타나지 않으신다."[3]

우리가 라캉의 정체화에서 공부했듯이, 무의식의 주체는 한편으로는 '요구'의 원에 위치하고 다른 한편으로는 '욕망'의 원에 위치한다. 노예의지로서의 신자는 사탄의 왕국뿐 아니라 하나님의 왕국에 속한다. 라캉이 "봇짐이냐 생명"[4]이냐는 표현으로 주체의 상황을 설명했듯이, 루터는 노예의지를 "지붕 위의 외로운 참새"[5]라고 묘사하고 있다. 노예의지는 결국 언어와 대타자에 의해 교차된 주체다. 그러므로 우리는 루터와 라캉, 이 두 저자에 따른 인간에 대한 확실한 인식에 다다른다. 그들은 인간을 노예라고 이해한다. 루터의 「노예의지에 관하여」는 프로이트와 라캉의 정체화 이론을 이용하여 오늘날 거론되고 있는 인간 담론의 소중

---

2. Cf. CHRISTOPHE GENEVAZ, "Inconscient et théologie," in *Hokma* 36권, 1987, 37-53. J. ANSALDI, "Débat autour de l'article de ch. genevaz: Inconscient et théologie," in *Hokma* 37권, 1988, 64-71.

3. "Commentaire de l'Epître aux Galates," II. 3. 28; *W.A.*, 40-1권, 34.

4. *Ecrits*, 841.

5. "Les sept Psaumes de la pénitence," in *Œuvres* I, 64. "그 시편기자가 말하길 모든 사람들이 집에서 잠자고 안식을 누리지만, 나 혼자만은 하늘에도 아니고 더군다나 세상에도 아니고 집 밖의 지붕 위에 있다. 내 아래 세상이 있고, 내 위에 하늘이 있고, 세상의 삶과 영원한 삶 사이에서 나는 신앙 속에서 고독하게 비행하고 있다."

한 자료다. 노예의지에 근거한 루터의 십자가 신학 사상은 역동적인 프로테스탄트 인간학을 구성하기 위한 담론의 공간이 된다.[6]

---

6. Cf. J. ANSALDI, *Le dialogue pastoral* (Genève: Labor et Fides, 1986).

기독교 심리-인간학의 전망

이 책은 전통적 신학과 정신분석학 간에 있을 수 있는 방법론적 상응에 대한 호기심에서 시작했다. 좀 더 범위를 좁혀서 말하자면 프로이트-라캉의 정신분석학과 루터 신학 간의 방법적 상등식을 획득할 수 있지 않을까 하는 구조적 의문에서 출발한 것이다. 이것을 위해 우선 무엇이 신학적 방법론이며, 무엇이 프로이트-라캉의 방법인지를 밝히는 것이 쟁점 사항이 되었다. 또한 신학적 방법론과 루터의 방법론 간의 관계를 분명하게 규정해야했다. 그래서 조직신학의 방법론적 전통에서 루터를 이해하기 위해 '조직신학의 다섯 가지 고전 방법들'을 제1부에서 간단하게 기술하였다. 그것들은 초대 교부들의 긍정과 부정의 방법, 아퀴나스의 유비의 방법, 키에르케고르와 앙살디의 역설의 방법, 틸리히와 스투키의 상관의 방법 등이다.

그러나 이러한 전통적 조직신학 방법들의 인식론적 요소의 발췌를 통해 그 신학적 방법들이 루터의 사유, 특히 「노예의지에 관하여」에 나타난 생각을 명확히 설명할 만한 장치를 갖추지 못했음을 알게 되었다. 곧 고전적 신학 방법론과 루터의 방법론 간에는 '차이'가 있음을 알게 된 것이다. 이것은 나에게 그 '차이의 거리'를 밝혀야 하는 또 다른 하나의 과제를 요구했다. 그 '차이'를 밝히는 데서, 다시 말해 루터의 사유체계를 기존 신학 체계로부터 분리하고 재정리하는 '프로이트-라캉의 정신분석적 틀을 이용함으로써 가능할 것이다'라는 이 '저서의 가설'이 설정되었다. 이러한 '가설'을 루터의 작품에 적용함으로써 '정신분석 이론에 의해 구성된 신학'이 형성되었다. 하지만 여기서 신학의 고유 정체성正體性이란 무엇인가라는 질문이 신학자에게 주어졌다. 그래서 그 정신분석학의 인식론적 근본은 무엇이고, 어떻게 루터의 신학적 사상과 상응하는지, 어떤 학문적 성과를 생산하기 위해 신학과의 만남을 가지는지를 밝히는 것이 이 '저서의 논점'이 되었다.

「노예의지에 관하여」가 함축하고 있는 내용을 유사한 구조의 현대 기술적·과학적인 언어로 체계화한 것이 정신분석학이라는 '가설'을 세웠다. 그러나 에라스무스의 글에 답하기 위해 체계화시킨 「노예의지에 관하여」는 과학적이지 않아서가 아니라 다른 의도를 지녔기에 그 의도에 합당한 학문적 체계를 지니고 있다. 이 책은 「노예의지에 관하여」의 의도를 손상하지 않고 다른 시각으로 조명함으로써 그 작품의 정체성을 다시 부각해보려는 목적을 가지고 있다.

이 책은 신학 이론이란 안경을 쓴 사람이 정신분석학 이론과 신학 이론 간의 '거리두기'를 통해 획득한 구성물이다. 나는 신학자로 '정신분석 이론화된 신학'을 다시 내 전공 학문에 토착화시켜 '신학 이론화된 정신분석-신학'이란 공통 학문 영역을 산출하게 되었다. '정신분석 이론화된 신학'이 '가설'의 적용을 통한 연구 결과물로 다루어지는 반면, '신학 이론화된 정신분석학-신학'의 공통 영역은 연구 대상으로서의 신학이 아닌 연구 주체로서의 신학, 계속해서 자신의 정체성을 찾아가는 학문으로서의 신학이라고 정의할 수 있다. 이 저서에서는 진부하고 정체停滯된 학문의 영역으로 남지 않고, 끊임없이 자신의 정체성을 확인해가는 학문으로서의 신학을 상호적 정신분석의 방법, 정신분석적 상호성의 방법이란 용어로 표현해보았다. 즉 스스로를 숨기시지만 계시하시는 하나님과 스스로 구원하려 하지만 늘 좌절하는 인간 사이의 역동적 관계를 설명하는 학문인 신학은 하나님에 의해 피조된 학문 영역인 동시에 하나님을 향해 그 영역을 인정받기 위한 활동이라고 말할 수 있다. 바로 여기서 논의되는 신학은 정신분석학과 방법적 상응이 있다. 두 학문의 만남을 통해 신학은 더 풍부하게 신앙의 역동성을 설명하고 신자의 회심과 성령 체험에 대한 학문적 기술 토대를 마련하게 된다. 신학적 교리별로 신학을 구분한다면 기독교와 가톨릭은 망라한 매우 많은 교파의 '신학들'이 있을 것이다. 그래서 나는 이러한 신학들을 '종교'라는 말로 광범위하게 사용하고자 한다.

이 저서에서 만든 이론을 명명하기 위해, 프랑스의 개신교 윤리학자 장 앙살디가 개념 작업하고 그룹 세미나 명칭으로 사용한 용어 **기독교 심리－인간학**une psycho-anthropologie chrétienne[1]을 차용하여 계속 진행시킬 것을 제안한다. 가령 '심리'psycho에 대한 다양한 학문적 정의를 가진 신학, 종교학, 인문과학 또는 자연과학에 속한 학자들이 한 인물의 자서전을 텍스트로 선정하여 각자의 시각으로 분석하고 토의한다면, 인간에 대한 깊이 있는 이해와 인간 현실에 대한 구체적 변혁 대안 등 이론과 실재에 대한 구체적인 자료들이 나올 것으로 기대할 수 있을 것이다.

---

1. Cf. J. ANSALDI, "Une discipline ancienne et nouvelle: la psycho-anthropologie religieuse," in *Etudes théologiques et religieuses*, 1994/1.

이 저서에서 시도했듯이 프로이트, 라캉, 루터에 따른 '차이 나는 내용'을 뒤섞는 것은 중요하지도 않고 생산적인 일도 아니다. 방법적 구조가 전혀 다른 두 학문을 연결시키는 것도 두 학문의 정체성을 위협하는 시도일 수도 있다. 그러나 이 작업은 고전 신학 방법론을 비판하고 정신분석적 방법을 통해 루터의 「노예의지에 관하여」를 읽고, 그 방법들을 자유롭게 신학에 가져와 신학적으로 토착화된 영역을 만드는 것을 의도했다. 즉 이 책은 루터의 신학적인 틀을 이용해 정신분석학의 본질적인 구조들을 탐내는 작업을 계속 진행시키면서, 다를 수밖에 없지만 만나게 되는 '기독교 심리-인간학'이란 공통 영역 창출을 위해 실험적 연구를 한 것이다. 제2부와 제3부에서 전개한 프로이트의 기술적 방법과 라캉의 분석적 방법은 제1부에서 기술한 신학적 다섯 가지 방법론이 갖지 못한 새로운 분야이며, 또 그 방법은 루터의 사유와 결합하여 여섯 번째의 신학 방법론으로 가정된 상호적 정신분석의 방법, 정신분석적 상호성의 방법Interpsychanalitique, Interpsychanalisé을 형성하는 데 이바지했다. 나는 성서, 신학, 그리고 제반 학문들 상호 간의 연구를 충실히 하여 '기독교 심리-인간학' 범주에 속하는 인간의 본질과 실존을 규정해갈 것이다. 또한 지금까지 지배적 비평 이론의 대상에서 연구 주제가 되지 못하고 소외되었던, 정신적이고 영혼의 삶을 산 사람들의 저서와 삶의 방식들을 분석하고 이해함으로써 기독교 심리-인간학 개념을 더 분명하게 밝혀나갈 것이다.

라캉과 성서 해석

문학 텍스트를 분석하는 데 라캉식 도구들은 흔하게 사용된다. 이외에도 사회, 문화, 영상 매체를 분석하는 일에도 빈번하게 사용되고 있다. 그에 비해 라캉식 방법을 성서에 적용하는 일은 매우 드물다. 한국적 상황에서 라캉을 신학에 도입하는 일은 아직은 아주 드물다. 신약학 분야에서 김덕기 교수가 성서 해석에 라캉 이론을 도입하여 연구하고 있다. 조직신학 분야의 권진관 교수도 민중신학을 새롭게 해석하면서 라캉식 해석법을 도입하고 있다. 프랑스에서 학위를 취득한 융 전문가 김성민 교수도 라캉식 이론을 도입한 논문을 학술지에 게재한 적이 있다. 이 이외에도 라캉식 방법을 신학에 도입하는 연구는 계속 진행 중이다.

한국에서 라캉식 해석법을 성서에 도입하거나 신학 분야에 도입하기 위해서는 먼저 라캉 텍스트를 접해야 하는데, 이 점에서 아직 어려움이 있는 것 같다. 라캉이 프랑스어로 글을 썼기에 언어적 접근이 용이하지 않은 것도 있다. 지금 국내에 라캉의 텍스트가 완역된 것은 세미나 11권과 그 논문 몇 편의 편역編譯이 전부다. 영어권에서 어느 정도 번역을 하기는 했지만, 라캉을 영어로 읽는다는 것은 쉽지 않다. 전공자가 아닌 이상 국내의 한 출판사가 프랑스어판 라캉의 텍스트에 대한 저작권을 갖고 있지만 빠른 시일 안에 그 번역본이 출간될 것 같지는 않다. 지금으로선 선택의 여지가 없다. 라캉에 접근하기 위해서는 프랑스어를 배워 그의 글을 읽든지, 영어 번역본을 읽든지, 아니면 다른 외국어(가령 독일어, 이탈리아어, 스페인어) 중 하나를 택하는 길이 있을 뿐이다.

라캉에 대한 2차 서적들은 이미 많이 보급되어 있다. 대형 서점에 라캉을 위한 공간이 따로 마련되어 있을 정도다. 또한 학회 활동도 활성화되어 있다. '한국라깡과현대정신분석학회'www.lacan.kr가 바로 그곳이다. 여기서는 아주 전문적인 주제로 라캉에 접근하고 있다.

이 학회가 다루어온 주제들을 최근부터 표기하자면, '프로이트라는 유령, 귀환인가 애도인가?', '라캉과 칸트', '라캉과 시대적 종언의 증상들', '라캉과 지젝: 정신분석의 현재', '한국사회, 오늘의 증상들', '라캉: 교육과 치유', '라캉과 정치', '라캉과 트랜스내셔널', '라캉과 이미지', '라캉과 탈경계', '라캉과 종교', '라캉과 문화', '라캉과 사랑', '라캉과 예술', '라캉과 철학', '폭력' 등이다. 이런 주제에서도 알 수 있듯이 한국에서 라캉은 매우 폭넓은 분야의 전공자들에 의해 연구되고 있고, 우리가 안고 있는 문제를 진단하고 해결방안을 모색하는 데 기여하고 있다.

신학 분야에서도 라캉을 주제로 세미나가 열리는 날이 오기를 기대하면서 라캉 연구를 위한 몇 가지 제안을 해본다. 우선 텍스트에 관한 것이다. 라캉의 원저서를 읽을 것을 권한다. 사정이 여의치 않다면 영어본, 한글본 등 번역본으로 자세히 읽을 것을 권한다. 라캉에 대한 2차 문헌을 잘 파악하는 것도 중요하지만 무엇보다도 '1차 문헌 읽기'를 권한다.

둘째로 내용에 관한 것이다. 1차 문헌을 조금이라고 읽어보면 알겠지만 라캉을 이해하려면 프로이트가 우선적으로 뒷받침되어야 한다. 라캉이 '프로이트에게로 되돌아가자!'라는 모토를 제시한 데서도 그런 것을 짐작할 수 있다. 프로이트의 글은 비교적 쉽다. 대체로 사례 중심적이기 때문이다. 웬만한 프로이트 저서는 국내에 번역이 되어 있다. 프로이트에 접근하기 위한 2차 문헌도 많이 있다. 반면에 라캉은 자신의 사례를 거의 사용하지 않는다. 과거의 사례를 잘못 사용하였다가 환자로부터 제소되는 일이 있었기 때문이다. 그래서 라캉은 프로이트의 사례를 주로 사용하거나 다른 정신분석가의 사례를 사용하여 자신의 해석을 추가적으로 밝힌다. 그렇기 때문에 라캉을 읽다가 프로이트 이야기를 하는 부분에서 막히지 않으려면 프로이트에 능통해 있어야 한다. 라캉 공부와 프로이트 공부는 둘이 함께 병행되어도 무관하지만 프로이트를 미리 안다면 더 좋을 것이다.

　이 이외에도 레비-스트로스, 야콥슨, 알튀세르, 푸코 등 구조주의자들을 이해하는 것이 중요하다. 레비-스트로스와 야콥슨이 없었더라면, 라캉은 무의식의 주체가 언어처럼 구조화되었을 것이라는 가정을 뒤늦게 했을 것이다. 원시 부족들이 질서가 없이 생활하는 것이 아니라 나름대로 짜인 규칙에 따라 생활한다는 레비-스트로스의 보고는 라캉에게 중요한 전제 하나를 갖게 한다. 환자들도 나름대로의 규칙에 의거하여 움직인다는 점을 더 확실하게 주목하게 된 것이다. 또한 야콥슨이 없었더라면, 라캉은 '도식 L'이나 '욕망의 그래프'를 설명하기 곤란했을 것이다. 환유와 은유는 라캉 이론을 설명할 때 제거할 수 없는 중심 기둥이다.

　이런 구조주의자들의 이론에 의해 라캉은 자아심리학에서 멀어졌다. 라캉이 가장 중요하게 생각하는 것은 자아심리학에서 말하는 내용과는 상반된다. 자아심리학이란 의사가 환자의 이야기를 듣고 의사의 인격 수준에서 환자에게 처방을 제시하는 것이다. 그리고 환자를 의사에게 적응시키는 것이다. 대부분의 심리학이 이런 측면을 가지고 있다. 그러나 라캉은 처음부터 이런 태도에 저항한다. 라캉은 환자의 입장에서 생각한다. 환자가 처한 상황을 분석하는 것이다. 환자를 분석한다는 것은 환자 개인의 문제를 분석하는 것일 수도 있고, 그의 가족을 분석하는 것일 수도 있고, 그가 속한 사회를 분석하는 것일 수도 있다. 공동체에 의해 키워진 한 인격체를 이해하기 위해 공동체 전체로 문제를 확산시키는 것이 라캉식 분석의 핵심이다.

라캉식으로 성서를 해석한다는 것은 텍스트와 콘텍스트의 상호성에 따른 현재화를 중요하게 다룬다는 말과 같다. 20세기 신학은 텍스트와 콘텍스트 간의 연결 문제에 대해 지속적으로 토론했다. 텍스트를 이해하기 위해 얼마큼의 콘텍스트 연구를 해야 하는가에 대해 신학적 토론은 지칠 지경에 이르렀다고 해도 과언이 아니다. 라캉식 성서 해석은 이렇게 논의된 신학적인 내용을 절대적으로 필요로 한다. 가령 기독론 연구를 하기 위해서는 역사적 예수 연구가 기본 전제가 된다. 이런 관점은 예수 그리스도의 위격과 사역을 다루는 데도 중요하다. 라캉식 해석 방법은 가령 이천 년의 기독교 역사 속에서 전해져 온 기독론과 콘텍스트 연구로 얻어진 자료에 근거하여 본문을 해석하여 나온 기독론을 종합하는 방법론이 될 수 있다. 즉 그것은 과거의 역사적 문헌과 현재 거론되는 성서 본문, 이 둘을 아우르는 방법이 될 수 있다.

라캉은 '무의식은 언어처럼 짜인다'고 말한다. 이 말은 당연히 의식은 언어처럼 짜인다는 것을 포함한다. 우리가 일상에서 분명하게 의사소통할 수 있는 것은 그것을 의식적인 수준에서 하기 때문이다. 그러나 라캉은 우리가 알아들을 수 없는 무의식에도 통사론적 법칙이 있다고 주장한다. 그것은 바로 의식적 수준에서 의미의 교환을 가능케 하는 언어 체계가 은유의 축과 환유의 축으로 짜인 것처럼, 무의식적 수준에서 의미를 교환할 수 있게 하는 언어 체계 역시 은유의 축과 환유의 축으로 짜인다고 말한다.

이러한 언어 체계의 관점으로 창세기를 처음부터 읽어 보자. 환유와 은유라는 두 축의 언어 구조를 가지신 하나님이 그 구조를 이용해 말씀하시니 만물이 생겼다. 그리고 하나님은 만물 가운데서 언어 구조를 받은 생령으로서의 아담이 만물에게 '어떻게-무슨' 이름을 '짓는지-붙이는지' 관찰하셨다. 그러나 아담이 은유와 환유로서 언어 구조를 잘 활용하는지를 확인하시기 전에 하나님은 그에게 배필을 지어주겠다는 계획을 하셨다. 이름 짓는 일을 시작도 하기 전에 '없는 배필을 만들겠다'고 말씀하신 것이다. 이 배필은 이름 짓는 일을 돕게 된다. 하나님께서 아담에게 분부한 '임의로 먹을 것과 먹지 말 것'은 아담-배필-뱀 간의 '정신분석적 상호성' 가운데서 논의된다. 하나님은 그 논의 과정을 관찰하셨고 각자가 했던 말에 대해 질문하셨다. 왜 그렇게 했는지 각자의 의견을 청취하신 후 종합적인 판단을 내리셨다. 그것은 바로 인간이 하나님 자신과 같이 선과 악을 알게 되었다는 것이다. 이 말은 하나님의 형상을 따라 그 모양대로 지음 받은 인간이 환유와 은유의 언어 구조에 따라 살게 되었음을 선포하는 것이다. 하나님이 분부한 것은 '정신분석적 상호성'의 상황에서 왜곡되었다. 이 왜곡이 의미하는 것은 환유와 은유의 언어 구조가 불완전하다거나 파괴되었다는 것이 아니다. 하나님께서 a를 말했을 때 '정신분석적 상호성'에서는 a로 받아들인 후 b까지 이야기하는 가능성이 있음을 보여주는 것이다. 이렇게 에덴에서의 삶은 환유와 은유의 언어 구조를 실험하는 것이었다. 그 실험 결과 하나님은 우려를 나타내셨다. 인간은 에덴동산 동쪽으로 추방된다. 창세기 4장 이후의 성서는 환유와 은유의 언어 구조를 만드신 이가 없는 상황에서 인간의 삶이 어떻게 전개되는가를 보여준다. 낙원에서 추방된 삶이 시작되는 것이다.

이것은 라캉식 정신분석의 기본 구도에서 성서를 바라본 것이다. 라캉은 여기서 시작해서 무형체 같으나 형체 있는, 복잡하지만 질서 있고, 불안정하지만 평안을 추구하는, 마음을 서술하고 어루만지는 사역에 우리를 초대하고 있다. 라캉식 정신분석은 언어의 체계를 말의 체계로 변환시키는 기술을 연구한다. 즉 언어 체계를 말의 체계로 전환시키는 과정을 설명하는 학문 영역이다. 라캉은 언어 체계가 말의 체계로 전환되는 과정을 이용하여 정신분석 기술을 만들었다. 말의 체계로 들어오지 못하고 언어 체계에 머무는 것을 상상적 국면이라고 보았고, 말의 세계로 진입하는 것을 상징적 국면이라고 보았다. 말의 체계에 걸리지 않고 통과한 언어 체계를 실제적 국면이라고 보았다. 이런 기본적인 구분은 인간의 정신을 도식화한 그 어떤 이론보다도 탁월하다. 이것은 이론의 차원에 머물지 않고 치유의 차원으로 넘어온다. 정신분석 기술은 언어의 체계를 지닌 인간이 말을 통해 상징의 체계로 무사히 진입하도록 돕는 장치다.

에덴에서 하나님이 '아담-배필-뱀' 간의 정신분석적 상호성을 만든 것도 상상적 국면에서 상징적 국면으로 끌어들이기 위한 의도라고도 볼 수 있다. 그리고 상징적 국면 너머 실제적 국면으로 가게 하기 위함이라고 볼 수 있다. 이런 의미에서 라캉은 세미나 2에서 요한복음 1장 1절을 〈태초에 언어 체계가 있었다〉라고 번역한다. *In principio erat verbum* 에서 라틴어 베르붐*verbum*은 헬라어 로고스*Logos*의 번역이고, 파토스*pathos*(감성)와 대립되는 개념이다. 로고스는 '말하다'를 뜻하는 동사 '레게

인'*legein*의 명사형이다. 로고스는 말한 것, 사물의 근거-정의-논증-본성*physis*, 각 사물을 각각 고유하고 일정한 것이 되게 하는 형상*eidos: forma, 本質構造*, 사물 간의 비율比率 등의 의미를 가지고 있다. 라캉은 로고스가 말 체계 이전의 언어 체계를 포함한다고 말하면서 로고스에서 언어 체계와 말의 체계의 연결을 찾고 있다.

프로이트는 『꿈의 해석』(1900)에서 무의식의 체계가 '압축'과 '전치'로 되어 있다고 말한다. 17년 뒤에 소쉬르는 '기의'와 '기표'라는 기호를 사용하여 언어의 구조를 정리했다. 56년 뒤 야콥슨은 '은유'와 '환유'라는 언어의 두 축을 말했는데, 같은 해에 라캉은 진행 중이던 세미나 3에서 '압축'과 '전치', '기의'와 '기표', '은유'와 '환유' 등을 차용하면서도 변형시켜 정신분석만을 위한 기호, 기표 고리, 기표의 이중 기입, 의미의 이중 기입, 두 축의 작용 방식을 설명해나간다. 이 과정을 공부해보면 정말 대가다운 라캉의 모습을 발견할 수 있다.

무의식은 언어'처럼' 짜인다고 말할 때 라캉이 사용한 수사법은 직유이다. 이런 수사법은 성서 해석에서 아주 중요하다. 성서 해석은 과거에 대한 내용을 밝히는 비평 방법을 필요로 하는 동시에 현재 그 과거의 사건을 현장화하는 것도 요구한다. 정신분석에서 시간은 공시성과 통시성이 만나는 지점에서 발생한다. 환자가 아무리 과거의 이야기를 한다고 해도 그 이야기는 현재의 환자가 하는 이야기다. 어쩌면 이야기 속에 과거의 대상이 이 세상에 없을 수도 있다. 환자에게 증상의 원인이 되었던 것이 없다면 과거는 제거된 것이다. 인과론적 관점에서 보자면 원인이 사라지면 결과는 바뀐다. 하지만 정신분석 경험에서 보면 원인이 사라진 후에도 그 결과가 현재까지 영향을 미치는 경우가 허다하다. '~듯'이란 동사의 직유법에는 상태가 진행된다는 의미가 담겨 있다. 정신분석은 아주 역동적인 현재 속에 과거를 녹여내는 작업이다. 이는 설교와도 같은 맥락의 작업이다. 정신분석에 '유년시절은 없다'라는 말이 있다. 그만큼 과거 일을 현재의 일로 보는 것이다. 공시성을 강조하는 것은 기표고리를 강조하는 것이다. 그렇다고 과거의 역사를 부정하는 것은 아니다. 현재의 맥락에서 '소급한' 과거를 보는 것이다. 과거의 일이 일어났던 그 당시에는 그 일이 현재 해석하는 대로 이해되거나 인식되지 않았을 수 있다. 과거를 그렇게 보는 것은 나중의 관점으로 이해하고 재구성했기 때문이다. 이것을 '사후적'après-coup이라고 말한다. 이렇게 성서 해석과 견주어볼 때 정신분석 행위는 성서 해석과 닮은 점이 많다.

이런 맥락에서 볼 때 정신분석은 언어처럼 짜인 예수님의 마음을 읽을 수 있는 기술을 가지고 있다. 앞서 보았듯이 성서의 짧은 본문마다 과거 그 자리의 사건이 담겨 있는데, 이를 오늘 우리가 다시 사건으로 만날 수 있는 것은 본문 속의 말이 언어처럼 짜여 있기 때문이다. 그 말은 읽는 이에게 들려지고 듣는 이는 그 말을 통해 말하는 그에게 정체화된다. 이런 과정을 거치면서 성서는 매 시간, 역사의 자리에서 현재화되었고 과거의 현재화를 이루었다.

언어의 구조는 인격이신 하나님에게서 왔으니 인격적이다. 말은 인격이신 성부 하나님, 성자 하나님, 성령 하나님의 의도를 인간에게 전한다. 하나님의 의도는 이사야서에 기록되었듯이 그것을 성취하기 전에는 다시 하나님께로 되돌아가지 않고 결국 그 의도를 성취한다. 하나님과 인간의 닮은꼴이 언어이기에 정신분석과 성서 해석은 아주 긴밀한 관계가 있다. 정신분석 기술은 예전부터 말의 사역을 하는 쪽에서 가지고 있던 방법이자 기술이었는데, 세속화된 시대에서 현대화시켰다고 볼 수 있다. 그런 만큼 기독교에서 다시금 이런 학문에 관심을 두어 기독교의 유산을 오늘날로 뿌리내리는 일에 함께 힘을 모아 이바지하면 좋겠다.

I. 1차문헌

1. SIGMUND FREUD

이 책에서 인용된 프로이트의 작품은 세 언어권(독일어, 영어, 프랑스어)에서 발행된 것을 근거로 했다. 우선 약어 소개를 하고 시대순으로 저서를 소개한다.

G.S. Sigmund Freud, *Gesammelte Schriften* (12 Bände); vol. 1, 2, 3, 6, 9, 11. Sous la coopération avec Anna Freud et A. J. Storfer; vol. 4, 5, 7, 8, 10. Sous la coopération avec Anna Freud, Otto Rank et A. J. Storfer; vol. 12. Sous la coopération de Anna Freud et Robert Waelder, Leipzig, Wien et Zurich, Internationaler Psychoanalytischer Verlag, 1924-1934.

G.W. Sigmund Freud, *Gesammelte Werke* (18 Bände, *Nachtragsband 'supplement'*), vol. 1-8, 10-14, 16, 17. Sous la coopération avec Marie Bonaparte, Prinzessin Georg von Griechenland, Anna Freud, Edward Bibring, W. Hoffer, E. Kris, O. Isakower; vol. 9, 15. Sous la coopération avec Marie Bonaparte, Prinzessin Georg von Griechenland, Anna Freud, Edward Bibring, Ernst Kris; vol. 18. Anna Freud, Willi Heffer, Angela Richards et Ilse Grubrich-Simitis, vol. 1-17: Imago Publishing Co. Ltd.,

Londre 1940-1952 (depuis 1960, Frankfurt et Main, S. Fischer Verlag); vol. 18: Frankfurt am Main, S. Fischer Verlag, 1968; *Nachtragsband* 'supplement,' Frankfurt am Main, S. Fischer Verlag, 1987.

S.A. Sigmund Freud, *Studienausgabe* (10 Bände, *Ergänzungsband* 'supplement' et Freud-Bibliographie mit Werkkonkordanz; vol. 1-10. Sous la coopération avec Alexandre Mitscherlich, Angela Richards et James Strachey; *Ergänz.* 'supplement,' Sous la coopération avec Angela Richards, James Strachey et Ilse Grubrich-Simitis; Frankfurt am Main, S. Fischer Verlag, 1969-1975; Freud-Bibliographie, Sous la coopération avec Meyer-Palmedo et Gerhard Fichtner, Frankfurt am Main, S. Fischer Verlag, 1989.

S.E. The Standard Edition of the Complete Psychological Works of Sigmund Freud (24 Bände), vol. 1-23. Sous la direction de James Strachey avec la coopération de Anna Freud, Alix Strachey, Alan Tyson et Angela Richards; vol. 24 (*Gesamtregister* 'tous index'), Sous la direction de Angela Richards avec la coopération avec James Strachey, Anna Freud, Alix Strachey, Alan Tyson, London, The Hogarth Press and the Institute of Psycho-Analysis, 1953-1974.

O.C.P. Sigmund Freud, *Œuvres complètes psychanalyses*, vol. 1-20 et vol. 21 (*Glossaire et index*), Paris, Presses Universitaires de France, à partir de 1988.

1894 *Die Abwehr-neuropsychosen, G.S.,* vol. 1, 290-305; *G.W.,* vol. 1, 59-74; *S.E.,* vol. 3, 45-61. Trad. franç. J. Laplanche, "Les psychonévroses de défense," in *Névrose psychose et perversion,* Paris, P.U.F., 1992.

1895 *Über die Berechtigung Von der Neurasthenie einen bestimmten Symptomenkomplex als 'Angstneurose' abzutrennen*, G.S., vol. 1, 306-333; G.W., 315-342; S.A., vol. 6, 25-49; S.E., vol. 3, 90-115. Trad. franç J. Laplanche, "Qu'il est justifié de séparer de la neurasthénie un certain complexe symptomatique sous le nom de Névrose d'angoisse," in *Névrose, psychose et perversion*, Paris, P.U.F., 1992.

1895 "Obsessions et Phobies; leur mécanisme psychique et leur étiologie," in *Revue neurologique*, Paris, janv. 1895, in *Névrose, psychose et peversion*, Paris, P.U.F., 1992(texte original en français).

1895 *Studien über Hysterie*, G.W., vol. 1, 75-312; S. A., Erg., 37, 49-97; S.E., vol. 2, Trad. franç. A. Beman, *Etudes sur l'hystérie*, en coll. avec J. Breuer, Paris, P.U.F., 1956.

1895 "De l'esquisse d'une psychologie scientifique"(1897), in *La naissance de la psychanalyse*: Paris, P.U.F., 1956.

1896 "L'hérédité et l'étiologie des névroses," in *Revue neurologique*, Paris, 1896, IV/6, 161-169, in *Névrose, psychose et perversion*, Paris, P.U.F., 1992 (texte original en français).

1896 *Weitere Bemerkungen über die Abwehrneuropsychosen*, G.W., vol. 1, Trad. franç. J. Laplanche, "Nouvelles remarques sur les psycho-névroses de défense," in *Névrose, psychose et perversion*, Paris, P.U.F., 1992.

1896 *Zur Ätiologie der Hysterie*, G.S., vol. 1, 404-438; G.W., vol. 1, 425-459; S.A., vol. 6, 51, 53-81; S.E., vol. 3, 191-221. Trad. franç. J. Bissery et J. Laplanche, "L'étiologie de l'hystérie", in *Névrose, psychose et perversion*, Paris, P.U.F., 1992.

1900 *Die Traumdeutung*, G.S., vol. 2-3; G.W., vol. 2/3; S.A., vol. 2; S.E., vol. 4-5. Trad. I. Meyerson, augmentée et revisée par D. Berger, *L'interprétation des rêves*, Paris, P.U.F., 1967.

1901 *Über den Traum*, G.S., vol. 3, 189-256; G.W., vol. 2/3, 643-700; S.E., vol.

5, 633-686. Trad. franç. C. Heim, *Le rêve et son interprétation*, Paris, Gallimard, 1988.

1901 *Zur Psychopathologie des Alltagslebens*, G.S., vol. 4, 1-310; G.W., vol. 4; S.E., vol. 3. Trad. franç. S. Jankelevitch, *Psychopathologie de la vie quotidienne*, Paris, Payot, 1973.

1904 *Die Freudsche psychoanalytische Methode*, G.S., vol. 6, 3-10; G.W., vol. 5, 3-10; S.A., Erg. 99, 101-106; S.E., vol. 7, 249-254. Trad. franç. A. Berman, *La méthode psychanalytique de Freud*, Paris, P.U.F. 1-11.

1905 *Über Psychotherapie*, G.S., vol. 6, 11-24; G.W., vol. 5, 13-26, S.A., vol. Erg., 107, 109-119; S.E., vol. 7, 257-268.

1905 *Der Witz und seine Beziehung zum Unbewußten*, G.S., vol. 9, 1-269, G.W., vol. 6; S.A., vol. 4, 9, 13-219; S.E., vol. 8. Trad. franç. Denis Messier, *Le mot d'esprit et sa relation à l'inconscient*, Paris, Gallimard, 1988.

1905 *Drei Abhandlungen Zur Sexualtheorie*, G.S., vol. 5, 1-119; G.W., vol. 5, 27, 33-145; S. A., vol. 5, 37, 47-145; S. E., vol. 7, 135-243. Trad. B. Reverchonl-Jouve, *Trois essais sur la théorie de la sexualité*, Paris, Gallimard, coll. (Idees), 1985.

1905 *Bruchstruck einer Hysterie-Analyse*, G.S., vol. 8, 1-126, G.W., vol. 5, 161-286; S.A., vol. 6, 83, 87-186; S. E., vol. 7, 7-122. Trad. franç. M. Bonaparte et Luwenstein, "Fragment d'une analyse d'hystérie" (DORA), in *Cinq Psychanalyses*, Paris, P.U.F., 1992.

1907 *Zwangshandlungen und Religionsübungen*, G.S., vol. 10, 210-220; G.W., vol. 7, 11, 13-21; S.A., vol. 5, 159, 161-168; S.E., vol. 9, 131-139. Trad. franç (anonyme), "Actes obsédants et exercices religieux," in *L'avenir d'une illusion*, Paris, P.U.F., 1987.

1907 *Zur sexuellen Aufklärung der Kinder*, G.S., vol. 5, 134-142; G.W., vol. 7, 19-27; S.A., vol. 5, I59, 161-168; S.E., vol. 9, 131-139. Trad. franç. D. Berger, "Les explications sexuelles données aux enfants," in *La vie sexuelle*, Paris, P.U.F., 1977.

1908 *Hysterische Phantasien und ihre Beziehung Zur Bisexualität*, *G.S.*, vol. 5, 246-254; *G.W.*, vol. 7, 191-199; *S.A.*, vol. 6, 187, 189-195; *S.E.*, vol. 9, 159-166. Trad. franç. J. Laplanche et J.-B. Pontalis, "Les fantasmes hystériques et leur relation à la bisexualité," in *Névrose, psychose et peversion*, Paris, P.U.F., 1992.

1908 *Über infantile Sexualtheorien*, *G.S.*, vol. 5, 168-185; *G.W.*, vol. 7, 171-188; *S.A.*, vol. 5, 169, 171-184; *S.E.*, vol. 9, 209-226. Trad. franç. E.-B. Pontalis, "Les théories sexuelles infantiles," in *La vie sexuelle*, Paris, P.U.F., 1977.

1908 *Die 'kulturelle' sexualmoral und die monerne Nervosität*, *G.S.*, vol. 5, 143-167; *G.W.*, vol. 7, 143-167; *S.A.*, vol. 9, 9, 13-32; *S.E.*, vol. 9, 181-204. Trad. franç. D. Berger. "La moral sexuelle 'civilisée' et la maladie nerveuse des temps modernes," in *La vie sexuelle*, Paris, P.U.F., 1977.

1909 *Analyse der Phobie eines fünfjährigen Knaben*, *G.S.*, vol. 8. 127-263; *G.W.*, vol. 7, 241-377; *S.A.*, vol. 8, 9, 13-122; *S.E.*, vol. 10, 5-147. Trad. franç. O. Bonaparte et Lœwenstein, "Analyse d'une phobie d'un petit garçon de cinq ans"(Le petit Hans), in *Cinq psychanalyses*, Paris, P.U.F., 1992.

1910 *Über Psychoanalyse*, *G.S.*, vol. 4, 345-406, *G.W.*, vol. 8, 1-60, *S.E.*, vol. 11, 7-55. Trad. franç. Yves Le Lay, *Cinq leçons sur la psychanalyse*, Paris, Payot, 1966.

1910 *Beiträge zur Psychologie des Liebeslebens. I. Über einen besonderen Typus der Objektwahl beim Manne*, *G.S.*, vol. 5, 186-197; *G.W.*, vol. 8. 66-77; *S.A.*, vol. 5. 185, 187-195; *S.E.*, vol. ll, 165-175. Trad, franç. J. Laplanche, "Contributions à la psychologie de la vie amoureuse. I. D'un type particulier de choix objectal chez l'homme," in *La vie sexuelle*, Paris, P.U.F., 1977.

1911 *Psychoanalytische Bemerkungen über einen autobiographisch beschriebenen Fall von Paranoia (Dementia paranoides)*-Schreber, *G.S.*, vol. 8, 353-431, *G.W.*, vol. 8, 239-316; *S.A.*, vol. 7, 133, 139-200; *S.E.*, vol. 12, 9-79. Trad. franç. M. Bonaparte et Luwenstein, "Remarques psychanalytiques sur l'autobiographie d'un cas de paranoïa (Dementia paranoides)-le président Schreber," in *Cinq Psychanalyses*, Paris, P.U.F., 1992.

1912 *Beiträge zur Psychologie des Liebeslebens. II. Über die allgemeinste Erniedrigung des Liebeslebens*, *G.S.*, vol. 5, 198-211; *G.W.*, vol. 8, 78-91, *S.A.*, vol. 5. 197, 199-209; *S.E.*, vol. 11, 179-190. Trad. franç. J. Laplanche, "Contributions à la psychologie de la vie amoureuse. II. Sur le plus général des rabaissements de la vie amoureuse," in *La vie sexuelle*, Paris, P.U.F., 1992.

1912-13a *Totem und Tabu. Einige ubereinstimungen im Seelenleben der Wilden und der Neurotiker*, *G.S.*, vol. 10, 1-194; *G.W.*, vol. 9; *S.A.*, vol. 9, 287, 291f, 295-444; *S.E.*, vol. 13, 1-161. Trad. franç. S. Jankélévitch. *Totem et tabou*, Paris, Payot, 1989.

1914 *Zur Einführung des Narzißmus*, *G.S.*, vol. 6. 153-187; *G.W.*, vol. 10. 137-170; *S.A.*, vol. 3, 37, 41-68; *S.E.*, vol. 14. 73-102. Trad. franç. J. Laplanche, "Pour introduire le narcissisme," in *La vie sexuelle*, Paris, P.U.F., 1977.

1914 *Zur Geschichte der psychoanalytischen Bewegung*, *G.S.*, vol. 4, 407-480; *G.W.*, vol. 10, 43-113; *S.E.*, vol. 14, 7-66. Trad. franç. Serge Jankélévitch, *Contribution à l'histoire du mouvement psychanalytique*, Paris, Payot, 1966.

1915 *Triebe und Triebschicksale*, *G.S.*, vol. 5. 443-465; *G.W.*, vol. 10. 210-232; *S.A.*, vol. 3, 75, 81-102; *S.E.*, vol. 14, 117-140. Trad. franç. J. Laplanche et J.-B. Pontalis, "Les pulsions et leur destin," in *O.C.P.*, vol. 12, Paris, P.U.F.,

1988 et in *Métapsychologie*, Paris, Gallimard, 1990.

1915 *Die Verdrängung*, *G.S.*, vol. 5. 443-465; *G.W.*, vol. 10, 210-232, *S.A.*, vol. 3. 75, 81-102; *S.E.*, vol. 14. 117-140. Trad. franç. J. Laplanche et J.-V. Pontalis, "Le Refoulement," in *O.C.P.*, vol. 12, Paris, P.U.F., 1988 et in *Métapsychologie*, Paris, Gallimard, 1990.

1915 *Das Unbewußte*, *G.S.*, vol. 5. 480-519; *G.W.*, vol. 10, 264-303; *S.A.*, vol. 3. 119, 125-162; *S.E.*, vol. 14, 166-204. Trad. franç. J. Laplanche et J.-B. Pontalis, "L'inconscient", in *O.C.P.*, vol. 12. Paris, P.U.F., 1988 et in *Métapsychologie*, Paris, Gallimard, 1990.

1916 "Vergänglichkeit," in *Das Land Gœthes 1914-1916*, Gedenkbuch, hrsg. vcm Berliner Gœthebund, Stuttgart 1916, 37f. *G.S.*, vol. 11. 291-294; *G.W.*, vol. 10. 358-361; *S.A.*, vol. 10. 223, 225-227; *S.E.*, vol. 14, 305-307. Trad. franç. Marie Bonaparte, "Deux penseurs devant l'abîme, Fugitivité," in *Revue française de Psychanalyse*, 1956/3, 307-315, et Trad. franç. J. Altounian, A. Bourguignon, p. Cotet, "Éphémère destinée," in *Résultats, idées, problèmes* 1 (1890-1920), Paris, P.U.F., 1984, 233-236.

1916-17 *Vorlesungen zur Einführung in die Psychoanalyse*, *G.S.*, vol. 7; *G.W.*, vol. 11; *S.A.*, vol. 1, 33, 37-445; *S.E.*, vol. 15-16. Trad. franç. S, Jankélévitch, *Introduction à la psychanalyse*, Paris, Payot, 1990.

1916-17 *Trauer und Melancholie*, *G.S.*, vol. 5, 535-553; *G.W.*, vol. 10. 428-446; *S.A.*, vol. 3. 193, 197-212; *S.E.*, vol. 14. 243-258. Trad. franç. J. Laplanche et J.-B. Pontalis, "Deuil et Melancolie," in *O.C.P.*, vol. XII, Paris, P.U.F., 1988 et in *Métapsychologie*, Paris, Gallimard, 1990.

1917 *Das Tabu der Virginität*, *G.S.*, vol. 5, 212-231; *G.W.*, vol. 12, 159-180; *S.A.*, vol. 5, 211, 213-228; *S.E.*, vol. 17. 7-122, "Le tabou de la virginité," in *La vie sexuelle*, Paris, P.U.F., 1977.

1917 *Über Triebumsetzungen insbesondere der Analerotik*, *G.S.*, vol. 5. 268-276; *G.W.*, vol. 10. 402-410; *S.A.*, vol. 7. 123, 125-131; *S.E.*, vol. 17, 127-

1133. Trad. franç. D. Berger "Sur les transpositions de pulsions plus particulièrement dans l'érotisme anal," in *La vie sexuelle*, Paris, P.U.F., 1977.

1918 *Aus der Geschichte einer infantilen Neurose. G.S.,* vol. 8. 437-567; *G.W.,* vol. 12, 27-157; *S.A.,* vol. 8. 125, 129-231; *S.E.,* vol. 17, 7-122. Trad. franç. O. Bonaparte et R. Lœwenstein, "A partir de l'histoire d'une névrose infantile," *O.C.P.,* vol. 12. Paris, P.U.F., 1988 et Trad. franç. Anne Bernanr in *Cinq psychanalyses*, Paris, P.U.F., 1992.

1919 *Ein Kind wird geschlagen. Beitrag zur Kenntnis der Entstehung sexueller Perversionen, G.S.,* vol. 5. 344-373; *G.W.,* vol. 12. 197-226; *S.A.,* vol. 7. 229' 231-254; *S.E.,* vol. 17. 179-204. Trad, franç. D. Guerineau, "Un enfant est battu. Contribution à la contradiction de la genèse des perversions sexuelles," in *Névrose, psychose et perversion*, Paris, P.U.F., 1973.

1920 *Über die Psychogenese eines Falles von weiblicher Homosexualität, G.S.,* vol. 5. 312-343; *G.W.,* vol. 12. 271-302; *S.A.,* vol. 7. 7. 257-281; *S.E.,* vol. 18. 147-172. Trad, franç. D. Guerineau, "Sur la psychogenèse d'un cas d' homosexualité feminine," in *Névrose, psychose et perversion*, Paris, P.U.F., 1973.

1920 *Jenseits des Lustprinzips, G.S.,* vol. 6, 189-257; *G.W.,* vol. 13, 1-69; *S.A.,* vol. 3, 213, 217-272; *S.E.,* vol. 18, 7-64. Trad. franç. J. Laplanche et J.-B. Pontalis, "Au-delà du principe de plaisir," in *Essais de psychanalyse*, Paris, Payot, 1993.

1921 *Massenpsychologie und Ichanalyse, G.S.,* vol. 6, 259-349; *G.W.,* vol. 13; *S.A.,* vol. 9. 61, 65-134; *S.E.,* vol. 18, 69-143. Trad. franç. p. Cotet. etc., "Psychologie des foules et analyse du moi," in *Essais de psychanalyse*, Paris, Payot, 1993.

1923 *Das Ich und das Es, G.S.,* vol. 6. 351-405; *G.W.,* vol. 13. 237-289; *S.A.,* vol. 3, 273, 282-325; *S.E.*, vol. 19, 12-59. Trad. franç. J. Laplanche, "Le Moi et le Ça," in *Essais de psychanalyse*, Paris, Payot, 1993.

1924 *Neurose und Psychose, G.S.*, vol. 5. 418-422; *G.W.*, vol. 13. 387-391; *S.A.*, vol. 3, 331-337; *S.E.*, vol. 19, 149-153. Trad. franç. J. Laplanche, "Névrose et psychose"(1924), in *Névrose, psychose et perversion*, Paris, P.U.F., 1973.

1924 *Der Untergang des Ödipuskomplexes, G.S.*, vol. 5, 423-430; *G.W.*, vol. 13. 395-402; *S.A.*, vol. 5. 243, 245-251; *S.E.*, vol. 19. 173-179. Trad, franç. D. Berge. "La disparition du complexe d'œdipe," in *La vie sexuelle*, Paris, P.U.F., 1977.

1925 *Selbstdarstellung, G.S.*, vol. 11. 117-182; *G.W.*, vol. 14. 31-96; *S.E.*, vol. 20, 7-70. Trad. franç. M. Bonaparte, *Ma vie et la psychanalyse*, Paris, Gallimard, 1950.

1926 *Hemmung, Symptôm und Angst, G.S.*, vol. 11. 21-115; *G.W.*, vol. 14. 111-205; *S.A.*, vol. 6. 227, 233-308; *S.E.*, vol. 20. 17-172. Trad. franç. M. Tort. *Inhibition, Symptome et Angoisse*, Paris, P.U.F., 1975.

1927 *Die Zukunft einer Illusion, G.S.*, vol. 11. 411-466; *G.W.*, vol. 14. 325-380; *S.A.*, vol. 9. 135, 139-189; *S.E.*, vol. 21. 5-56. "L'avenir d'une illusion," in *L'avenir d'une illusion*, Paris, P.U.F., 1987.

1928 *Ein religiöses Erlebnis, G.S.*, vol. 11. 467-470; *G.W.*, vol. 14. 393-396; *S.E.*, vol. 21. 169-172. "Un événement de la vie religieuse," in *L'avenir d'une illusion*, Paris, P.U.F., 1987.

1930 *Das Unbehagen in der Kultur, G.S.*, vol. 12. 27-114; *G.W.*, vol. 14. 419-506; *S.A.*, vol. 9. 191, 197-270; *S.E.*, vol. 21. 64-145. Trad. franç. *Malaise dans la civilisation*, Paris, P.U.F., 1983.

1931 *Über libidinöse Typen, G.S.*, vol. 12. 115-119; *G.W.*, vol. 14. 509-513; *S.A.*, vol. 5. 267, 269-272; *S.E.*, vol. 21. 217-220. Trad. franç. D. Berge, "Des types libidinaux," in *La vie sexuelle*, Paris, P.U.F., 1977.

1933 *Neue Folge der Vorlesungen Zur Einführung in die Psychoanalyse,*

G.S., vol. 12. 149-345; G.W., vol. 15; S.A., vol. 1. 447, 449-608; S.E., vol. 22. 5-182. Trad. franç. A. Bermanr., *Nouvelles conférences d'introduction à la psychanalyse*, Paris, Gallimard, coll. Les Essais, 1984.

1936 *Brief an Romain Rolland: Eine Erinnerungsstörung auf der Akropolis*, G.W., vol. 16. 250-257; S.A., vol. 4. 283, 285-293; S.E., vol. 22. 239-248. Trad. franç. "Un trouble de mémoire sur l'Acropole", Lettre à Romain Rolland (1936), vin O.C.P., XIX, 325-338.

1939 *Der Mann Moses und die monotheistische Religion*, G.W., vol. 16. 103-246; S.A., vol. 9. 455, 459-581; S.E., vol. 23. 7-137. Trad. franç. Cornélius Heim, *L'Homme Moïse et la religion monothéiste*, Paris, Gallimard, 1986.

1940 (1938) *Abriß der Psychanalyse*, G.W., vol. 17, 63-138; S.A., Erg. 407, 411-421; S.E., vol. 23. 144-207. Trad. franç. *Abrégé de Psychanalyse*, Paris, P.U.F., 1973.

Correspondance Freud-Jung. La lettre de Freud à Jung (vol. 1), 1907. 5. 23, Paris, Gallimard, 1975

2. JACQUES LACAN

라캉의 정체화 이론은 아직 출판되지 않은 세미나 IX권을 중심으로 X, XIV, *Ecrits*, 이미 출판된 세미나들, 그리고 그 이외의 글을 참조했다.

- 1931 "Premiers écrits sur la paranoïa," in *Annales médicopsychologiques*, n° 51 Déc. Paris, Seuil, 1975.
- 1932 (Thèse), Paris, Seuil, 1975: *De la psychose paranoïaque dans ses rapports avec la personnalité*.

Ecrits,

[Paris, Editions du Seuil, 1966] :

- 1936 "Au-delà du Principe de réalité"

- 1946 "Propos sur la causalité psychique"

- 1948 "L'agressivité en psychanalyse"

- 1949 "Le stade du miroir comme formateur de la fonction du Je"

- 1955 "La chose freudienne"

- 1955 "Le séminaire sur La Lettre volée"

- 1958 "La direction de la cure et les principes de son pouvoir"

- 1966 "De nos antécédents"

- 1966 "La science et la verité"

Les Séminaires,

[Séminaires publics, Paris, Éditions du Seuil] :

- 1953-1954 *Les écrits techniques de Freud* (*Livre* I), 1975.

- 1954-1955 *Le moi dans la théorie de Freud et dans la technique de la psychanalyse* (II), 1978.

- 1955-1956 *Les psychoses* (III), 1981.

- 1956-1957 *La relation d'objet et les structures freudiennes* (IV), 1994.

- 1957-1958 *Les formations de l'inconscient* (V), 1998.

- 1959-1960 *L'éthique de la psychanalyse* (VII), 1986.

- 1960-1961 *Le transfert* (VIII), 1991.

- 1962-1963 *L'angoisse* (X), 2004.

- 1963-1964 *Les quatre concepts fondamentaux de la psychanalyse* (XI), 1973 et 1992 (éditions révisée).

- 1969-1970 *L'envers de la psychanalyse* (XVII), 1991.

- 1973-1974 *Encore* (XX), 1975.

미출판 세미나

- 1961-1962 *L'identification* (IX)

- 1966-1967 *La logique du fantasme* (XIV)

그 외의 라캉의 글

　　- 1973 "L'étourdit," in *Scilicet* 4, Paris, Editions du Seuil, 5-52.

3. ERASME DÉSIRÉ

에라스무스의 「자유의지에 관하여」는 *Erasmi Opera omnia*에 "De Libero arbitrio diatribe Seu Collatio"라는 이름의 라틴어 텍스트로 전해지고 있다. 에라스무스의 불어 번역판은 *La philosophie chrétienne*에 포함된 "De libero arbitrio diatribe seu collatio"이다. 아래와 같은 저서를 참고했다.

　　- *Essais sur le libre arbitre*, traduit pour la première fois en français et présenté par P. Mesnard, Alger, Les Editions Robert et René Choix, 1945(첫 불어판).

　　- "De Libero arbitrio diatribe seu collatio"(édition latine), in *Erasmi Opera omnia*, t. 9, London, The Gregg Press, 1962, 1215-1248(라틴어판).

　　- "De libero arbitrio diatribe seu collatio"(édition française), in *La philosophie chrétienne*, introduction, traduction et notes par p. Mesnard, Paris, Librairie philosophique J. Vrin, 1970, 203-256(불어판).

　　- "De Libero arbitrio diatribe seu collatio"(édition anglaise), in *Luther and Erasmus: free will and salvation*, sous la collabolation avec A. N. Marlow, Londre, the SCM Press Ltd, 1969, 33-97(영어판).

4. MARTIN LUTHER

이 저서에서 사용한 루터의 저서는 라틴어판 루터 전집 *D. Martin Luthers Werke, Weimarer Ausgabe*(약어 *W.A.*)와 프랑스 루터 교회 국가 동맹과 스위스 제네바의 Labor et Fides 출판사에서 편집되는 잡지 *Positions luthériennes*의 후원으로 1957년부터 출판되고 있는 프랑스어판 루터 전집 *Œuvres*에서 비교, 참조, 인용하였다. 본문에 인용된 *W.A.*는 프랑스어판에 해당하는 루터의 라틴어 저서(간혹 독일어)를 참고한 사항이다.

그리고 한글판 루터 선집은 독일 바바리아 루터 교회와 미국 컨콜디아 신학대학의 도움을 받아 지원용 박사께서 기획, 번역, 번역 감수를 하여 컨콜디아사에서 12권으로 출판되었다.

1516 *Divi Pauli Apostoli ad Romanos epistola*, in *W.A.*, 56권, 1-154 (ch. 1-16, v. 27, Die Glossen), 155-528 (ch. 1-15, v. 20, Die Scholien). - *Divi Pauli apostoli ad Romanos epistola*, in *W.A.*, 57-1권, 1-127 (ch. 1-16, v. 27, Die Glossen), 129-232 (ch. 1-15, v. 20, Die Scholien), "Commentaires de l'épître aux Romains," t.1 (chap. 1-3), in *Œuvres* 11, 1983 et t.2(chap. 3, 21- jusqu'au chap. 16), in *Œuvres* 12, 1985.

1517 *Divi Pi ad Hebreos* epistola, in *W.A.*, 57-3권. 1-91 (Die Glossen).

- *D. H. L. Conmentarius in epistolam divi Pauli Apostoli ad Hebreos*, in *W.A.*, 57-3권, 93-238 (ch. 1-11, v. 8, Die Scholien). "Les sept psaumes de la pénitence," in *Œuvres* 1, 11-91, 1957, et in *W.A.*, 18권.

- *Disputatio contra scholasticam theologiam*, *W.A.*, 1권, "Controverse contre la théologie scolastique", in *Œuvres* 1, 93-101.

- *Disputatio pro declaratione virtutis indulgentiarum*, in *W.A.*, 1권. "Controverse destinée à montrer la vertu des indulgences," in *Œuvres* 1, 1975, 103-112, et "Les 95 thèses du 31 octobre 1517 sur les indulgences," in commentées et expliquées par Martin Luther dans les Resolutiones, traduction et présentation de R H. Esnault, Montpellier, in *Etudes Théologiques et Religieuses* 1968/1-2, 5-44.

1518 *Disputatio Heidelbergae habita*, in *W.A.*, 1권. "Controverse tenue à Heidelberg," in *Œuvres* 1, 121-140.

1519 *Sermo de duplici iustitia*, in *W.A.*, 2권.

1520 *An den christlichen Adel deutscher Nation von des christlichen Standes Besserung*, in *W.A.*, 6권. "La noblesse chrétienne de la nation allemande," in *Œuvres* 2.

> - *De Captivitate Babylonica Ecclesiae*, in *W.A.*, 6권. "De la captivité babylonienne de l'Eglise", in *Œuvres* 2.

> - *Tractatus de libertate christiana, von der Freiheit eines Christenmenschen*, in *W.A.*, 7권. "Lettre à Leon X et Traité de la liberté chrétienne", in *Œuvres* 2.

1522-24 "Préfaces aux Psaumes", in *Œuvres* 3 et in *W.A.*, 10-1권.

1525 *De servo arbitrio*, in *W.A.*, 18권, 551-787. "Du serf arbitre", in *Œuvres* 5, 1958. Et le texte anglais in *Luther and Erasmus: free will and salvation*, sous la collabolation avec A. N. Marlow, Londres, the SCM Press Ltd, 1969, 99-334.

1527 "'Das ist mein leib' noch fest stehen," in *W.A.*, 23권.

1528 "Vom Abendmahl Christi Bekenntnis," in *W.A.*, 26권. "De la Cène du Christ. Confession"(de foi de Luther), in *Œuvres* 6, 1964.

1529 "Le grand catéchisme," in *Œuvres* 7 et in *W.A.*, 35권.

1530 "Le psaume 117," in *Œuvres* 6 et in *W.A.*, 31-1권.

1532 (1538) *Enarratio Psalmi 51*, in *W.A.*, 57권, 313-470 (v. 1-21). "Le quatrième psaume de la pénitence"(1517), in *Œuvres* 1, 48-59.

1535 (1531) *In epistolam s. Pauli ad Galatas Commentarius*, in *W.A.*, 40-1권, 33-38 (Praefatio D. Martini Lutheri), 39-52 (Annotationes et argumentum), 52-688 (ch. 4, v. 31), in *W.A.*, 40-2권, 1-184(ch. 5. v. 1-ch. 6. v.18)

> - *Divi Pauli Apostoli ad Galatas epistola*, in *W.A.*, 57-2권, 1-49 (Die Glossen), 51-108 (Die Scholien). "Commentaires de l'épître aux Galates," t.1 (ch. 1-3. v. 14), in *Œuvres* 15, 1969 et t.2 (ch. 3. v. 15-ch. 6. v. 18), in *Œuvres 16*, 1972.

1536 *De homine de Luther*, in *W.A.*, 39-1권, La traduction et le commentaire de J. Ansaldi et P. Pelissero, Montpellier, Edition *d'Etudes Théologique et Reli gieuses*, 1982/4, 473-489. Et la traduction de P. Bühler dans la même édition *ETR*, 1994/4, 529-548.

1537 *Die Schmalkaldschen Artikel*, in *W.A.*, 50권. "Les Articles de Smalkalde," in *Œuvres 7*, 1962.

1539 "Préface à la troisième dispute contre les Antinomistes," in *Œuvres 7*, et in *W.A.*, 39권.

1543 *Vorlesung über 1. Mose von 1535-45*, in *W.A.*, 42권, 43권, 44권.

- *Enarratio in 1. Cap. Genesis per reverendum Patrem dominum D. Mart. Lutherum in Schola Wittembergensi*, in *W.A.*, 42권, 3-428. "Commentaire du livre de la Genèse," in *Œuvres 17*, 13-419(ch. 1-11), 1975.

II. 2차 문헌

ALTHAUS, P. *The Theology of MARTIN LUTHER*, Philadelphia, Fortress Press, 1966, Trad. Schultz, R. C. de *Die Theologie Martin Luthers*, Gütersloh, Gütersloher Verlagshaus Gerd Mohn, 1963.

- *The Ethics of MARTIN LUTHER*, Philadelphia, Fortress Press, 1972, Trad. Schultz, R.C. de *Die Ethik Martin Luthers*, Gütersloh, Gütersloher Verlagshaus Gerd Mohn, 1965.

J. ANSALDI, "Savoir et vérité, gnose et théologie," in *Etudes Théologiques et Religieuses*, 1979/1.

- *La paternité de Dieu. libération ou névrose?*, Montpellier, numero special *d'Etudes Théologiques et Religieuses*, 1980.

- "Traduction-commentaire du *De homine*," in *Etudes Théologiques et Religieuses*, 1982/4.

- *Ethique et sanctification*, Genève, Labor et Fides, 1983.

- "Le concept de Loi dans la Théologie de Martin Luther et dans la réflexion psychanalytique française contemporaine," in *Revue d'histoire et de philosophie religieuses*, janvier-juin 1983, 143-154.
- "La théologie des deux régnes chez Martin Luther, cohérence ou accident?," in Actes recueillis par Michel PERONNET responsable du Centre d'Histoire des Réformes et du Protestantisme de l'Université Paul Valery de Montpellier, *Luther en son temps 1483-1546*, Montpellier, Editas, 1985.
- *Le dialogue pastoral*, Genève, Labor et Fides, 1986.
- "Débat autour de l'article de Ch. Genevas: Inconscient et Théologie," in *Hokhma*, 1988/37, 64-71.
- *L'articulation de la Foi, de la Théologie et des Ecritures*, Paris, Les éditions du Cerf, 1991.
- *L'expérience de Dieu. Analyse de texte*, Montpellier, polycopie, 1991-1992/2.
- "Diableries et naissance d'un sujet devant Dieu," in *Hokhma* 1992/51.
- "Une discipline ancienne et nouvelle: la psycho-anthropologie religieuse," in *Etudes Théologiques et Religieuses*, 1994/1.

AQUIN, de T. *Opuscules de saint Thomas d'Aquin, Compendium Theologiae*, Paris, Vrin, 1984.
- *Compendium Theologiae Compendium of Theology*, Veritatis Splendor Publication, 2012.
- *Les principes de la réalité naturelle*, Introduction, traduction et notes par Jean Madiran, Paris: Nouvelles Editions latines, 1963.

ARISTOTE. *Ethique à Nicomaque*, Nouvelle traduction avec introduction, notes et index par J. Tricot, Paris, Librairie philosophique J. Vrin, 1987.

ASSOUN, P.-L. *Freud et Nietzsche*, Paris, P.U.F., 1980.

AUGUSTIN, B. *Le maître, le libre arbitre*, Paris, Institut d'études

Augustiniennes, Nouvelle bibliotheque Augustinienne n° 2, 1993.

BARTH, K. *Esquisse d'une Dogmatique*, Paris et Neuchâtel, Delachaux & Niestlé, 1950.

    - *Dogmatique*, 26 vols, et Index général et textes choisis, Genève, Labor et Fides, 1953-1980.

    - *La théologie protestante au dix-neuvième siècle*, Genève, Labor et Fides, 1969.

    - *S. Anselme, Fides quaerens intellectum, la preuve de l'existence de Dieu*, Genève, Labor et Fides, 1985.

BARTHEL, P. *Interprétation du langage mythique et théologie biblique, étude de quelques étapes de l'évolution du probleme de l'interprétation des représentations d'origine et de structure mythiques de la Loi chrétienne*, Thèse de Doctorat en Théologie, présentée à La Faculté de Théologie Protestante de l'Université de Strasbourg, 1963.

BARTHES, R. "éléments de sémiologie," in *Communications*, Paris, Seuil, 1964/4, 91-135.

BEGOIN, J. "Présentation: quelques repères sur l'évaluation du concept d' identification," in *Revue française de Psychanalyse*, 1984/2, 483-490.

BERCHERIE, P. *Les Fondements de la clinique, vol. 1. Histoire et structure du savoir psychiatrique*, Paris, Editions Universitaire, 1991.

    - *Les Fondements de la clinique, vol. 2. Genèse des concepts freudiens*, Paris: Editions Universitaires, 1991.

BERTHERAT, Y. "Freud avec Lacan ou la science avec le psychanalyste," in *Esprit*, 1967/Décembre, 979-1003.

BETOURNE, F. "Jacques Lacan, la relation d'objet. Premiers index du séminaire IV"(1956-1957), in *Esquisses psychanalytiques*, 1994, n° 22.

    - "Jacques Lacan, la relation d'objet. Index terminologique du sanitaire IV," in *Esquisses Psychanalytiques*, 1995, n° 22.

BOISSET, J. *Erasme et Luther. Libre ou Serf Arbitre?* Paris: P.U.F., 1962.

BORG, M. 『예수의 의미』, 김준우 옮김, 서울: 한기연, 2001.

BÜHLER P. "La doctrine des deux justices d'après Luther. Réflexions dogmatiques sur la justification et la justice," in *Justice en dialogue*, Genève: Labor et Fides, 1982.

- "La responsabilité devant Dieu, fondement théologique de l'engagement éthique," in *Positions luthériennes*, 1993/1.

- "La Dispute au sujet de l'etre humain de Luther, hier et aujourd'hui," in *Etudes Théologiques et Religieuses*, 1994/4, 529-548.

CALVIN, J. *Institution de la religion christienne*, Vols 2., Paris: Librairie de ch. Meyrueis et compagnie, 1859.

- *Commentaires de Jean Calvin sur le Nouveau Testament, Épître aux Romains*, texte établi par Jules-Marcel Nicole, avec la collaboration de Pierre Marcel et de Michel Réveillaud, édition nouvelle publiée par la société Calviniste de France. Genève: Labor et Fides, t. 4, 1960.

- *Commentaires de Jean Calvin sur le nouveau Testament, Evangile selon Jean*, Ed. par M. Réveillaud, Genève: Labor et Fides, t.2, 1968.

CARIOU, M. *Freud et le désir*, Paris: P.U.F., 1973.

CONGAR, Y. "Regards et réflexions sur la christologie de Luther," in *Chrétiens en dialoque*, Paris: Cerf, 1964.

COPLESTON, F. *A History of Philosophy, Medieval Philosophy: Augustine to Scotus*, Maryland: The Newman Press, vol. 2, 1962.

COTTET, J. "Je pense oü je ne suis pas, je suis oü je ne pense pas," in Sous la direction de G. Miller, *Lacan*, Paris: Bordas, 1987.

COTTIN. J. *Jésus-Christ en écriture d'images, Premières représentations chrétiennnes*, Genève: Labor et Fides, 1990.

CROSSAN, J. D. 『예수는 누구인가』, 한인철 옮김, 서울: 한기연, 1998.

DARMON M., *Essais sur la topologie lacanienne*, Paris: Editions de l'Association freudienne, 1990.

DAYAN M., *Les relations au réel dans la psychose*, Paris: P.U.F., 1985.

DELEUSE G. et GUATTARI F., *L'anti-œdipe*, Paris: Les éditions de Munuit, 1972.

DEMUR C. et MULLER D., *L'homosexualité, un dialogue théologique*, Genève: Labor et Fides, 1992.

DESCARTES R., *Méditations de prima philosophia, méditations métaphysiques*, Paris: Librairie philosophique J. Vrin,

DILLENBERGER J., *God hidden and revealed*, Philadelphia, Muhlenberg: Press, 1953.

DESSUANT P., *Le narcissisme*, Paris, P.U.F., "Que sais-je (n° 2058)", 1983.

DOR J. *Bibliographie des travaux de Jacques Lacan*, Paris: InterÉditions, 1983.

　- *Introduction à la lecture de Lacan, tome 1. L'inconscient structuré comme un langage*, Paris: Denoël, 1985. 『라깡 세미나-에크리 독해 1』, 홍준기·강응섭 옮김, 서울: 아난케, 2009.

　- *Introduction à la lecture de Lacan, tome 2. La structure du sujet*, Paris: Denoël, 1992.

　- *Les identifications, confrontation de la clinique et de la théorie de Freud à Lacan*, Collaboration sous la direction de J. Dor, Paris: Les éditions Denoël, 1987.

EBELING, G. *Luther. introduction à une réflexion théologique*, tr. par Rigo A. et Bühler P., Genève: Labor et Fides, 1983.

ELIADE, M. *Mythes, rêves et mystères*, 1957. 『신화, 꿈 그리고 신비』, 강응섭 옮김, 서울: 숲, 2006.

ESNAULT, R. H. *Luther et le monachisme aujourd'hui*, Genève: Labor et Fides, 1964.

ETCHEGOYEN, R.-H. "Les destins de l'identification," *in Revue française de*

Psychanalyse, 1984/3, 873-901.

EVANS, D. *An Introductory Dictionary of Lacanian Psychoanalysis*, 1996. 『라캉 정신분석 사전』, 김종주 외 옮김, 서울: 인간사랑, 1998.

FLORENCE, J. *L'identification dans la théorie freudienne*, Bruxelles: Publications des Facultes universitaires Saint-Louis, 1984.

    - "Les identifications", in Sous la direction G. Taillandier, *Les identifications. Confrontation de la clinique et de la theorie de Freud à Lacan*, Denoël, 1987, 149-187.

FROMM, E. *Psychanalyse et religion*, Paris: traditions de l'Epi, 1968.

    - *La crise de la psychanalyse, essais sur Freud, Marx et la psychologie sociale*, Paris: traditions anthropos, 1971.

FUCHS, E. *Le désir et la tendresse*, Genève: Labor et Fides, 1979.

    - *L'éthique protestante, histoire et enjeux*, Genève: Labor et Fides, 1990.

FUNK, R. 『예수에게 솔직히』, 김준우 옮김, 서울: 한기연, 1999.

GADET, F. *Saussure. une science de la langage*, Paris: P.U.F., 1987.

GILSON, E. *L'être et l'essence*, Paris: Librairie philosophique J. Vrin, 1981.

GIRARD, R. *La violence et le sacré*, Paris: Grasset, 1972.

GISEL, P. "La Loi, la christologie et le monde, perspective à partir de Calvin et Luther, réponse au professeur Jean-Louis Leuba," in *Loi et Évangile*, actes du 3e cycle d'éthique des Université de Suisse romande 1979-80, Genève: Labor et Fides, 1981.

    - *Le Christ de Calvin*, Paris: Desclée, 1990.

GOUNELLE, A. *Après la mort de Dieu*, Paris: Editions Berber-Levrault: Alethina (n° 11), 1974.

    - *Théologie inductive, deductive & corrélative*, Conférences données en Octobre, 1978.

    - "Le dynamisme créateur de Dieu, Essai sur la théologie du Process," in numéro spécial *d'Études Théologiques et Religieuses* (Montpellier),

1981,

- "Conjonction ou disconjonction de Jésus et du Christ Tillich entre *l'Extra calvinisticum* et *l'intra lutheranum*," in *Revue d'histoire et de philosophie religieuses*, 1981/3.

- *Le Christ et Jésus, trois christologies américaines, Tillich, Cobb, Altizer*, Paris, Desclée (Collection "Jésus et Jésus-Christ," dirigée par Joseph DORE), 1990.

- "Le frontiére. Variations sur un thème de Paul Tillich," in *Études Théologiques et Religieuses*, 1992/3.

GOUTIE, H. *Fides Quaerens Intellectum*, Paris: Vrin, 1954.

GREINER, A. *Martin Luther ou l'hymne à la grâce*, Paris: Librairie Plon, 1966.

GUASTALLA, M. "Références de Lacan au texte de Freud I"(de 1882 à 1913) et "Références de Lacan au texte de Freud ll"(de 1914 à 1930), in *Cahiers de lectures freudiennes* n° 10 et n° 11.

GOUTIERREZ. *A Theology of Liberation*, New York: Maryknoll, 1973.

HEGEL, G. W. F. *La phénomenologie de l'esprit*(vol. 1. 2), Paris: Aubier; éditions Montaigne, 1941.

- *Précis de l'encyclopédie des sciences philosophiques, la logique, la philosophie de la nature. la philosophie de l'esprit*, trad. par J. Giberin, Paris: Librairie philosophique J. Vrin, 1987.

HENRY, M. *Généalogie de la psychanalyse*, Paris: P.U.F., 1985.

HUOT, H. *Du sujet à l'image. Une histoire de l'œil chez Freud*, Paris: Editions Universitaires, 1987.

JAKOBSON, R. *Essais de linguistique générale, 1. Les fondements du langage*, Paris: Les editions de Minuit, 1963.

- "Deux aspects du langage et deux types d'aphasie" in *Fundamentals of Languge*, The Hague, 1956.

JONES, E. *La vie et l'œuvre de Sigmund Freud, t.1. la Jeunesse (1856-1900),
t.2. les années de maturité (1901-1910), t.3. les dernières années
(1919-1939)*, Paris: P.U.F., 1961, 1969.

JULIEN, P. *Le retour à Freud de Jacques Lacan*, Paris: E.P.E.L., 1990.

JUNG, C. G. *L'âme et la vie*, Paris: Editions Buchet/chastel, 1963.

    - *Dialectique du Moi et de l'inconscient*, Paris: Gallimard (Essais). 1964.

    - *Essai d'exploration de l'inconscient*, Paris: Editions Denoël, 1984.

JURANVILLE, A. *Lacan et la philosophie*, Paris: P.U.F., 1988.

KANZER, M. "L'identification et ses avatars," in *Revue française de
Psychanalyse*, 1984/3. 853-872.

KEMP, P. "Le concept de Dieu chez Sartre," in *Revue d'histoire et de
philosophie religieuses*. 1967/4. 327-337.

KIERKEGAARD, S. *La notion de l'angoisse*, Paris: Gallimard, 1935.

    - "L'alternative," in *Œuvres complètes*, t. 4, Paris: Ed. de l'orante, 1966.

KLEIN, M. *La psychanalyse des enfants*, Paris: P.U.F., 1959.

    - *Essais de psychanalyse*, Paris: Payot, 1965.

    - *Psychanalyse d'un enfant*, Paris: Claude Tchou éditeur, 1973.

KOJEVE, K. *Introduction à la lecture de Hégél*, Paris: Ed. Gallimard
(Bibliothèque des idées), 1968 (1947).

KRAEGE, J.-D. "Théologie analogique et théologie dialectique," in *Revue de
Théologie et de Philosophie*, Genève-Lausanne-Neuchâtel, 1979/3.

    - "La dialectique Kierkegaardienne," in *Revue de Théologie et de
Philosophie*, 1986/118.

    - "Rupture et continuite," in *Etudes Théologiques et Religieuses*, 1986/4.

LABARRIER, P. "La dialectique hégélienne," in Sous la responsabilité de P.
Gisel, *Analogie et dialectique*, Genève: Labor et Fides, 1982.

LAPLANCHE, J. et PONTALIS, J.-B. "libido du moi-libido d'objet," in Sous
de la direction de DANIEL LAGACHE, *Vocabulaire de la psychanalyse*,

Paris: P.U.F., 1967. 『정신분석사전』, 임진수 옮김, 서울: 열린책들, 2005.

LAPONT, G. "Le Parménide de Platon et Saint Thomas D'Aquin," in Sous la responsabilité de p. GISEL, *Analogie et dialectique*, Genève: Labor et Fides, 1982.

LEROI-GOURHAM. *Le geste et la parole, t. 1. Technique* et langage, Paris: Albin Michel, 1964.

LIENHARD, M. "Christologie et Humilité dans la *Théologia Crucis* du Commentaire de l'Épître aux Romains de Luther," in *Revue d'Histoire et de Philosophie religieuses*, 1962/4.
  - "Notes sur un texte christologjque du jeune Luther," in *Revue d'Histoire et de Philosophie religieuses*, 1969/4.
  - *Luther, témoin de Jésus-Christ*, Paris: Cerf, 1973,
  - *Martin luther, un temps, une vie, un message*, Paris/Genève: Centurion/Labor et Fides, 1983.

LORTZ, K. *La réforme de Luther*, Paris: Cerf, 1970.

LOVY, R.-J. *Luther*, Paris: P.U.F., 1964.

LUQUET, P. "A propos de l'identification," in *Revue française de Psychanalyse*, 1984/2, 529-540.

MANNONI, O. *Freud*, Paris: Editions du Seuil (écrivains de toujours), 1968.

McGRATH, A.-E. *Luther's Theology of the Cross*, Oxford and Cambridge: Basil Blackwell (1985), 1990.
  - *Justitia Dei. A History of the Christian Doctrine of Justification. From 1500 to the Present Day*, Vol. 2, Cambridge: Cambridge University Press, 1991 (1986).
  - *Reformation Thought. An Introduction*, Oxford: Wiley-Blackwell, 1988.

MELTZER, D. "Les concepts d'identification projective (Klein) et de contenantcontenu (Bion) en relation avec la situation analytique," in

Revue française de Psychanalyse, 1984/2, 541-550.

  - "La distinction entre les concepts d'identification projective (Klein) et de contenant-contenu (Bion)", in Sous la collaboration avec Giuliana Milana, Suzanna Maiello, Dionire Petrelli, in *Revue française de Psychanalyse*, 1984/2, 551-570.

MILLER, G. *Lacan*, Sous la direction de G. Miller, Paris: Bordas (Philosophie Presente), 1987.

MOLNAR, A. "A propos de la doctrine lutherienne des deux régnes," in *Revue d'Histoire et de Philosophie religieuses*, 1968/3.

NASIO J.-D. *Les yeux de Laure. le concept d'objet à dans la théorie de J. Lacan*, Paris: Aubier, 1987.

  - *L'hystérie ou l'enfant magnifique de la psychanalyse*, Paris: Rivage, 1990.

  - *Enseignement de 7 concepts cruciaux de la psychanalyse*, Paris: Payot, 1992.

  - *Cinq lecons sur la théorie de Jacques Laçan*, Paris: Rivages, 1992.

OGILVIE, B. *Lacan, la formation du concept de sujet (1932-1949)*, Paris: P.U.F., 1988.

  - "Lacan: le corps et le nom du corps," in Sous la direction Jean-Christophe Goddard et Monique Labrune, *Le corps*, Paris: Librairie philosophique J. Vrin, 1992, 222-244.

OPIELA S., *Le réel dans la logique de Hégél, développement et autodétermination*, Paris: Beauchesne, 1983.

PAGELS, E. *The Gnostic Gospels*, 1989. 『숨겨진 복음서 영지주의』, 하연희 옮김, 서울: 루비박스, 2006.

  - *Beyond Belief. The Secret Gospel of Thomas*, 2004. 『믿음을 넘어서, 도마의 비밀 복음서』, 권용주 옮김, 서울: 루비박스, 2006.

PATFOORT, A. "La place de l'analogie dans la pensée de S.Thomas d'

Aquin," in *Revue des Sciences Philosophiques et Théologiques*, 1992/76.

PATURET, J.-B. *Introduction philosophique à l'œuvre de Freud*, Toulouse: Editions Erès, 1990.

PERONNET, M. *Luther. en son temps 1483-1546*, Montpellier, Editas, Table Ronde de Montpellier 22-23 Avril, 1983, 1985.

PLATON. *Cratyle ou sur la justesse des noms, genre logique*, trad. Emile Chambry, Paris: Flammarion, 1967.

PRENTER, R. "L'interprétation de la doctrine des deux règnes," in *Revue d'Histoire et de Philosophie religieuses*, 1963/3.

RANK O., *Le traumatisme de la naissance*, Paris: Payot, 1968

RENAUDET A., *Études Érasmiennes (1521-1529)*, Paris: Libraire E. Droz, 1939.

RICŒUR, P. *Philosophie de la volonte 2. Finitude et Culpabilité. 1) L'homme faillible, 2) La symbolique du mal*, Paris: Aubier, 1960.

  - *De l'interprétation, essai sur Freud*, Paris, Seuil, 1965.

  - *Le conflit des interprétations, essais d'herméneutique*, Paris: Editions du Seuil, 1969.

ROUDINESCO, E. & Plon, M. *Dictionnaire de la Psychanalyse*, 2002 (1997). 『정신분석대사전』, 강응섭 외 옮김, 서울: 백의, 2005.

RUCK-SCHRÖDER, A. *Der Name Gottes und der Name Jesu: eine neutestamentliche Studie*, Neukirchen-Vluyn: Neukirchener Verl., 1999.

RUPP, G. "Luther et sa doctrine des deux royaumes," in *Revue d'Histoire et de Philosophie religieuses*, 1968/3.

RUYER, R. *Dieu des religions, Dieu de la science*, Paris: Flammarion, 1970.

SAFOUAN, M. *Le structuralisme en psychanalyse*, n°4 de serie *Qu'est-ce que le structuralisme?*, Paris: Editions du Seuil (Points), 1968.

  - *Études sur l'Œdipe*, Paris: Editions du Seuil, 1974.

SAFREY, H.-D. "Nouveaux liens objectifs entre le Pseudo-Denys et Proclus," in *Revue des Sciences Philosophiques et Théoligiques*, 1979/1.

SARTRE, S.-P. *L'être et le néant, essai d'ontologie phénoménologique*, Paris: Editions Gallimard, 1943.

  - *L'existentialisme est un humanisme* (une conférence faite au Club Maintenant de 1945, Paris, Les Editions Nagel, 1970 (1946).

  - *Critique de la raison dialectique* (*précédé de Questions de méthode*), *t. 1. Théorie des ensembles pratiques*, Paris: Editions Gallimard, 1960.

SAUSSURE, F. DE. *Cours de linguistique général*, Paris: Payot, 1949.

SCHUR, M. *La mort dans la vie de Freud*, Paris: Editions Gallimard, 1975.

STEENBERGHEN, F.-V. *Thomisme*, Paris: P.U.F. ("Que sais-je?" n° 587), 1983.

STROHL, H. *Luther jusqu'en 1520*, Paris: P.U.F., 1962.

STUCKI, P.-A. *Herméneutique et dialectique*, Genève: Labor et fides, 1970.

SUSS TH. "Actualité de la justification par la Loi," in *Revue d'Histoire et de Philosophie religieuses*, 1968/3.

  - *Luther*, Paris: P.U.F., 1969.

TAILLANDIER, G. "Présentation du Séminaire de J. Lacan sur L'angoisse," in *Esquisses psychanalytiques*, 1991, n° 15.

  - *Les identifications. Confrontation de la clinique et de la théorie de Freud à Lacan*, Paris: Denoël, 1987.

The Nag Hammadi Library, ed. by James M. Robinson, 1977.

TILLICH, P. *Systmatic Theology, vol. 1. Introduction, Reason and Revelation, Being and God*, Chicago: The University of Chicaco Press, 1951.

  - *Systematic Theology, vol. 2. Existence and the Christ*, Chicaco: The University of Chicaco Press. 1957.

  - *Systematic Theology, vol. 3. Life and the Spirit, History and the Kingdom of God*, Chicaco: The University of Chicago Press, 1963.

  - *Théologie systématique, t. 1. Introduction, Raison et Revelation,* traduit de l'anglais par F. Ouellet, Paris: Editions Planète, 1970.

- *Le courage d'être*, Paris: Casterman, 1967.

- *L'être nouveau*, Paris: Planète, 1969. Trad. S.-M. Saint (The New Being, 1955).

- *Aux frontières de la religion et de la science*, trad. F. Chapey, Neuchâtel: Éd. Delachaux et Niéstle, 1970.

- *Histoire de la pensée chrétienne*, Paris: Payot, 1970. Trad. L. Jospin de A History of Christian Thought (1956).

TORRANCE, A.-J. "The Self-Relation, Narcissisme and the Gospel of Grace," in *Scottish journal of theology*, Vol. 40, 1987.

TRESMONTANT, C. *Les problémes de l'athéisme*, Paris: Seuil, 1972.

- *Comment se pose aujourd'hui le problème de l'expérience de Dieu*, Paris: Seuil, 1966.

VAHANIAN, G. *La condition de Dieu*, Paris: Seuil, 1970.

VAJTA, V. "L'actualité de la doctrine de la justification par la foi," in *Revue d'histoire et de philosophie religieuses*, 1968/3.

VAN, PEURSEN. "Quelques remarques sur l'angoisse comme thème anthropologique", in *Revue d'histoire et de philosophie religieuses*, 1957/2.

VILLA-VICENCIO, C. "Protestantism, Modernity and Justification by faith," in *Scottish journal of theology*, vol. 38, 1985.

WALLON, H. *Les origines de la pensée chez l'enfant*, Paris: P.U.F. (Quadrige), 1945.

- *Les origines du caractère chez l'enfant*, Paris: P.U.F. (Quadrigel), 1949.

WARFIELD, B. B. *The Plan of Salvation*, Michigan: Eerdmans Publishing Company, 1984 (revised edition).

WIDLOCHER, D. "Desir d'identification et effects structuraux dans l'œuvre de Freud," in *Revue française de Psychanalyse*, 1984/3, 827-852.

ZAZZO, R. *Conduites et conscience, t. 1. Psychologie de l'enfant et méthode génétique, t. 2. Théorie et pratique en psychologie*, Neuchâtel: Delachaux & Niestle, 1962.

ZIZEK, S. *The Fragile Absolute*, 2001.『무너지기 쉬운 절대성』, 김재영 옮김, 서울: 인간사랑, 2004.

ZUPANCIC, A. *Ethics of the Real*: Kant and Lacan, 2000.『실재의 윤리, 칸트와 라캉』, 이성민 옮김, 서울: 도서출판 b, 2004.

강응섭『동일시와 노예의지』, 서울: 백의, 1999.
 - "라깡에게서 structuré의 의미", in 『라깡과 현대정신분석』5권 1호, 2003.
 - "아우구스티누스와 라깡", in 『생명의 영성(한국조직신학총론)』제11집(대한 기독교서회, 2004).
 - "라깡과 종교", in 『라깡과 현대정신분석』7권 2호, 2005.
 - "라깡과 루터: 정체화와 노예의지 비교", in 『한국조직신학총론』제16집(한들 출판사, 2006).
 - "아우구스티누스의 intentio와 라깡의 pulsion", in 『라깡과 현대정신분석』 8권 2호, 2006.
 - "라깡, objet *a*, 예수 이름", in 『라깡과 현대정신분석』8권 1호, 2006.
 - "라깡에게서 기호학과 기하학의 운용문제 연구: 세미나 9권을 중심으로", in 『라깡과 현대정신분석』9권 2호 2007.
 - "아우구스티누스의 인간론", in 『한국조직신학논총』제19집(한들출판사, 2007).
 - "라깡적 기호학으로 본 아우구스티누스의 '정신'과 '말'의 관계", in 『철학과 현상학 연구』36집(2008).
 - "라깡의 종교담론과 기독교 신학체계 간의 유비적 접근", in 『한국조직신학 논총』21집(한들출판사, 2008).
 - "종교의 형식과 내용에 대한 라깡적 에세이: 장막도식, 종교담론, 히스테리담 론을 중심으로 본 종교적 인간", in 『철학과 현상학 연구』42집(2009).

- "라깡의 불안변증법과 탈경계", in『라깡과 현대정신분석』11권 2호, 2009.

- "라깡과 민중신학", in『다시, 민중신학이다』, 서울: 동연, 2010.

- 『프로이트, 무의식을 통해 마음을 분석하다』, 서울: 한길사, 2010.

- "거울도식과 나르시스적 사랑", in『라깡과 현대정신분석』12권 2호, 2010.

- "사랑의 문자 S(A)와 실재의 사랑: 라깡, 지젝, 중세스콜라신학에 따른 고찰",
  in『라깡과 현대정신분석』14권 2호, 2012.

- "예수이름과 양성일치 기독론", in『한국조직신학논총』제29집(한들출판사,
  2011).

- "라깡의 히스테리주체와 기독교의 신앙고백", in『한국조직신학논총』제31집
  (한들출판사, 2011).

- "룩-슈레더에 따른 '예수의 이름'에 재현된 삼위일체 하나님의 유일성과 현
  재화에 대한 연구", in『한국조직신학논총』제36집(한들출판사, 2013).

- "정신분석의 신학적 해석-기의 없는 기표와 성서 읽기", in『라캉과 지젝-정
  치적, 신학적, 문화적 독법』, 서울: 글항아리, 2014.

- "루터에 따른 믿음과 회개: 들려줌과 들음의 변주", in『한국조직신학논총』
  제 38집(동연출판사, 2014).

권진관.『예수, 민중의 상징, 민중, 예수의 상징』, 서울, 동연, 2009.

권희영. "정신분석적 주체와 homo religiosus", in『라깡과 종교-2009년 한국라깡
  과현대정신분석학회 정기학술대회 전기 프로시딩』(=학술대회집 2009).

김진호.『예수 르네상스』, 서울, 한신연, 1996.

김태숙. "라깡의 네 가지 담론", in『라깡과 현대정신분석』, 6권 1호, 2004.

보그 & 라이트,『예수의 의미』, 서울: 한국기독교연구소, 2001.

서용순. "철학의 윤리, 진리의 윤리-바디우 진리 철학이 내포하는 윤리적 함의에
  대하여", in『사회와 철학』13호 2007.

성종현. "신구약성서와 유대문헌에 나타난 하나님의 성호와 예수이름에 대한 고
  찰", in『장신논단』제8집(1992).

대한성서공회.『신약성서(개역개정판)』서울, 1998.

신학사상 116호(2002 봄).

아이히로트 발터.『구약성서신학 1』, 서울: 크리스챤 다이제스트, 1995.

안석모. "'예수님의 이름'을 부르는 기도", in 『신학논단』 37(2004).

아퀴나스 토마스(박승찬 옮김).『신학요강(*Compendium Theologiae*)』, 서울: 나남, 2008.

이유섭, "정신분석으로 읽는 단군신화", in 『라깡과 종교-2009년 한국라깡과현대정신분석학회 정기학술대회 전기 프로시딩』(=학술대회집 2009).

이종영,『지배와 그 양식들』, 서울: 새물결, 2001.

쿨만 오스카.『신약의 기독론』, 서울: 나단, 1988.

ㄱ

ㄹ

로고스(Logos) 341, 416, 417
리비도 63, 67-73, 75, 79, 81, 82, 85-93,
    95, 96, 100, 117, 118, 127, 134, 136, 157,
    165, 166, 176, 177, 186, 213, 214, 246,
    252, 284, 360, 380, 395, 396

ㅁ

마귀적 자유 251
마름모 209, 220, 311, 398
마태복음 18, 20, 324, 373
말씀 40-43, 51, 53, 54, 160, 244, 269, 275-
    280, 282, 287, 290-293, 303, 307, 315,
    316, 341, 345, 348, 349, 404, 415
말씀이 가정된 노예의지 287, 291, 292, 293
망상증 147, 157, 159, 163, 166-168, 170,
    171, 173, 178, 189, 242, 245, 252, 265,
    266, 267, 272, 299, 300, 397, 398
메시지 40-43, 54, 336, 367, 377
모놀로기온 32
모방 62, 63, 83, 113, 116, 117, 127, 136,
    148, 244, 289, 395
뫼비우스의 띠 154, 206, 207, 210, 220,
    305, 306, 314, 329, 335, 397
무의식 60, 63, 64, 67, 87, 89, 96-103, 109-
    111, 125, 131, 135, 137, 138, 151, 153,
    154, 160, 162, 164, 167, 179, 182, 184,
    189, 192-202, 208, 213, 215, 216, 217,
    218, 220, 273, 274, 275, 284, 290, 291,
    292, 299, 301, 305, 306, 310, 312-314,
    328, 333-335, 339, 340, 353-364, 374,
    391, 394, 397, 398, 401, 403, 404, 413-
    415, 417
무의식적 주체 179, 184, 199, 215, 273,

274, 275, 291, 292, 299, 301, 310, 374
물(物, Das Ding) 137, 306, 314
민중, 예수의 상징 322, 323, 337
민중신학 20, 322, 323, 337, 342, 411

ㅂ

바리새인 263, 332, 344, 345, 346, 348, 350
반복 개념 182
밧세바 357, 363, 366
법 90, 94, 115, 116, 138, 236, 239, 246,
    247, 248, 250, 251, 253, 257, 259, 261-
    264, 265, 298, 315, 399
법의 제1기능 261, 262
법의 제2기능 262, 265
법의 제3기능 263
법의 이중 기능 261
베르붐(Verbum) 349, 416
변증법 47, 48, 49, 160, 178, 218, 263, 271
복음 18, 41, 232, 259, 264, 276-278, 287,
    295, 313, 315, 398, 399
봇짐이냐 생명이냐 299
부여의 유비 37
부정신학 23, 28, 29, 31, 34, 38, 268, 375
부정의 방법 17, 22, 25-29, 35, 36, 92, 274,
    320, 401, 407
분열 89, 206, 207, 210, 211, 377, 385, 386,
    390, 391, 392, 396
불안 67, 89, 90, 101, 109, 110, 113, 114,
    115, 118, 121-123, 125, 126, 127, 134,
    136, 149, 199, 208, 215-218, 220, 221,
    377, 387, 396, 398
비례의 유비 36, 37, 75
비판당하는 자아 89, 90, 94, 95, 106, 251,
    396

ㅅ

3위체 320, 326, 327, 328, 329
사건 중심의 신학 336, 337, 341, 342
사랑의 문자 374, 377
사무엘하 18, 20, 353, 357-363, 365, 366, 370
사변신학 269, 403
사후적 342, 418
삶의 욕동 295
삼위일체론 325, 342
상관법 39, 42, 43, 44, 45, 57
상관신학 42, 43, 44
상관의 방법 17, 39, 41-45, 54, 287, 320, 401, 402, 407
상상계 196, 219, 326
상상적 매듭 142, 158, 167, 170, 171, 172, 225, 247, 253, 266, 397
상상적 정체화 161, 163, 165, 168, 179, 252, 398
상상적인 것 142, 147, 173, 195, 273, 326, 386, 403
상징계 195, 199, 219, 326, 382, 390, 391
상징적 정체화 142, 186, 287
상징적인 것 138, 147, 173, 195, 326, 386, 387
상호적 정신분석의 방법 18, 19, 197, 219, 223-225, 310, 312, 391, 394, 398, 401, 402, 409, 410
상황 40-45, 54, 60, 62, 80, 88, 108, 114, 116, 117, 126, 128, 133, 134, 160, 167, 202, 211-215, 223, 231, 287, 325, 336, 345, 346, 348, 369, 371, 389, 404, 411, 414-416
새 생명 364
서방교회 322

성서 17-20, 27, 40, 41, 49, 50, 51, 234, 235, 238, 241, 272, 274, 275, 280, 292, 296, 300, 320, 324, 330, 338, 342, 343, 346, 353, 355, 357, 363, 365, 370, 371, 372, 384, 411, 414, 416, 417, 418
세 번째 장르의 정체화 73, 197, 199-221
소타자(autre) 157, 179, 195, 199, 356, 364
속성의 교류 272
속이 꽉 찬 원 200-203, 299, 300, 301, 305, 313, 314, 398
속이 텅 빈 원 201-203, 299, 300, 301, 304, 313, 314, 398
숨으시는 하나님의 비본래적 사역 283, 287, 293
숨으시는 하나님의 역사하심 304
스콜라 신학 255, 268, 269, 282
시니피앙(Signifiant) 142, 150, 152, 160, 161, 180, 181, 185, 209, 223, 279, 280, 290, 291, 292, 300, 301, 305, 328, 333, 334, 338, 339, 340, 353, 360, 361, 362, 383, 390, 397, 398, 402
시니피에(signifié) 152, 328, 340
신 존재 증명 32
신경증 67, 76, 96, 106, 110, 113, 114, 116, 126, 128, 131, 133, 137, 170, 258
신성 39, 235, 271, 272, 304, 322, 326, 332, 333, 334, 337, 388
신앙 22, 40, 42, 44, 45, 49, 50-53, 100, 232, 235, 239, 241, 240, 244, 249, 251, 252, 259, 264, 270-281, 285, 286, 289, 290, 291, 295, 299, 305, 311, 312, 314, 315, 316, 322, 323, 325, 330, 334, 341, 342, 349, 350, 386, 387, 399, 402, 409
신앙고백 322, 323, 384
신앙의 법 239, 240, 259
신약성서 묵상 343-351

ㅋ

칼케돈 공의회 321, 326
코기토 148, 159, 160, 171, 172, 180, 191,
    192, 193, 195, 291, 327, 398, 403
콘스탄티노플 공의회 321
콘스탄티노플 신조 321

ㅌ

타대상 63, 179, 285
토템 68, 82
통합축 150

ㅍ

팔루스 208, 210, 214, 215, 216
편지 116, 117, 357-362, 364, 365, 366,
    367, 368, 370
포르트-다(Fort-Da) 180
포파티크 신학 31
프로슬로기온 32, 33
필연성 237, 301, 303
필요 76, 79, 105, 106, 123

ㅎ

하나님 23-235, 237-240, 242-246, 248,
    250-257, 259-264, 266-278, 280-284,
    286, 287, 289, 291, 292, 293, 295-304,
    306, 312-316, 324, 340, 345, 346, 347,
    364, 366, 368, 369, 384, 386, 387, 399,
    403, 404, 409, 415, 416, 418
하나님 앞에 48, 249, 250, 254, 268, 276,
    277, 364, 366
하나님 중심의 신학 272

하나님의 의 248, 249, 255, 262, 284, 286,
    287
하나님의 의지 239, 244, 281, 289, 298,
    299, 301, 314
하나님-인간 협력 252, 266
학문 담론 379, 389
한스 114, 115, 119-124, 136, 396
합집합 203, 220
해석학 43, 44, 45, 175
향락 78, 81, 90, 94, 111, 115, 116, 135,
    218, 220, 256
향유 330-345, 347, 349, 377
허구 영상 175, 216, 251
허원 219, 220, 299, 300, 304
현상학 44, 160, 224
현재성 336, 338
호신명 신학 324
환상 방정식 199, 203, 212, 300, 306, 312,
    398
환상적 정체화 179, 211
환상적 주체 126, 229
환유 150, 151, 161, 329, 331, 333, 338,
    339, 354, 356, 358, 359, 360, 383, 413,
    415, 416, 417
환유의 축 150, 151, 161, 329, 331, 415
환유축 150, 152, 153, 157, 161, 162, 183,
    193, 196, 397, 398
회개 237, 238, 283, 309, 313, 372, 399
히스테리 20, 67, 114, 127, 131, 135, 136,
    146, 212, 223, 374, 375, 378, 379, 380,
    382, 385, 387
히스테리 담론 375, 378-380, 382, 385,
    386, 387, 391, 392
히스테리적 주체 387, 390

ㄱ

권진관 322, 323, 411

A

Althaus, P.(알타우스) 22
Ansaldi, J.(앙살디) 17, 23, 34, 38, 48-52,
 100, 258, 265, 272, 282, 283, 284, 286,
 319, 407, 409
Anselmus, C.(안셀무스) 32, 33, 34
Aquinas, T.(아퀴나스) 27, 28, 34, 35, 216,
 242, 307, 341, 407
Areopagita, P-D.(아레오파기타) 23, 26,
 27, 31
Auque, H.(오그) 319

B

Barth, K.(바르트) 40, 242
Borg(보그) 323

C

Calvin, J.(칼뱅) 244, 263, 271, 272
Clément, F.(클레멘트) 25, 26, 28
Culmann, O.(쿨만) 324, 327

D

Descartes, R.(데카르트) 159, 171, 191,
 192, 193, 224, 225, 403
Dor, J.(도르) 60, 65, 208

E

Ebeling, G.(에벨링) 264, 270, 276, 278
Erasmus, D.(에라스무스) 18, 224, 232-
 245, 252, 253, 256, 257, 258, 259, 260,
 267, 274, 275, 292, 295, 296, 299, 302,
 303, 315, 399, 408
Eriugena, J.(에리우게나) 26, 27, 28
Euler(오일러) 203, 204, 205, 299, 310, 311

자크 라캉과 성서 해석

정신분석학으로 성서 읽기

Copyright ⓒ 강응섭 2014

1쇄발행_ 2014년 11월 26일
2쇄발행_ 2015년 11월 10일

지은이_ 강응섭
펴낸이_ 김요한
펴낸곳_ 새물결플러스
편   집_ 왕희광·정인철·최율리·박규준·노재현
         최정호·최경환·한바울·유진·권지성·신준호
디자인_ 이혜린·서린나·송미현
마케팅_ 이승용
총   무_ 김명화·최혜영
영   상_ 최정호

홈페이지 www.hwpbooks.com
이메일 hwpbooks@hwpbooks.com
출판등록 2008년 8월 21일 제2008-24호
주소 (우) 07214 서울특별시 영등포구 양평로 11, 5층(당산동5가)
전화 02) 2652-3161
팩스 02) 2652-3191

ISBN 978-89-94752-90-7 03230

책값은 뒤표지에 있습니다.

이 도서의 국립중앙도서관 출판시도서목록(CIP)은 서지정보유통지원시스템 홈페이지
(http://seoji.nl.go.kr)와 국가자료공동목록시스템(http://www.nl.go.kr/kolisnet)에서
이용하실 수 있습니다(CIP제어번호: CIP2014031085).